高等院校多维评估与质量保障

贵州大学教育教学"五专一综"

年度质量报告 2014

李 明 王代星 安世遨 叶文勤 ◎ 编 著

贵州大学出版社
Guizhou University Press

图书在版编目（ＣＩＰ）数据

高等院校多维评估与质量保障：贵州大学教育教学
"五专一综"年度质量报告. 2014 / 李明等编著. -- 贵
阳：贵州大学出版社，2021.3
　　ISBN 978-7-5691-0419-6

　　Ⅰ.①高… Ⅱ.①李… Ⅲ.①高等学校－教育评估－
研究报告－贵州－ 2014 Ⅳ.① G649.21

中国版本图书馆 CIP 数据核字 (2021) 第 040033 号

GAODENG YUANXIAO DUOWEI PINGGU YU ZHILIANG BAOZHANG

高等院校多维评估与质量保障

——贵州大学教育教学"五专一综"年度质量报告 2014

编　　著：李　明　王代星　安世遨　叶文勤

出 版 人：闵　军
责任编辑：高佩佩
责任校对：何　灿
装帧设计：陈　艺　方国进

出版发行：贵州大学出版社有限责任公司
　　　　　地址：贵阳市花溪区贵州大学北校区出版大楼
　　　　　邮编：550025　电话：0851-88291180
印　　刷：贵州思捷华彩印刷有限公司
开　　本：787 毫米 ×1092 毫米　1/16
印　　张：19
字　　数：407 千字
版　　次：2021 年 3 月第 1 版
印　　次：2021 年 3 月第 1 次印刷

书　　号：ISBN 978-7-5691-0419-6
定　　价：58.00 元

序

　　本科教育是高等教育至为重要的基础，本科人才培养是国家创新人才建设的基石。当今世界无时不在发生巨大变革，西方国家尤其发达国家无不把发展教育以培养人才作为本国紧跟时代发展的战略基点，而发展教育主要有两个途径，一是竭力加大教育投入以保证教育规模和提升教育条件，二是运用教育教学评估手段以保证质量和实现培养目标。我国高等教育进入大众化阶段以来，国家在持续加大投入的同时，通过不断探索、实践、改进，建立了适于我国高等教育发展实际的教学质量评估体系，不同类型的高校也在不断探索适合自身办学特点的教育教学质量保障体系。贵州大学作为一所地方性综合大学，经历了我国高等院校本科教学随机性水平评估、本科教学水平评估、本科教学审核评估等多次评估。评估工作促进了学校质量保障体系的建设发展，尤其是2008年经过本科教学水平评估后，学校顺应高等教育改革发展的趋势，顺应自身追求内涵发展的需要，顺应注重学生发展的需要，构建了教育教学质量自省自控自改的体制，建立了以教学督导监控教学过程、检查评估监控关键环节的质量保障机制，并在实践中不断完善。

　　为巩固本科教学水平评估取得的成果，确保质量保障工作机制运行有效，学校于2008年成立了"教育教学评估中心"，创建了独具贵州大学特色的"四专一综"教学评估模式，进一步完善了质量监控保障体系。所谓"四专"，即教师教学水平专项检查评估、实践教学质量专项检查评估、课程考试质量专项检查评估、毕业论文（设计）质量专项检查评估；所谓"一综"，即全面采集各学院和独立研究机构的教育教学年度基本状态数据。通过深度解析数据，编制四个"专项评估"报告和《贵州大学教育教学状况》年度白皮书，客观地综合评价各学院在学校发展中的年度贡献度和竞争力。

　　为检验我校人才培养目标和质量的达成度、社会需求和满意的契合度，着眼于学生发展，几年来我校还坚持了面向社会开展的学生专业技能、学习能力、沟通能力、动手实践及团队精神的专项调查，编制《贵州大学学生学习和发展跟踪调查报告》，完成了评估模式由"四专一综"向"五专一综"的跃升，评估模式更加契合学校"立德树人、质量为本、成就教师、发展学生"的办学理念，更加契合学校"厚基础、强能力、重素质、求创新"的人才培养理念。

　　我校以"五专一综"评估模式为载体，始终坚持教学评估工作常态化、多元化、多维化、科学化和信息化持续发展，开创了学校保障本科教学质量的新局面，对中国特色高等教育本科教学评估制度的建设进行了有益探索。评估模式及其经验得到了省内外许多高校的认可，得到了教育部评估中心和省教育厅的肯定，受到了媒体和社会的好评。将"五专一综"成果以系列出版物的形式出版，旨在通过社会各界的反馈促进我校教育教学评估工作，旨在为我国高等教育研究和本科教学质量保障贡献案例和资料。

金道超

目　录

第 1 章 "五专一综"教育教学多维评估模式的探索与实践

随着我国高等教育教学改革的不断深化，国家和社会对高等教育人才培养质量倍加关注，新一轮的审核评估将高校内部教学质量保障体系的构建作为提高教学质量、实现人才培养目标的根本保障。然而，如何提升人才培养质量是高等院校面临的一大问题，怎样构建和完善校内教学质量保障体系，从而形成自我约束与激励机制，以保障教学质量的持续改进和不断提高，是目前我国高等院校普遍面临且亟待深入探究和实践的重大课题。

2009 年以来，贵州大学创建并坚持实施"五专一综多维评估，两团督评常态监控，学生为本提高质量"的评估模式。本系列丛书以 2010~2016 年"五专一综多维评估"结果撰写的《评估报告》和白皮书为资料，按年度编撰而成，以期为我国高等院校的多维评估与质量保障提供一种实践范式，现将我们的主要做法和经验简述如下，敬请批评指正。

2008 年，上一轮本科教学工作水平评估结束后，贵州大学成立教育教学评估中心（高等教育研究所），确立了"以高教研究为基础，以教学评估为中心，将过程评估与结果评估、比较评估与导向评估、管理评估与绩效评估紧密结合，促进我校高教研究上台阶，教学管理上层次，教学质量上水平"的指导思想和工作方针。

为构建本科教学质量保障的长效机制，确保校内教学质量保障体系的有效运行，保证人才培养目标的全面实现，贵州大学摒弃传统教育教学评价以知识传授和获取为核心的"一维评价"，在国内高校率先创建并实施"五专一综"教学评估模式，每年坚持从"教师教学水平""课程考试质量""实践教学质量""毕业论文（设计）质量""学生学习与发展"五个方面对教师与学生开展专项评估。同时，每年坚持从教学工作、科研工作、学科建设、国际交流和社会服务 5 个一级指标（下设 11 个二级指标，共 225 项评价项目）对学校和各个学院（科研单位）的年度贡献度和竞争力进行综合评估，实施教学过程的"两团"督评，坚持教学质量的常态监控，突出评估结果的追踪反馈，强化存在问题的持续改进，构建了贵州大学本科教学质量监控与保障的长效机制，开创了学校、教师和学生"三位一体"全方位的评估体系，形成了贵州大学"五专一综多维评估，两团督评常态监控，学生为本提高质量"的评估模式，特色鲜明，成效显著。

1.1 围绕本科人才培养目标，完善质量保障体系

贵州大学以社会需求和社会满意为宗旨，确立学校人才培养总目标，制定培养环节质量标准，在国内高校率先创建并坚持实施"四专一综"教学评估模式的基础上，引进清华大学的国际合作项目"NSSE-China 中国大学生学习与发展追踪研究"，开创了"五专一综多维评估，两团督评常态监控，学生为本提高质量"的评估模式，构建了本科教学质量常态监控的长效机制，形成了结构合理、制度完善的教学质量监控与保障体系。通过实施"三级两团督评"，确保体系有效运行。

1.1.1 紧扣学校人才培养目标，确立评估工作指导思想

学校人才培养总目标 学校在百余年历史发展积累的新起点上，不断更新理念，积极进取，经过充分论证，形成了"全面贯彻党和国家的教育方针，坚持社会主义办学方向，秉承'立德树人、质量为本、成就教师、发展学生'的办学理念，服务国家和人民，服务区域经济社会发展，建设有区域特色和国内外影响力的综合性高水平大学"的办学目标和坚持"厚基础、强能力、重素质、求创新的人才培养理念，着力培养通专兼备、知行合一的高素质专门人才"的人才培养总目标。

评估工作指导思想 以学校办学目标和人才培养总目标为引领，深入开展社会调研，分析社会人才需要，回应社会需求，以"立德树人、学生发展"为宗旨，在评估制度设计、评估指标确立和评估工作实施中全面落实和体现人才培养总目标，确立了"一个基础、一个中心、三个结合、三个促进"的指导思想，即以高教研究为基础，以教学评估为中心，将过程评估与结果评估、比较评估与导向评估、管理评估与绩效评估紧密结合，促进我校高教研究上台阶，教学管理上层次，教学质量上水平。

1.1.2 组建"三级二团"评估体系，健全质量保障体制机制

构建三级管理评估体系 学校实行校、院、系三级教学管理体系，选拔高职称、高学历、懂教学的优秀人才充实教学管理队伍。校级管理主要负责全校质量保障的整体设计与规划，构建质量保障机制与平台，对教学运行状况进行监控，组织教育教学专项评估和学院综合评估；院级管理具体负责教学质量各环节的安排、落实和日常检查；系（教研室）管理负责质量保障有关内容的整改落实和问题反馈。各级机构上下联动，形成了有效的质量监控与保障的三级教学管理评估体系。

组建两团教学督评机构 学校组建教学督导团和高教研究与评估专家团，实行教学质量的常态监控。与其他高校类似，教学督导团主要通过听课、查课、座谈等形式，重点监控教学日常运行。

与其他高校不同，贵州大学特别组建了由拥有博士学位和副教授以上职称的青年教

师组成的高等教育研究与评估专家团,为各项评估工作的正常有序开展提供组织基础和队伍保证。在评估工作中,坚持每月召开 1 次评估专家工作例会,进行高教理论与评估业务培训,充分发挥评估专家在各项评估工作中的主体作用,负责"五专一综"多维评估的数据采集和分析比较,在评估考查中,特别重视和关注学生知识探究能力、创新实践能力以及综合素质的提高。

健全质量保障机制 学校强化教学评估制度体系的配套和完善,新制订、修订《贵州大学评估中心(高教研究所)工作职责》《贵州大学高等教育研究与评估专家工作职责》《贵州大学教师课堂教学质量评估办法(试行)》《贵州大学实践教学质量评估办法(试行)》《贵州大学课程考试质量评估办法(试行)》《贵州大学毕业论文(设计)质量评估办法(试行)》《贵州大学学院(部)年度贡献度和综合竞争力评估方案》等一整套教学评估工作制度。

在多年的"五专一综"教学评估实践中,我们始终坚持做到并形成了"三不两化"教学督评工作原则。"三不"即在评估检查中不影响教师的教学活动、不影响学生的学习生活和不影响学院(部)的正常工作;"两化"即评估方案指标体系的科学量化和教学质量监控评估工作的常态化。

"两团督评,常态监控"是贵州大学特有的工作机制。教学督导团和高等教育评估专家团两团共存、分工协作,对教学评估中调研、收集的信息进行综合分析,形成督评报告,特别强调存在问题和整改措施,及时向职能部门和学院反馈,严格整改,有效保障了学校的本科教学质量。

1.1.3 响应社会需求,完善本科质量保障体系

质量标准逐步完善 学校根据建设"有区域特色和国内外影响力的综合性高水平大学"的办学定位,坚持"厚基础、强能力、重素质、求创新"的人才培养理念,围绕"培养通专兼备、知行合一的高素质专门人才"的人才培养目标,以社会需求和社会满意为宗旨,组织专题研讨,制定和完善各主要教学环节的质量标准,加强教学过程和结果的质量监控,逐步形成规范、全面、科学的质量标准体系。

2008 年以来,学校对《贵州大学教师教学工作规程》《贵州大学本科专业主要教学环节质量标准》《贵州大学普通本科生毕业论文(设计)管理办法》等文件进行修订和完善,对理论教学、实践教学、学生实习管理、实习基地建设与管理、学生考试管理、课程考试命题与试卷管理、毕业论文(设计)等环节分别制定管理制度、质量标准和评价办法,质量标准逐步完善。

完善质量保障体系 学校建立健全了教学质量保障组织体系。一是决策组织,即学校本科教学质量监控与保障领导小组;二是管理督评组织;三是保障协同组织。根据学校定位及经济社会发展对人才的需求,组织制定培养方案和各教学环节的质量标准,构建

教学质量监控与评估的校、院、系和督导团、评估专家团"三级两团"督评模式，开展教学运行、课堂教学、"五专一综"教学质量监控与评估。根据社会需求和社会评价修订完善教学质量标准，与校内"三级两团"监控相结合，形成结构合理、制度完善的本科教学质量监控与保障体系，详见图1-1。

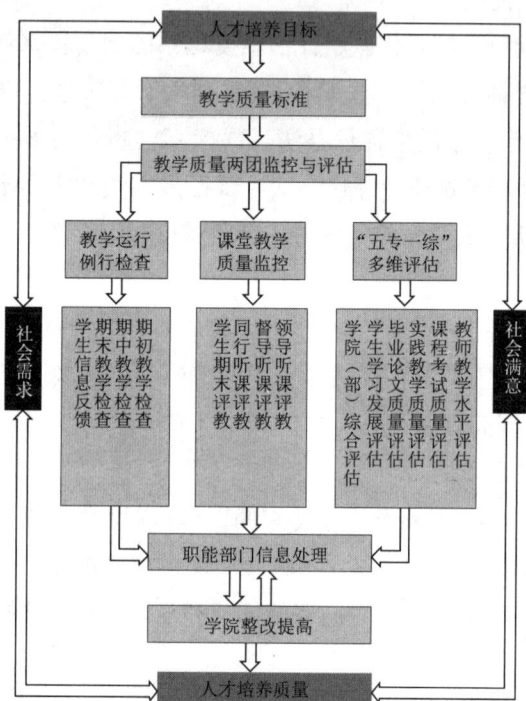

图 1-1　贵州大学本科教学质量监控与保障体系

1.2 创建"五专一综"评估模式，研发多维评估系统

　　紧紧围绕学校人才培养目标，在国内高校率先提出并坚持实施"五专一综"多维教学评估模式，科学制定评估指标体系，自主研发"五专一综"教育教学质量多维评估系统，建设教育教学基本状态数据库，加强数据关联分析，坚持用数据说话，及时发布专项评估报告和贵州大学年度教育教学状态白皮书，形成一库两报制度，客观反馈各项评估结果，提高本科教学质量监控实效。

1.2.1 创建"五专一综"模式，实行多维质量评估

　　创建"五专一综"模式　按照人才培养总目标和各主要教学环节的教学质量标准，学校在国内高校率先提出并坚持实施"五专一综"教学评估模式，科学制定评估指标体系。"五专一综"是指"教师教学水平、实践教学质量、课程考试质量、毕业论文（设计）质量、

和学生学习与发展"5 个专项评估和"学院年度贡献度及竞争力"综合评估。

实行多维质量评估　"五专一综"教学质量评估是一种开放式的多维评估，可从不同评价主体和对象的视角，从一维、二维、三维等维度展开，深入分析评价指标的相关性、数据采集的有效性以及权重赋值的科学性，实现对学校教育教学状况的全面、立体评价，从而保证评价结果的信度和效度。

"五个专项评估"包括"教师教学水平""实践教学""课程考试""毕业论文（设计）质量""学生学习与发展"5 个一维、12 个二维、18 个三维以及 106 个评价项目。

"一综"即综合评估。通过"教学工作""科研工作""学科建设""国际交流""社会服务"5 个一级指标、11 个二级指标共 229 个评价项目，评价各个学院、科研单位对学校的年度贡献度及其竞争力。

实行"三级"评估制度　学校设立校、院、系三级评估主体，实行"三级"教学评估制度。校级评估由学校教育教学评估中心负责，对全校教学运行状态进行全面检查、评估，做出综合评价，提出诊断意见和整改建议。院级评估主要从专业建设、课程建设、课堂教学和实践教学质量方面进行自我检查和评估，并根据学校的评估意见和建议，及时整改和落实。系（教研室）主要从教师上课情况、毕业论文（设计）指导、课程教学大纲修订、教研教改等方面开展自查自评，并结合学校和学院的整改要求，保证有关问题的整改落到实处。

1.2.2 紧扣教学质量标准，制订评估指标体系

教学质量标准是制订评估指标体系的前提。学校围绕"培养通专兼备、知行合一的高素质专门人才"的人才培养目标，制定了各主要教学环节的质量标准，为评估指标体系的科学制订提供了基本保证。

教师教学水平评估指标体系　包括"师德与能力"和"教学与效果"两个一级指标，共 12 个二级指标。"师德与能力"指标包括"为人师表""履行职责""教学研究""科研水平"4 个二级指标；"教学与效果"指标包括"教学准备""教学方法""教学手段""教学效果""课外辅导""作业批改""指导论文""教学考评"8 个二级指标，其中二级指标"教学考评"包括了"学生评教""同行评教""领导评教"三大评教。

实践教学质量评估指标体系　包括"条件与利用"和"内容与质量"2 个一级指标，共 12 个二级指标。"条件与利用"指标包含"实验队伍""实验设施""实习基地""经费使用"4 个二级指标，"实施与效果"指标包含"管理制度""教学文件""实习实训""普通实验""综设实验""开放实验""训练竞赛""社会实践"8 个二级指标。

课程考试质量评估指标体系　包括"格式与规范"和"内容与质量"2 个一级指标，共 12 个二级指标。"格式与规范"包括"教学文件""文件填写""试卷装订""统分登分""试卷存放"5 个二级指标，"内容与质量"包括"命题相关度""命题重复率""命

题质量""题量难度""题型分值""试卷评分""成绩分析"7 个二级指标。

毕业论文（设计）质量评估指标体系　包括"论文（设计）管理"和"论文（设计）质量"2 个一级指标，共 12 项二级指标。"论文（设计）管理"6 个二级指标包括"组织领导""相关文档""指导教师""指导过程""评阅答辩""文档保存"；"论文（设计）质量"包括"选题质量""研究方案""文体结构""能力水平""成果质量""成绩评定"6 个二级指标。

学生学习与发展评估指标体系　是清华大学教育研究院和中国经济社会数据中心借鉴美国"全美大学生学习性投入调查"（National Survey of Student Engagement, 简称 NSSE）的理论研究成果，结合我国实际科学制订，其指标体系共 18 个维度共计 58 个题项，包括"综合分析指标""教育过程诊断指标""学习诊断指标""社会称许性指标"四大类。"综合分析指标"包括"学业挑战度""主动合作学习水平""生师互动""教育经历丰富度""校园环境支持度"5 个方面，"教育过程诊断指标"包括"课程和认知目标""课程要求严格程度""有效教学实践"等 9 个方面，"学习诊断指标"包括"高阶认知学习""学习策略""多元学习"3 个方面。

年度贡献度及竞争力综合评估　综合评估指标体系包括"教学工作""科研工作""学科建设""国际交流""社会服务"5 个一级指标，下设 11 个二级指标，共 229 个评价项目，每个评价项目均由分子和分母组成，分子为教学单位年度实际完成的工作（量），分母为能合理体现教学单位年度贡献度的相应值。各项指标及评价项目设定相应的权重。

1.2.3 采集教学状态数据，研发多维评估系统

自主研发评估系统　为加强评估工作信息化管理，学校按照制订的各项评估体系指标，自主研发了教育教学多维评估系统。该系统具有数据采集、数据审核、统计计算、系统管理、历史数据、综合评价以及审核评估 7 大功能，能够完成学院（中心、重点实验室）教育教学基本状态数据的在线采集、审核和自动汇总计算。

综合评价包括总览、重要指标、校情报告、汇总浏览和状态数据，可为学校领导提供各类教育教学基本状态数据。

数据采集是院部基础数据的在线采集功能，供各院部分门别类录入数据。

数据审核是数据审核功能，其中分为院部审核、部门审核、专家甄别和数据确认。

统计计算是主要进行各单位之间数据的统计计算、对比分析以及学院内部各项数据指标的对比分析；

历史数据是属系统年度管理，进行系统历史数据的操作管理维护以及一年一度的数据采集准备工作；

系统管理属系统日常管理，是使系统正常运行的后台支撑功能。

2016 年，学校结合审核评估工作的需要，按照教育部审核评估指标体系和教学状态

数据的采集要求，在该系统扩展了审核评估的功能。详见图1-2。

教育教学质量评估系统
Education and Teaching Quality Assessment System

表 1 学院(部)年度贡献度及竞争力综合评分总表 (图)

院部	一级指标	得分	权重	二级指标	得分	权重
人文学院	A教学工作	87.15	0.4	A1本科生教学	79.97	0.6
				A2研究生教学	97.93	0.4
	B科研工作	428.18	0.3	B1科研项目	717.67	0.5
				B2科研成果	138.69	0.5
	C学科建设	199.06	0.1	C1学科专业	505.55	0.3
				C2师资队伍	92.33	0.5
				C3教研基地	6.16	0.2
	D国际交流	51.41	0.1	D1合作办学	100.91	0.4
				D2学术交流	18.41	0.6
	E社会服务	24.55	0.1	E1社会合作	35.05	0.5
				E2社会效益	14.05	0.5
综合得分					190.82	

左侧导航：综合评价、数据采集、数据审核、统计计算、历史数据、系统管理、审核评估

图1-2 贵州大学教育教学质量多维评估系统

建设教学基本状态数据库 2009年至今，通过"五专一综"检查，采集、甄别各学院（中心、重点实验室）的教育教学基本状态数据，形成了8个年度的大容量教育教学基本状态数据库。通过对学校教育教学的运行状态进行常态监控与评估，可客观、准确、真实地反映学院（中心、重点实验室）的教育教学基本状态，比较学院（中心、重点实验室）的年度贡献度和综合竞争力，使学院（中心、重点实验室）明确自身的优势与不足、现实状况与发展潜力。该数据库发挥了评估工作的诊断、咨询、比较、导向和决策功能，为学校优化配置资源和科学制定发展规划提供了决策依据。

1.3 坚持"五专一综"多维评估，保障教育教学质量

学校秉承"成就教师，发展学生"的办学理念，创建"五专一综多维评估，两团督评常态监控，学生为本提高质量"的评估模式，组建校、院、系和教学督导团、高等教育评估专家团"三级两团"的督评制度，坚持实施"五专一综多维评估，两团督评常态监控"，形成了我校本科教学质量监控与保障的长效机制。

1.3.1 坚持"五专一综"评估，实施两团常态督评

坚持"五专一综"多维评估 "五专一综"多维评估模式是我校开展自我评估、强化常态监控、完善内部质量保障的重要形式。2009年以来，开展五个专项检查评估48次，共抽查课程6785门、试卷69134份、毕业论文（设计）9675份、现场听课教师1344人、

实践教学环节429次（实验室234个和实验教师195人）以及学生学习与发展调查学生人数14376人（见表1-1）。

表1-1　2009～2016年五个专项检查评估数据统计表

年份	教师教学水平	实践教学质量		课程考试考试质量				毕业论文（设计）质量	学生学习与发展
				第一学期		第二学期			
	现场听课人数（个）	实验室数（个）	听课人数（人）	抽查课程（门）	抽查试卷（份）	抽查课程（门）	抽查试卷（份）	检查份数（份）	学生人数（人）
2009	176	30	23	371	3217	360	3100	1323	1494
2010	176	35	34	437	4216	304	3089	1181	1600
2011	176	26	18	382	3944	490	4950	1014	1600
2012	176	31	21	490	4950	304	3089	1159	2003
2013	168	28	20	436	4820	383	3980	1106	2000
2014	216	26	20	533	5433	450	4500	1170	2000
2015	216	33	21	543	5553	438	5623	1170	2000
2016	216	25	38	428	4310	436	4360	1552	1679
小计	1344	234	195	3620	36443	3165	32691	9675	14376

　　坚持每年开展学院（中心、重点实验室）年度贡献度及竞争力综合评估，以教育教学多维评估系统为平台，各学院（中心、重点实验室）在线录入教育教学基本状态数据，经过评估专家现场甄别和职能部门审核确认，形成了8个年度的大容量教育教学基本状态数据库，共撰写发布《贵州大学年度教育教学状况》白皮书8部。

　　坚持两团督评常态监控　学校督导团每学期开展"三大检查"。一是期初、期中和期末教学检查。分别以教学准备和师生到课率、教学计划执行和教学效果、考试环节和考风考纪为重点。二是随机性教学检查，对课堂教学和实践环节进行随机抽查。三是专项教学检查，根据教学运行中的重要工作开展专项教学检查。高教研究与评估专家团每年开展"五专一综"检查评估，撰写发布专项评估报告和《贵州大学教育教学状况》年度白皮书，分析反馈本科教学运行状态和学院（中心、重点实验室）的年度贡献度和竞争力。

1.3.2 坚持评估结果追踪，强化问题整改落实

采集教学质量信息　通过教学督导团、专家评估团及学生座谈会、问卷调查收集教学质量的相关信息，保证教学信息收集渠道的多样性，同时，依托评估系统进行数据统计分析，形成教师教学水平、实践教学质量、课程考试质量、毕业论文（设计）质量、学生学习与发展报告以及学院（中心、重点实验室）年度贡献度与竞争力排名。

发布教学质量报告　学校领导高度重视本科教学质量报告的编撰和发布工作，把信息公开作为接受社会监督与问责的应尽义务，也作为赢得社会信任与支持的有效途径，更作为学校自我诊断、自我反思、自我改进的重要措施。坚持每年向社会公开发布《贵州大学年度本科教学质量报告》，报告从专业设置、生源质量、师资建设、经费投入、就业状况、教学改革、学生满意度等多个方面，客观反映学校本科教学质量现状，重点突出存在的主要问题和具体的改进措施。

实行"一库两报"制度　"一库"是指教育教学状态数据库。校直部门和学院（中心、重点实验室）在线提交基本状态数据，通过专家现场甄别、审核和综合分析形成贵州大学教育教学状况数据库，具体工作流程见图 1-3。"两报"是指"五专一综"评估结果的电子报告和书面报告。及时向校领导、学院及职能部门发送"两报"。

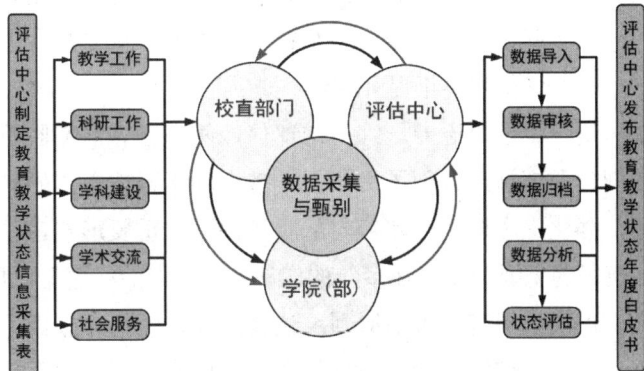

图 1-3　贵州大学教育教学基本状态数据库及评估工作流程

强化问题整改落实　学校将"五专一综"评估报告提出的问题和建议以及领导、专家、同行"三听课"和学生、同行"两评教"制度全方位、多层次发现的问题，及时反馈给职能部门、学院、系（教研室）以及教师本人。2009 年以来，各种督评检查向学院、系（教研室）反馈意见 6000 余条，其中涉及教师反馈意见 3500 余人次，向职能部门反馈意见 200 余条。要求针对问题进行认真整改，并写出总结分析报告，此项措施效果显著。例如，学校参考《年度教育教学状况》白皮书排名，优化了资源配置；机械学院与矿业学院的两个专业，根据评估意见持续改进，已于 2015 年顺利通过国家工程教育专业认证。

1.3.3 坚持质量持续改进，保障教育教学质量

坚持追踪评估结果　学校不仅依托"两团督评"督评结果出具评估报告，更重要的是对督评结果进行跟踪督办。在追踪评估结果应用、持续改进和提高质量方面，通过教学工作例会反馈督评发现的问题，及时进行专题研究，并通过现场办公等方式，形成整改意见，落实到相关部门、学院及任课教师，及时追踪改进的情况，并将改进效果作为下一年度教学质量评估的考核要素。

突出质量持续改进　"五专一综多维评估"与"两团督评常态监控"实现了对教学运行全过程和教学管理各单位立体化监控，促使职能部门和学院间有效联动，形成了校内教学质量监控与保障的内在动力机制，是实现本科教学质量持续提升的关键。

学校根据办学定位和服务面向，以社会需求为导向，以社会满意为标准，确立人才培养目标，制定教学质量标准，开展"五专一综多维评估"，建立了具有自身特色的教学质量监控与保障的长效机制。在 2016 版本科培养方案的修订中，学校坚持以学生发展为中心，关注学生学业发展，分析本科教学质量存在的问题，分析人才培养质量与培养目标的达成度、与社会需求和社会满意的契合度；引入行业、企业社会人士参与培养方案的制定；通过召开各种专题论证会，广泛征求社会各界意见，科学修订本科培养方案；确立了以社会需求为导向、以社会满意为目标的内外双环互动联系，维持质量持续改进的动态张力，形成了基于人才培养质量和社会需求的学校与社会之间的良性互动机制，保障学校本科教学质量持续逐年提升。

保障教育教学质量　学校"五专一综多维评估，两团督评常态监控，学生为本提高质量"长效机制的创建和实施，开创了贵州大学教育教学评估工作的崭新局面。这既是学校开展自我评估、强化常态监控、完善内部质量保障的重要形式，也是构建中国特色高等教育多维评估模式的重要尝试。在多年的实践中，我们始终遵循评估指标量化可测、权重赋值科学合理、评估结果客观可信原则，认真采集、甄别、分析信息，采用评估排行的形式撰写发布"五专一综"评估和教育教学状况白皮书，及时反馈教学过程中存在的不足和问题，充分发挥评估工作的诊断、咨询和导向功能，坚持追踪评估结果，强化问题整改落实，有效保障了本科教学质量。

办学实力持续上升　综合评估结果表明，2009 年以来，贵州大学教学水平和办学实力逐年持续上升，2016 年综合评价分值达 141.83，比 2009 年提升了 112.72，特别是 2012 年以后，学校发展步入快车道，五个一级指标"教学工作、科研工作、学科建设、国际交流和社会服务"均呈现跨越式全面发展态势（图 1-4）。

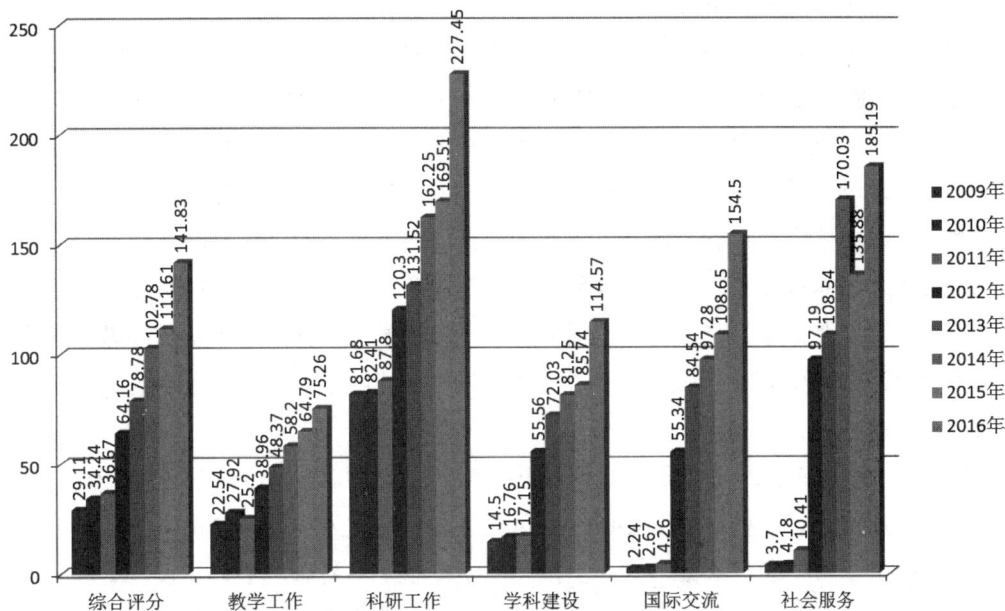

图 1-4 学校 2009~2016 年度贡献度和竞争力综合评估变化

"五专一综"社会影响 "五专一综"评估模式不仅在省内高校产生了很大影响，而且也引起教育部评估中心和国内兄弟院校以及媒体的高度关注。2010 年 8 月，教育部门户网站、国际在线等进行了大篇幅报道，全国 2000 余家单位和媒体进行了转载；2010 年 11 月，在全国高等教育质量保障与评估机构协作会成立大会上，作为常务理事单位代表，李明教授在大会上作了主题交流发言，介绍"五专一综"的做法和经验；2012 年 12 月 4 日，省教育厅副厅长代其平到我校评估中心（高教所）专题调研"五专一综"工作，给予了高度评价，并明确指示以此为基础抓紧研究创建全省高校教学质量评估系统，希望能在全省重点高校开展"五专一综"试点后，推广至全省所有高校；2015 年 5 月和 2017 年 1 月，教育部教育教学评估中心吴岩主任和王战军副主任专门来我校调研，对我校坚持"五专一综"常态评估的做法给予高度评价；在 2016 年贵州大学本科教学审核评估中，"五专一综多维评估模式"作为特色项目得到国内评估专家的一致首肯。在近三年省教育厅组织的各高校年度目标绩效考核中，"五专一综"评估及白皮书发布成为贵州大学高校质量保障工作的亮点，得到考核组的一致认可。此外，海南大学、青海大学等高校专门邀请我校李明教授到校介绍"五专一综"的做法和经验。近五年来，相继有浙江大学、西北农林科技大学、青岛大学、火箭军工程大学、浙江农林大学、江西财经大学、江西师范大学、长江大学、渤海大学、江西师范大学、燕山大学、贵州民族大学、贵阳学院、贵州高等商业专科学校等 60 多所省内外兄弟院校的领导和同仁来校学习"五专一综"评估的经验和做法或通过电话、邮件等形式咨询、索取有关资料，对我校"五专一综"评估模式给予了高度肯定。

2013年,贵州大学"四专一综"教学评估探索与实践,获贵州省省级教学成果二等奖。

"五专一综"主要特色　一是组建了一支多学科、高学历、高职称、年轻化的评估专家队伍;二是制定了科学、量化的专项评估和综合评估方案及其指标体系;三是自主研发了教育教学多维评估系统及其教育教学基本状态数据库;四是创建了"五专一综"教育教学多维评估模式;五是确立了"两团督评"常态监控的工作机制;六是完善了内环(学校人才培养目标和质量)与外环(社会需求和满意)双环互动的教学质量监控与保障体系;七是形成了评估工作"三不扰"(不干扰学院工作、不干扰教师教学、不干扰学生学习)的工作原则;八是建立了评估结果"一库两报"的信息发布与追踪反馈工作制度。

"五专一综"多维评估全面真实地反映了学校的教育教学状态和整体实力,客观、科学地综合评价了各个单位的年度贡献度及竞争力,同时为学校领导决策、资源分配和工作考核提供了重要参考依据,进一步推动了学校教学、科研、学科建设、国际交流及社会服务各项工作,进一步增强了学校人才培养、科学研究和社会服务的能力,进一步提升了学校的办学水平和整体实力,进一步提高了学生、家长、单位和社会的满意度,进一步扩大了学校在全国的良好声誉和知名度。

本书根据2014年"五专一综"的评估报告编撰而成,主要内容包括:"教师教学水平专项检查""实践教学质量专项检查""课程考试质量专项检查""本科生毕业论文(设计)质量专项检查""本科生学习与发展专项调查""学院(部)年度贡献度与竞争力综合评估""本科教学质量评估"7大评估报告,每个报告均介绍了具体的评估方法,并对评估结果进行了统计分析和排行比较,提出了存在问题和整改建议。该书既全面客观地反映了2014年贵州大学的教育教学状况,也展示了多维评估对本科教学质量的监控和保障作用。

第 2 章　2014 年度教师教学水平专项评估报告

教学是学校工作的中心。教师教学水平既是教师的立身之本，也是学校生存发展的基石。教师教学水平专项检查评估是"五专一综"评估的一项重要内容，已经实现常态化。开展教师教学水平专项检查评估旨在加强教风学风建设，鼓励教师开展教育教学改革，推进教师教学工作的制度化、规范化，保障教学秩序的正常稳定，促进教师队伍建设，提高教学水平和人才培养质量。

2.1 评估方法

2.1.1 评估依据

按照教育部普通高等学校本科教学工作水平评估和《贵州大学教学管理规程》《贵州大学教师教学工作规程》等有关要求，根据《贵州大学教师教学水平评估办法（试行）》（贵大发〔2010〕97 号）及其附件《贵州大学教师教学水平评估指标体系》，2014 年 11 月和 12 月分两个阶段（听课评教阶段和材料审核阶段），校评估中心（高教所）下发《关于开展 2014 年教师教学水平专项检查评估的通知》（贵大评估中心〔2014〕9 号），组织校高等教育研究与评估专家团对 27 个学院（部）的教师教学水平进行了专项检查评估。

2.1.2 评估内容

按照《贵州大学教师教学水平评估指标体系》进行本次教师教学水平专项检查评估。评估内容包括"师德与能力""教学与效果"2 个一级指标，12 个二级指标。一级指标"师德与能力"包括为人师表、履行职责、教学研究、科研水平 4 项二级指标，一级指标"教学与效果"包括教学准备、教学方法、教学手段、教学效果、课外辅导、作业批改、指导论文、教学考评 8 项二级指标。其中，二级指标"教学考评"包括学生评教、同行评教和领导评教。

2.1.3 抽样方法

教师教学水平专项检查评估的对象为具备教师资格、承担教学任务的所有在职教师。本次检查由评估中心（高教所）在学校教务管理系统中，以 2014～2015 学年度第一学期承担本科教学任务的教师为抽样对象，每个学院（部）随机抽选 1 名教授、3 名副教授和 4 名讲师，共 8 名教师确定为该学院（部）参评教师。

2.2 结果分析

2.2.1 总体情况

（1）抽样情况

本次专项检查评估共抽取了 27 个学院（部）的 216 名教师，采集了数据资料 8964 项，评估中心（高教所）录入数据 17940 项。抽样统计情况见表 2-1。

表 2-1　2014 年教师教学水平专项检查抽样统计

序号	学院	教授	副教授	讲师
1	体育学院	1	3	4
2	机械工程学院	1	3	4
3	经济学院	1	3	4
4	马克思主义学院	1	3	4
5	农学院	1	3	4
6	计算机科学与技术学院	1	3	4
7	动物科学学院	1	3	4
8	生命科学学院	1	3	4
9	资源与环境工程学院	1	3	4
10	材料与冶金学院	1	3	4
11	电气工程学院	1	3	4
12	矿业学院	1	3	4
13	建筑与城市规划学院	1	3	4
14	化学与化工学院	1	3	4
15	林学院	1	3	4
16	法学院	1	3	4
17	外国语学院	1	3	4
18	人文学院	1	3	4
19	艺术学院	1	3	4
20	管理学院	1	3	4
21	理学院	1	3	4
22	药学院	1	3	4
23	酿酒与食品工程学院	1	3	4
24	大数据与信息工程学院	1	3	4

序号	学院	教授	副教授	讲师
25	旅游与文化产业学院	1	3	4
26	公共管理学院	1	3	4
27	土木工程学院	1	3	4
合计	27个学院	27	81	108

（2）结果统计

根据学院（部）每位参评教师在各二级指标的单项得分，乘以其相应权重计算得出参评教师个人的最终得分，以教师个人得分的平均分作为学院（部）的综合评分。本次教师教学水平检查评估，学院（部）综合评分结果见表 2-2，学院（部）排名情况见图 2-1。从评分情况看，学院（部）综合评分平均分为 77.95；一级指标"师德与能力"（满分 26 分）全校平均得分为 18.99，一级指标"教学与效果"（满分 74 分）全校平均得分为 58.95；综合评分前三名为经济学院、计算机科学与技术学院、建筑与城市规划学院。

表 2-2　学院（部）综合评分统计表

序号	学院（部）	"师德与能力"平均分	"教学与效果"平均分	综合评分
1	体育学院	15.66	59.32	74.99
2	机械工程学院	18.20	50.59	68.78
3	经济学院	21.47	70.55	92.02
4	马克思主义学院	18.77	53.48	72.25
5	农学院	19.30	65.68	84.98
6	计算机科学与技术学院	21.91	69.48	91.39
7	动物科学学院	18.99	60.38	79.37
8	生命科学学院	18.22	67.62	85.83
9	资源与环境工程学院	18.41	54.01	72.42
10	材料与冶金学院	22.31	60.00	82.32
11	电气工程学院	21.14	61.38	82.52
12	矿业学院	17.49	54.39	71.88
13	建筑与城市规划学院	20.76	65.61	86.37
14	化学与化工学院	21.56	57.29	78.85
15	林学院	21.43	58.53	79.96
16	法学院	18.94	49.76	68.70
17	外国语学院	18.66	62.25	80.90
18	人文学院	18.47	58.59	77.06
19	艺术学院	18.30	55.56	73.86
20	管理学院	18.87	58.27	77.14

续表

序号	学院（部）	"师德与能力"平均分	"教学与效果"平均分	综合评分
21	理学院	18.99	57.37	76.36
22	药学院	12.52	46.37	58.90
23	酿酒与食品工程学院	19.00	52.36	71.36
24	大数据与信息工程学院	19.54	62.35	81.89
25	旅游与文化产业学院	16.82	58.11	74.94
26	公共管理学院	20.64	63.25	83.90
27	土木工程学院	16.46	59.20	75.65
28	平均得分	18.99	58.95	77.95

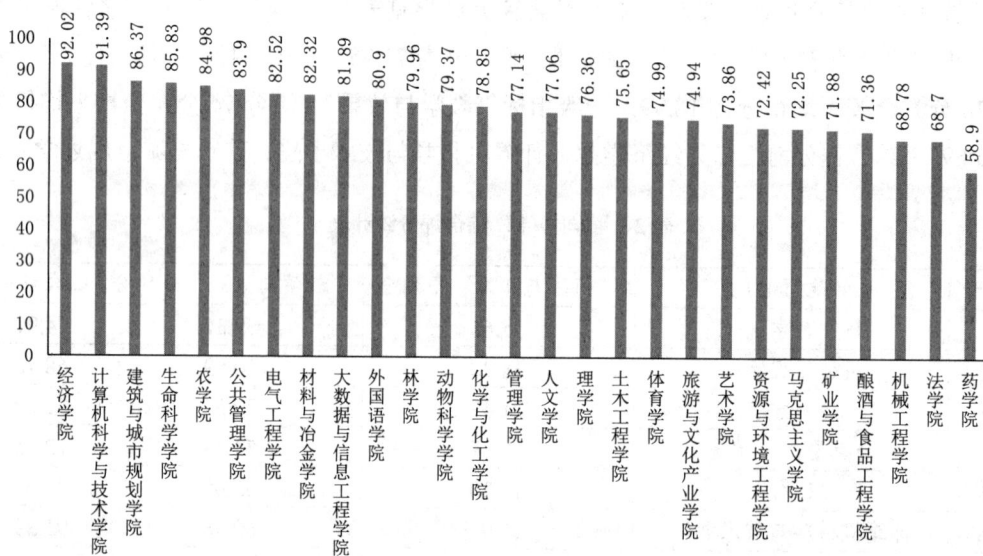

图 2-1　学院综合评分

2.2.2 一级指标

（1）学院"师德与能力"评估排行

一级指标"师德与能力"（满分 26 分）全校平均得分为 18.99。该指标前三名为材料与冶金学院、计算机科学与技术学院、化学与化工学院。

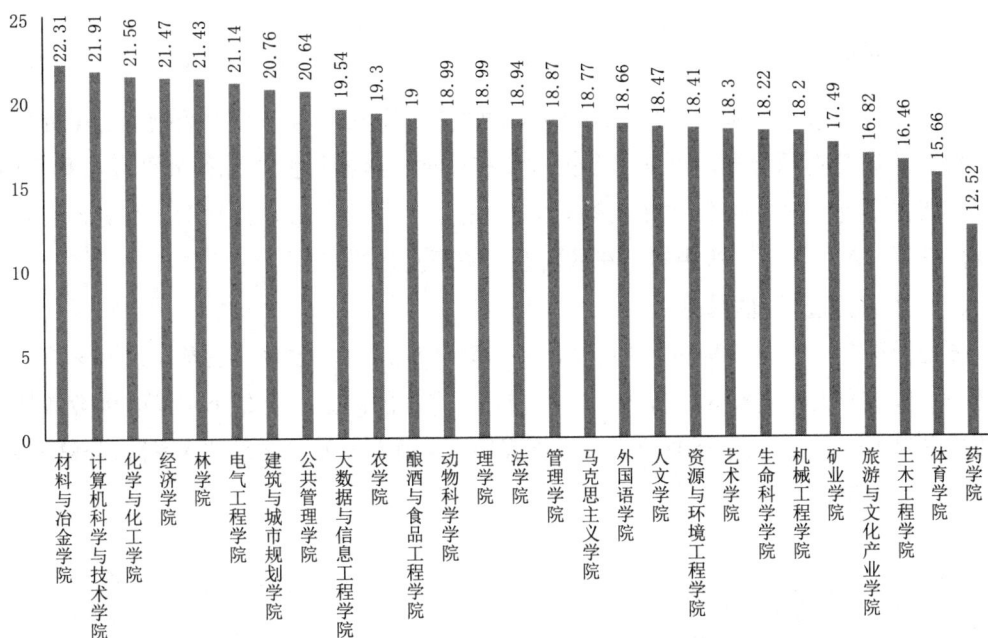

图 2-2　"师德与能力"评估排行

(2) 学院"教学与效果"评估排行

一级指标"教学与效果"(满分 74 分)全校平均得分为 58.95。该指标前三名为经济学院、计算机科学与技术学院、生命科学学院。

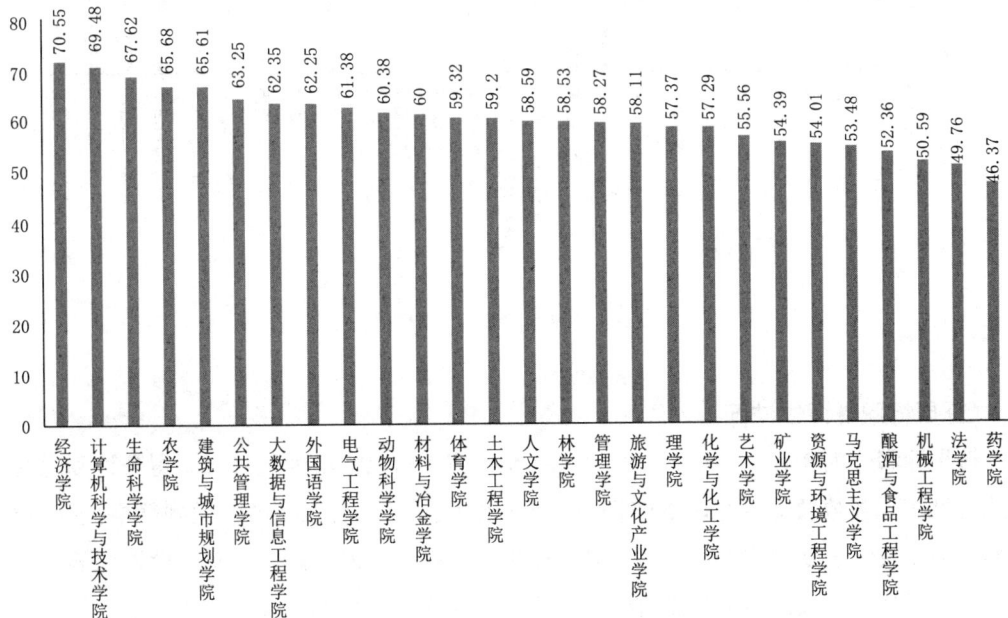

图 2-3　"教学与效果"评估排行

2.2.3 二级指标

状态评估以二级指标为基准进行分析。根据参评教师在某一项二级指标的得分乘以相应权重计算出实际得分，对8位参评教师在该项二级指标的实际得分进行总和平均，即得出所在学院（部）该二级指标最终得分。根据该平均分做出柱状图，可更为直观地反映出学院（部）各项二级指标存在的问题、差距及优势。

（1）"为人师表"评估排行

该指标满分为6分。从图2-4可知，各学院（部）大多数教师在参加政治学习、爱岗敬业、教书育人、遵章守纪等方面做得较好，存在的问题主要是个别学院少数教师参加政治学习不够积极性、上课时语言逻辑不强等。这项指标前三名是艺术学院、经济学院、材料与冶金学院。

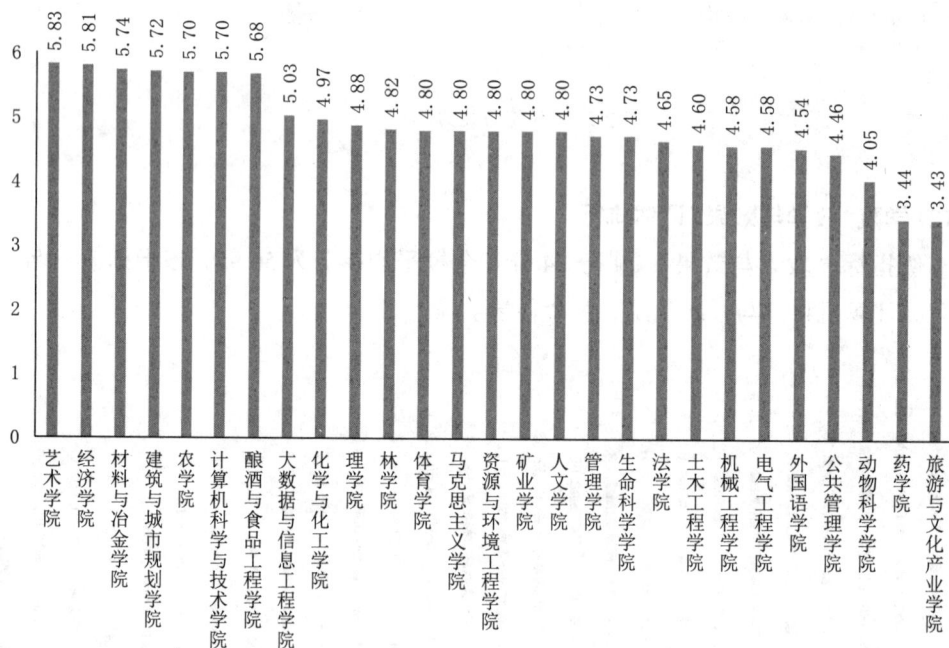

图2-4 "为人师表"评估排行

（2）履行职责评估排行

该指标满分为8分。从检查结果（图2-5）可知，有24个学院（部）得分达到优秀。由此可见，大多数教师履行职责较好，能承担学校安排的教学任务，做到严格执行教学计划，按照教学进度完成教学任务；但也存在个别教师上课迟到、拖堂、调停课等现象。该指标前三名是大数据与信息工程学院、生命科学学院、管理学院。

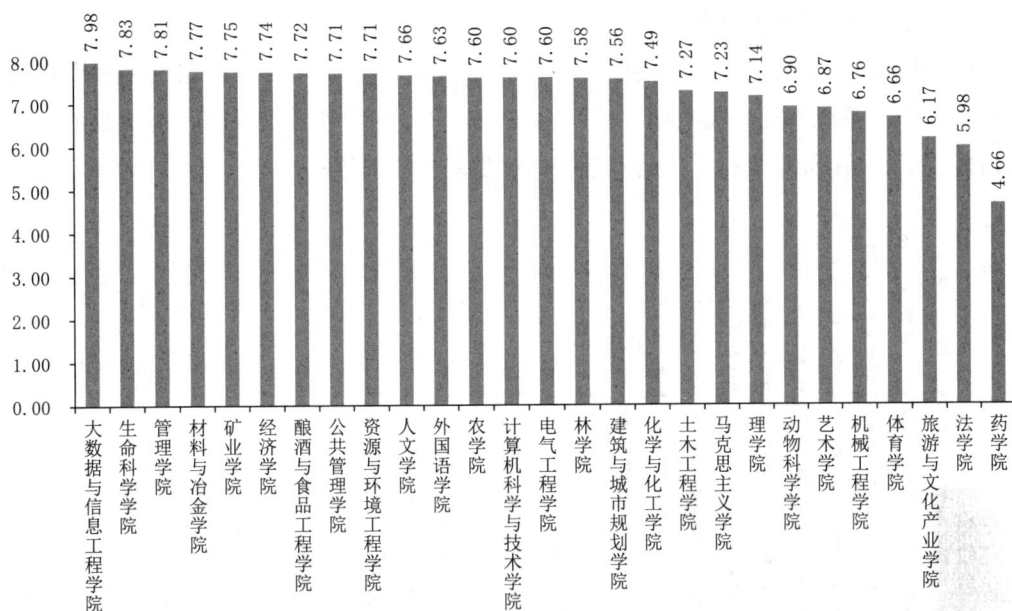

图 2-5　"履行职责"评估排行

（3）"教学研究"评估排行

该指标满分为 5 分。从检查结果（图 2-6）可知，大多数学院（部）的教师重视教学研究，教师积极参加校、院、系组织的教研活动，积极申报或参加教学改革项目，并发表教研论文；但是在教学研究中，存在着高级别项目少、高水平成果少等问题，多数学院（部）亟需大力加强教学研究。该指标前三名是电气工程学院、机械工程学院、公共管理学院。

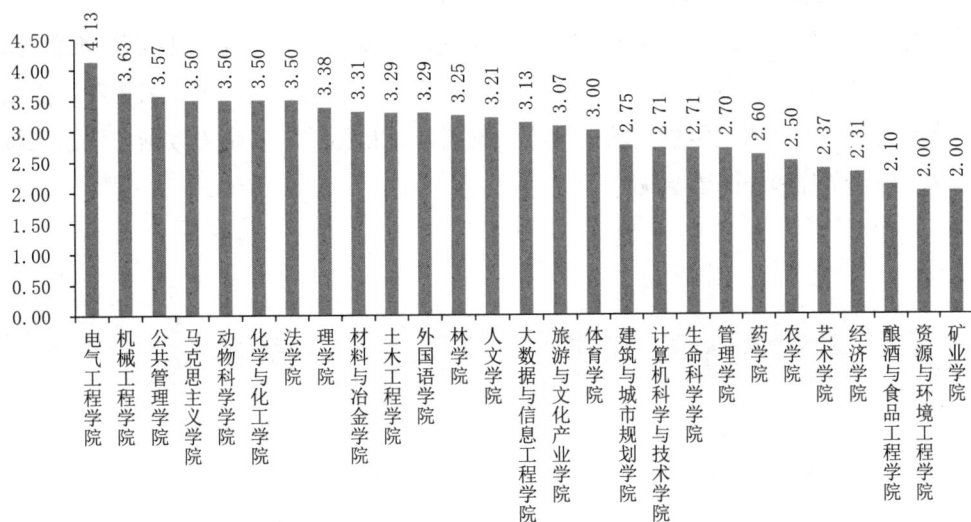

图 2-6　"教学研究"评估排行

(4)"科研水平"评估排行

该指标满分为 7 分。检查结果（图 2-7）表明，各学院（部）普遍重视科学研究，大多数教师主持或参加各类科研项目，但发表较高水平科研论文及高水平成果的较少。该指标前三名是：计算机科学与技术学院、林学院、经济学院。

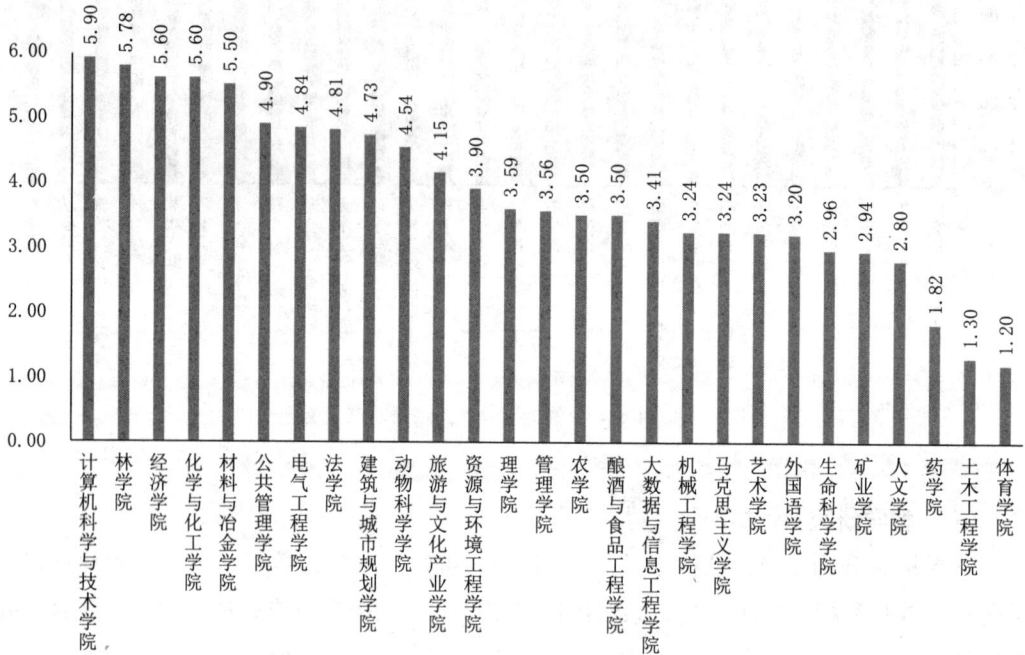

图 2-7 "科研水平"评估排行

(5)"教学准备"评估排行

该指标满分为 8 分。检查结果（图 2-8）显示，大多数教师在教学过程中，准备充分，携带教学大纲、教学计划、教学日历、教案、课表、教学用具、学生点名册等，少数教师仅携带教学课件，未按学校要求携带相关材料。该指标前三名是大数据与信息工程学院、生命科学学院和外国语学院。

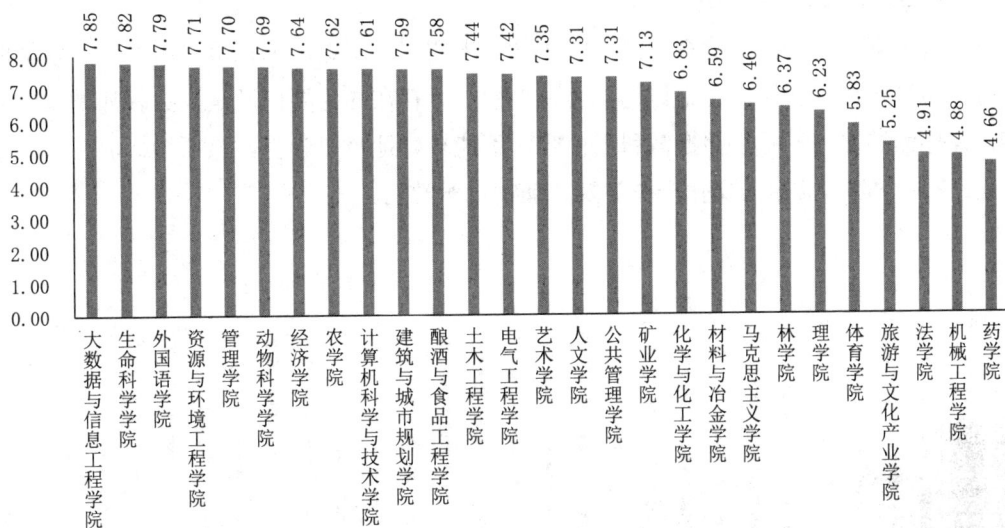

图 2-8　"教学准备"评估排行

（6）"教学方法"评估排行

该指标满分为 6 分。检查结果（图 2-9）表明，各学院（部）大多数教师根据自身学科的特色，注重因材施教，教学过程中采用讨论法、实验法、练习法、启发式教学法、案例教学法、课题研究法、读书指导法等多样化的教学方法教学；但少数教师教学中仍存在灌输式、与学生互动少、教学方法单一等问题。

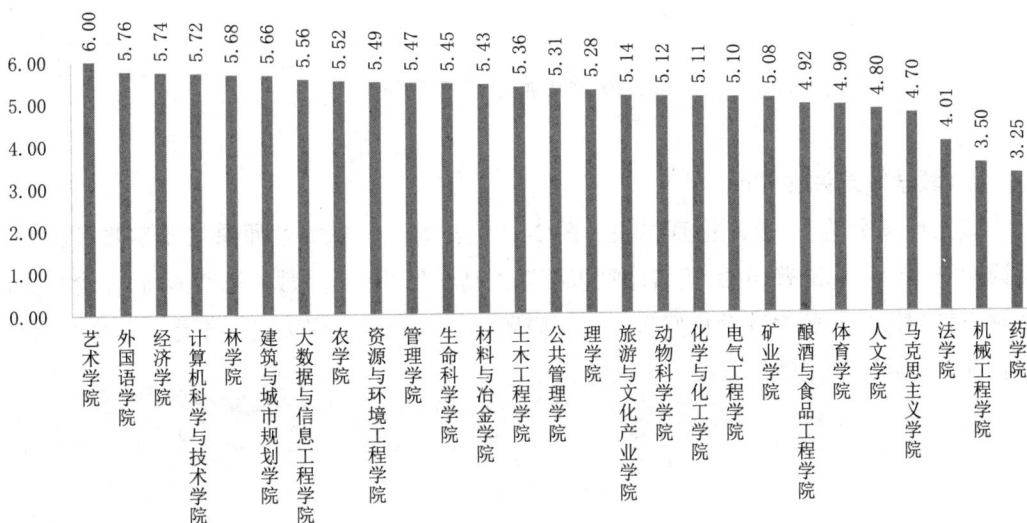

图 2-9　"教学方法"评估排行

（7）"教学手段"评估排行

该指标满分为6分。检查结果（图2-10）表明，大多数教师积极采用多种教学辅助手段，如多媒体、挂图、小组讨论、实地考察等。存在的主要问题是少数教师制作的多媒体课件为纯文字形式，照搬教科书内容，不能较好地吸引学生。该项指标前三名的学院是：艺术学院、旅游与文化产业学院、动物科学学院。

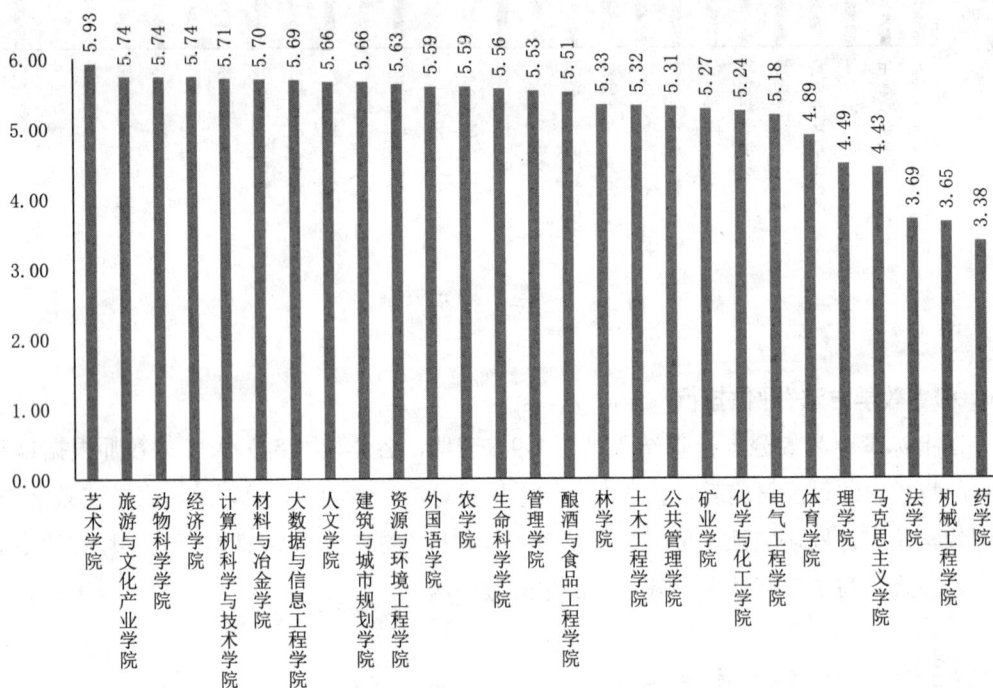

图2-10　"教学手段"评估排行

（8）教学效果评估排行

该指标满分为12分。检查结果（图2-11）表明，大多数教师课堂教学效果较好，授课时能够运用标准普通话，语言幽默诙谐以提高学生的兴趣；教师思路清晰、概念清楚、重难点把握得当，师生互动良好等。主要问题是少数教师上课吸引力不足，学生容易打瞌睡或不听课，个别学生逃课、旷课等。

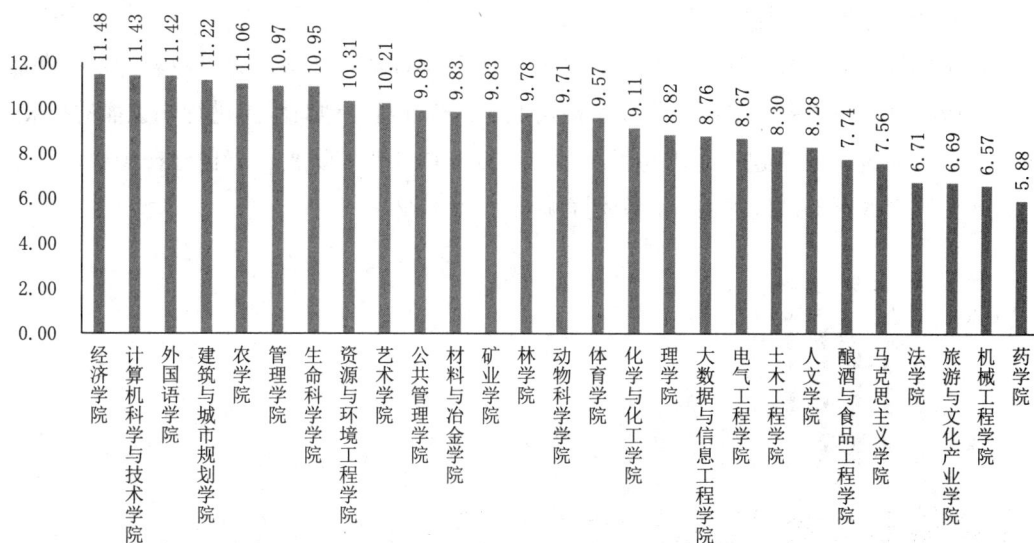

图 2-11　"课堂效果"评估排行

(9) "课外辅导"评估排行

该指标满分为 6 分。检查结果（图 2-12）显示，学院（部）大多数教师爱岗敬业，采用面对面解答、在线答疑等进行课外辅导，积极启发和解答学生学习中遇到的疑难问题；部分教师课外辅导学生人（次）数较少，甚至从未进行课外辅导。本次检查仅 10 个学院（部）达到优秀标准 4.8 分以上。

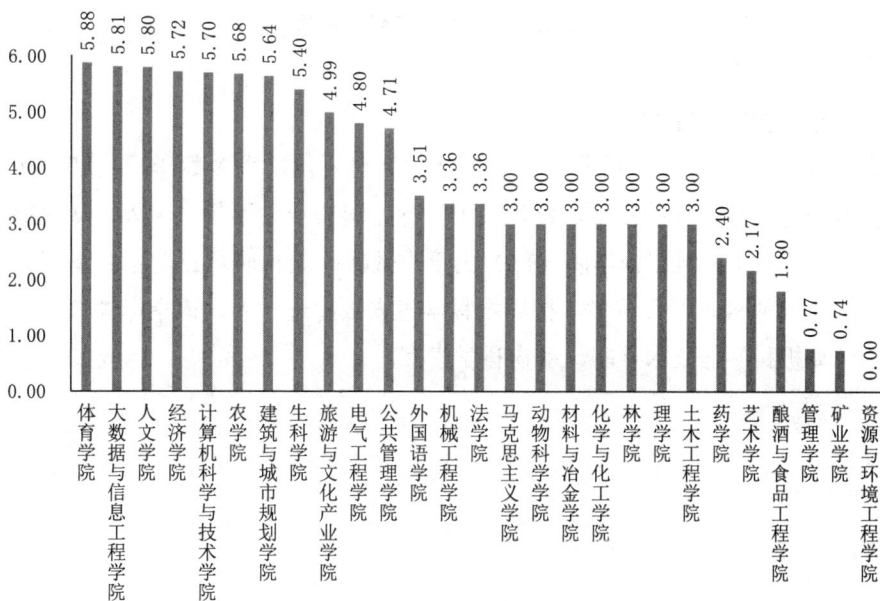

图 2-12　"课外辅导"评估排行

（10）"作业批改"评估排行

该指标满分为 6 分。检查结果（图 2-13）表明，各学院（部）大多数教师重视课后作业批改，以掌握学生的知识吸收和掌握情况，并有针对性地对学生进行知识面的扩展。大多数教师布置作业的题量、难易程度适当，批改作业比较认真。但也存在少数教师不批改作业和批改不够细致等情况，个别教师未布置作业。

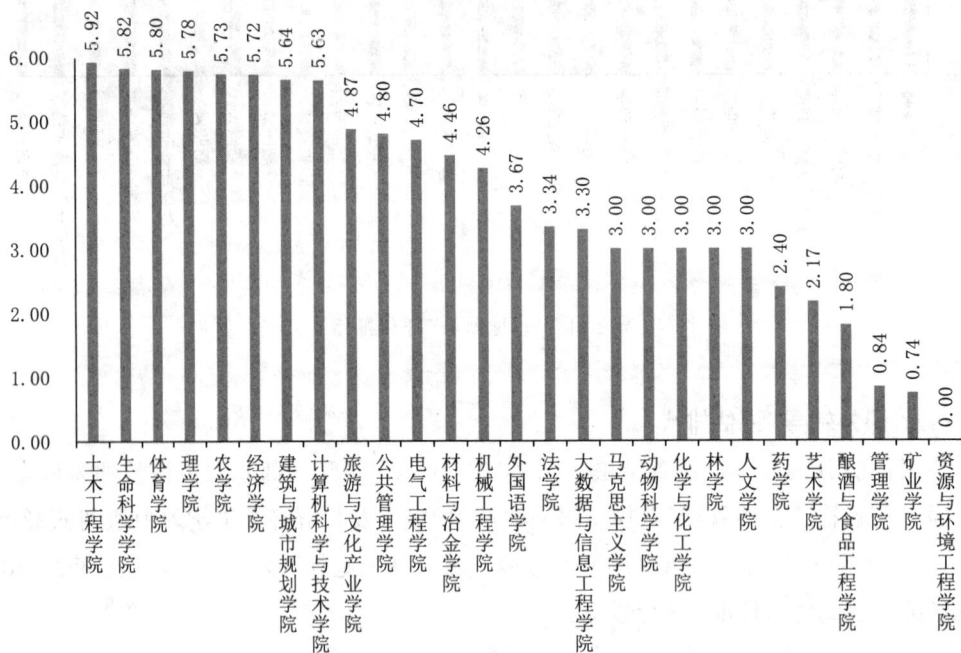

图 2-13　"批改作业"评估排行

（11）"指导论文"评估排行

该指标满分为 10 分。从检查结果（图 2-14）可看出，大多数学院（部）按照要求执行学校对教师指导论文的规定。每位教师指导本科毕业生不超过 8 人，认真指导学生的毕业论文（设计）。但部分学院（部）由于少数教师无科研项目，不愿承担论文指导工作，或部分教师科研项目较多，指导本科学生人数超过 8 人。该指标评估前三名是经济学院、计算机科学与技术学院、动物科学学院。

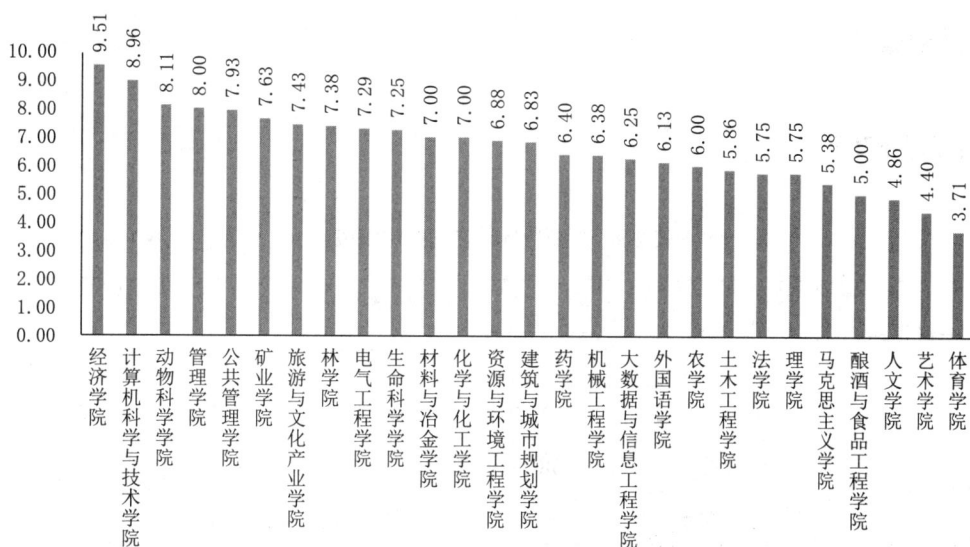

图 2-14 "指导论文"评估排行

（12）"教学考评"评估排行

该指标满分为 20 分。检查结果（图 2-15）表明，教师的教学总体上得到学院（部）领导和同行以及学生的认可。在教学评价中，也存在一些问题，对学生要求严格且教学水平较高的部分教师，学生评教分数反而过低，这反映出教师需要衡量如何更好的启发学生和提高学生对课程的兴趣方面着手改进，使学生更好的获取知识。该指标前三名是生命科学学院、大数据与信息工程学院、经济学院。

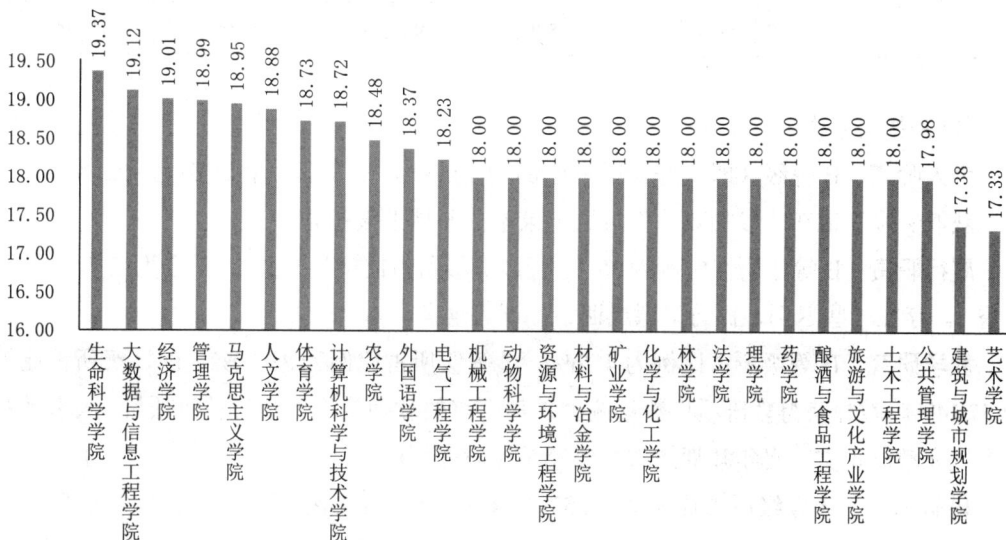

图 2-15 "教学考评"评估排行

2.3 问题整改

2.3.1 存在问题

表 2-3　二级指标存在问题比例统计

一级指标	二级指标	等级			合计
		B	C	D	
师德与能力	01为人师表	14.29%	9.52%	0	23.81%
	02履行职责	38.11%	9.52%	0	47.63%
	03教学研究	4.76%	38.10%	57.14%	100%
	04科研水平	28.57%	28.57%	33.33%	90.47%
教学与效果	05教学准备	28.57%	14.29%	4.76%	47.62%
	06教学方法	47.62%	9.52%	4.76%	61.90%
	07教学手段	28.57%	4.76%	4.76%	38.09%
	08教学效果	23.81%	47.62%	14.29%	85.72%
	09课外辅导	14.29%	19.05%	47.62%	80.96%
	10作业批改	14.29%	61.90%	14.29%	90.48%
	11指导论文	38.10%	38.10%	23.80%	100%
	12教学考评	9.52%	9.52%	0.00%	19.04%

（1）师德与能力

为人师表　B 等级（即良好）所占比例为 14.29%，C 等级所占比例为 9.52%。大多在"获取奖励"或在"参加政治学习"记录本的归档上被扣分。

履行职责　B 等级所占比例为 38.11%，C 等级所占比例为 9.52%，其余为 A 等级（即优秀）。存在一些迟到、提前下课或调、停课等现象。

教学研究　B 等级所占比例为 4.76%，C 等级所占比例为 38.10%，D 等级所占比例为 57.14%。教师获得教研项目数量偏少，甚至有的教师就没有参与教研项目，大多数都没有发表教研论文，青年教师的教学研究是比较薄弱的。

科研水平　B 等级所占比例为 28.57%，C 等级所占比例为 28.57%，D 等级所占比例为 33.33%。教师缺少省部级以上科研项目，部分副教授和讲师本年度无任何研究项目、论文发表和学术活动，主要扣分点集中在讲师。

（2）**教学与效果**

多媒体课件　不少教师自制多媒体课件，但制作技术不够，多媒体课件显示出来的效果差，没有达到效果。

授课效果　有的教师上课平铺直叙，没有激情，板书不规范。

学生到课率　存在毕业班到课率低，部分学生迟到等现象。部分学生在课堂上精力不集中，有的打盹，有的在用手机发短信。

作业批改　一些教师未按要求布置和批改作业，有的布置和批改作业太少，有的随意布置作业后从不批改，还有一些教师由于没有收集存档的作业，而无法提供给专家甄别。

课外辅导问题　不少教师对课外辅导不够重视，一些教师没有对学生进行课外辅导，学院也没有规范的管理环节，没有课外辅导的记录，无法核实。在这次检查中，不能提供课外辅导支撑材料的教师比较多。

（3）**其他**

有些学院新上岗教职工对业务不熟悉、不清楚，导致专家去巡查进行询问时，得到的回答是"不知道"，而且这些新上岗的人员也不能提供相应的支撑材料，所以出现了有的学院本次检查评估结果得分比较低的现象。

另外，在这次检查抽样时我们发现，有些学院的课表存在很多问题，如课表课时与实际上课课时不吻合，上课时间与实际上课时间不吻合，课表上的教师与实际上课的教师不吻合等。

2.3.2 整改建议

（1）**对学院（部）的建议**

进一步加强教学活动的组织实施。认真执行《贵州大学教学管理规程》《贵州大学教师教学工作规程》等，加强对教师遵守教学规程和学生遵守教学纪律的管理。

进一步加强和推进教研室工作。坚持开展教研室活动，围绕课程建设加强教学研究，坚持传、帮、带的青年教师导师制度，以教研室为单位多开展教学观摩活动等。

进一步加强教师教学评价。坚持学院领导听课制度、教研室同行听课制度和学生评教制度，加强教学督导。

（2）**对任课教师的建议**

遵守教学规程。坚持以教书育人为根本，把主要精力放在教学上，严格按照教学规程认真履行教学职责。

加强教学研究，推进教学改革。积极参与教学研究的项目，推广教研成果，改革教学方法与手段，增强教学效果。

坚持与时俱进，提高教学水平。加强自身学习，及时掌握课程相关前沿信息，在课堂教学上多下功夫，努力把每一节课都上成"精彩一课"。

（3）对教务处的建议

进一步加强对教师教学的管理。继续巩固和扩大教育部本科教学工作水平评估的优秀成果，坚持实施《贵州大学教学管理规程》《贵州大学教师教学工作规程》等，开展教学培训（如教师自制多媒体课件的基础知识等），开展观摩教学，让青年教师和上课效果较差的教师接受上课基本功的培训，并加强对教师遵守各项规程的检查。

进一步加强教学研究的组织管理。围绕课程建设、教学方法改革等问题，培训教师开展教学研究，坚持组织开展校内年度教研课题研究，鼓励研究解决教学中的实际问题，注重教研成果的实际运用和推广，培育省部级乃至国家级教研项目，使我校教研项目的成果上档次。

要进一步对各学院的排课进行审核，以免出现课表与实际上课的情况不相符的情况。

2.3.3 整改情况

在教师教学水平检查评估的过程中，大部分学院（部）都对这项工作给予了大力支持。管理学院教务科的管理人员按时把整理得十分规范的学院三项评审表提交到评估中心，为中心的检查工作提供了方便。在"教学考评"中，各学院（部）的领导和同行评价客观公正适度，没有满分，也没有不客观的低分。

在提供支撑档案材料方面，学院（部）做了大量的工作，组织相关教师学习领会评估的重要性，大多数参评教师积极认真地提供支撑材料。土木建筑工程学院的教师把自己上课所有环节的支撑材料都准备得很充分。

学院（部）绝大部分教师教学认真负责，为学校教学质量的保障发挥了极其重要的作用。参加本次检查评估的教师，大多数都能积极准备，认真对待。值得肯定的是，在此次检查抽样中，有些学院的教师被多次抽到检查，他们没有怨言，仍然能积极准备，认真对待。

第3章 2014年度本科实践教学质量专项评估报告

实践教学是本科教学的重要组成部分，是培养学生动手、思辨和创新能力的重要环节。我校本科实践教学质量专项检查评估已经实现常态化。为贯彻落实教育部关于加强学校内部质量保障体系建设的精神，进一步规范我校实践教学管理，不断提高实践教学质量，按照校领导的安排部署，校评估中心（高教所）于2014年5月12日～13日组织校第三届高等教育研究与评估专家团到各学院（部）开展了2014年度本科实践教学质量专项检查评估工作。

3.1 评估方法

3.1.1 评估依据

按照教育部本科教学工作水平评估的有关要求，根据《贵州大学实践教学质量评估办法（试行）》（贵大评估中心〔2010〕2号）和《关于开展2014年度本科实践教学质量专项检查评估的通知》（贵大评估中心〔2014〕6号）对2014年度本科实践教学质量进行了专项检查评估。

3.1.2 评估内容

贵州大学本科实践教学质量评估内容包括"条件与利用""实施与效果"2个一级指标，12个二级指标。"条件与利用"包括"实验队伍""实验设施""实习基地""经费使用"4个二级指标，"实施与效果"包括"管理制度""教学文件""实习实训""普通实验""综设实验""开放实验""训练竞赛""社会实践"8个二级指标。

此次检查范围为26个学院（部）2014年度本科实验、实习、实训、创新实践、学科竞赛和社会实践等方面。

3.1.3 抽样方法

本次检查评估分别由六个高等教育研究与评估专家检查评估小组共计查看26个学院（部）的常态教学文件和档案材料；对实验设备帐物卡相符情况、实习协议签订情况、实验课程计划与开设情况等进行随机检查。现场随机抽查实验室共28个；还根据各学院提供的 2014 年度实验课表清单，随机抽样听取了 1～2 节实验课程，且每节实验课由 2 名以上专家听评现场教学情况，现场听评实验课（含课带实验）共 20 门。

3.2 结果分析

3.2.1 总体情况

2014 年 5 月 12 日～13 日，6 个检查评估小组按照专项检查工作安排分别到各校区的指定学院开展了 2014 年度本科实践教学质量专项检查评估，共检查了 26 个学院的常态教学文件和档案材料，现场随机抽查实验室 28 个，同时还听评了实验课（含课带实验）共 20 门。

表 3-1　2014 年度本科实践教学质量抽查实验室统计表

序号	学院	走访实验室名称	听评实验课名称
1	人文学院	多功能实验室 新闻综合实验室（二） 新闻综合实验室（三）	
2	外语学院	外语语音室	语音课
3	法学院	模拟法庭	"每月一庭"
4	艺术学院	计算机艺术与基础实验室	计算机基础
5	经济学院	经济学综合实验室	
6	管理学院	管理学院综合实验室	
7	理学院	应用数学与建筑力学实验室	数据结构（C语言版）
		大学物理（1）实验室	大学物理（1）
8	农学院	作物科学实验室	生长素的鉴定 土壤pH值测定
9	林学院	林学基础实验室	园林树木学
10	生命科学学院	微生物化学实验室	微生物学
11	动物科学学院	药理实验室 动物科学基础实验室	动物生理实验 动物学一鸡的观察与解剖 兽医学一牛的常规检查
12	计算机科学与技术学院	软件工程实验室	计算机与软件工程 数据库原理课程设计 数据库课程设计 软件开发技术

序号	学院	走访实验室名称	听评实验课名称
13	机械工程学院	机械原理实验室	
14	体教部	人体科学实验室	
15	化学与化工学院	化工基础实验室	流体流动综合实验 套管换热器传热实验 电动势测定 普通实验
16	酿酒学院	生物工程实验室	
17	资源与环境工程学院	环境科学实验室 计算实验室	
18	电气工程学院	继电保护实验室 电学基础实验室	
19	矿业学院	矿物加工工程实验室 采矿工程实验室 测绘工程实验室	
20	材料与冶金学院	力学性能实验室	

各项二级指标的单项评分乘以其相应权重计算得出各项二级指标单项得分，最后计算出各学院（部）的综合得分，列表 3-2。

表 3-2   2014 年度本科实践教学质量检查得分结果统计表

序号	学院	"条件与利用"平均得分	"实施与效果"平均得分	综合得分
1	人文学院	26.40	44.80	71.20
2	外国语学院	30.10	47.30	77.40
3	艺术学院	29.23	63.75	92.98
4	法学院	24.00	49.90	73.90
5	经济学院	28.98	45.60	74.58
6	管理学院	25.40	44.85	70.25
7	旅游与文化产业学院	30.96	61.95	92.91
8	公共管理学院	30.11	61.08	91.20
9	体育学院	28.55	63.48	92.03
10	理学院	30.15	61.69	91.84
11	生命科学学院	27.92	57.84	85.76

续表

序号	学院	"条件与利用"平均得分	"实施与效果"平均得分	综合得分
12	计算机科学与技术学院	30.64	64.15	94.79
13	电子信息学院	29.84	64.32	94.16
14	机械工程学院	28.30	62.00	90.30
15	电气工程学院	20.68	37.15	57.83
16	土木工程学院	28.30	62.00	90.30
17	建筑与城市规划学院	30.60	63.45	94.05
18	材料与冶金学院	31.03	63.89	94.92
19	化学与化工学院	30.96	57.36	88.32
20	矿业学院	29.60	62.30	91.90
21	资源与环境工程学院	26.12	53.75	79.87
22	酿酒与食品工程学院	24.80	53.62	78.42
23	农学院	29.29	49.00	78.29
24	林学院	18.64	61.76	80.40
25	动物科学学院	20.68	37.15	57.83
26	药学院	22.00	51.80	73.80
	平均分	27.43	55.61	83.05

本年度实践教学质量检查评估，全校综合得分平均值为 83.05 分。"条件与利用"一级指标（满分 32 分）全校平均得分为 27.43，"实施与效果"一级指标（满分 68 分）全校平均得分为 55.61。综合得分前三名学院为矿业学院、计算机科学与技术学院、机械工程学院（见图 3-1）。12 个学院为优秀，12 个学院为良好，2 个学院为不合格。

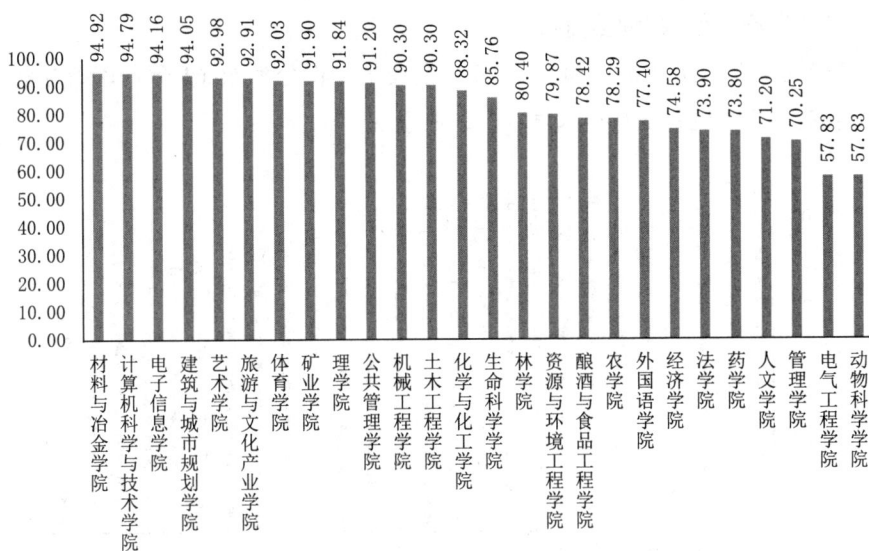

图 3-1　综合评分

3.2.2 一级指标

（1）学院"条件与利用"评估排行

"条件与利用"一级指标（满分 32 分）全校平均得分为 27.43 分。该指标前三名为矿业学院、理学院、资源与环境学院。

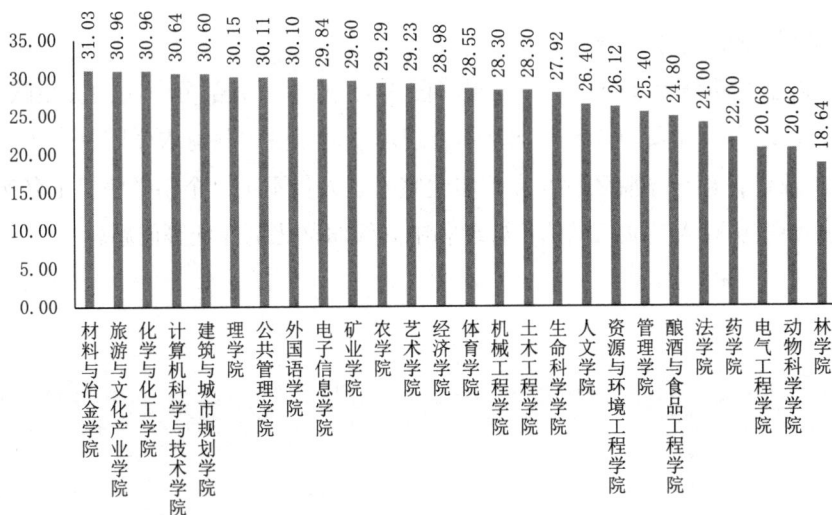

图 3-2　"条件与利用"评估排行

（2）学院"实施与效果"评估排行

"实施与效果"一级指标（满分 68 分）全校平均得分为 55.61 分。该指标前三名为机械工程学院、计算机科学与技术学院、矿业学院。

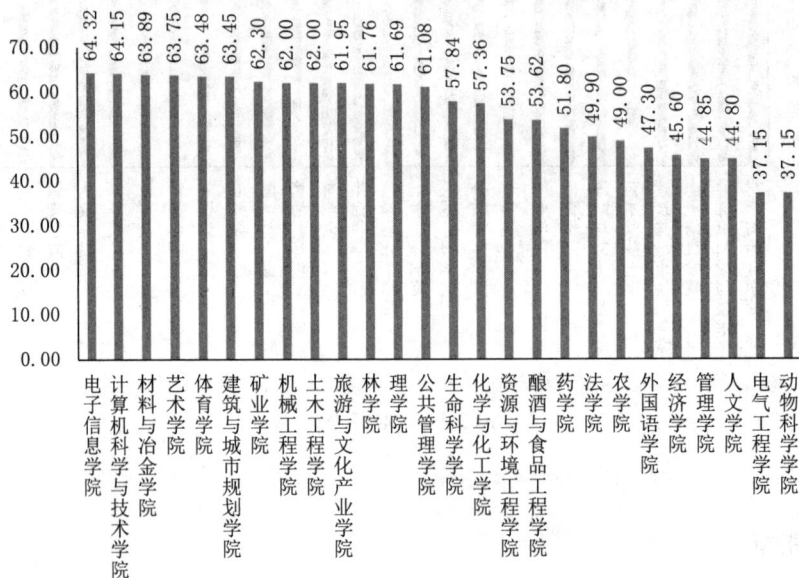

图 3-3　"实施与效果"评估排行

3.2.3 二级指标

（1）"实验队伍"评估排行

"实验队伍"满分为 8 分。检查结果（图 3-4）显示，大部分学院的实验队伍稳定，实验教学人员职称、年龄、学历结构基本合理。众多学院中只有农学院制定了中长期实验队伍建设规划；部分学院还存在专职实验室管理人员不足，个别学院仅 1 名实验管理人员，进而导致实验人员队伍结构不合理和中高级职称比例偏低等问题。

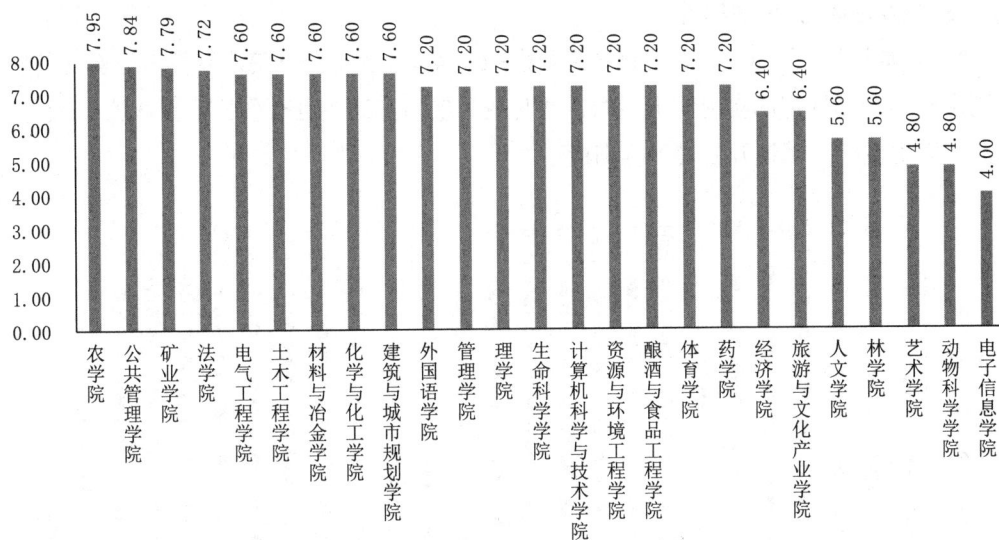

图 3-4 "实验队伍"评估排行

(2)"实验设施"评估排行

"实验设施"满分为 10 分。检查结果(图 3-5)显示,机械工程学院、理学院、资源与环境学院、动物科学学院、计算机科学与技术学院实验设施使用率较高且设备运行记录详细。部分学院基础实验设备较充足,但缺少针对本科教学工作所需的大型仪器;部分学院均不同程度存在生均实验室面积、生均教学仪器值偏低现象。

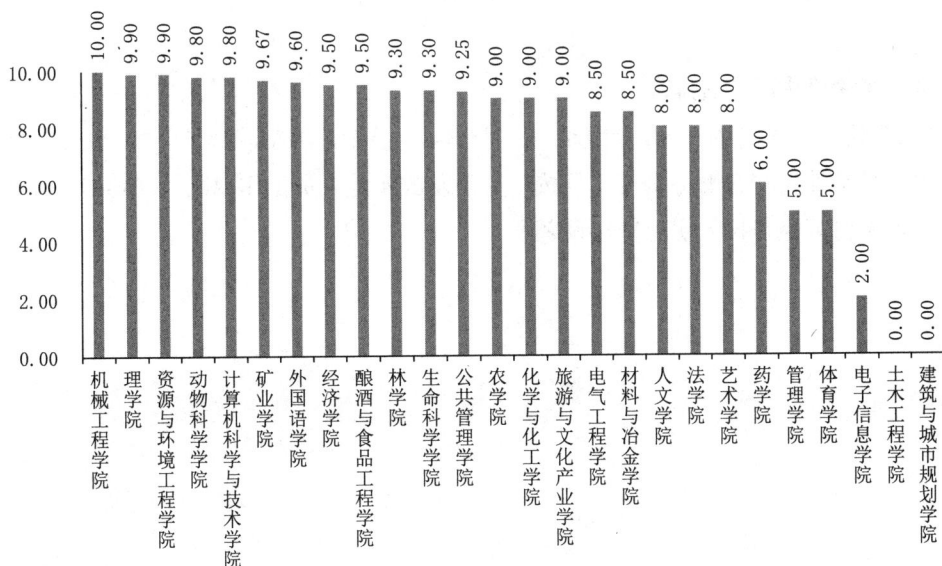

图 3-5 "实验设施"评估排行

（3）"实习基地"评估排行

　　"实习基地"满分为 8 分。检查结果（图 3-6）显示，大部分学院均有校内外实习基地，能满足教学计划规定的实习实训需求，并与校外实习基地签订合作协议且挂牌；近三年均派遣学生到实习基地开展实习实训活动。

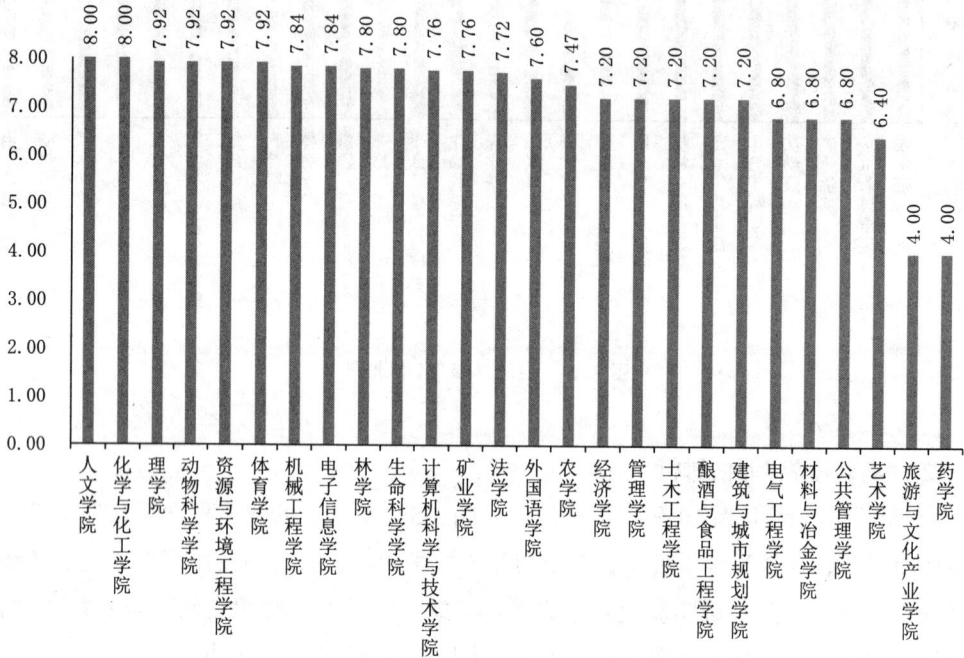

图 3-6　"实习基地"评估排行

（4）"经费使用"评估排行

　　"经费使用"满分为 6 分。检查结果（图 3-7）显示，各学院（部）实验室经费均专款专用，经费使用符合财务制度，且按时足额发放实验人员工作津贴。2014 年检查仍有半数学院无自筹经费投入实验室建设之中。

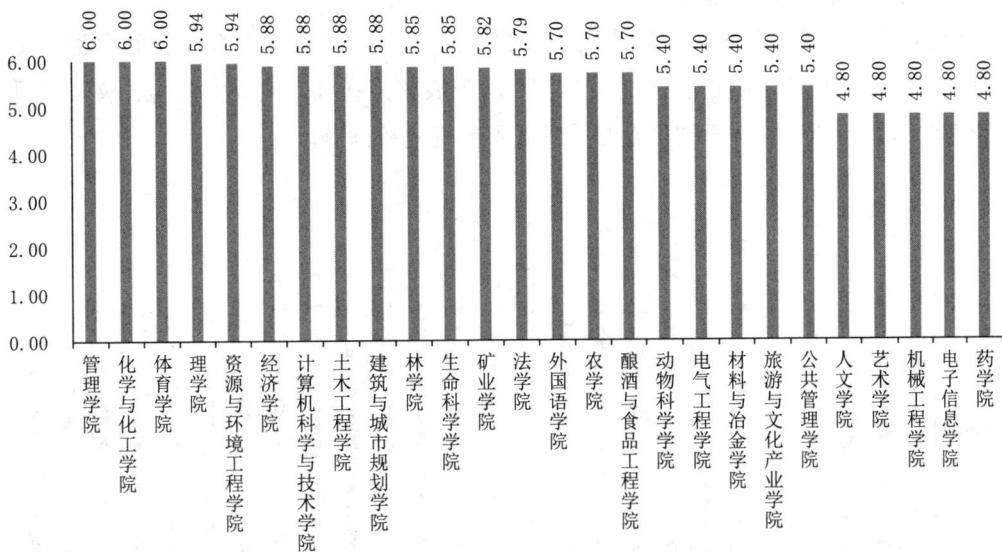

图 3-7　"经费使用"评估排行

（5）"管理制度"评估排行

"管理制度"满分为 5 分。检查结果（图 3-8）显示，大部分学院实践教学的管理制度完整规范，相关制度按照学校规定上墙；个别学院（部）的实践教学管理制度未按照学校规定全部上墙。

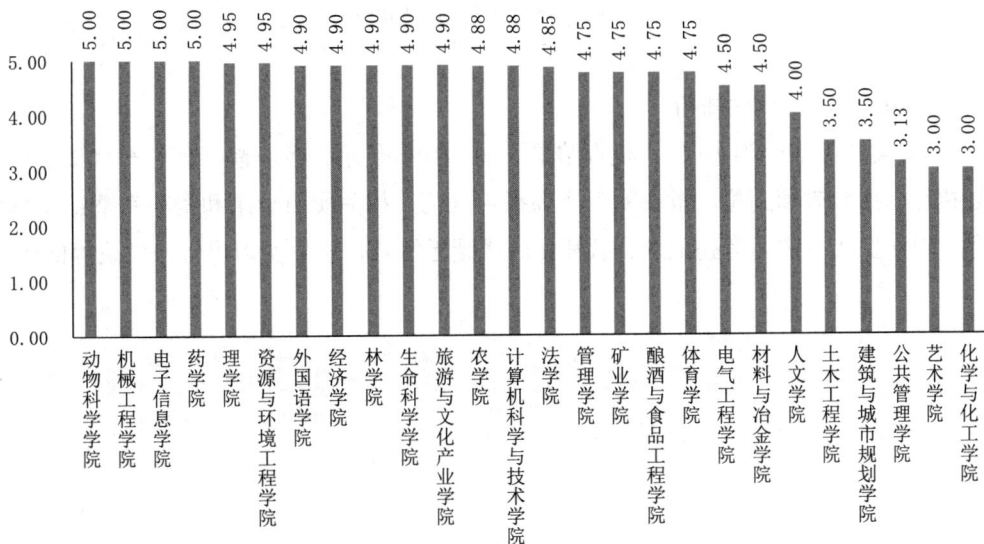

图 3-8　"管理制度"评估排行

(6)"教学文件"评估排行

"教学文件"满分为 8 分。检查结果（图 3-9）显示，大部分学院实验教学管理文件完整规范，分类装订，归档有序；每学期实验课表较为详细，实验室使用、仪器借用记录较为详细。个别学院教学文件存在缺项或不够规范等问题。

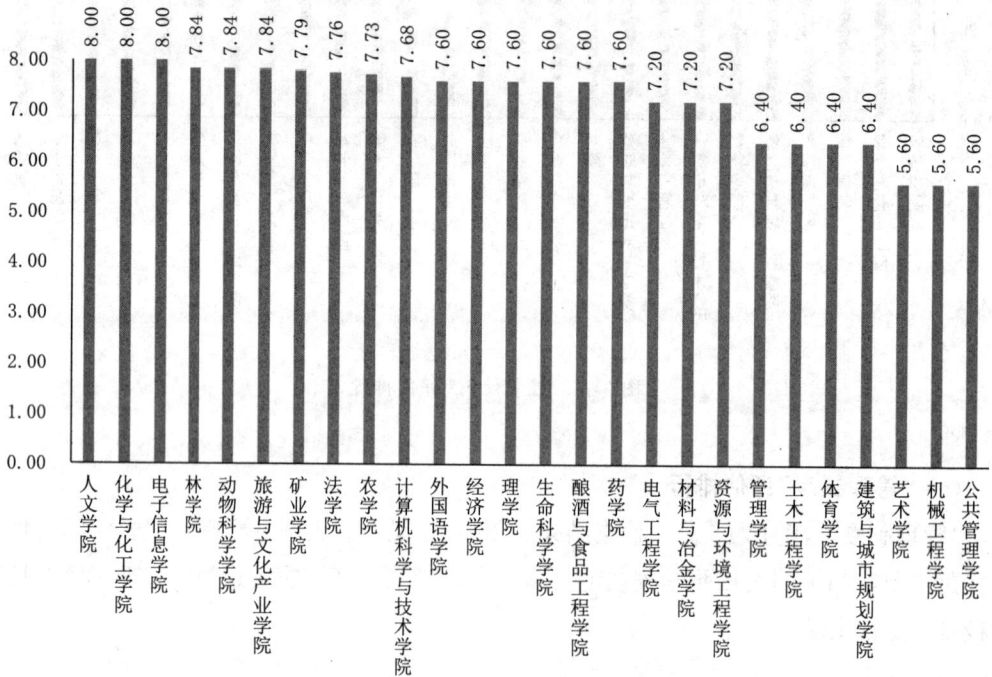

图 3-9 "教学文件"评估排行

(7)"实习实训"评估排行

"实习实训"满分为 10 分。检查结果（图 3-10）显示，各学院（部）严格按照实习计划执行，指导教师到位，批阅实习实训报告规范，相关实习记录和资料完整；个别学院存在无学生实习实训考勤记录、教师评阅成绩无签名、学生实习报告未批改等问题。

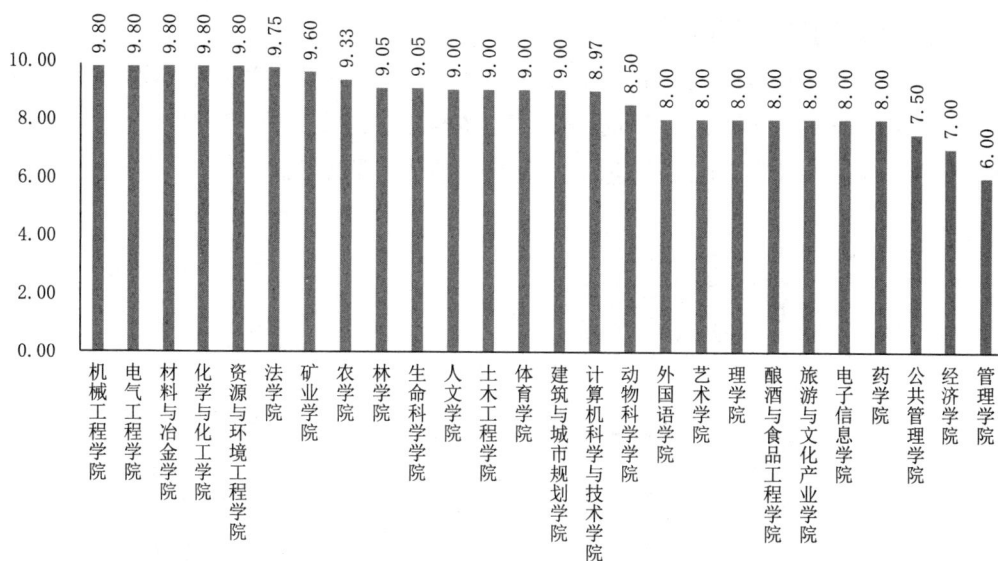

图 3-10　"实习实训"评估排行

(8)"普通实验"评估排行

"普通实验"满分为 12 分。检查结果（图 3-11）显示，大多数学院的本科教学实验开出均有记录，完全按照教学计划执行；实验准备充分，有教案，实验材料齐全，学生操作规范，专家现场听评实验课效果较好，学生实验成绩分布较合理；少数同学的原始实验数据记录不完整，个别学生做实验不够认真仔细等。

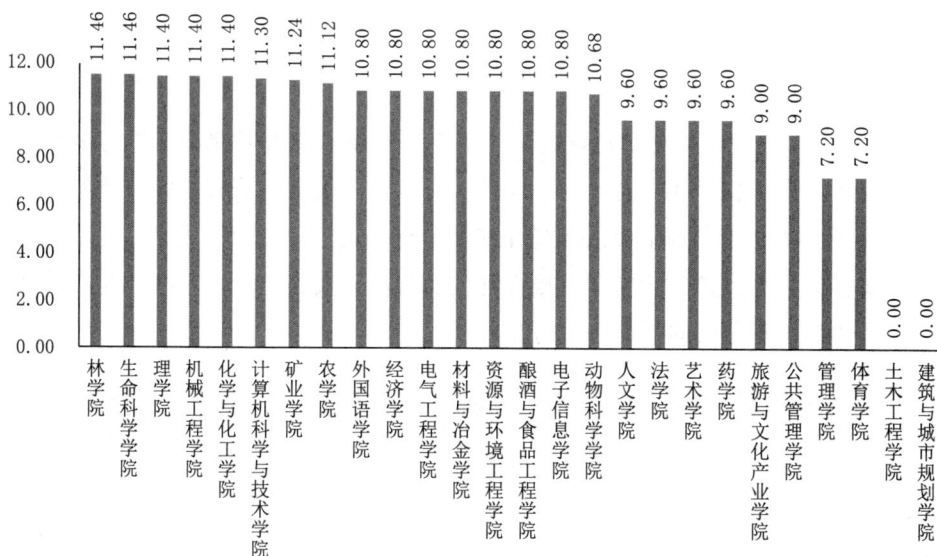

图 3-11　"普通实验"评估排行

（9）"综设实验"评估排行

"综设实验"满分为 10 分。检查结果（图 3-12）显示，大部分学院的综设实验比例高，并经过专家论证，在学院及教务处备案认可。农学院的综设实验课程比例较高，但缺乏原始支撑材料。个别学院的综设实验课程比例未能达到学校要求。

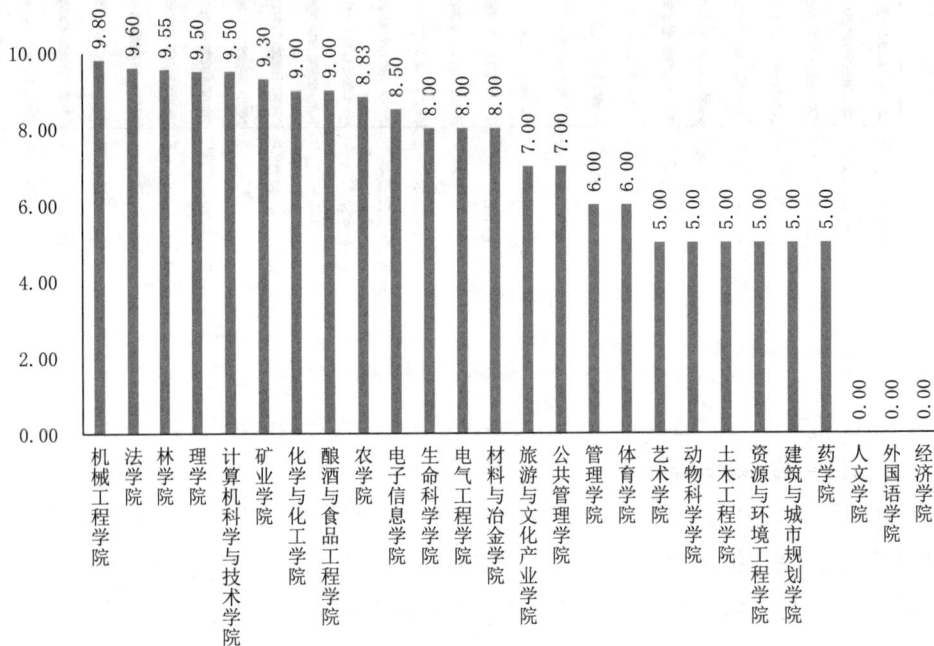

图 3-12 "综设实验"评估排行

（10）"开放实验"评估排行

"开放实验"满分为 8 分。检查结果（图 3-13）显示，大多数学院每周实验室开放时间不低于五天，承担学生毕业论文（设计）任务和学生自主研究课题。本科生毕业论文以及 SRT 项目和创新性项目均在实验室进行。外国语学院的语言教室、艺术学院的琴房与画室均全天对外开放。少数学院虽有开放实验，但实验室的利用率不高，需采取有效措施提高学生参与科研的积极性主动性。

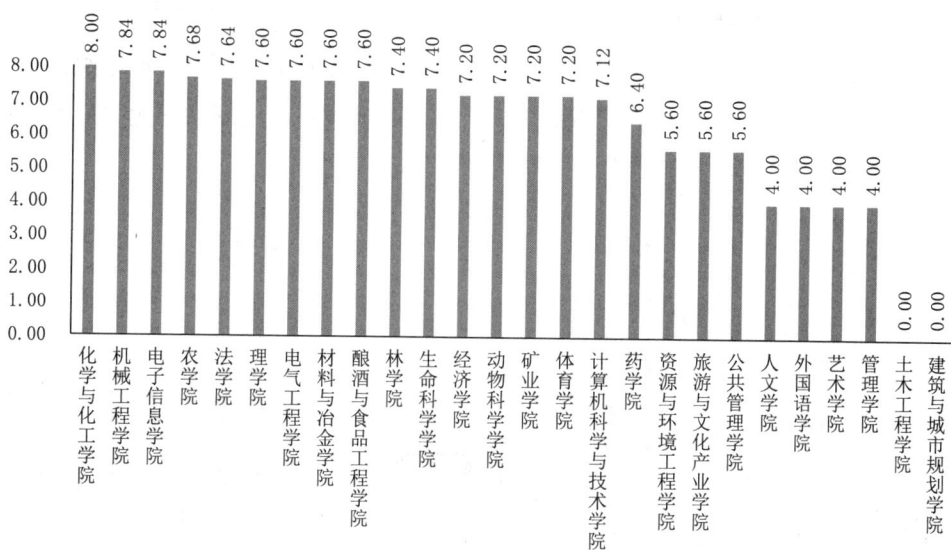

图 3-13　"开放实验"评估排行

（11）"训练竞赛"评估排行

"训练竞赛"满分为 9 分。检查结果（图 3-14）显示，各学院积极组织学生申报 SRT 项目或创新性实验项目，在项目申报前，开展专门的项目申报专题会议，指导学生撰写项目申报书。少数学院学生实践创新和参加学科竞赛的原始资料不全、无学生获省级以上表彰情况及缺乏证书等支撑材料。

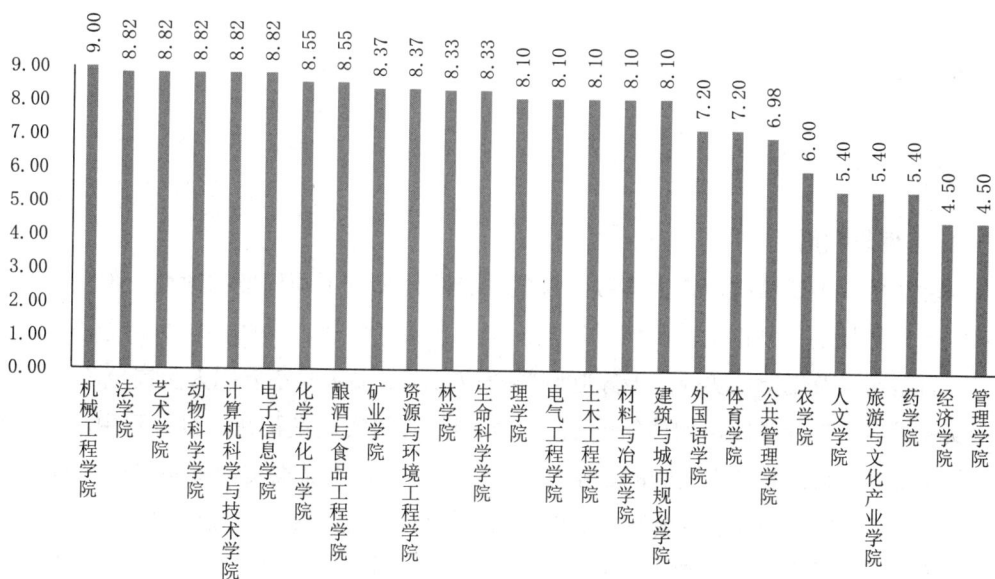

图 3-14　"训练竞赛"评估排行

（12）"社会实践"评估排行

"社会实践"满分为 6 分。检查结果（图 3-15）显示：所有学院均在假期组织学生参加社会实践活动，部分学院还获得省级以上表彰或新闻报道。个别学院无学生参加社会实践活动材料，或未收录学生获奖的奖状或复印件。

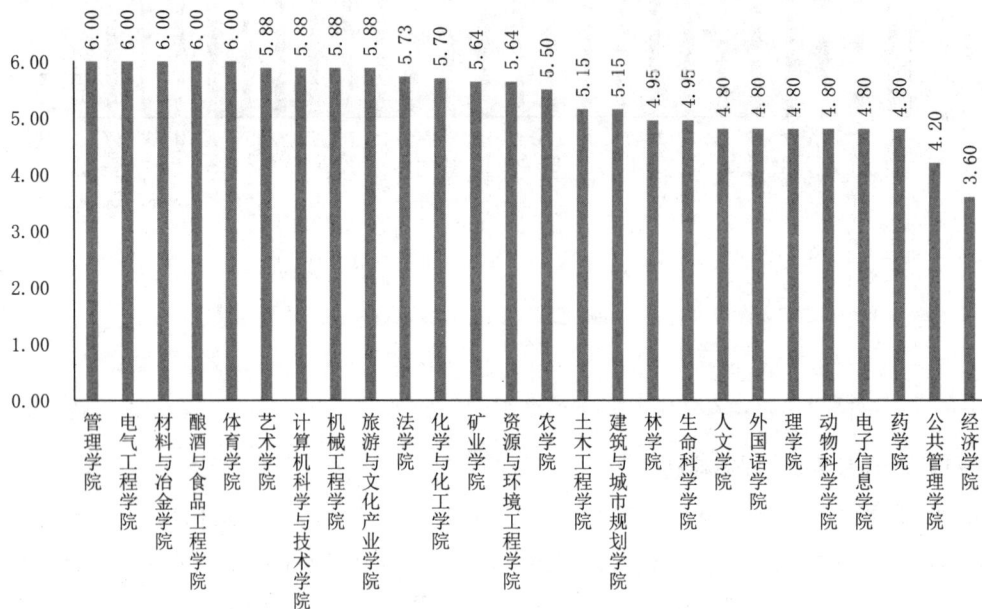

图 3-15　"社会实践"评估排行

3.3 问题整改

3.3.1 存在问题

（1）条件与利用

实验队伍　虽然这次检查大多数学院的实验队伍都有不同程度的改变，但仍有学院没有实验队伍规划。学校实验队伍学历层次低、年龄老龄化，一些实验员指导不了新兴学科、新型实验及创新性实验。专家呼吁学校应考虑增加实验室专职人员岗位。

实验设施　新建学院，如建筑学院、土木学院等的实验室正在建设调整中，这直接影响了学院教学计划和教学实验的正常开展。另外，学校人文类实验室面积和仪器不足，理、工、农类实验室的仪器台套数不足以及设备维修维护经费缺乏问题较突出。

实习基地　关于实习基地，仍有一些学院的支撑材料比较薄弱，实习时没有学生参加实习签到的现象比较严重。

经费使用　自筹经费投入实验教学的学院比较少。

（2）实施与效果

管理制度　部分学院的管理制度未按照实验设备与管理处和教务处的要求制定，上墙的制度不醒目、不美观。

教学文件　进实验室的签到情况统计表、实验设备使用情况登记表等没有收集整理完整。

实习实训　有不少学院都没有实习实训的总结，学生实习实训的各种登记和记录也不够详实。

普通实验　部分学院的实验记录填写不完整，没有齐备的各种统计报表，因此无法了解实验室设备的使用情况。

综设实验　综合性与设计性实验的缺失和不足是该项失分的主要原因。部分学院虽有综设实验但无专家论证报告和原始记录。

开放实验　一些学院未在相应的位置张贴醒目的实验室开放的公示信息，使得学生和教师都不能规划自己的实验时间。

训练竞赛　失分的主要原因是支撑材料不足。

社会实践　失分的主要原因是社会实践获奖的原始资料收集不及时，特别是学生参加社会实践的名单不完整，缺乏高级别的新闻报道，获省级以上表彰但缺支撑材料。

3.3.2 整改建议

（1）对学院的建议

实验队伍建设　建议各学院制定实验队伍建设规划，进一步加强学院实验队伍建设，为本科实验教学提供可靠的专业技术人才保障。

仪器设备管理　建议学院加强实验仪器设备管理，严格执行账、物、卡的有关规定，特别是对无标签的仪器设备，要按要求标贴；标签滑落、遗失的，要及时补贴或加固。

材料归档管理　各学院要及时收集学生参加竞赛、社会实践的支撑材料（包括获奖证书）或留存复印件归档管理。

（2）对教务处的建议

完善管理制度　为适应我校的学分制管理，建议教务处修改和完善《贵州大学本科实验教学工作规程》等管理制度，并加大对制度执行情况的检查，监督实习经费使用情况等。

加大经费投入　现在到什么地方实习都有费用产生，近年来物价上涨，因此不能再按原有标准进行预算和拨款，需适当提高实习经费。

完善实验公示　建议教务处加强各实验室的规范管理，要求各实验室每学期应及时公示本学期的实验课程内容与时间安排。

（3）对实验与设备处的建议

以评促建　建议进一步加大实验队伍和实验设备的建设力度，充实部分学院特别是文科学院的专职实验人员，增加实验教学硬件投入以弥补实验室面积、设备的不足。

设备维护　确保实验室的正常运转，日常维护是至关重要的。维护工作不能被动等待，要主动地定期到各学院实验室进行巡查。

3.3.3 整改情况

（1）领导重视专项检查评估

各学院领导重视实践教学专项检查评估，对这次检查安排了专人负责，并开展了自查。

（2）**自筹经费投入实验室建设**

部分学院在遵循实验专职人员津贴发放原则的基础上，对实验人员津贴进行了二次分配，并从学院创收经费中给予补充，充分调动了实验专职人员的工作积极性。

（3）**实验室的管理更加规范**

少数学院的实验报告统一定制成册，有封面、实验项目目录，十分美观、规范，而且实验室每一台（套）实验仪器都有使用记录等。这些体现了在实践教学管理上的高度重视。

（4）**社会实践的质量提升**

在这次检查中，学生参加社会实践比例基本达到 80% 以上，一些学院学生参加社会实践的比例达到 100%。

第 4 章　2013～2014 学年第一学期
课程考试质量专项评估报告

我校本科课程考试质量专项检查评估已步入常态化，有效地促进了我校课程考试质量规范化管理。在已经开展的六次课程考试质量专项检查中，各学院和全体任课教师逐步熟悉了课程考试质量的具体标准和要求，统一规范管理方面也明显加强。评估中心（高教所）于 2014 年 4 月 29 日～30 日组织开展了各学院 2013～2014 学年第一学期课程考试质量专项检查评估工作。本次课程考试质量专项评估，进一步完善了课程考试质量评分表，坚持了专家回避对本学院的检查方式。

4.1 评估方法

4.1.1 评估依据

按照教育部本科教学工作水平评估的有关要求，根据《贵州大学课程考试质量评估办法（试行）》（贵大评估中心〔2009〕3 号）和《关于开展 2013～2014 学年第一学期课程考试质量专项检查评估的通知》（贵大评估中心〔2014〕5 号）对 2013～2014 学年第一学期课程考试质量进行了检查评估。

4.1.2 评估内容

本次课程考试质量专项评估内容包括"格式与规范""内容与质量"2 个一级指标，共 12 个二级指标。"格式与规范"包括"相关文件""文件填写""试卷装订""统分登分""试卷保管"5 个二级指标，"内容与质量"包括"命题相关度""命题重复率""命题质量""题量难度""题型分值""试卷评分""成绩分析"7 个二级指标。

检查评估范围为我校全日制普通本科学院（不含独立学院）2013～2014 学年第一学期所开设的全部本科考试课程。

4.1.3 抽样方法

采用随机抽样方式，由教务处提供各学院 2013～2014 学年第一学期的考试课程清单，按 20% 的比例确定检查评估课程。原则上每个班级至少抽查一门。

按年级从 2013～2014 学年第一学期所开设公共课程中随机抽取一门公共课，按开设该门课程的所有班级数的 20% 确定检查评估班级。

按照上述办法抽取的课程和班级调取试卷袋及相关材料，由检查评估小组根据试卷的排序，按照一定方式随机抽取相应班级试卷的 20% 进行检查。

4.2 结果分析

4.2.1 总体情况

（1）抽样情况

2014 年 4 月 28 日下午，校评估中心李明主任对检查评估小组专家进行了专项检查评估工作安排。5 个检查评估小组于 4 月 29 日～30 日按照专项检查工作安排到指定的学院对随机抽取的课程试卷进行检查。巡视检查小组也到各校区进行了检查指导。2013～2014 学年第一学期考试课程为 2654 门，本次专项检查评估共抽取 533 门课程，抽查试卷 5433 份。各学院抽样情况统计见表 4-1。

表 4-1   2013～2014 学年第一学期课程考试质量检查抽样情况统计表

序号	学院	考试课程数	抽取课程数	实际抽查试卷数
1	人文学院	78	30	288
2	外国语学院	112	20	200
3	艺术学院	566	30	296
4	法学院	21	16	198
5	经济学院	42	20	210
6	管理学院	60	15	189
7	旅游与文化产业学院	25	25	196
8	公共管理学院	63	15	162
9	理学院	360	26	283
10	生命科学学院	16	16	113
11	计算机科学与技术学院	37	15	161
12	电子信息学院	47	18	178
13	机械工程学院	94	20	182

续表

序号	学院	考试课程数	抽取课程数	实际抽查试卷数
14	电气工程学院	79	30	289
15	土木工程学院	89	20	193
16	建筑与城市规划学院	32	22	120
17	材料与冶金学院	16	16	196
18	化学与化工学院	135	20	210
19	矿业学院	33	25	220
20	资源与环境工程学院	58	20	196
21	酿酒与食品工程学院	14	14	132
22	农学院	66	22	236
23	林学院	43	20	210
24	动物科学学院	23	23	256
25	马克思主义学院	552	15	289
26	体育学院	35	20	230
	合计	2654	533	5433

（2）结果统计

本次课程考试质量评估检查，全校综合评分平均值为 90.30 分（见表 4-2）。各学院（部）综合评估如图 4-1 所示。综合评分前三名学院依次为化学与化工学院、外国语学院、农学院，15 个学院为优秀，12 个学院为良好。

表 4-2　学院综合评分统计表

序号	学院（部）	"格式与规范"平均分	"内容与质量"平均分	综合评分
1	人文学院	32.20	55.95	88.15
2	外国语学院	34.67	60.20	94.87
3	艺术学院	32.76	56.41	89.17
4	法学院	34.70	58.52	93.22
5	经济学院	34.22	54.53	88.76

续表

序号	学院（部）	"格式与规范"平均分	"内容与质量"平均分	综合评分
6	管理学院	34.14	55.28	89.42
7	旅游与文化产业学院	33.98	57.67	91.66
8	公共管理学院	32.72	54.68	87.40
9	理学院	32.53	52.36	84.89
10	生命科学学院	33.58	57.43	91.02
11	计算机科学与技术学院	33.99	56.81	90.80
12	电子信息学院	34.40	56.31	90.71
13	机械工程学院	32.75	55.19	87.94
14	电气工程学院	32.70	57.40	90.11
15	土木工程学院	32.55	54.00	86.55
16	建筑与城市规划学院	33.36	58.55	91.91
17	材料与冶金学院	32.66	57.97	90.64
18	化学与化工学院	34.53	60.54	95.07
19	矿业学院	34.81	57.53	92.34
20	资源与环境工程学院	33.38	57.29	90.66
21	酿酒与食品工程学院	32.00	56.51	88.50
22	农学院	34.89	59.25	94.14
23	林学院	33.41	54.74	88.15
24	动物科学学院	32.97	55.26	88.23
25	药学院	34.83	59.28	94.11
26	马克思主义学院	30.91	54.88	85.79
27	体育学院	33.70	60.22	93.92
	平均得分	33.46	56.84	90.30

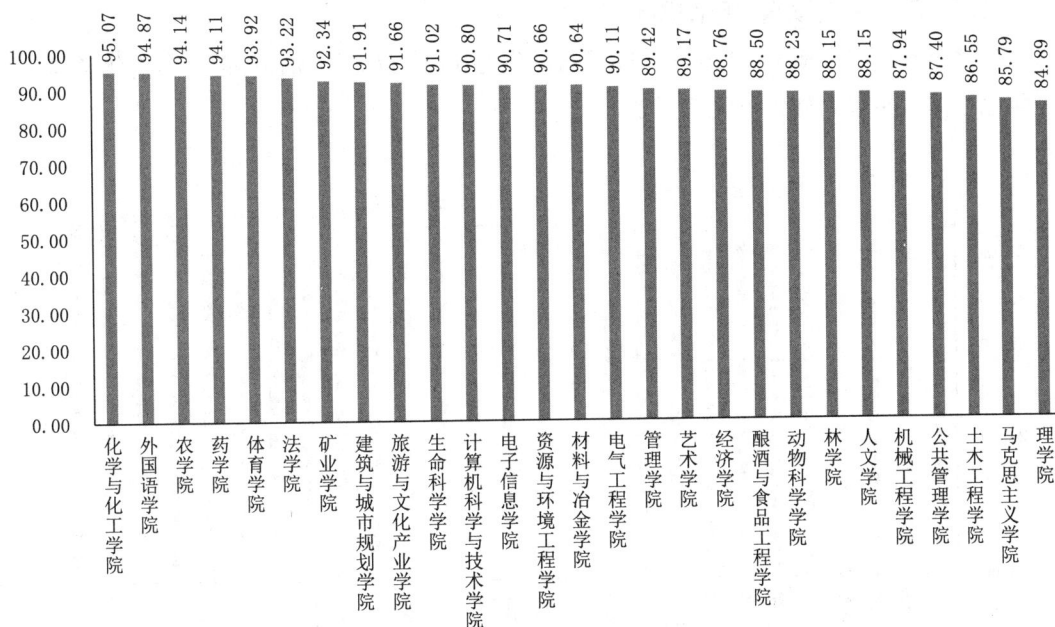

图 4-1　学院（部）综合评分

4.2.2 一级指标

（1）学院"格式与规范"评估排行

"格式与规范"（满分 36 分）全校平均得分为 33.46 分。该项指标前三名为农学院、药学院、矿业学院。

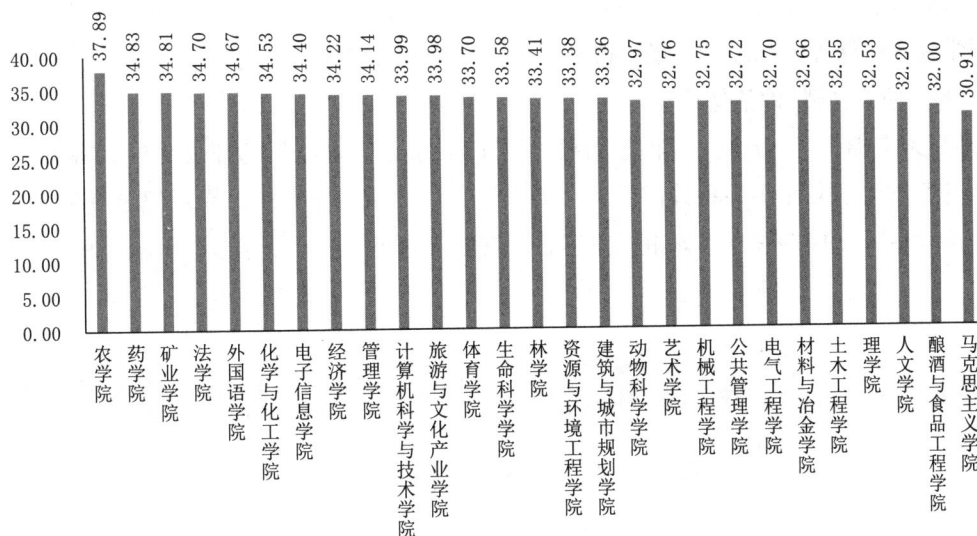

图 4-2　"格式与规范"评估排行

（2）学院"内容与质量"评估排行

"内容与质量"（满分 64 分）全校平均得分为 56.84 分。该项指标前三名为化学与化工学院、体育学院、外国语学院。

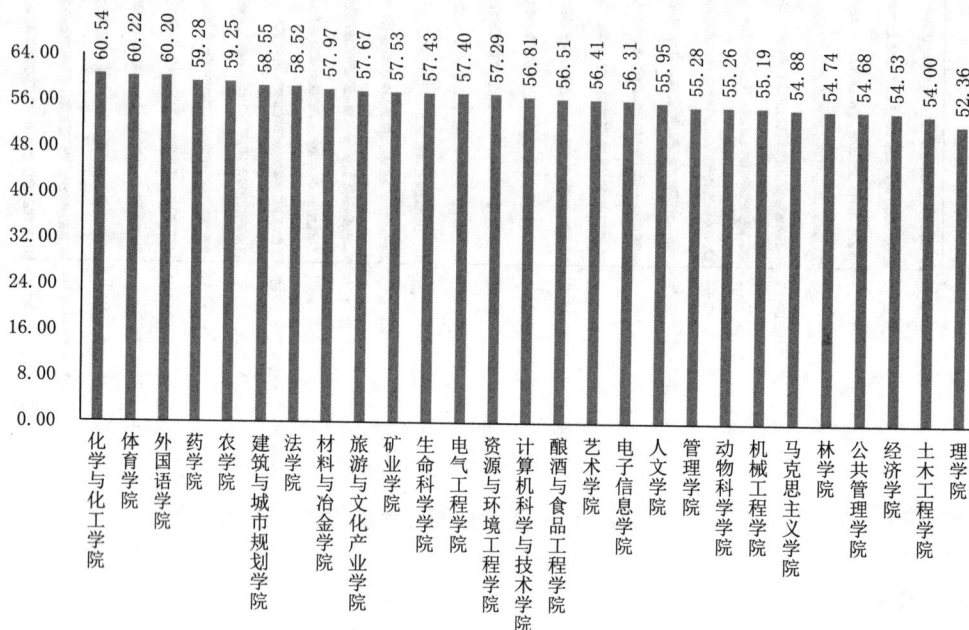

图 4-3 "内容与质量"评估排行

4.2.3 二级指标

根据各学院二级指标的单项得分，乘以其相应权重计算得出各项二级指标最终得分，利用学院各门课程的二级指标最终得分计算出学院该项指标的平均分。

（1）"相关文档"评估排行

"相关文档"（满分 6 分）检查结果（图 4-4）显示，各学院教学文件较为齐备，少数学院存在教学文件不齐备等问题；主要表现是缺少试卷审核表、考场记录登记表、B卷（备用卷）及 B 卷答案。该指标前三名学院依次为药学院、法学院、机械工程学院。

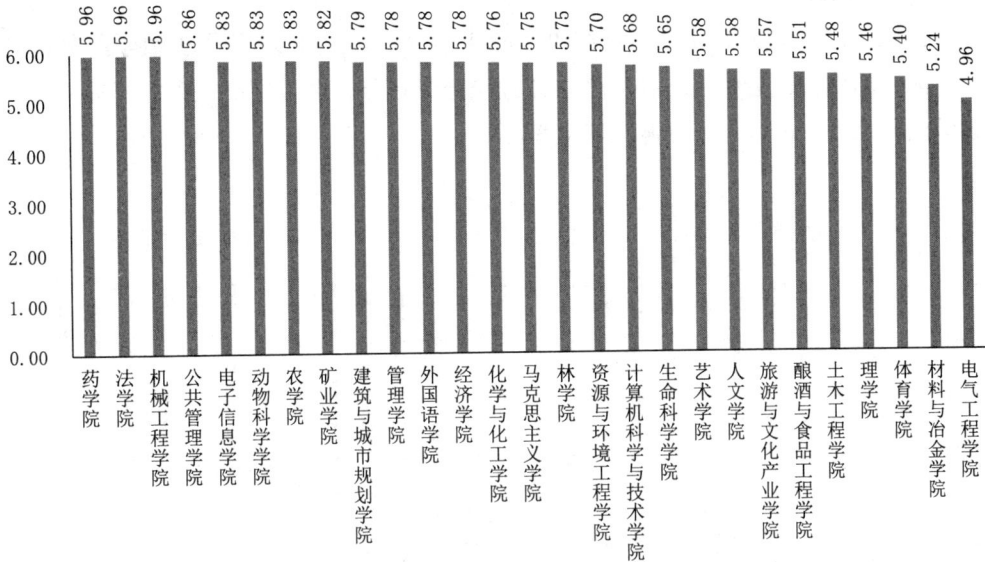

图 4-4　"相关文档"评估排行

(2)"文档填写"评估排行

"文档填写"(满分 8 分)检查结果(图 4-5)显示,大多数学院在文档填写方面较为规范。存在主要问题有审核试卷时未详细填写相关内容、教师批阅试卷签名不完整、签署意见不具体、学生成绩单非系统直接打印。该指标前三名学院依次为外国语学院、农学院、计算机科学与技术学院。

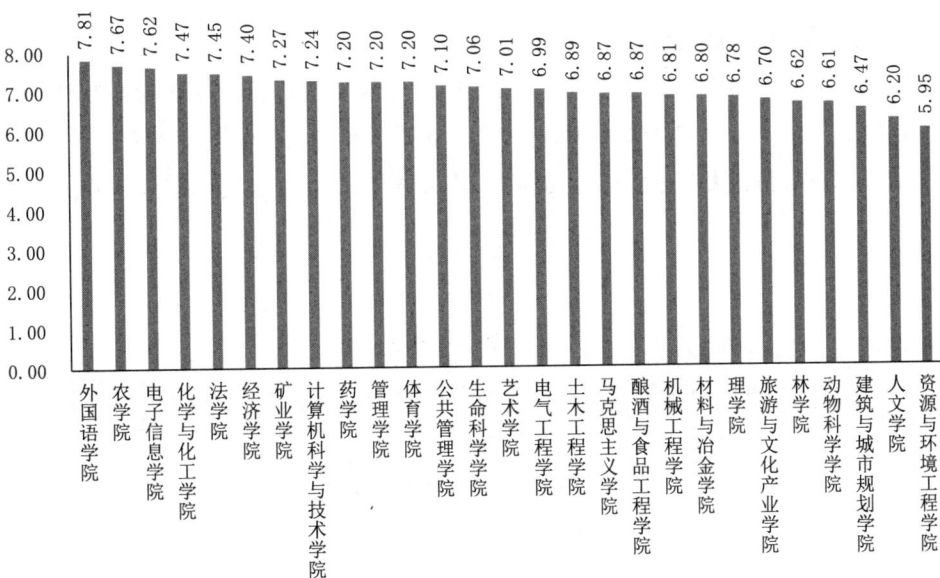

图 4-5　"文档填写"评估排行

(3) "统分登分"评估排行

"统分登分"（满分8分）检查结果（图4-6）显示，除农学院等少数学院外，其余学院被抽查的课程试卷中，均存在个别课程统分或登分有误现象；该项指标前三名以此为农学院、电气工程学院、资源与环境学院。

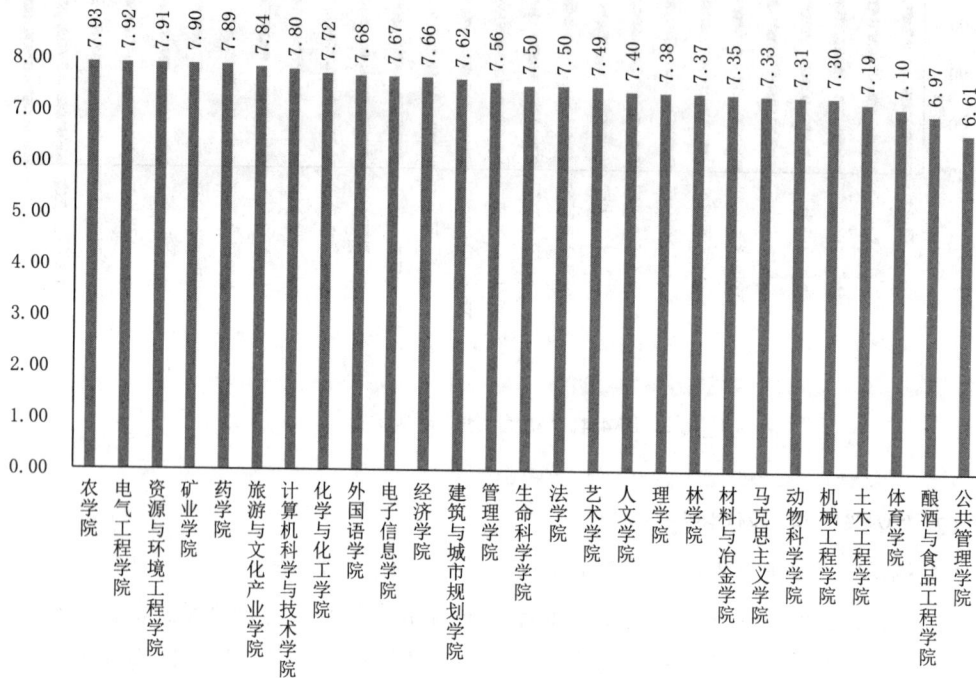

图4-6 "统分与登分"评估排行

(4) "试卷印装"评估排行

"试卷印装"（满分7分）检查结果（图4-7）表明，大部分学院试卷印制较为规范，其中法学院、经济学院、体教部、管理学院、资源与环境工程学院、矿业学院等学院试卷印装整体比较规范；该指标前三名为体育学院、资源与环境学院、矿业学院。

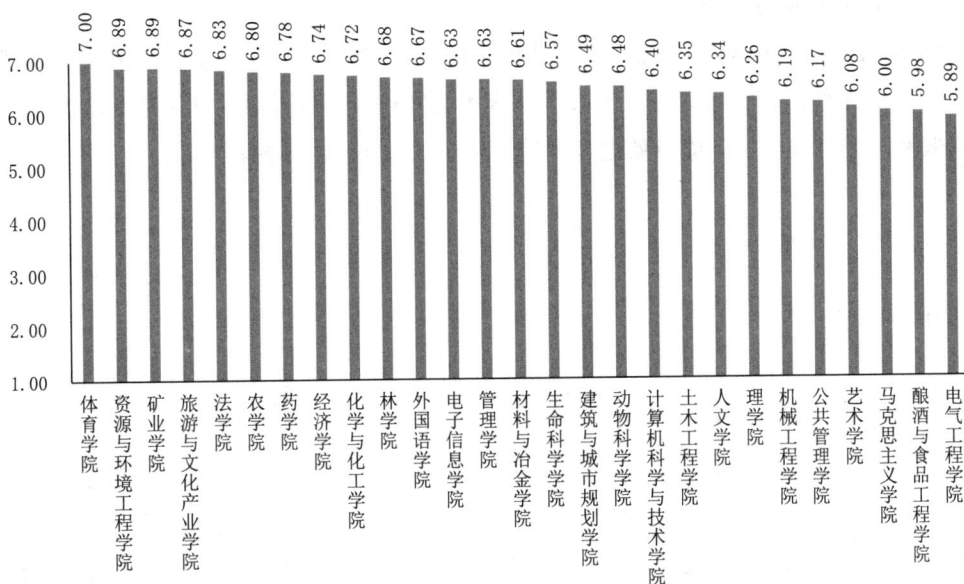

图 4-7　"试卷印装"评估排行

(5)"试卷保管"评估排行

"试卷保管"（满分 7 分）检查结果（图 4-8）显示，各学院均有专门的试卷存放场地，大部分学院试卷保管比较规范；仅个别学院试卷存放有些杂乱、不易查找，如马克思主义学院。

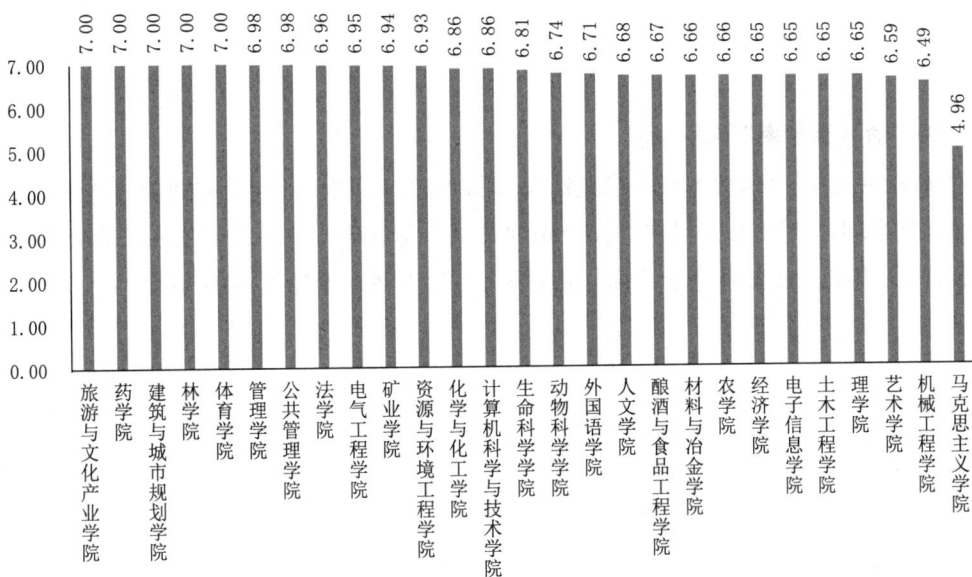

图 4-8　"试卷保管"评估排行

（6）"命题相关度"评估排行

"命题相关度"（满分10分）检查结果（图4-9）表明，各学院被抽查的大部分试卷命题与教学计划、教学大纲要求的教学内容相关度较好。少数课程试卷存在命题难度较大或偏易，题型偏少，不能有效地客观地评价学生对知识的掌握程度。

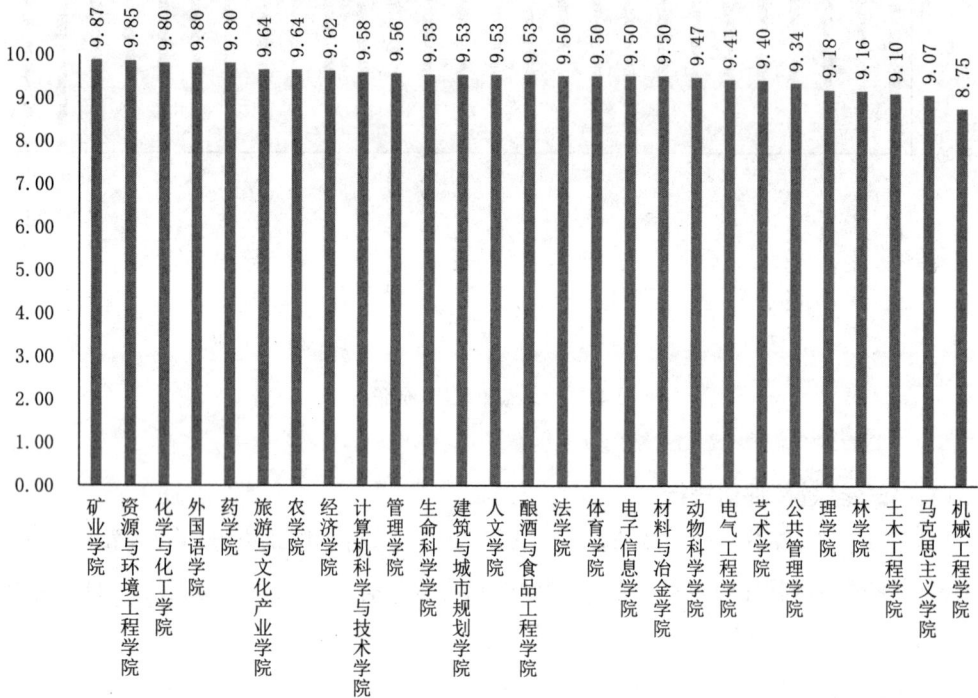

图4-9 "命题相关度"评估排行

（7）"命题重复率"评估排行

"命题重复率"（满分8分）检查结果（图4-10）表明，各学院被抽查的大部分试卷命题重复率均控制在25%以内，仅个别课程试卷与往年重复率大于25%。存在的主要问题是近三年试卷重复率高于25%，部分试题A、B卷重复率达60%以上。

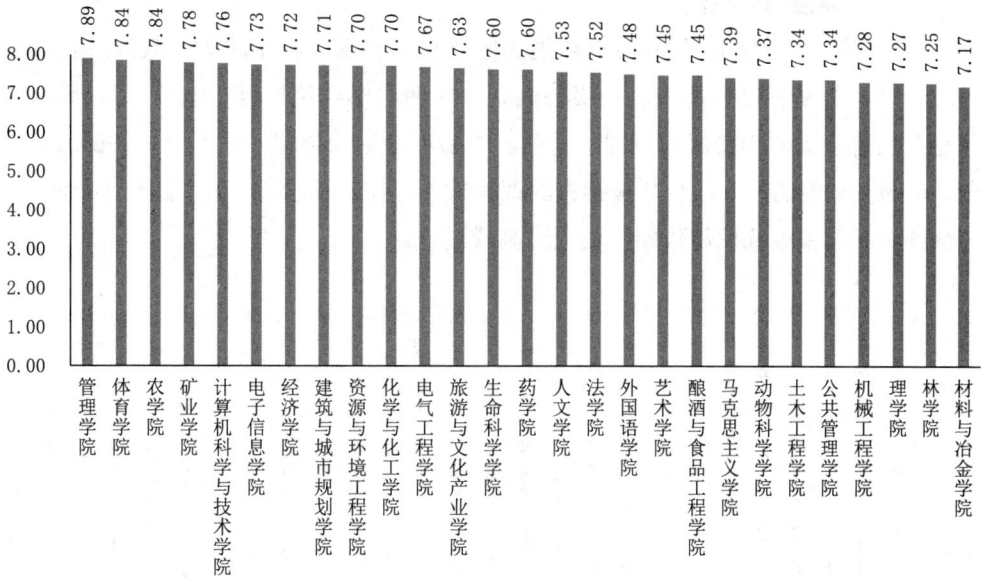

图 4-10　"命题重复率"评估排行

(8)"命题质量"评估排行

"命题质量"（满分 10 分）检查结果（图 4-11）表明，各学院大多数试卷命题设计思路较清晰，试题表述简明，基本无差错和歧义。存在的主要问题是部分试题表述不够清晰，部分试卷命题仅有两种题型等。

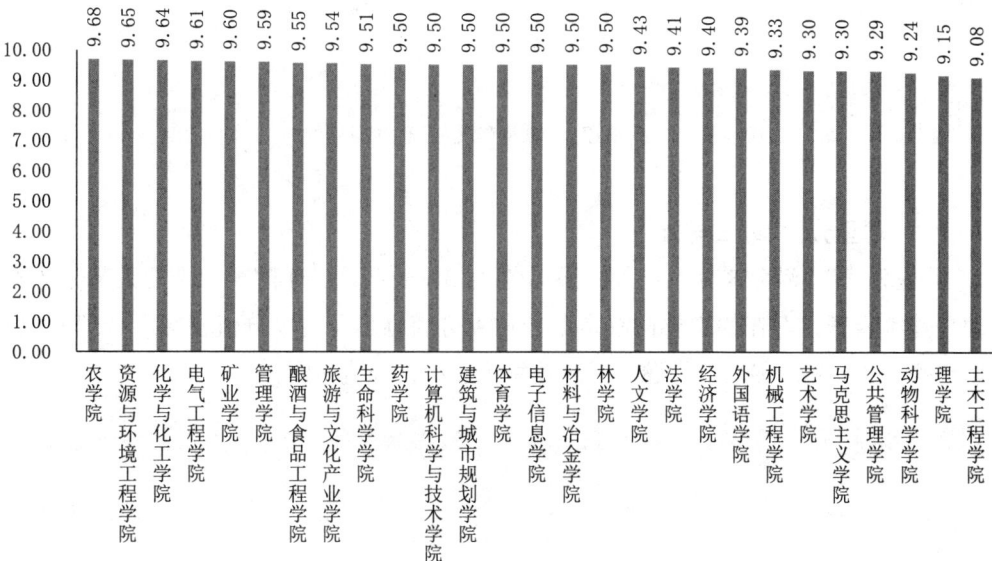

图 4-11　"命题质量"评估排行

（9）"题量难度"评估排行

"题量难度"（满分 10 分）检查结果（图 4-12）显示，各学院大多数课程试卷题量相对较合理、难易程度较适中。校级公共课《生命科学导论》《植物学》等，因课程涉及面与专业跨度大，为使试题范围、题量、难易程度更为合理，采用全体任课教师统一命题、审题及阅卷的方式。少数被抽查的课程试卷存在试题题量、题型结构不合理问题，如部分试题难度偏难或偏易致学生成绩过高或过低。

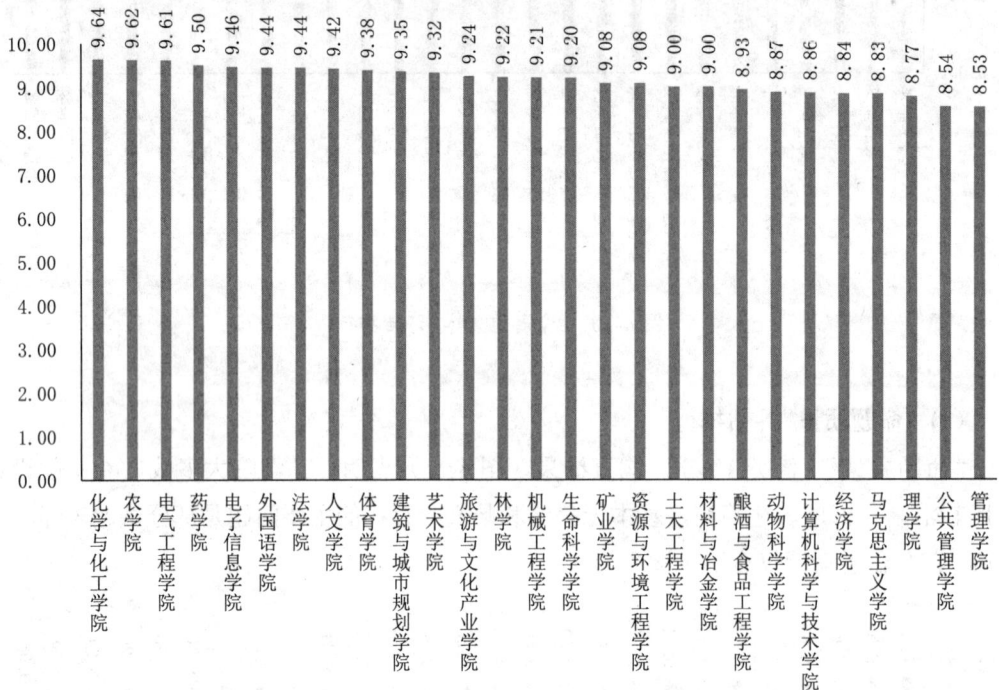

图 4-12　"题量难度"评估排行

（10）"题型分值"评估排行

"题型分值"（满分 8 分）检查结果（图 4-13）表明，各学院被抽查的大部分课程试卷题型基本合理。存在的主要问题是部分试卷分值标示不清、分值分配不合理等现象，如填空题、选择题、多项选择题、证明题每小题所占分值相同。

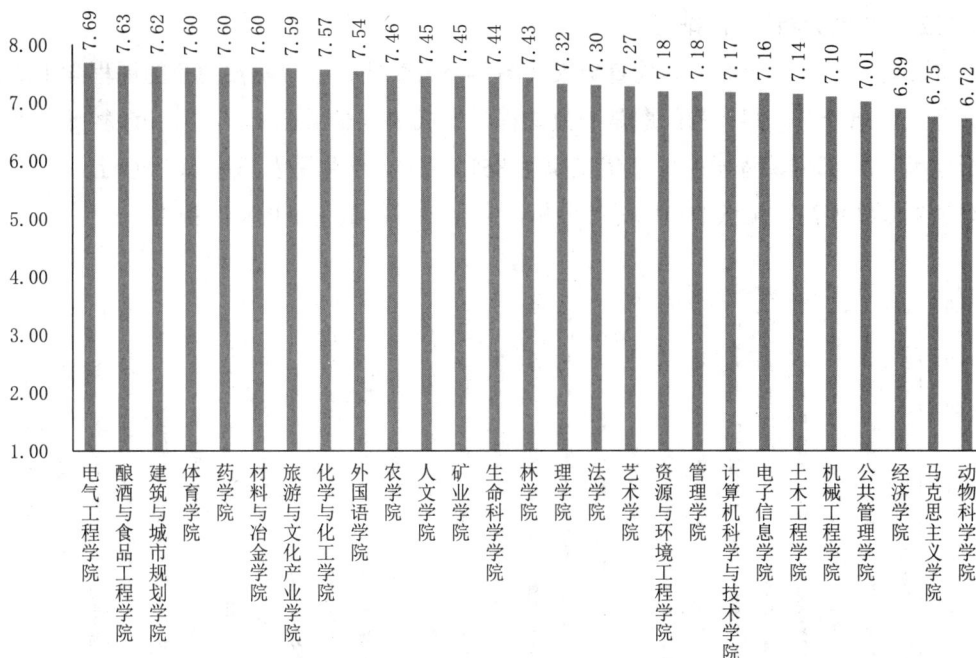

图 4-13　"题型分值"评估排行

（11）"试卷评分"评估排行

"试卷评分"（满分 10 分）检查结果（图 4-14）显示，指标是所有指标中存在问题最多的一项，各学院均不同程度的存在问题。主要问题有评阅人未签名、评阅人仅签姓不签名、论述题批阅未给出步骤分、分数改动未签名等。

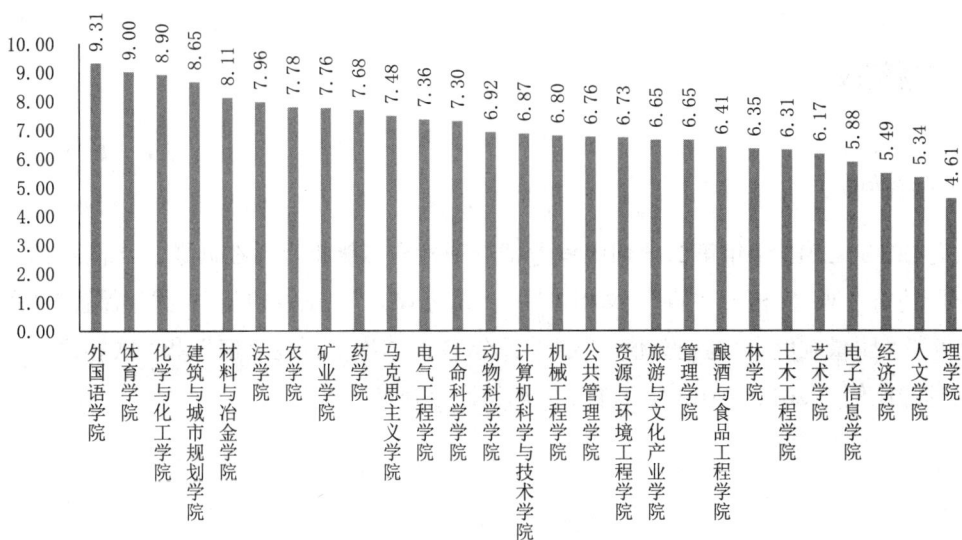

图 4-14　"试卷评分"评估排行

（12）"成绩分析"评估排行

"成绩分析"（满分 8 分）检查结果（图 4-15）表明，各学院被抽查的课程学生成绩大部分呈正态分布。存在的问题是少数课程学生成绩呈非正态分布，且任课教师未深入分析原因；如部分课程学生成绩优良率达 85% 以上，学生不及格率 50% 以上，但教师未对学生成绩偏高、偏低的原因进行分析，且无专门的试卷分析整改报告。

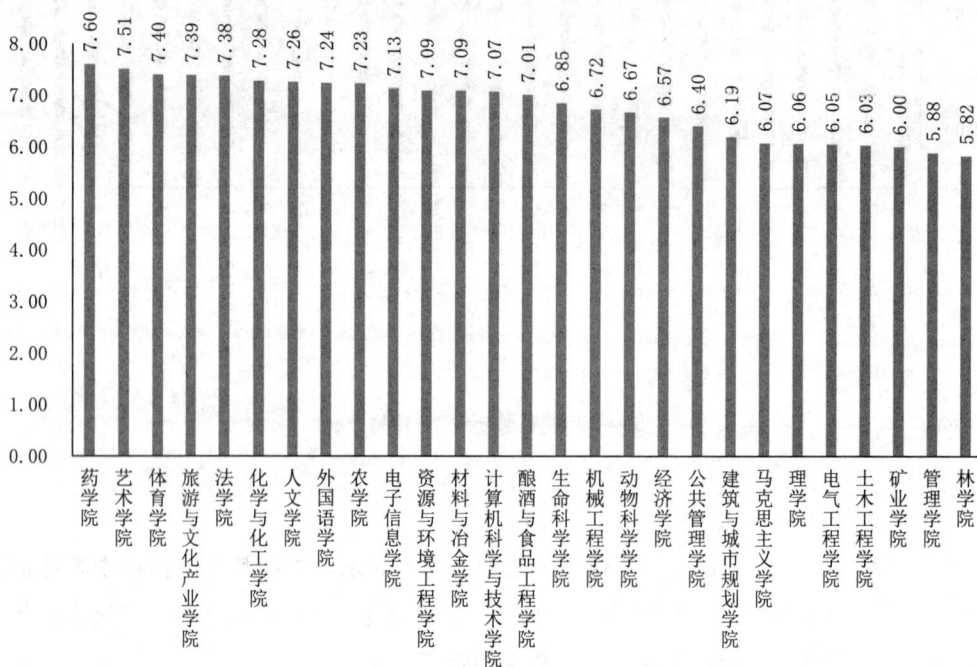

图 4-15 "成绩分析"评估排行

4.3 问题整改

4.3.1 存在问题

与 2012～2013 学年第二学期课程考试专项检查二级指标存在问题的比例相比，质量下降的有 9 项（"相关文档""文档填写""统分登分""试卷印装""试卷保管""命题相关度""题量难度""题型分值""试卷评分"），本次"题型分值"和"试卷评分"存在问题的比例与 2012～2013 学年第二学期相比上升幅度较大。

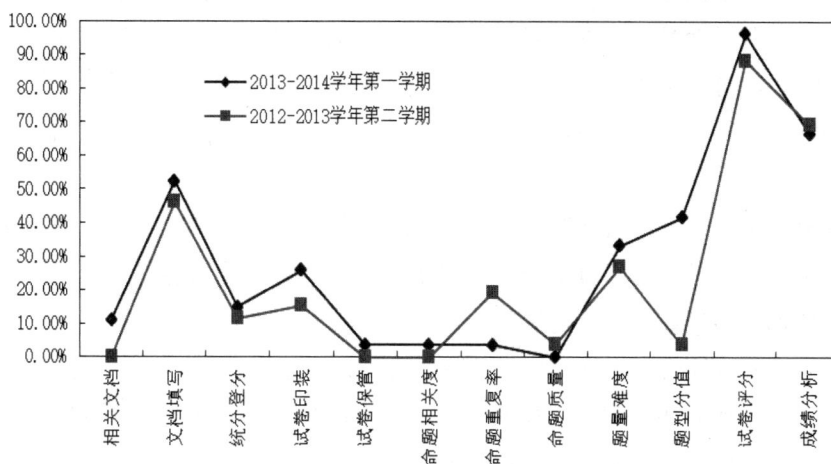

图 4-16　各项二级指标两次课程考试质量检查存在问题比较

表 4-3　二级指标存在问题比例统计

一级指标	二级指标	等级			合计
		B	C	D	
格式与规范	01相关文档	11.11%	0.00%	0.00%	11.11%
	02文档填写	48.65%	3.70%	0.00%	52.35%
	03统分登分	14.81%	0.00%	0.00%	14.81%
	04试卷印装	14.81%	11.11%	0.00%	25.92%
	05试卷保管	0.00%	3.70%	0.00%	3.70%
内容与质量	06命题相关度	0.00%	3.70%	0.00%	3.70%
	07命题重复率	3.70%	0.00%	0.00%	3.70%
	08命题质量	0.00%	0.00%	0.00%	0.00%
	09题量难度	33.33%	0.00%	0.00%	33.33%
	10题型分值	37.04%	4.55%	0.00%	41.59%
	11试卷评分	29.63%	51.85%	14.81%	96.29%
	12成绩分析	55.56%	11.11%	0.00%	66.67%

（1）格式与规范

相关文档　本次检查中该项指标 B 等级以下比例为 0.00%，在本次检查中，该项指标存在的主要问题是：部分专业仍采用 2007 年版的教学大纲和教学计划。

文档填写　各学院教学文件栏目填写存在不规范现象，此次检查该指标存在的问题比例是 52.35%，和前一次检查相比，比例有所上升。存在问题主要有试卷分析表缺任课老师和教研室主任签名；试卷分析表分析不具体；审核表填写不全，未注明启用的是 A 卷或 B 卷。

统分登分　本次检查该指标存在问题所占比例为 14.81%。和前一次检查存在的问题比例相比，呈现出上升趋势。登分统分出现错误将会影响学生的前途和命运，由此也可以看出少数教师不够认真，缺乏责任心。

试卷印装　本次检查该指标存在问题所占比例为 25.92%，和上次检查结果基本持平。本次检查存在的主要问题是部分课程的学生试卷未按序装订或装订顺序有误，还有部分学院未装订，仅用鱼尾夹夹住试卷或者仅按顺序排列试卷。

(2) **内容与质量**

在本次检查中一级指标"内容与质量"仍存在问题，"试卷评分"中出现的问题较多。其次是对学生成绩分析不够认真、详细。因此，仍需进一步规范对学生试卷的评阅，并需要深入剖析教师教学效果及学生学习成效。"内容与质量"指标中主要存在以下问题。

①题量不合理，题型单一，简单题所占比例过高等。

②题型与分值欠合理。命题有差错和歧义，各大题分值分配差异大，选择题的分值过高等。

③试卷批阅不规范，评分标准不够具体。存在阅卷不规范、正负分混用，特别是分数改动不签名、批改试卷用签章等现象。

④课程考试学生成绩不符合正态分布。优秀率偏高或不及格率偏高属不合理现象，均从侧面反映出试卷难度偏大或偏易，这与教师授课方式、方法有直接相关性。部分任课教师对学生成绩分析不够认真，有些分析过于简单，针对性不强。分析结果没有参考价值，指导意义不大，有些教师甚至未对学生成绩分布进行分析。

(3) **其他问题**

①任课教师在试卷上对分数进行屡次改动，显得很随意，不够严谨。

②参考答案不规范。如参考答案中出现"见教材"等语。

③关于试卷命题的规范问题。试题表述不清，题目要求是填空，但答案内容是简答。

4.3.2 整改建议

检查结果表明，经过多年的课程考试质量专项检查，各学院在课程考试质量管理方面，无论是学院领导、管理人员的重视程度，还是学院的管理方式、办法，都不同程度地有了很大改进。希望各学院对本次检查提出的问题进行落实整改，共同促进我校课程考试质量管理水平的提升。

（1）**对学院的建议**

各学院应按照《贵州大学课程考试质量评估办法（试行）》（贵大评估中心〔2009〕3 号）开展针对性的自查，把检查出来的问题作为学院教研室的活动内容之一，采取一定措施进行整改，使学院的试卷管理更加规范化。

学院应进一步加强管理，并严格把关，确保试卷袋存放的相关教学文件齐备，填写规范；严格试卷命题审核程序，教研室、学院应层层把关，提高试卷的命题覆盖率以及与教学大纲的相关度，防止出现重复率过高、题型过少等问题。

学院应进一步加强教研室主任、学院领导的试卷审核工作。教研室主任、学院领导填写的贵州大学试卷审核表意见不能过于简单，若为合格试卷，系主任（教研室主任）必须明确指定考试用卷和备用卷，避免出现简单签署"同意"二字的现象。

（2）**对任课教师的建议**

任课教师应注意学生试卷排序整理，阅卷应严格按照学校要求，避免正负分混用；分数改动后注意签名，评阅大题时应给出步骤分。

应注重学生考试成绩的研究分析。对成绩分布不呈正态分布，优秀率偏高或不及格率偏高等不正常现象要进行分析，以便及时发现问题，并在今后的教学过程中予以改进和完善。

批阅试卷时务必认真负责，杜绝统分、登分时出现错误。

按照学院教务科要求，按时提交考试成绩，及时将试卷提交教务科归档管理。

（3）**对教务处的建议**

教务处应采取不同的方式，对任课教师进行考试试卷的命题、批改试卷的基本规则和要求等方面的培训。

课程考试方面的管理条例应附有细则和范例，以便教师在课程考试这个教学环节中做得更加规范。

教务处应对光盘等电子考试档案归档作出明确规定，以便规范各学院电子（试卷）档案的管理。

4.3.3 整改情况

（1）**学院领导重视检查评估工作**

每当检查评估专家组到学院，规范都会亲临检查现场和专家们交流和沟通具体工作中存在的难点。学校领导也特别重视检查评估工作，如个别学院领导积极和评估中心联系，将检查结果作为教研活动的重要内容，对检查结果进行比照分析，积极采取措施予以整改。

（2）**检查评估起到相互学习和促进的作用**

在检查评估中还发现，我中心（所）通过在教学工作例会上展示一些单位好的做法和经验，对其他单位起到了很好的示范和促进作用。比如试卷的装订，原来没有装订的现在装订了，原来装订不够规范的，现在做得更规范了。检查评估起到了相互学习和促进的作用。

(3) 试卷批改有了很大改观

这次检查评估在试卷批改上，正负分混用的现象已经明显减少，证明教师们在批改试卷时已明确了一些基本规则。修改试卷批改的分数时也基本上养成了签字的良好习惯。

(4) 试卷归档保存完整

大部分学院都制作了试卷袋内目录清单，贴在试卷袋外，便于任课教师自查归档材料的齐全性，同时也便于教务科管理人员检查。

(5) 试卷装订规范美观

部分学院的试卷装订较为规范美观，采用统一封面装订试卷，如经济学院、农学院、理学院、资源与环境工程学院等。

第 5 章　2013～2014 学年第二学期
课程考试质量专项评估报告

我校本科课程考试质量专项检查评估已步入常态化，有效地促进了我校课程考试质量规范化管理。在已经开展的 6 次课程考试质量专项检查中，各学院和全体任课教师逐步熟悉了课程考试质量的具体标准和要求，统一规范管理方面也明显加强。评估中心（高教所）于 2014 年 9 月 23 日～24 日组织开展了各学院 2013～2014 学年第二学期课程考试质量专项检查评估工作。本次课程考试质量专项评估，进一步完善了课程考试质量评分表，坚持了专家回避本学院的检查方式。

5.1 评估方法

5.1.1 评估依据

按照教育部本科教学工作水平评估的有关要求，根据《贵州大学课程考试质量评估办法（试行）》（贵大评估中心〔2009〕3 号）和《关于开展 2013～2014 学年第二学期课程考试质量专项检查评估的通知》（贵大评估中心〔2014〕7 号）对 2013～2014 学年第二学期课程考试质量进行了检查评估。

5.1.2 评估内容

本次课程考试质量专项评估内容包括"格式与规范""内容与质量"2 个一级指标，共 12 项二级指标。"格式与规范"包括："相关文件""文件填写""试卷装订""统分登分""试卷保管"5 个二级指标；"内容与质量"包括："命题相关度""命题重复率""命题质量""题量难度""题型分值""试卷评分""成绩分析"7 个二级指标。

检查评估范围为我校全日制普通本科学院（不含独立学院）2013～2014 学年第二学期所开设的全部本科考试课程。

5.1.3 抽样方法

采用随机抽样方式，由教务处提供各学院 2013～2014 学年第二学期的考试课程清单，按 20% 的比例确定检查评估课程。原则上每个班级至少抽查一门。

　　按年级从 2013～2014 学年第二学期所开设公共课程中随机抽取一门公共课，按开设该门课程的所有班级数的 20% 确定检查评估班级。

　　按照上述办法抽取的课程和班级调取试卷袋及相关材料，由检查评估小组根据试卷的排序，按照一定方式随机抽取相应班级试卷的 20% 进行检查。

5.2 结果分析

5.2.1 总体情况

（1）抽样情况

　　2014 年 9 月 22 日下午，校评估中心李明主任对检查评估小组专家进行了专项检查评估工作安排。5 个检查评估小组于 9 月 23 日～24 日按照专项检查工作安排到指定的学院对随机抽取的课程试卷进行检查。巡视检查小组也到各校区进行了检查指导。2013～2014 学年第二学期考试课程为 2079 门，本次专项检查评估共抽取 450 门课程。各学院抽样情况统计结果见表 5-1。

表 5-1　2013～2014 学年第二学期课程考试质量检查抽样情况统计表

序号	学院	考试课程数	抽取课程数
1	人文学院	62	20
2	外国语学院	68	20
3	艺术学院	470	20
4	法学院	14	10
5	经济学院	30	20
6	管理学院	55	20
7	旅游与文化产业学院	29	20
8	公共管理学院	57	10
9	理学院	286	20
10	生命科学学院	20	20
11	计算机科学与技术学院	49	18
12	大数据与信息工程学院	37	15
13	机械工程学院	50	20
14	电气工程学院	56	20

续表

序号	学院	考试课程数	抽取课程数
15	土木工程学院	62	18
16	建筑与城市规划学院	8	8
17	材料与冶金学院	19	19
18	化学与化工学院	90	20
19	矿业学院	32	20
20	资源与环境工程学院	19	19
21	酿酒与食品工程学院	15	15
22	农学院	92	20
23	林学院	35	20
24	动物科学学院	30	20
25	马克思主义学院	359	9
26	体育学院	13	5
27	药学院	14	14
合计	27 个学院	2079	450

（2）结果统计

本次课程考试质量评估检查，全校综合评分平均值为 90.63 分。"格式与规范"（满分 36 分）全校平均得分为 33.43 分，"内容与质量"（满分 64 分）全校平均得分为 57.21 分。各学院综合评估结果见表 5-2。本次课程考试质量评估的综合评分见图 5-1，前三名为法学院、化学与化工学院、动物科学学院，16 个学院为优秀，11 个学院为良好。

表 5-2 学院（部）综合评分统计表

序号	学院	"格式与规范"平均分	"内容与质量"平均分	综合评分
1	人文学院	32.62	59.41	92.03
2	外国语学院	34.44	59.67	94.11
3	艺术学院	31.84	54.94	86.78
4	法学院	34.87	61.30	96.17
5	经济学院	35.05	57.09	92.14
6	管理学院	32.39	54.76	87.15

续表

序号	学院	"格式与规范"平均分	"内容与质量"平均分	综合评分
7	旅游与文化产业学院	30.72	57.70	84.43
8	公共管理学院	37.72	58.25	90.96
9	理学院	33.71	58.12	91.83
10	生命科学学院	33.93	54.65	88.58
11	计算机科学与技术学院	32.66	54.08	86.74
12	大数据与信息工程学院	33.15	58.41	91.56
13	机械工程学院	34.52	59.83	94.36
14	电气工程学院	32.89	57.99	90.88
15	土木工程学院	34.82	57.64	92.46
16	建筑与城市规划学院	31.97	55.13	87.10
17	材料与冶金学院	33.12	56.39	89.60
18	化学与化工学院	36.77	58.38	95.15
19	矿业学院	33.92	52.67	86.59
20	资源与环境工程学院	34.74	54.32	89.06
21	酿酒与食品工程学院	33.90	59.84	93.74
22	农学院	33.33	53.88	87.21
23	林学院	32.49	56.52	89.00
24	动物科学学院	34.35	60.04	94.38
25	药学院	33.90	57.64	91.54
26	马克思主义学院	30.29	61.77	92.06
27	体育学院	33.30	59.13	91.42
	平均得分	33.43	57.21	90.63

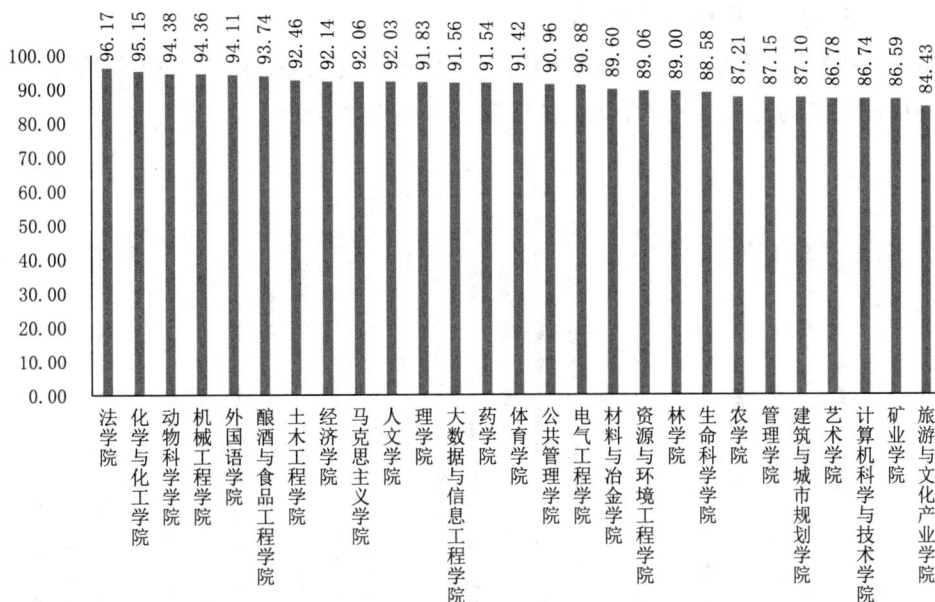

图 5-1　学院（部）综合评分

5.2.2 一级指标

（1）学院"格式与规范"评估排行

从一级指标"格式与规范"（满分 36 分）评估排行（图 5-2）表明，各学院均不同程度地存在一些管理工作的规范性问题，该项指标前三名为化学与化工学院、经济学院、法学院。

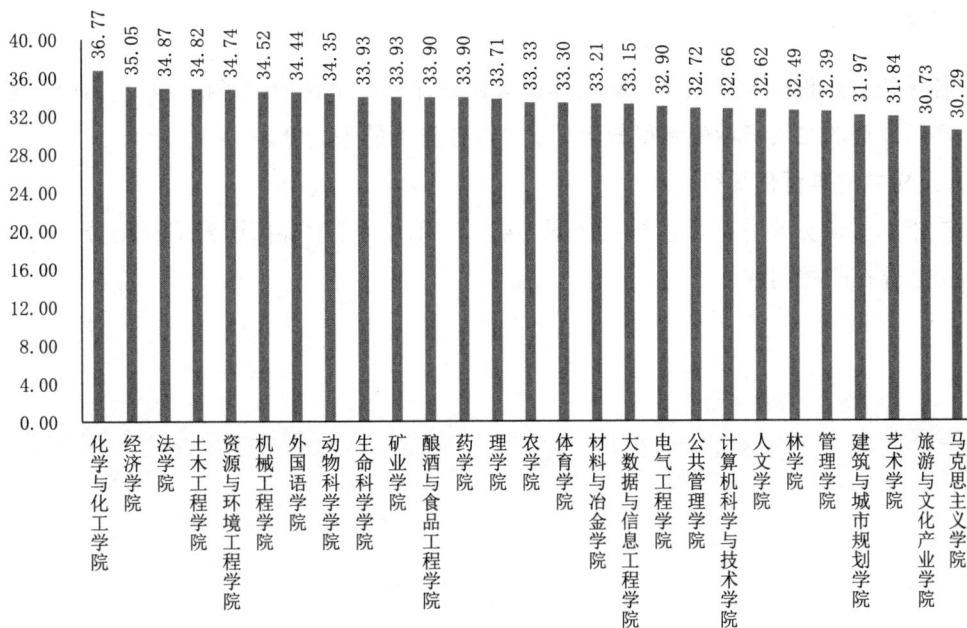

图 5-2　"格式与规范"评估排行

(2) 学院"内容与质量"评估排行

从一级指标"内容与质量"（满分 64 分）评估排行（图 5-3）表明，各学院均存在问题，该项指标前三名为马克思主义学院、法学院、动物科学学院。

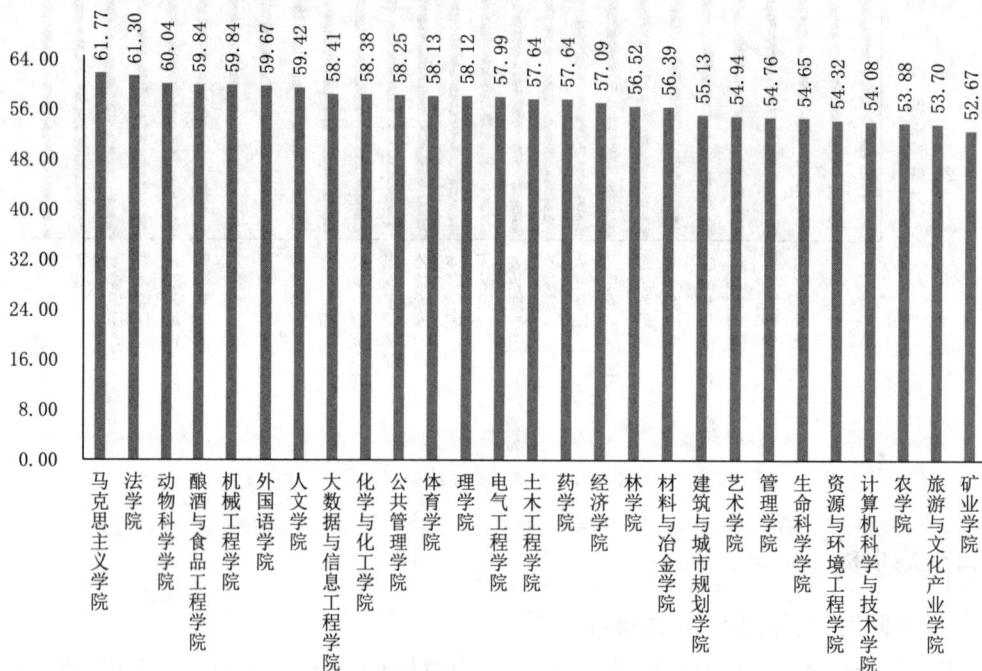

图 5-3 "内容与质量"评估排行

5.2.3 二级指标

各学院二级指标的单项得分乘以其相应权重计算得出各项二级指标最终得分。利用学院各门课程的二级指标最终得分计算出学院该指标的平均分。

（1）相关文档评估排行

该指标（满分 6 分）评估排行（图 5-4）表明，全部学院都达到优秀得分，但少数学院仍然存在一些问题。

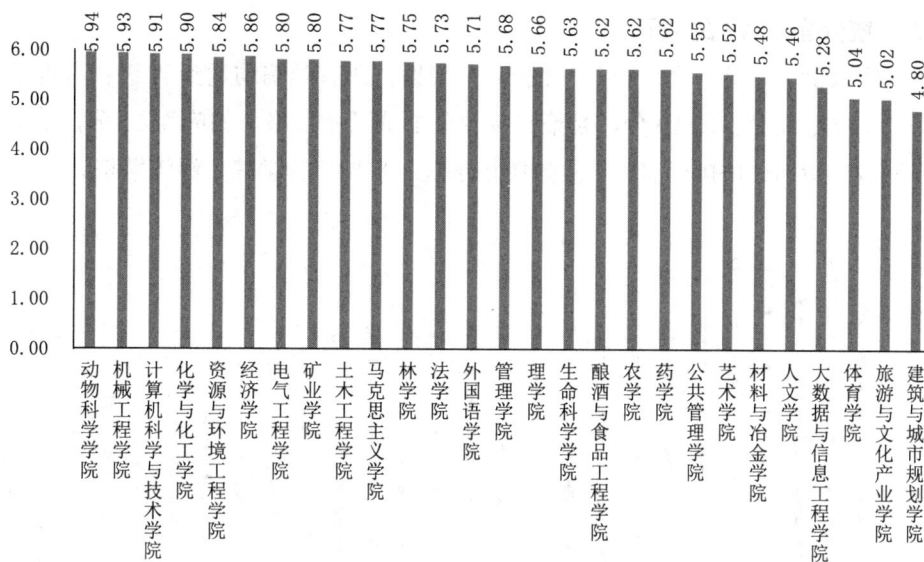

图 5-4　"教学文件"评估排行

（2）"文档填写"评估排行

该指标（满分 8 分）评估排行（图 5-5）表明，药学院、土木工程学院、经济学院为前三名，只有 3 个学院未达到优秀等级 A 级。

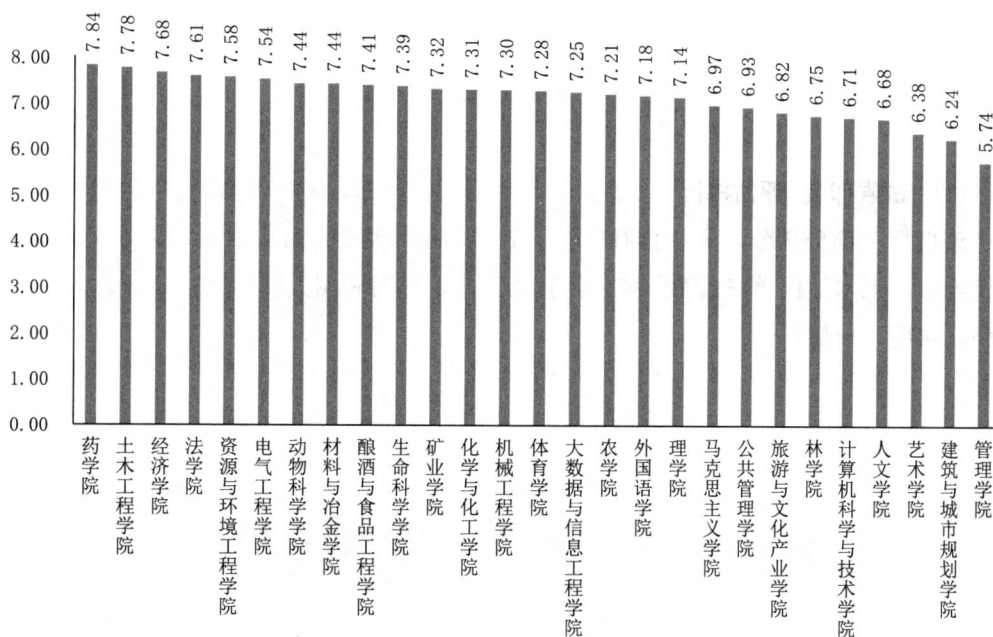

图 5-5　"教学文件栏目内容填写"评估排行

（3）"统分登分"评估排行

该指标（满分 8 分）评估排行（图 5-6）表明，所有学院均达到 A 级；存在的突出问题是个别试卷统分少统 10 分，且最终导致卷面成绩不及格（如应为 61 分，实际统为 51 分）。该项指标评估排行前三名是外国语学院、机械工程学院、经济学院。

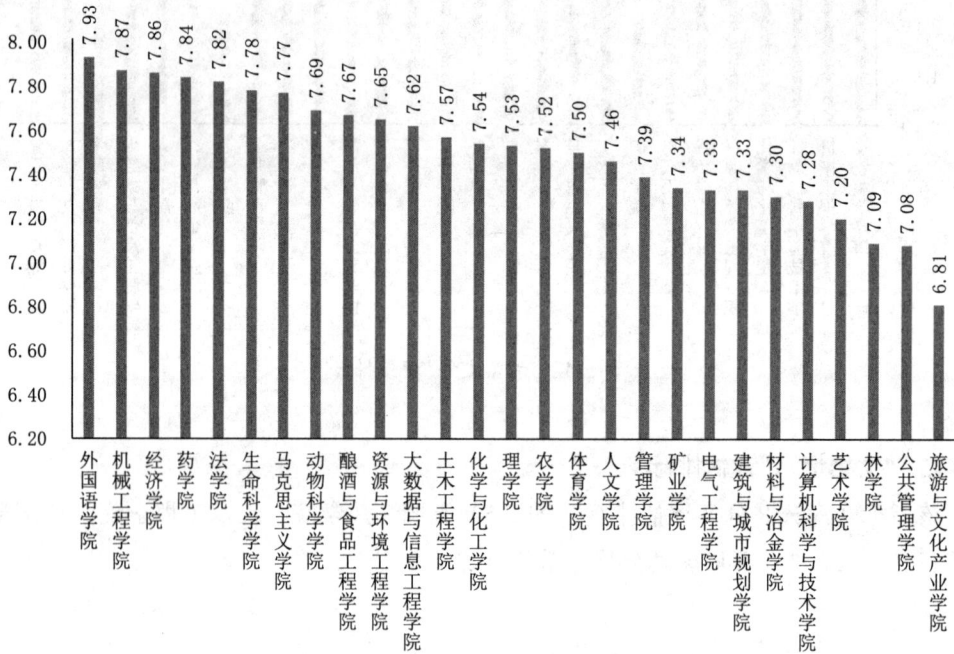

图 5-6　"统分与登分"评估排行

（4）"试卷印装"评估排行

该指标（满分 7 分）评估排行（图 5-7）表明，前三名为法学院、土木工程学院、经济学院，土木工程学院试卷印装工作犹为突出，试卷和相关教学文件分开装订，特别规整、实用、美观。

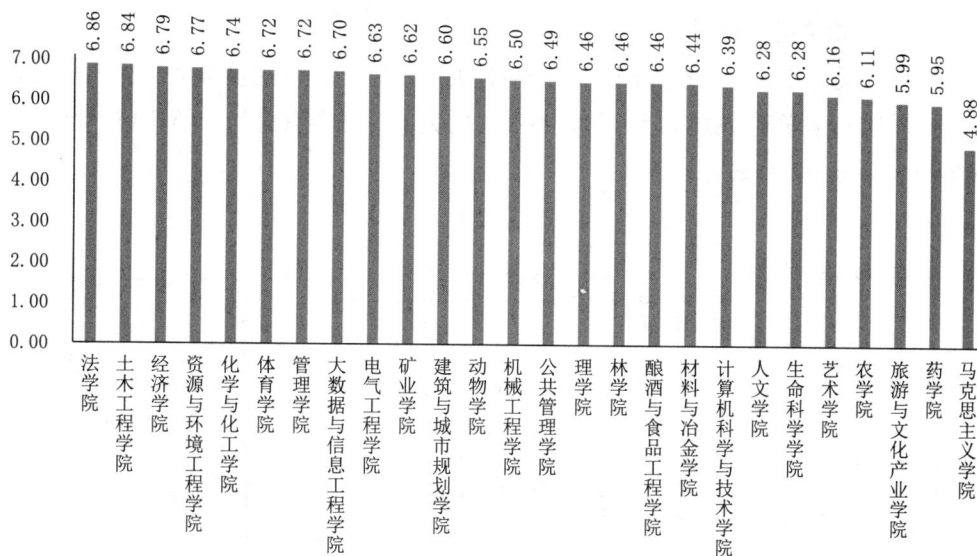

图 5-7 "试卷印装"评估排行

(5)"试卷保管"评估排行

该指标（满分 7 分）评估排行（图 5-8）表明，前三名为建筑与城市规划学院、机械工程学院、理学院，大多数学院都有专门的试卷存放地，并按照教务处的要求进行归档保管。

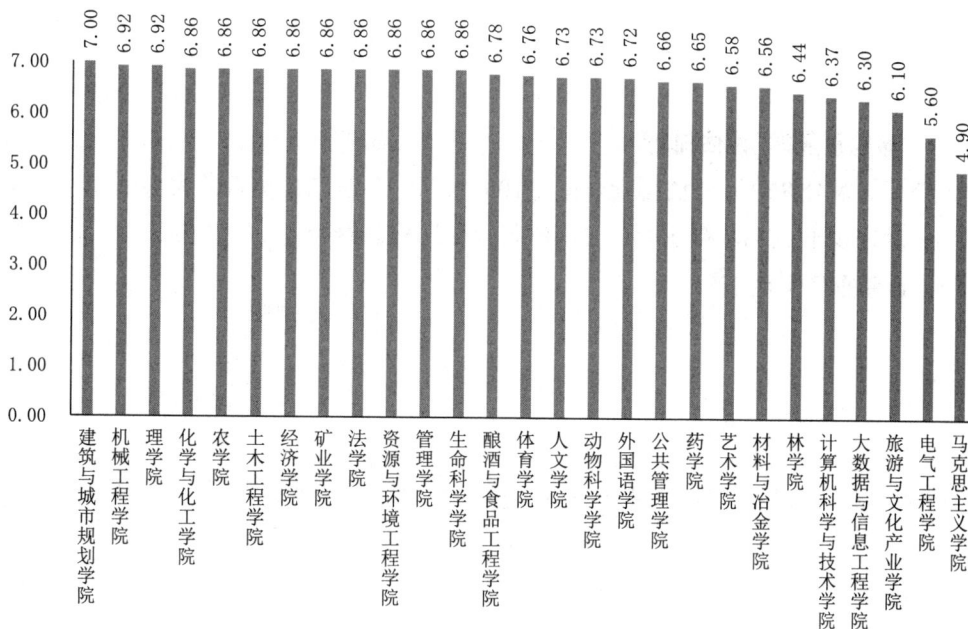

图 5-8 "试卷保管"评估排行

（6）"命题相关度"评估排行

该指标（满分 10 分）评估排行（图 5-9）表明，前三名是化学与化工学院、土木工程学院、动物科学学院，90% 以上学院被抽查的大部分试卷命题与教学计划、教学大纲要求的教学内容相关度较好。

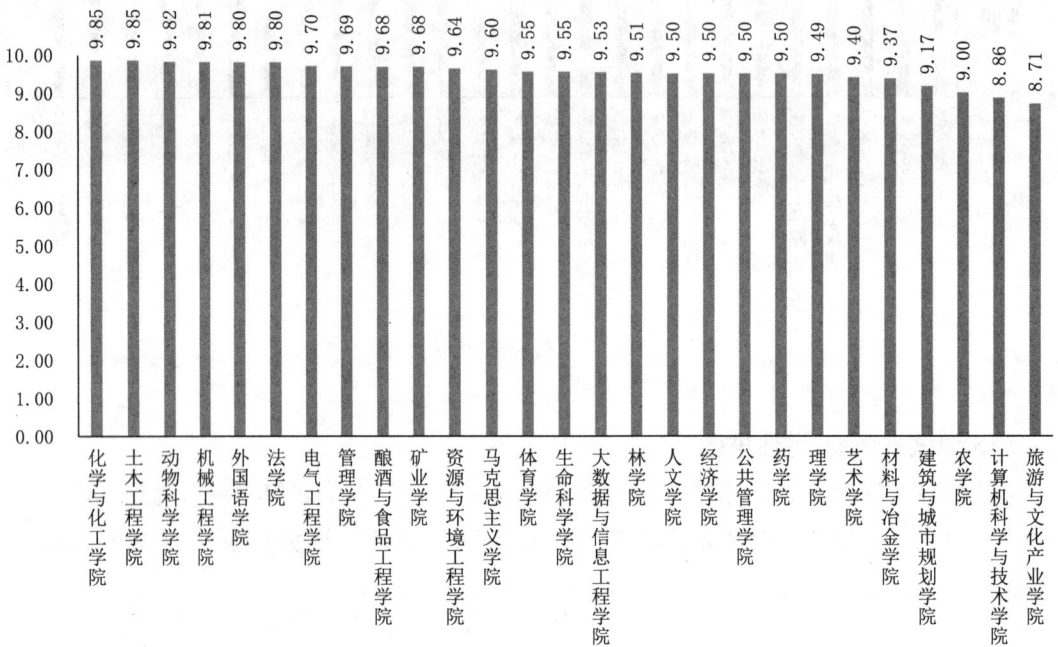

图 5-9　"试卷命题相关度"评估排行

（7）"命题重复率"评估排行

该指标（满分 8 分）评估排行（图 5-10）表明，各学院被抽查的大部分试卷命题重复率均控制在少于 25%，存在的主要问题是少数课程试卷命题重复率高于 25%，个别学院的 A、B 卷重复率达 70% 以上。

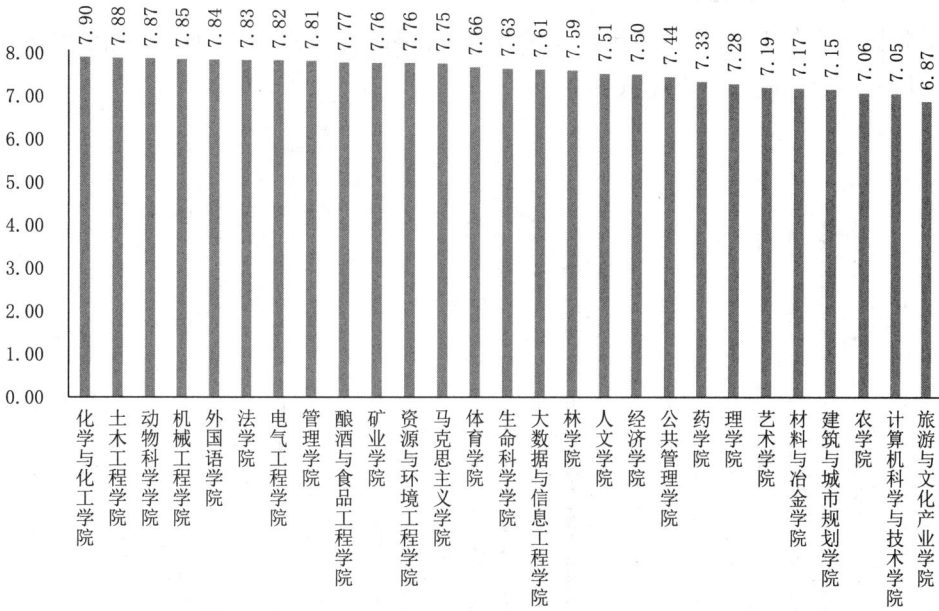

图 5-10　"试卷命题重复率"评估排行

（8）"命题质量"评估排行

该指标（满分 10 分）评估排行（图 5-11）表明，前三名是化学与化工学院、土木工程学院、动物科学学院，各学院试卷命题设计思路较清晰，试题表述简明，基本不存在差错或歧义问题。

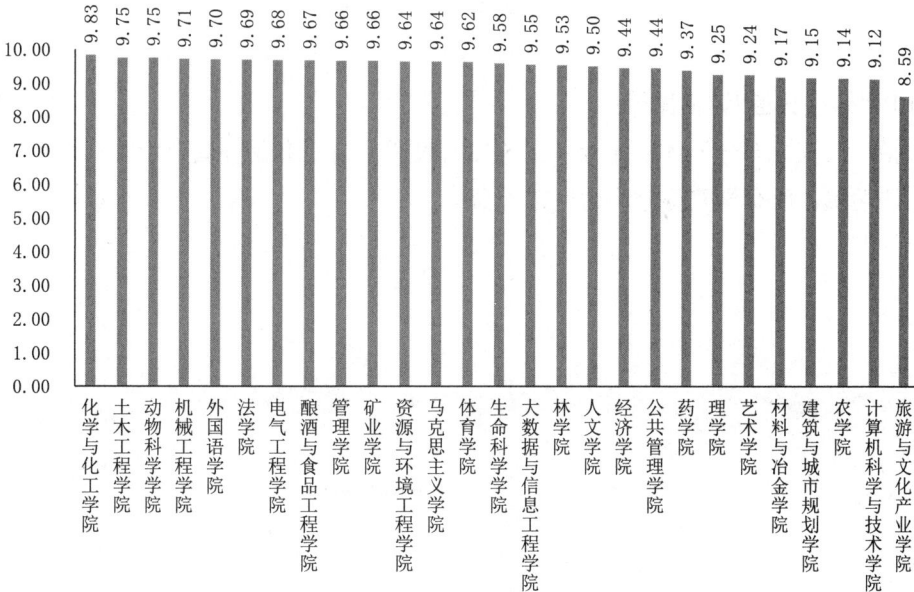

图 5-11　"试卷命题质量"评估排行

(9)"题量难度"评估排行

该指标(满分 10 分)评估排行(图 5-12)表明,前三名是法学院、马克思主义学院、经济学院,所有学院得分均达 A 级。

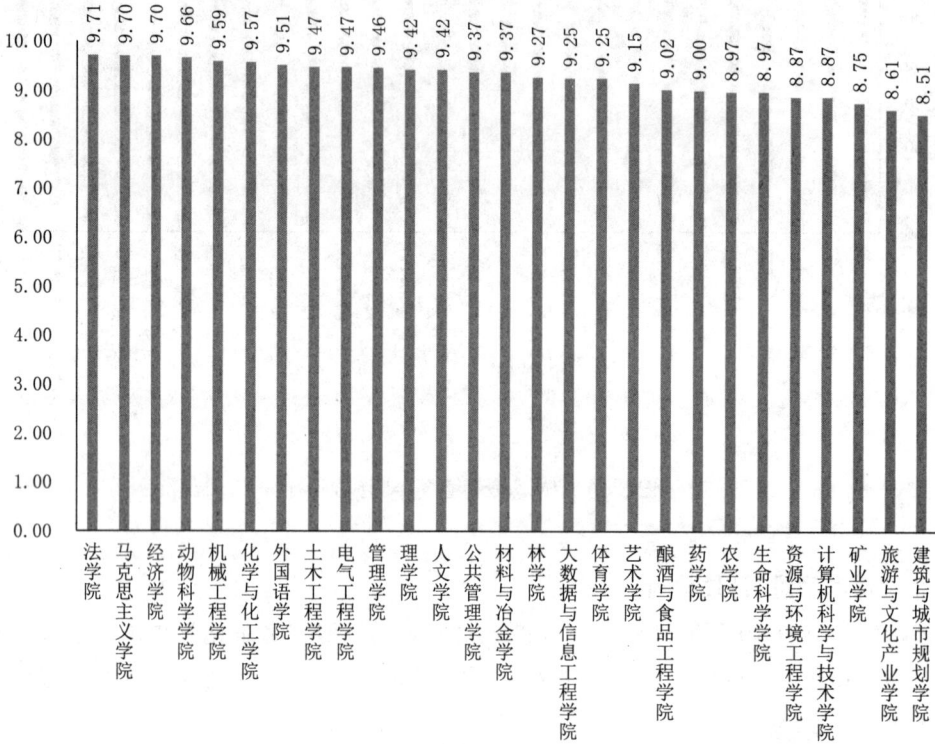

图 5-12 "题量难度"评估排行

(10)"题型分值"评估排行

该指标(满分 8 分)评估排行(图 5-13)表明,前三名是外国语学院、马克思主义学院、法学院,所有学院得分均达优秀 A 级。

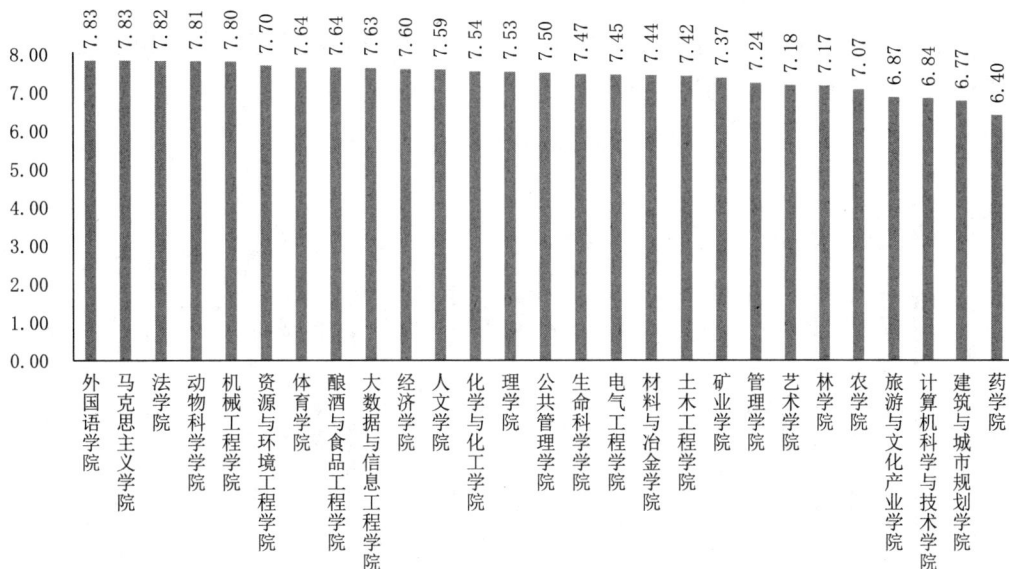

图 5-13　"题型与分值"评估排行

（11）"试卷评分"评估排行

该指标（满分 10 分）评估排行（图 5-14）表明，前三名是马克思主义学院、药学院、酿酒与食品工程学院，13 个单位得分达到优秀 A 级，6 个单位得分为不及格等级。

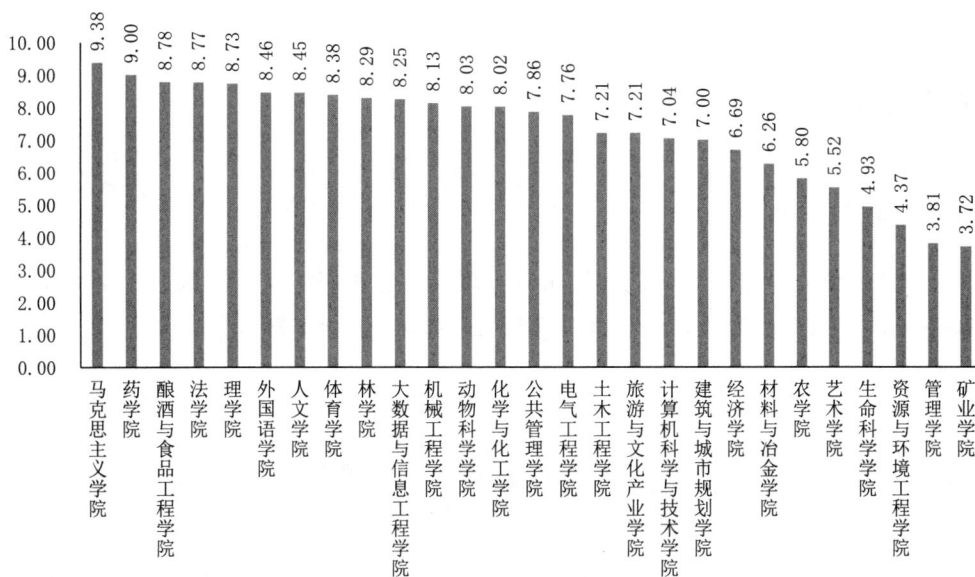

图 5-14　"试卷评分"评估排行

（12）"成绩分析"评估排行

该指标（满分 8 分）评估排行（图 5-15）表明，前三名是马克思主义学院、法学院、艺术学院，10 个单位得分为优秀 A 级以下。

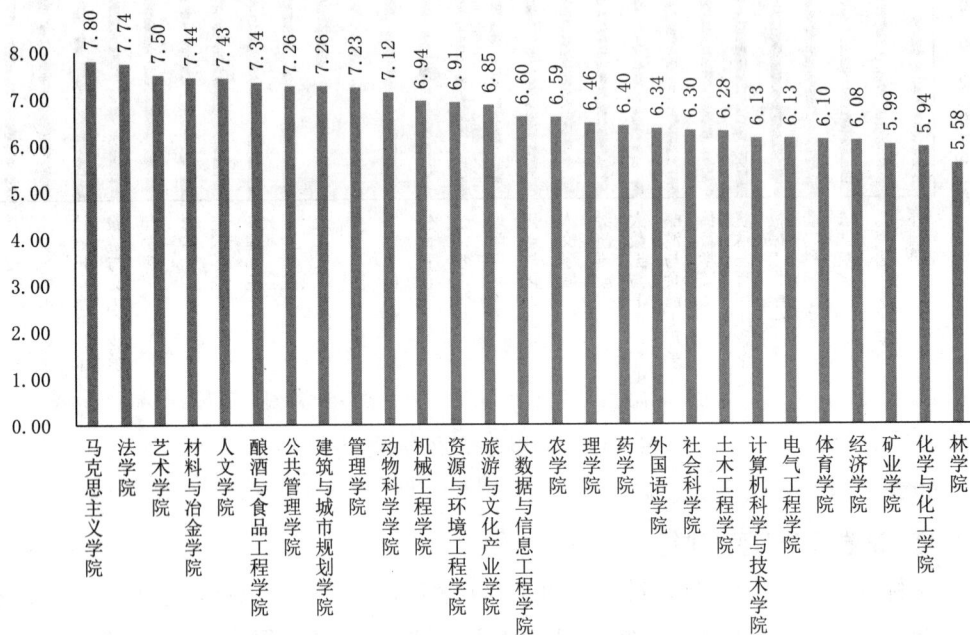

图 5-15   "成绩分析"评估排行

5.3 问题整改

3.3.1 存在问题

与 2013～2014 学年第一学期课程考试专项检查二级指标存在问题的比例相比，质量下降的有 4 项（"相关文档""试卷保管""命题相关度""命题重复率"）。

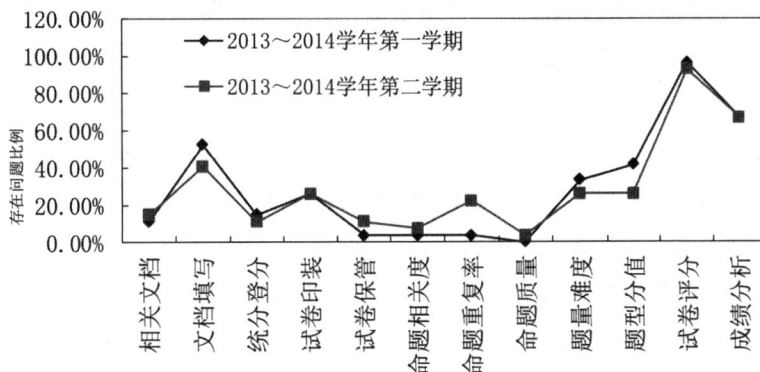

图 5-16　各项二级指标两次课程考试质量检查存在问题比较

表 5-3　二级指标存在问题比例统计

一级指标	二级指标	等级			合计
		B	C	D	
格式与规范	01相关文档	14.81%	0.00%	0.00%	14.81%
	02文档填写	37.04%	3.70%	0.00%	40.74%
	03统分登分	11.11%	0.00%	0.00%	11.11%
	04试卷印装	22.22%	3.70%	0.00%	25.93%
	05试卷保管	7.41%	3.70%	0.00%	11.11%
内容与质量	06命题相关度	7.41%	0.00%	0.00%	7.41%
	07命题重复率	22.22%	0.00%	0.00%	22.22%
	08命题质量	3.70%	0.00%	0.00%	3.70%
	09题量难度	25.93%	0.00%	0.00%	25.93%
	10题型分值	25.93%	0.00%	0.00%	25.93%
	11试卷评分	48.15%	22.22%	22.22%	92.59%
	12成绩分析	55.56%	11.11%	0.00%	66.67%

（1）格式与规范

相关文档　本次检查中该项指标 B 等级以下比例占 0.00%。但在本次检查中，该项指标仍存在的主要问题是部分专业仍采用 2007 年版的教学大纲和教学计划。

文档填写　各学院教学文件栏目填写存在不规范现象，此次检查该指标存在的问题比例是 40.74%，比前一次检查相比，有所下降。存在的问题主要有试卷分析表缺任课老师和教研室主任签名；试卷分析表分析不具体；审核表填写不全，未注明启用的是 A 卷或 B 卷。

统分登分　本次检查该指标存在问题所占比例为 11.11%。和前一次检查存在的问题比例相比，呈现出下降趋势。登分统分出现错误将会影响学生的前途和命运，由此也可以看出少数教师不够认真，缺乏责任心。

试卷印装　本次检查该指标存在问题所占比例为 25.93%，和上次检查结果基本持平。本次检查存在的主要问题是部分课程的学生试卷未按序装订或装订顺序有误；部分学院未装订，仅用鱼尾夹夹住试卷或者仅按顺序排列试卷。

（2）**内容与质量**

在本次检查中一级指标"内容与质量"仍存在问题，"试卷评分"中出现的问题较多。其次是对学生成绩分析不够认真、详细。因此，仍需进一步规范对学生试卷的评阅，并深入剖析教师教学效果及学生学习成效。"内容与质量"指标中主要存在以下问题。

①题量不合理，题型单一，简单题所占比例过高等。

②题型与分值欠合理。命题有差错和歧义，各大题分值分配差异大，选择题的分值过高等。

③试卷批阅不规范，评分标准不够具体。存在阅卷不规范、正负分混用，特别是分数改动不签名、批改试卷用签章等现象。

④课程考试学生成绩不符合正态分布。优秀率偏高或不及格率偏高属不合理现象，均从侧面反映出试卷难度偏大或偏易。部分任课教师对学生成绩分析不够认真，有些分析过于简单，针对性不强，分析结果没有参考价值，指导意义不大，有些教师甚至未对学生成绩分布进行分析。

（3）**其他问题**

①任课教师在试卷上对分数进行屡次改动，显得很随意，不够严谨。

②参考答案不规范。如参考答案中出现"见教材"等语。

③关于试卷命题的规范问题。试题表述不清，题目要求是填空，但答案内容是简答。

5.3.2 整改建议

检查结果表明，经过多年的课程考试质量专项检查，各学院在课程考试质量管理方面，无论是学院领导、管理人员的重视程度，还是学院的管理方式、办法，都不同程度地有了很大改观。希望各学院对本次检查出的问题进行落实整改，共同促进我校课程考试质量管理水平的提升。

（1）对学院的建议

各学院应按照《贵州大学课程考试质量评估办法（试行）》（贵大评估中心〔2009〕3 号）开展针对性的自查，把检查出来的问题作为学院教研室的活动内容之一，采取一定措施进行整改，使学院的试卷管理更加规范。

学院应进一步加强管理，并严格把关，确保试卷袋需存放的相关教学文件齐备，填写规范；严格试卷命题审核程序，教研室、学院应层层把关，提高试卷的命题覆盖率以及与教学大纲的相关度，防止出现重复率过高、题型过少等问题。

学院应进一步强调教研室主任、学院领导对试卷的审核工作。填写贵州大学试卷审核表意见不能过于简单，若为合格试卷，系主任（教研室主任）必须明确指定考试用卷和备用卷，避免出现简单签署"同意"二字的现象。

（2）对任课教师的建议

任课教师应注意学生试卷排序整理，阅卷应严格按照学校要求，避免正负分混用，分数改动后注意签名，评阅大题时应给出步骤分。

应注重学生考试成绩的研究分析。成绩分布不呈正态分布，优秀率偏高或不及格率偏高等要进行分析，以便及时发现问题，并在今后的教学过程中及时改进和完善。

在批阅试卷时，一定要认真负责，杜绝统分、登分时出现错误。

要按照学院教务科要求，按时提交考试成绩，及时把试卷交到教务科归档。

（3）对教务处的建议

教务处应采取不同的方式，对任课教师进行考试试卷的命题、批改试卷的基本规则和要求等方面的培训。

课程考试方面的管理条例应附有细则和范例，以便教师在课程考试这个教学环节中做得更规范。

教务处应对光盘等电子考试档案归档作出明确的规定，以便规范各学院电子档案的管理。

5.3.3 整改情况

这次检查，很多学院都能按照《贵州大学课程考试试卷评估办法（试行）》的指标和要求进行自查，而且还对照以往的检查结果进行了自查。

各学院均比较重视试卷整理和归档保管，有专门的试卷存放地，并按照教务处的要求进行归档保管。这次装订较为实用美观的是旅游与文化产业学院、外国语学院、经济学院、土木工程学院等。他们把相关教学文件和试卷分开单独装订，然后一起装入试卷档案袋，并且在档案袋上贴上目录清单，方便装袋和查阅。

这次检查评估中还发现，各单位在整个检查评估过程中，基本没有突击准备的迹象，无论是学院领导还是学院管理人员都十分自然，课程考试试卷专项检查评估真正进入了常态。

本次检查评估采取了校高等教育研究与评估专家回避本学院的方式。结果表明，这种方式能够做到更真实、更客观、更公正地评价学院试卷管理工作。

各检查小组的专家们在现场检查工作结束后，能够按照校评估中心（高教所）的要求，按时提交各学院检查材料和评估报告。

校高等教育研究与评估专家在检查过程中认真、公正，检查摘要记录得很详细，数据统计也很认真。

第 6 章　2014 届本科生毕业论文（设计）质量专项评估报告

本科毕业论文（设计）是实现培养目标和检验教学质量的关键环节，是学生知识水平、科研素养、思辨能力的综合反映，是对本科生四年学习成果的总的质量检验，也是体现学校办学水平和人才培养质量的一个重要标志。为全面了解和把握我校 2014 届本科毕业生毕业论文（设计）的质量，进一步完善和推进我校办学水平和人才培养质量的稳步提升。2014 年 10 月 22～23 日，评估中心（高教所）组织校高等教育研究与评估专家对 2014 届本科生毕业论文（设计）质量进行了专项检查评估。

6.1 评估方法

6.1.1 评估依据

根据教育部《普通高等学校本科教学工作水平评估指标体系》和《关于加强普通高等学校毕业论文（设计）工作的通知》要求，按照《贵州大学本科生毕业论文（设计）工作指南》的规定和《贵州大学本科生毕业论文（设计）质量评估办法（试行）》（贵大评估中心〔2009〕6 号）《关于对 2014 届本科生毕业论文（设计）质量进行专项检查评估的通知》（贵大评估中心〔2014〕8 号）对 2014 届本科生毕业论文（设计）质量进行了专项检查评估。

6.1.2 评估内容

本科生毕业论文（设计）质量评估内容包括"论文（设计）管理"和"论文（设计）质量" 2 个一级指标，共 12 项二级指标。"论文（设计）管理"包括"组织领导""相关文档""指导教师""指导过程""评阅答辩""文档保存" 6 个二级指标，"论文（设计）质量"包括"选题质量""研究方案""文体结构""能力水平""成果质量""成绩评定" 6 个二级指标。

6.1.3 抽样方法

（1）随机抽样。采用随机抽样方式,从各学院提交的 2014 届本科生毕业论文（设计）

清单中进行随机抽样，确定出各学院拟检查的清单。

（2）抽样比例。按学院所属专业的 2014 届毕业论文（设计）总量的 20% 进行抽样，依照比例抽样份数超过 60 份的学院，按 60 份抽样；对份数较少的学院进行调整，适当增加抽样量，使全校整体抽样量达 20%，确定出毕业论文（设计）检查清单。

6.2 结果分析

6.2.1 总体情况

为保证此次本科生毕业论文（设计）质量检查工作顺利开展，2014 年 10 月 21 日下午召开了校高等教育研究与评估专家会议，校评估中心（所）李明主任对毕业论文（设计）质量专项检查工作进行了安排和部署。10 月 22 日～23 日，校高等教育研究与评估专家组成五个检查评估小组到各学院进行了现场检查。

（1）抽样情况

此次专项检查评估范围为我校 2014 届普通本科生毕业论文（设计）（不含独立学院）。2014 届毕业论文（设计）共有 5941 份，抽查了 1170 份。各学院（部）2014 届本科生毕业论文（设计）质量检查评估抽样情况统计见表 6-1。

表 6-1　2014 届本科生毕业论文（设计）质量检查评估抽样统计表

序号	学院	2014届毕业生人数	检查份数
1	人文学院	191	38
2	外国语学院	206	41
3	艺术学院	259	52
4	法学院	82	16
5	经济学院	177	35
6	管理学院	347	69
7	旅游与文化产业学院	93	14
8	公共管理学院	244	49
9	体育学院	49	10
10	理学院	212	42
11	生命科学学院	126	25
12	计算机科学与技术学院	311	62

序号	学院	2014届毕业生人数	检查份数
13	大数据与信息工程学院	211	42
14	机械工程学院	431	86
15	电气工程学院	350	70
16	土木工程学院	406	81
17	建筑与城市规划学院	98	20
18	材料与冶金学院	310	62
19	化学与化工学院	344	69
20	矿业学院	326	65
21	资源与环境工程学院	293	59
22	酿酒与食品工程学院	141	24
23	农学院	299	56
24	林学院	189	38
25	动物科学学院	127	25
26	药学院	119	20
	合计	5941	1170

（2）结果统计

本次毕业论文（设计）质量评估的全校综合平均分为 88.62 分；"论文（设计）管理"的全校平均分为 27.01 分（满分 32 分），"论文（设计）质量"的全校平均分为 61.61 分（满分 68 分）。各学院（部)2014 届本科生毕业论文（设计）质量检查评分结果见表 6-2。

表 6-2　2014 届本科生毕业论文（设计）质量检查评分结果统计表

序号	学院	"论文（设计）管理"平均分	"论文（设计）质量"平均分	综合得分
1	人文学院	29.33	60.91	90.24
2	外国语学院	26.05	63.13	89.19
3	艺术学院	25.04	55.76	80.80
4	法学院	28.87	63.21	92.08
5	经济学院	25.38	62.86	88.23

续表

序号	学院	"论文（设计）管理"平均分	"论文（设计）质量"平均分	综合得分
6	管理学院	27.17	61.06	88.22
7	旅游与文化产业学院	25.25	65.43	90.69
8	公共管理学院	27.00	64.31	91.31
9	体育学院	27.41	59.11	86.52
10	理学院	28.26	62.32	90.58
11	生命科学学院	29.66	60.33	90.00
12	计算机科学与技术学院	26.39	57.78	84.17
13	大数据与信息工程学院	27.13	57.60	84.73
14	机械工程学院	26.58	63.77	90.35
15	电气工程学院	24.96	61.70	86.65
16	土木工程学院	25.48	63.37	88.85
17	建筑与城市规划学院	26.28	57.91	84.19
18	材料与冶金学院	26.93	60.46	87.38
19	化学与化工学院	24.11	64.17	88.28
20	矿业学院	27.29	60.83	88.12
21	资源与环境工程学院	27.47	61.44	88.91
22	酿酒与食品工程学院	27.63	62.83	90.45
23	农学院	29.35	64.96	94.31
24	林学院	28.03	62.71	90.74
25	动物科学学院	28.84	63.43	92.27
26	药学院	26.40	60.48	86.88
	平均分	27.01	61.61	88.62

　　学院综合评分前三名为农学院、动物科学学院、法学院，共11个学院达优秀，其余学院均达良好（见图6-1）。

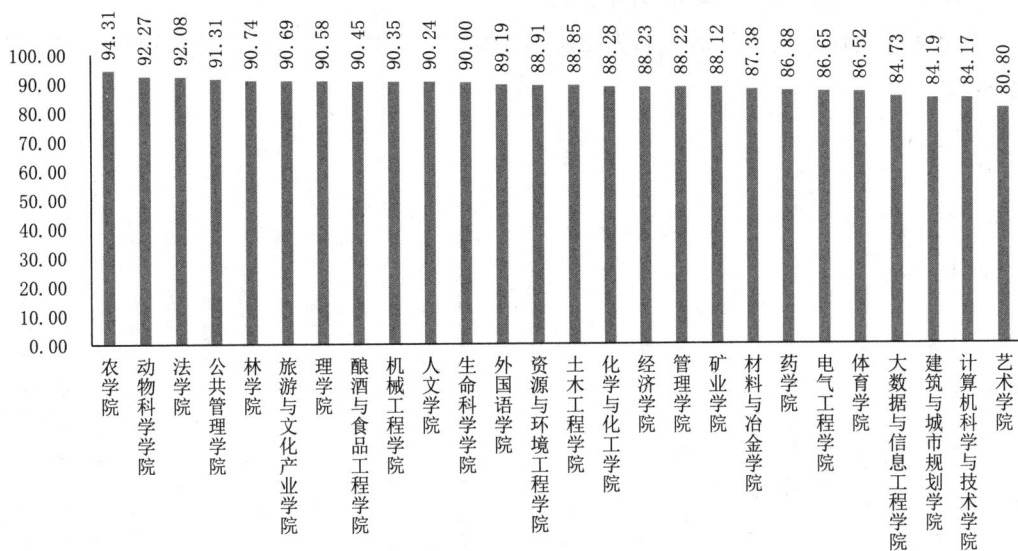

图 6-1　学院综合评分

6.2.2 一级指标

（1）学院"论文（设计）管理"评估排行

"论文（设计）管理"前三名为生命科学学院、农学院、人文学院（见图 6-2）。

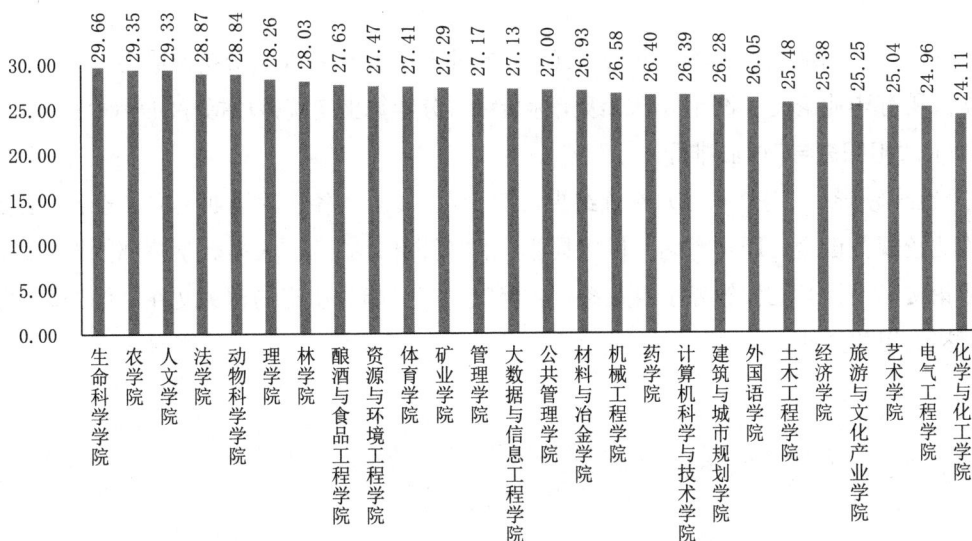

图 6-2　"论文（设计）管理"评估排行

（2）学院"论文（设计）质量"评估排行

"论文（设计）质量"前三名为旅游与文化产业学院、农学院、公共管理学院（见图 6-3）。

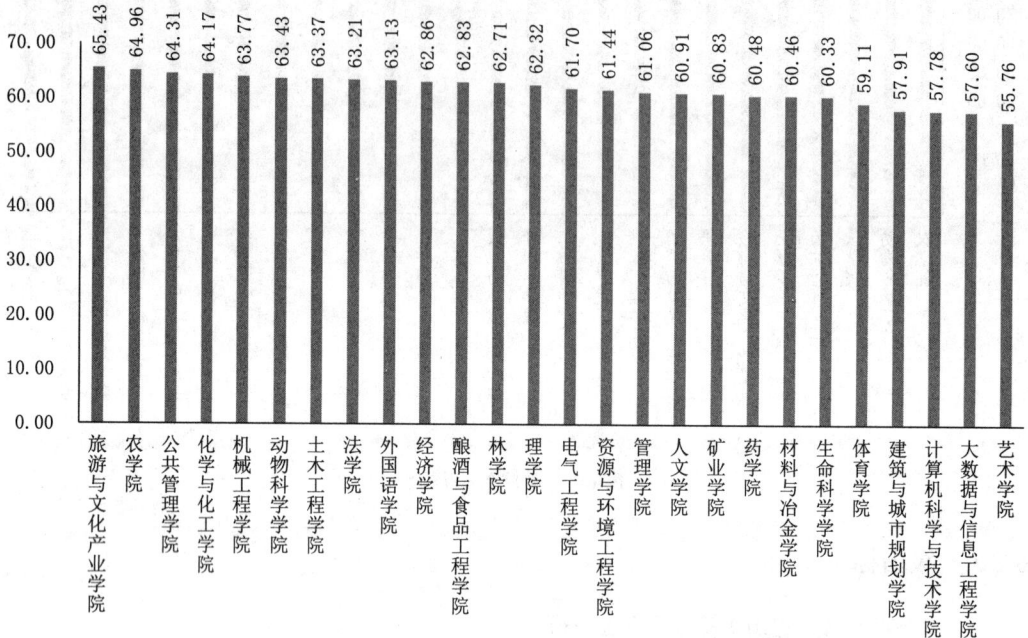

图 6-3 "论文（设计）质量"评估排行

5.2.3 二级指标

各学院的二级指标单项得分乘以其相应权重计算得出各项二级指标最终得分。利用各学院所有毕业论文（设计）的二级指标最终得分计算出学院该项指标的平均分。

（1）"组织领导"评估排行

"组织领导"（满分 4 分）检查结果（图 6-4）显示，各学院毕业论文（设计）组织机构比较规范健全，职责明确，任务具体，并按照计划执行。大多数学院都能提供成立毕业论文（设计）工作领导小组及系（教研室）工作指导小组的相关文件，仅少数学院不能提供相关文件。

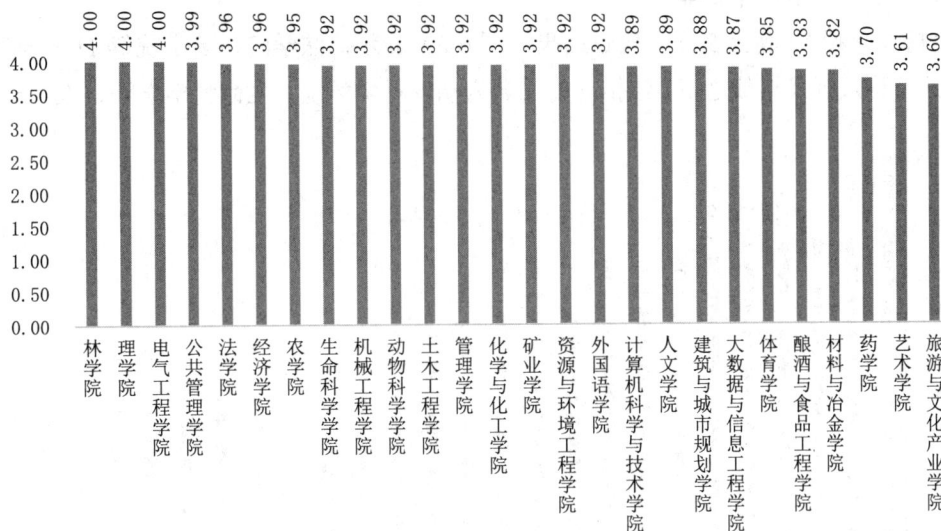

图 6-4 "组织领导"评估排行

(2) "相关文档"评估排行

"相关文档"（满分 4 分）检查结果（图 6-5）表明，各学院相关文档都比较齐全，学生论文采用统一封面进行了装订；其中部分学院对论文的相关表格还进行了装订。

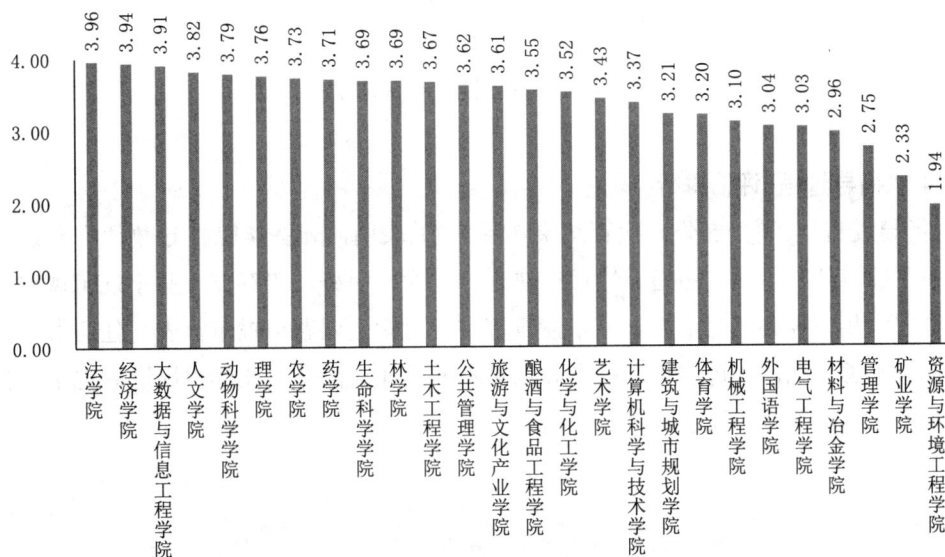

图 6-5 "相关文档"评估排行

（3）"指导教师"评估排行

"指导教师"（满分 5 分）检查结果（图 6-6）显示，法学院、药学院等 11 个学院得分仅达及格线或及格线之下；该指标前三名为动物科学学院、生命科学学院、人文学院。

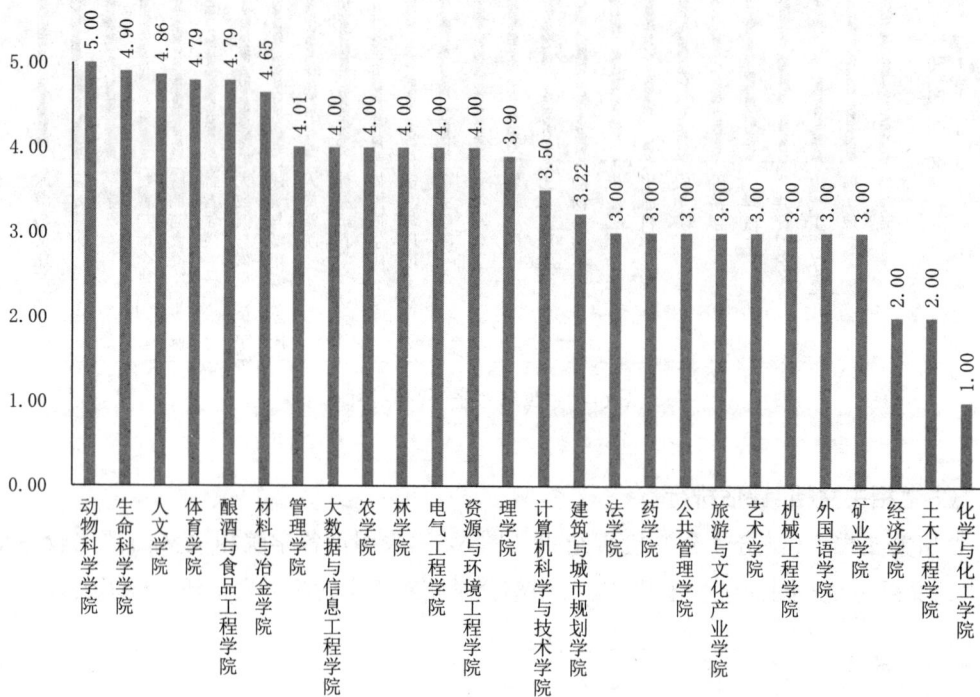

图 6-6 "指导老师"评估排行

（4）"指导过程"评估排行

"指导过程"（满分 5 分）检查结果（图 6-7）表明，一些学院指导教师指导过程中的记录不够具体，对学生的指导性意见缺乏针对性；另外，仍存在一些不规范现象，如指导过程中相关表格填写不完整或未盖章签字，对学生课题申报审核表、任务书、开题报告审查不够详细，周进展记录的指导意见不够具体（部分专业学生周进展记录意见存在原封不动地互相抄袭现象）。

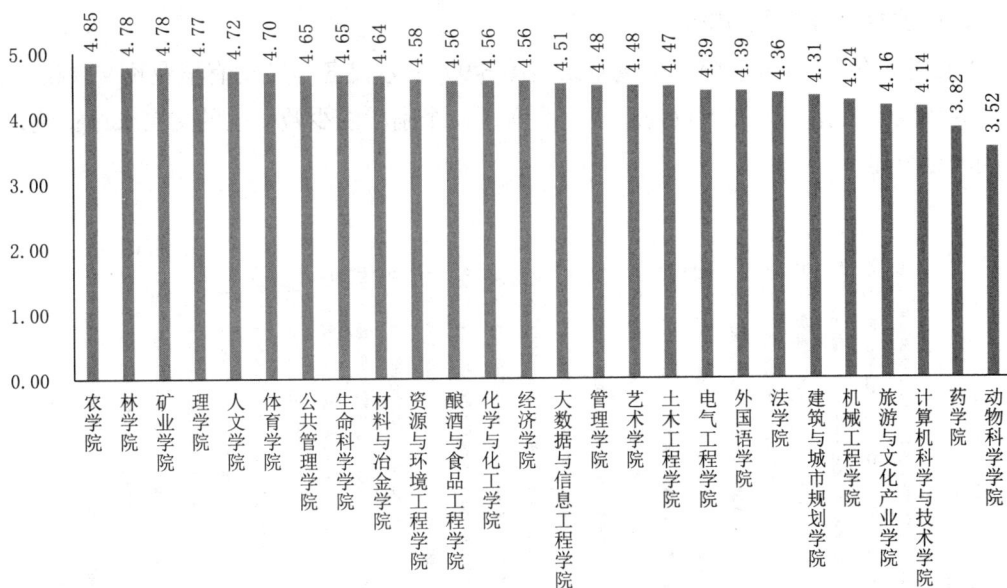

图 6-7　"指导过程"评估排行

（5）"评阅答辩"评估排行

"评阅答辩"（满分 10 分）检查结果（图 6-8）表明，各学院都比较重视本科生毕业论文（设计）的评阅答辩工作，计算机科学与技术学院等学院不仅答辩组织较规范，且评阅意见较为具体且有针对性。但各学院仍不同程度地存在一些不规范现象，如指导教师、评阅教师、论文（设计）答辩小组意见不具体，填写意见潦草无法辨认，有的仅签署意见未签名，有的甚至未签署意见等。

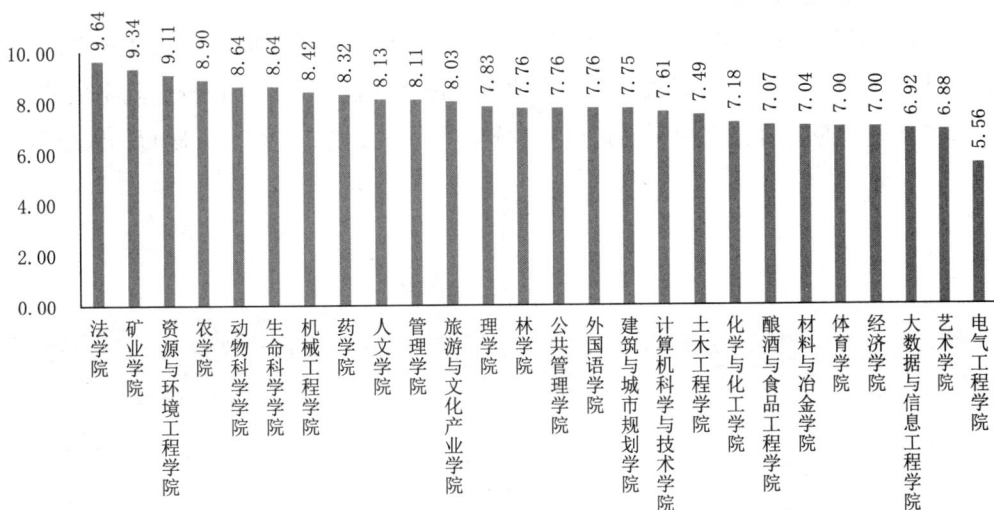

图 6-8　"评阅答辩"评估排行

（6）"文档保存"评估排行

"文档保存"（满分 4 分）检查结果（图 6-9）显示，各学院均有毕业论文（设计）专门存放地，查找相关文档较为迅速、准确；仅个别学院少数学生的文档未进行装订，存档稍显杂乱。

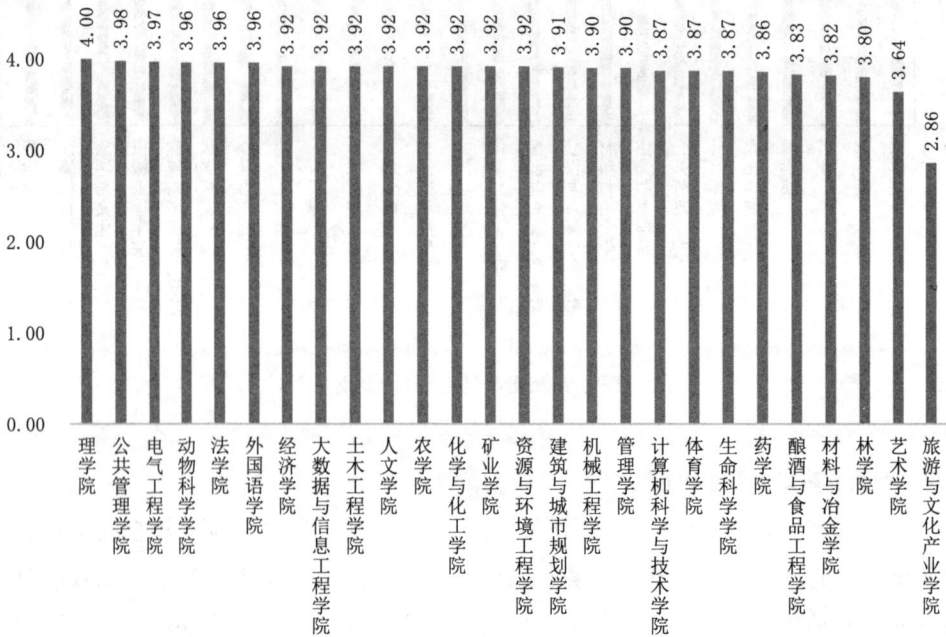

图 6-9　"存档保存"评估排行

（7）"选题质量"评估排行

"选题质量"（满分 10 分）检查结果（图 6-10）显示，各学院毕业论文（设计）的选题基本符合"一人一题"要求。所抽查的毕业论文（设计）中，部分学院学生的题目与往年有重复现象，且论文中无创新点；部分学生的毕业论文（设计）题目偏大或偏小。

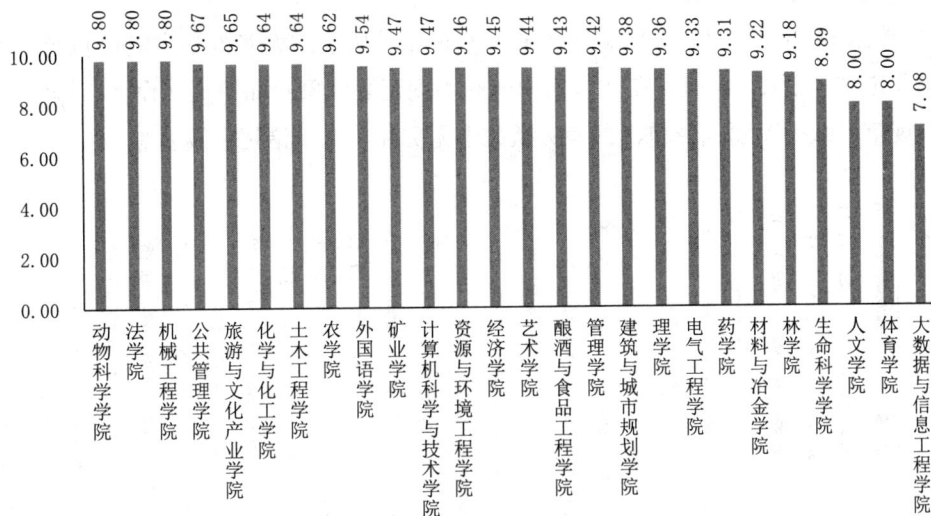

图 6-10 "选择质量"评估排行

(8)"研究方案"评估排行

"研究方案"（满分 12 分）检查结果（图 6-11）显示，各学院本科生毕业论文（设计）研究方案、技术路线设计较为合理，但部分学生的论文（设计）研究题目与论文（设计）中的实际内容存在不相符现象。如题目过大而研究内容偏少；研究方案中的研究目的不够明确，参考文献过少或不符合要求。

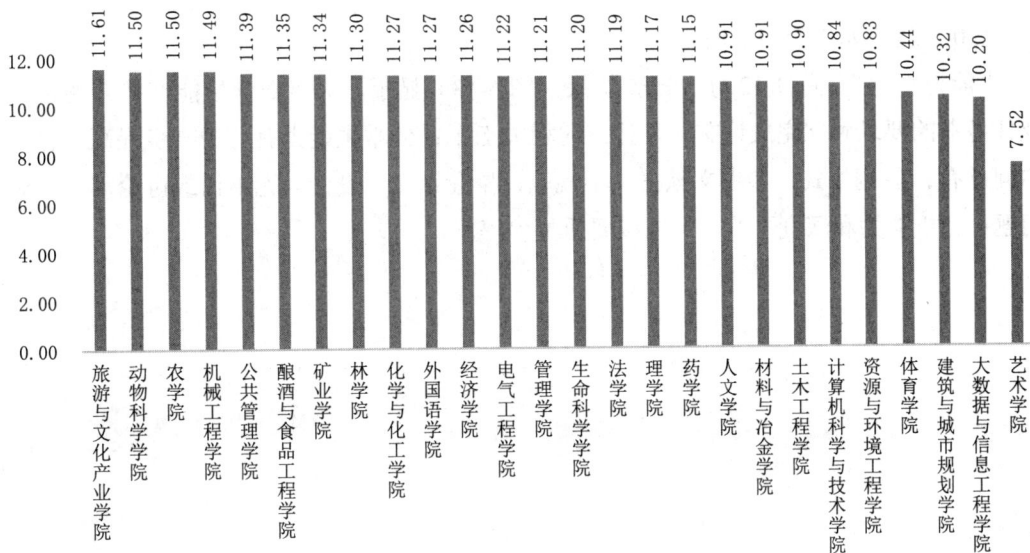

图 6-11 "研究方案"评估排行

(9)"文体结构"评估排行

"文体结构"（满分 12 分）检查结果（图 6-12）显示，大多数学生能够按统一格式撰写毕业论文（设计），但存在文体结构一些不规范等现象；如论文（设计）排版杂乱、图表不规范、缺少图题或表题、参考文献文中无标注、文中错别字较多等。

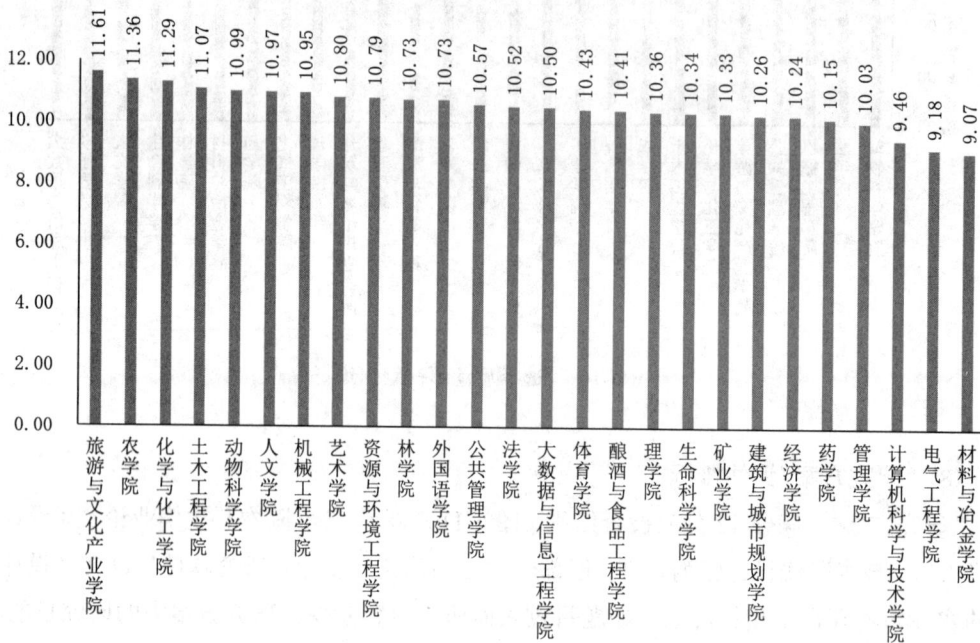

图 6-12　"文体结构"评估排行

(10)"能力水平"评估排行

"能力水平"（满分 12 分）检查结果（图 6-13）显示，大多数学生能够按开题报告及任务书的要求独立完成论文（设计）的相关工作；但学生能力有待进一步提高。存在的问题有：图题格式、参考文献格式不规范，毕业论文（设计）无结论或讨论部分，对问题的分析能力和深度不够，英文摘要质量差等。

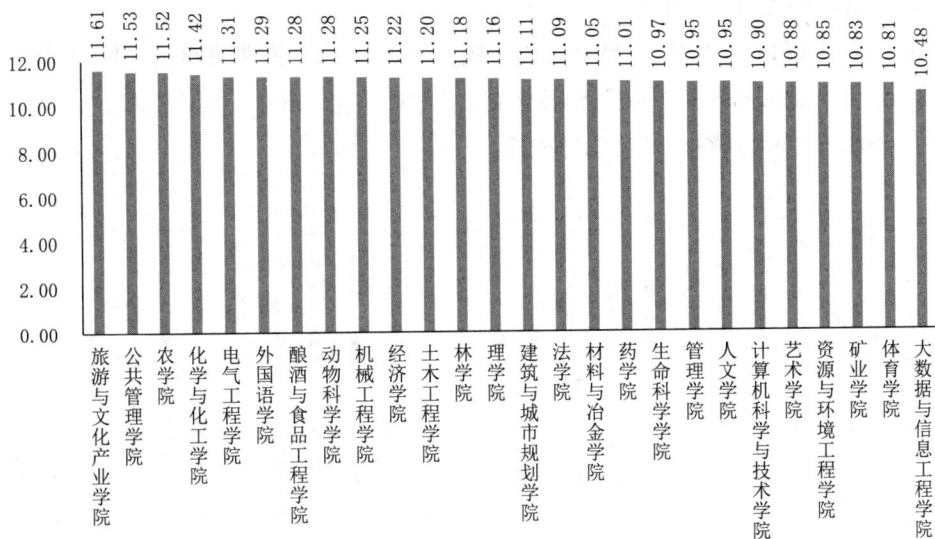

图 6-13　"能力水平"评估排行

(11)"成果质量"评估排行

"成果质量"（满分 12 分）检查结果（图 6-14）显示，所有被抽查的毕业论文（设计）中，学生的论文（设计）基本达专业培养目标，篇幅达到要求；个别专业学生论文（设计）附有原始记录、读书笔记、每日工作记录及调研报告等。

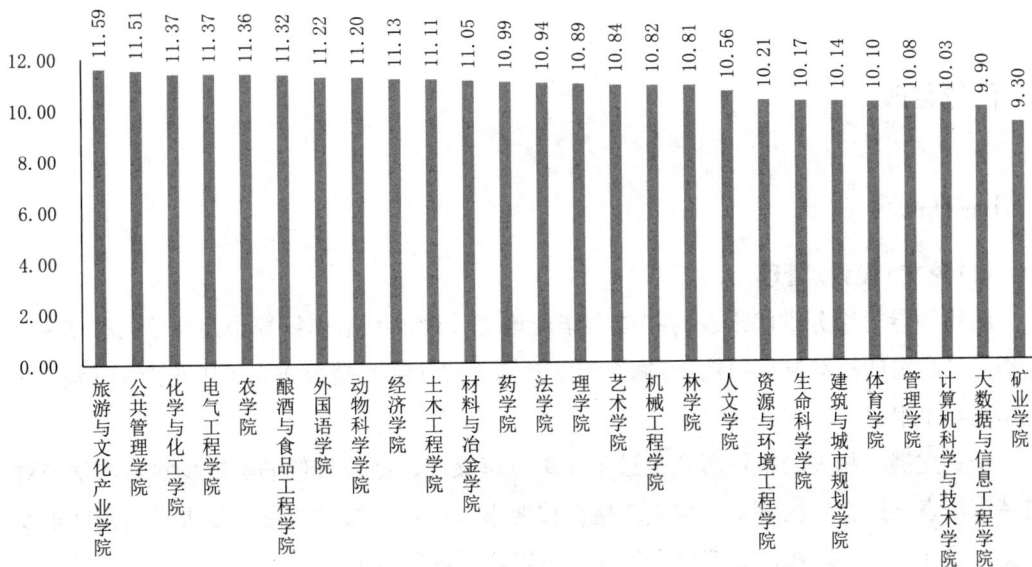

图 6-14　"成果质量"评估排行

（12）"成绩评定"评估排行

"成绩评定"（满分 10 分）检查结果（图 6-15）显示，各学院均按照规定进行了毕业论文（设计）评阅答辩，并按照学校规定，即指导教师 40%、评阅教师 20%、答辩小组 40% 比例的计分方式得出学生总评成绩。

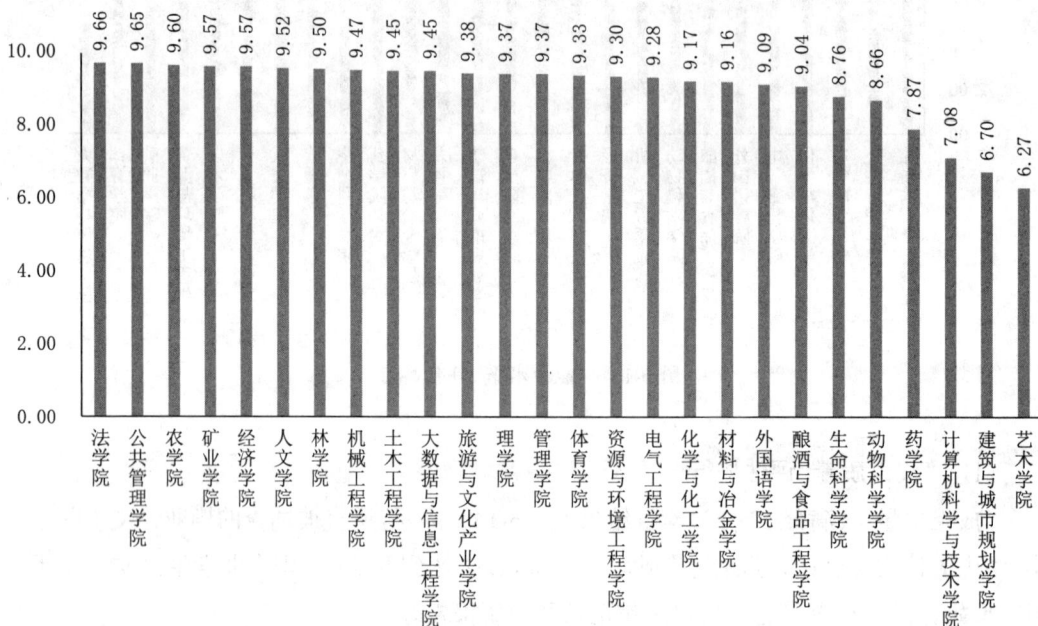

图 6-15　"成绩评定"评估排行

6.3 问题整改

6.3.1 存在问题

（1）论文（设计）管理

组织领导　部分学院未及时将成立毕业论文（设计）工作领导小组及系（教研室）工作指导小组的档案材料归档，专家组无法甄别学院（部）是否成立了毕业论文（设计）工作指导小组。

相关文档　相关表格填写意见过于简单，审核表、诚信责任书等缺少签名，学院对成绩审核表未进行审核盖章，相关表格未按要求装订；未按学校统一要求时间开展毕业论文（设计）具体工作，如部分学院开题报告填写日期与实际不符。

指导过程　论文（设计）工作期间，部分导师指导不够细致，如周进展中学生所提的问题，导师未及时给予回答和指导；部分导师签署周进展意见为同一天，有部分导师对学生的周进展情况未给予任何回复。有图纸的毕业设计，个别教师未对学生的设计图纸签署评阅标识。

评阅答辩　存在答辩提问问题太少（仅两个问题）、答辩记录字迹潦草、答辩记录不完整等现象，如记录学生回答问题，采用"√""×"等标识记录。部分专业指导教师未回避自己指导学生的答辩，作为答辩委员会小组成员参与学生答辩。

（2）论文（设计）质量

选题质量　存在选题题目偏大，研究内容偏少；论文（设计）题目与内容不一致；选题题目与论文（设计）题目不一致等问题。

研究方案　部分专业学生的论文（设计）研究方案、技术路线存在雷同现象，研究方案不够具体，研究目标不够明确；阅读文献偏少。

文体结构　存在的主要问题有封面未按照规定格式进行制作，论文格式不符合《贵州大学本科生毕业论文（设计）工作指南》第四章中"本科生毕业论文（设计）撰写格式与打印"要求；文字描述不流畅；无图题、表题；学生论文打印错误，论文内容与封面题目内容完全不符。

能力水平　各学院均存在学生参考文献引用未标注问题；部分学生参考文献篇数低于最低要求；对实际问题的分析、概括能力差，论文（设计）中的分析概括未能体现作者本人的分析能力，部分学生论文结论部分为撰写论文的感想。

成果质量　部分学生分析总结能力较差，或完全未对毕业论文（设计）进行分析，对论文（设计）的观点论述不够。

成绩评定　部分学院总评成绩不符合 40%、20%、40% 比例；填写总评成绩有误，如三项累计总成绩为 70～79 分，综合评定成绩填写为"良"，总成绩为 81～90 分，综合评定成绩为"中"。

6.3.2 整改建议

（1）对学院的建议

学院需加强对毕业论文（设计）工作各环节的规范监督和检查。选题、答辩等环节严格按照学校要求统一安排实施，并及时对各环节资料进行审核备案，规范实施各环节，避免在学生毕业论文（设计）归档资料中出现选题题目与论文（设计）题目不一致，又无更换题目备案材料的情况。

各学院加强毕业论文（设计）工作中相关环节的审查。在毕业论文（设计）的不同环节，学院严格要求各学科进行阶段性自查工作，强化日常工作管理，规范过程管理，避免答辩前临时补填相关表格。

各学院教学管理人员严把相关文档的验收关。不符合要求的毕业论文（设计）一律不准归档，且相关文档要严格按照教务处本科毕业论文（设计）工作指南要求进行装订。

学院整理毕业论文（设计）汇总表时，需核查学生论文（设计）定稿题目，避免将选题题目汇总表误做毕业论文（设计）汇总表提交，以防出现学生毕业论文（设计）题目前后不一致现象。

（2）对指导教师的建议

熟悉《贵州大学本科毕业论文（设计）工作指南》相关规定和要求，切实履行指导教师职责并完成毕业论文（设计）指导工作，认真评阅学生的毕业论文（设计），及时指正论文（设计）中出现的错误。

增强责任心，按规定对学生毕业论文（设计）工作进行定期指导，并按时认真填写相关表格和指导意见，确保填写内容与实际指导内容相符。

（3）对教务处的建议

各学院希望教务处尽快讨论修订本科毕业论文（设计）工作指南，考虑专业与学科之间的差异作分类指导和要求。

部分学院希望能从学科特点考虑，对需要实习、实验经费较高的学科，毕业论文（设计）经费做适当调整。

尽快解决毕业论文（设计）管理系统使用中存在的问题，规范所有环节和各道程序，提高工作效率。

6.3.3 整改情况

通过近几年的检查评估，各学院在本科生毕业论文（设计）管理方面都有很大改进。农学院制定了专门的档案盒，按照指标体系分门别类提供材料，且教务管理较规范，相关资料表格装订整齐。

工科、农科以及理科学院学生的毕业论文（设计）选题大部分来源于生产实际和教师科研课题。学生通过实践锻炼，加强了理论与实际的联系，培养了深入实际调查研究的作风。

管理学院所有毕业论文（设计）均有详细的实习报告和文献综述，少数同学的文献综述既有中文版又有英文版；部分学生实习内容与毕业论文内容息息相关，学生将所学理论知识与社会实践紧密结合，有利于巩固所学知识。

土木工程学院在毕业论文（设计）管理方面很规范，资料袋封面贴有签收记录表；论文选题采用盲审制；图纸及教学文件采用统一封面装订，且部分图纸附有目录封面。

经济学院非常重视学生毕业论文（设计）工作，自行设计了答辩申请书。学院所有学生答辩前，必须先填写答辩申请书，学院审核通过后方可进入答辩环节。论文（设计）相关表格、文献综述均统一装订。

第 7 章　2014 年本科生学习与发展评估报告

人才培养是大学的中心任务，大学生学习与发展是人才培养的核心。"中国大学生学习与发展追踪研究"（CCSS）是清华大学借鉴美国"全美大学生学习性投入调查"（National Survey of Student Engagement，简称 NSSE）理论研究成果，由清华大学教育研究院和中国经济社会数据中心共同主持，国内 100 余所院校共同参与的全国性调查研究项目。

7.1 评估方法

"中国大学生学习与发展追踪研究调查"包括两个部分："中国大学生学习与发展追踪研究调查"和"中国大学生就业追踪调查"。该项目关注：学生在大学的学习经历如何？学生是否从这些经历中获得了成长？学生对自己的成长是否满意？不同背景的学生对大学的经历有怎样的影响？应届毕业生的就业情况怎么样？不同背景学生的就业情况如何？哪些因素影响大学生就业？大学经历对就业的贡献有多大？项目形成了一个以学习者为中心，涵盖学生成长背景、学习过程、就业和发展一体化的数据采集和评价系统。

7.1.1 评估依据

"中国大学生学习与发展追踪研究"（China College Student Survey，简称 CCSS）是清华大学借鉴美国"全美大学生学习性投入调查"（NSSE）理论研究成果和调查问卷，根据中国高校的文化背景和办学特点加以改进，形成具有中国特色以大学生自我报告为主要形式的全国性调查研究项目。调查问卷以及分析工具的设计充分体现了目前国际高等教育以学习者为主体、注重教育过程、强调教育增值（value-add）的评价理念，形成国际与国内高等院校本科教学的可比指标体系与自我诊断指标体系。

7.1.2 评估内容

本评估关注的是高等教育的内部机制——大学生学习的投入和学习行为与大学教育时间之间的互动，以问卷方式对学生进行调查。NSSE-CHINA 包括五项指标，即学业挑战度、主动合作学习水平、生师互动、教育经验的丰富程度以及校园环境的支持程度。调查结果可以清楚地反映出学生作为学习主体在学习过程中发挥作用的程度，以及院校为提高学生学习性投入而实施的有效教育活动的政策及实践的成功度，同时还可与同类高校常模进行比较。

7.1.3 抽样方法

2014年，我校共有2000名学生参与问卷调查。该调查在一年级随机抽样399人，二年级401人、三年级400人、四年级400人为追踪样本，四个年级共1600人，网络填写"中国大学生学习与发展追踪研究调查问卷"（绿色问卷）。在四年级中随机抽样400人，网络填写"大学生就业追踪调查"（蓝色问卷）。共回收1401份（其中绿色问卷1162份，蓝色问卷239份），有效问卷回收率达70%。本报告采用绿色问卷中的有效问卷1162份。参与此次调查学生的学科、年级、性别比例构成见表7-1。

表7-1　贵州大学本科生学习与发展调查样本构成

学科	比例（%）	年级	比例（%）	性别	比例（%）
工学	51.42	一年级	27.31	男	64.25
农学	12.16	二年级	24.70	女	35.75
文学	10.67	三年级	26.34		
管理学	10.37	四年级	21.64		
理学	8.21				
经济学	3.88				
法学	2.24				
历史学	0.60				
哲学	0.45				

7.2 结果分析

7.2.1 总体情况

五大可比指标即"学业挑战度（LAC）""主动合作学习水平（ACL）""生师互动（SFI）""教育经验丰富度（EEE）""校园环境支持度（SCE）"，每项可比指标由不同的题项构成。

表 7-2　大学生学习与发展五大可比指标内涵

指标	内涵
学业挑战度（LAC）	学生投入到学习中的时间与精力
主动合作性学习（ACL）	学生对专业学习的行为过程及认同感
生师互动（SFI）	学生与教职工之间的互动交流
教育经历的丰富度（EEE）	大学为学生学业成功提供的支持度
校园环境的支持度（SCE）	大学为学生提供的环境条件

本研究运用随机抽取的学生自我报告（问卷），尽可能真实全面地反映学生的学习状态，将单个学校数据和全国不同层次院校常模进行比较，通过数据分析，对问题进行分析，提出改进建议，更全面、更有说服力地确定学校改进目标。

7.2.2 一级指标

(1) 学业挑战度 (LAC) 指标常模比较分析

与全国院校常模相比（见表 7-3、图 7-1），在学业挑战度指标上，贵州大学四个年级得分均低于全国常模，但是差距不大。

表 7-3　贵州大学与全国院校学业挑战度指标统计分析

年级	贵州大学 Mean	全国常模 Mean	T—value	ES
一年级	40.67	43.19	-4.26***	-0.225
二年级	42.34	44.14	-2.835*	-0.160
三年级	44.18	45.11	-1.274	-0.078
四年级	46.80	48.01	-1.512	-0.102

注：* 为 p<.05，** 为 p<.01，*** 为 p<.001。

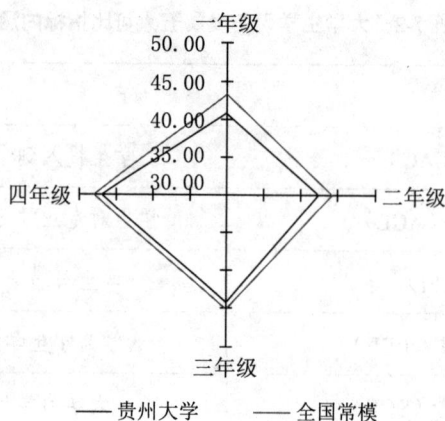

图 7-1   贵州大学与全国常模在学业挑战度指标上的比较

与"985"院校常模相比（见表 7-4，图 7-2），在学业挑战度指标上，贵州大学四个年级得分均低于"985"院校平均水平。

表 7-4   贵州大学与"985"院校学业挑战度指标统计分析

年级	贵州大学 Mean	"985"院校常模 Mean	T-value	ES
一年级	40.67	43.58	-4.919***	-0.262
二年级	42.34	44.49	-3.387**	-0.194
三年级	44.18	47.51	-2.122	-0.143
四年级	46.80	47.51	-0.888	0.063

注：* 为 p<.05，** 为 p<.01，*** 为 p<.001。

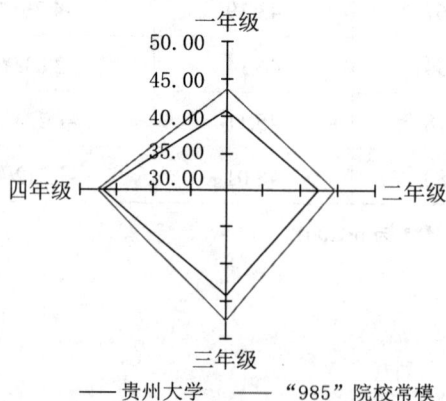

图 7-2   贵州大学与"985"院校常模在学业挑战度指标上的比较

　　与"211"院校常模相比（见表 7-5，图 7-3），贵州大学各年级在学业挑战度上的得分均低于"211"院校平均水平，其中一年级得分最低，其结果显著低于"211"院校常模；二年级、三年级、四年级低于"211"院校常模，效应量差距有稍稍扩大趋势。

表 7-5　贵州大学与"211"院校学业挑战度指标统计分析

年级	贵州大学 Mean	"211"院校常模 Mean	T—value	ES
一年级	40.67	42.83	-3.651***	-0.191
二年级	42.34	43.65	-2.062	-0.113
三年级	44.18	45.55	-1.875	-0.121
四年级	46.80	48.47	-2.086	-0.143

注：* 为 p＜.05，** 为 p＜.01，*** 为 p＜.001 。

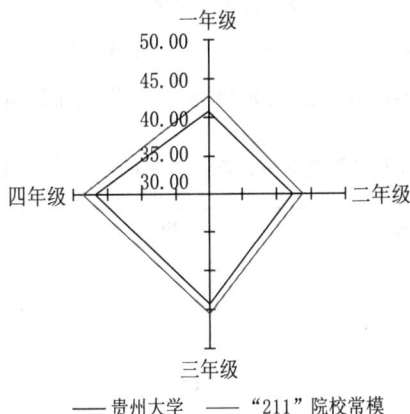

图 7-3　贵州大学与"211"院校常模在学业挑战度指标上的比较

　　与地方性本科院校常模相比（见表 7-6，图 7-4），在学业挑战度上，贵州大学一年级学生得分略低于地方性本科院校常模；其他三个年级得分高于地方性本科院校平均水平。

表 7-6　贵州大学与地方性本科院校学业挑战度指标统计分析

年级	贵州大学 Mean	地方本科院校常模 Mean	T—value	ES
一年级	40.67	41.78	-1.876	-0.098
二年级	42.34	41.93	0.651	0.037
三年级	44.18	42.95	1.678	0.106
四年级	46.80	46.64	0.197	0.013

注：* 为 p＜.05，** 为 p＜.01，*** 为 p＜.001。

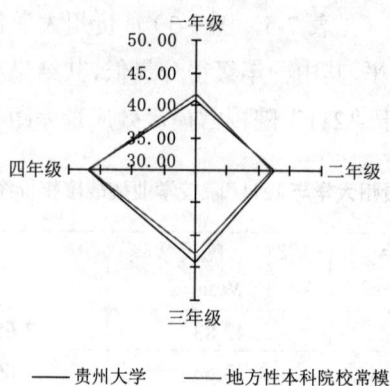

图 7-4　贵州大学与地方性本科院校常模在学业挑战度指标上的比较

（2）主动性合作学习 (ACL) 指标常模比较分析

与全国院校常模相比（见表 7-7、图 7-5），在主动合作学习方面，贵州大学各年级得分略显逊色，在主动合作学习方面的整体水平与全国院校常模稍有差距。

表 7-7　贵州大学与全国院校本科生主动合作学习指标统计分析

年级	贵州大学 Mean	全国常模 Mean	T−value	ES
一年级	48.64	51.37	-3.170*	-0.148
二年级	48.40	52.29	-3.936***	-0.212
三年级	50.99	53.50	-2.459*	-0.132
四年级	51.65	56.31	-3.430**	-0.246

注：* 为 p< .05，** 为 p< .01，*** 为 p< .001。

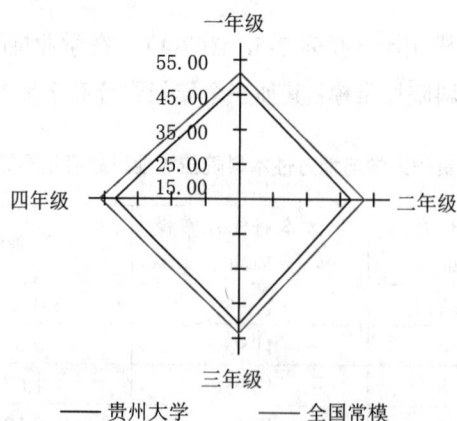

图 7-5　贵州大学与全国常模在主动合作学习指标上的比较

与"985"院校常模相比（见表 7-8、图 7-6），在主动合作学习指标上，贵州大学三、四年级学生得分与"985"院校常模相比很接近，不相上下。说明贵州大学在主动合作学习方面的整体水平与"985"院校平均水平趋于一致。

表 7-8 贵州大学与"985"院校本科生主动合作学习指标统计分析

年级	贵州大学 Mean	全国常模 Mean	T-value	ES
一年级	48.64	49.68	-1.205	-0.058
二年级	48.40	49.69	-1.308	-0.076
三年级	50.99	50.61	0.375	0.021
四年级	51.65	51.52	0.095	0.007

注：* 为 $p < .05$，** 为 $p < .01$，*** 为 $p < .001$。

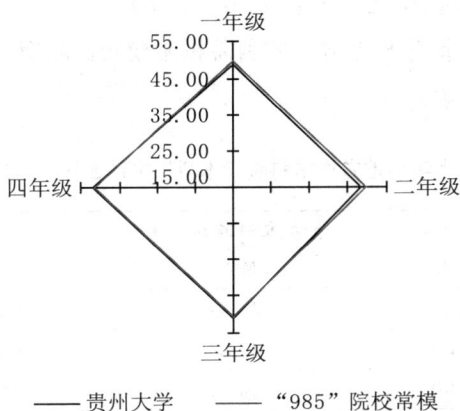

图 7-6 贵州大学与"985"院校常模在主动合作学习指标上的比较

与"211"院校常模相比（见表 7-9、图 7-7），在主动合作学习指标上，贵州大学四个年级得分略低于"211"院校平均水平。

表 7-9 贵州大学与"211"院校本科生主动合作学习指标统计分析

年级	贵州大学 Mean	"211"院校常模 Mean	T-value	ES
一年级	48.64	48.80	-0.182	-0.008
二年级	48.40	48.94	-0.550	-0.029
三年级	50.99	51.38	-0.380	-0.021
四年级	51.65	53.72	-1.524	-0.106

注：* 为 $p < .05$，** 为 $p < .01$，*** 为 $p < .001$。

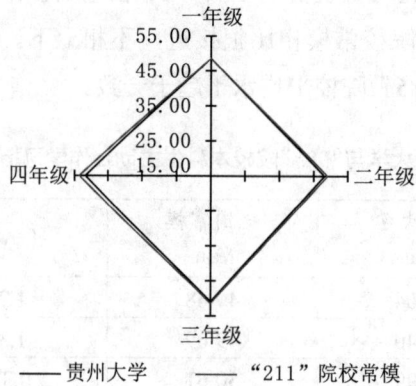

图 7-7　贵州大学与"211"院校常模在主动合作学习指标上的比较

与地方性本科院校常模相比（见表 7-10、图 7-8），在主动合作学习指标上，贵州大学一、二、三年级学生得分与地方性本科院校常模相比稍有优势，但四年级学生得分略低于地方性本科院校常模。

表 7-10　贵州大学与地方性本科院校本科生主动合作学习指标统计分析

年级	贵州大学 Mean	地方本科院校常模 Mean	T—value	ES
一年级	48.64	47.38	1.469	0.073
二年级	48.40	47.60	0.804	0.045
三年级	50.99	49.21	1.748	0.103
四年级	51.65	53.65	-1.472	-0.106

注：* 为 $p < .05$，** 为 $p < .01$，*** 为 $p < .001$。

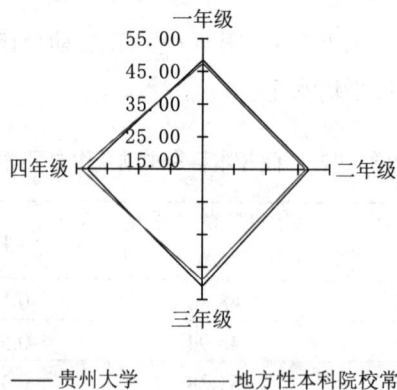

图 7-8　贵州大学地方性本科院校常模在主动合作学习指标上的比较

(3) 生师互动 (SFI) 指标常模比较分析

与全国院校常模相比（见表 7-11，图 7-9），在生师互动性方面，贵州大学四个年级学生得分均显著低于全国院校平均水平，差距比较大；值得肯定的是，随着年级的增长两者之间差距呈逐渐减小的趋势。

表 7-11　贵州大学与全国院校生师互动指标统计分析

年级	贵州大学 Mean	全国常模 Mean	T－value	ES
一年级	24.34	33.09	-8.969***	-0.414
二年级	28.83	35.61	-5.827***	-0.312
三年级	32.44	38.20	-4.679***	-0.256
四年级	41.65	47.29	-3.716***	-0.259

注：* 为 $p < .05$，** 为 $p < .01$，*** 为 $p < .001$。

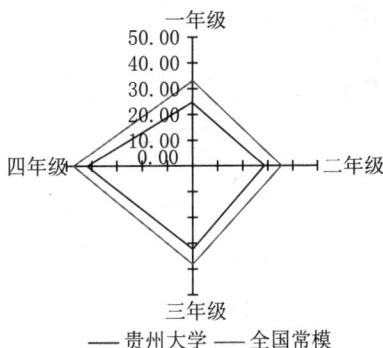

图 7-9　贵州大学与全国常模在师生互动上的比较

与"985"院校常模相比（见表 7-12、图 7-10），在生师互动指标上，贵州大学二、三、四年级学生得分与"985"院校平均水平相近，略有优势；一年级学生得分明显低于"985"院校常模。

表 7-12　贵州大学与"985"院校生师互动指标统计分析

年级	贵州大学 Mean	"985"院校常模		
		Mean	T－value	ES
一年级	24.34	27.53	-3.269**	-0.173
二年级	28.83	28.34	0.420	0.026
三年级	32.44	30.92	1.230	0.074
四年级	41.65	40.31	0.879	0.065

注：* 为 $p < .05$，** 为 $p < .01$，*** 为 $p < .001$。

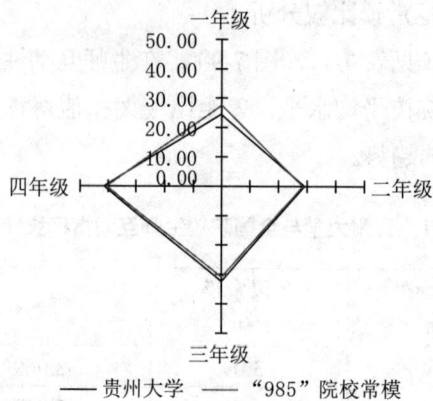

一年级
50.00
40.00
30.00
20.00
10.00
0.00
四年级　　　　　　　　　　二年级

三年级

—— 贵州大学　—— "985"院校常模

图 7-10　贵州大学与"985"院校常模在师生互动上的比较

与"211"院校常模相比（见表 7-13、图 7-11），在生师互动性方面，贵州大学一年级学生得分显著低于"211"院校平均水平、三年级得分也明显低于"211"院校常模；二、四年级得分低于"211"院校常模，差距不大。

表 7-13　贵州大学与"211"院校生师互动指标统计分析

年级	贵州大学 Mean	"211"院校常模 Mean	T—value	ES
一年级	24.34	29.13	-4.910**	-0.230
二年级	28.83	31.46	-2.261	-0.125
三年级	32.44	35.58	-2.552*	-0.146
四年级	41.65	44.33	-1.767	-0.120

注：* 为 $p < .05$，** 为 $p < .01$，*** 为 $p < .001$。

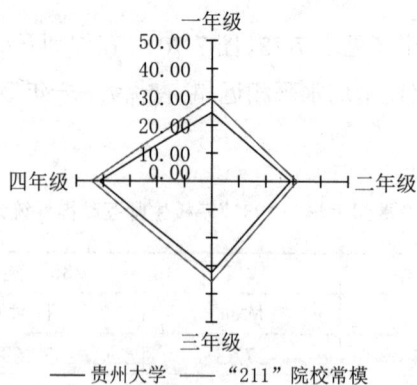

一年级
50.00
40.00
30.00
20.00
10.00
0.00
四年级　　　　　　　　　　二年级

三年级

—— 贵州大学　—— "211"院校常模

图 7-11　贵州大学与"211"院校常模在师生互动上的比较

与地方性本科院校常模相比（见表 7-14、图 7-12），在生师互动性方面，贵州大学一年级学生得分均显著低于地方性本科院校常模；二年级得分与地方性本科院校常模基本相当，三、四年级得分略低但差距不显著。

表 7-14　贵州大学与地方性本科院校生师互动指标统计分析

年级	贵州大学 Mean	地方本科院校常模 Mean	T—value	ES
一年级	24.34	27.52	-3.259**	-0.164
二年级	28.83	28.91	-0.070	-0.004
三年级	32.44	32.60	-0.134	-0.008
四年级	41.65	44.48	-1.866	-0.128

注：* 为 p< .05，** 为 p< .01，*** 为 p< .001。

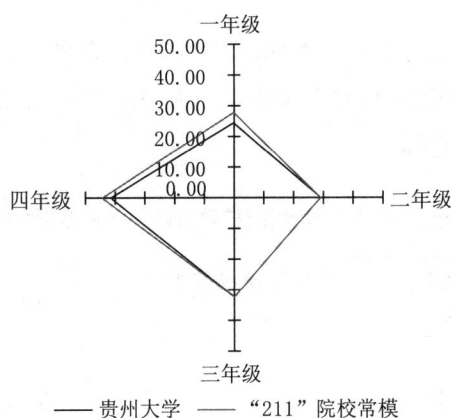

图 7-12　贵州大学与地方性本科院校常模在师生互动上的比较

(4) 教育经历丰富度 (EEE) 指标常模比较分析

与全国院校常模相比（见表 7-15、图 7-13），在教育经历的丰富度上，贵州大学四个年级学生得分略低于全国院校常模水平，不相上下。

表 7-15　贵州大学与全国院校教育经历丰富度指标统计分析

年级	贵州大学 Mean	全国常模 Mean	T—value	ES
一年级	37.27	37.96	-0.962	-0.046
二年级	38.75	40.68	-2.316	-0.125
三年级	40.75	43.11	-2.567*	-0.137
四年级	44.12	44.91	-0.646	-0.042

注：* 为 p< .05，** 为 p< .01，*** 为 p< .001。

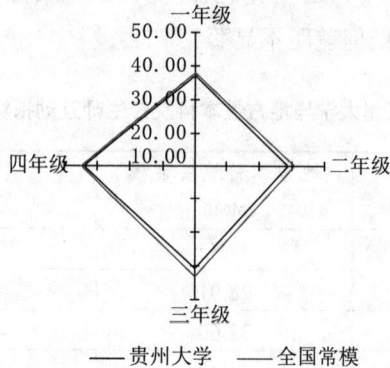

图 7-13　贵州大学与全国常模在教育经历丰富度上的比较

与"985"院校常模相比（见表 7-16、图 7-14），在教育经历丰富度指标上，贵州大学四个年级学生得分均低于"985"院校平均水平；其中一、二、三年级得分差距显著，四年级得分不存在显著性差异。

表 7-16　贵州大学与"985"院校教育经历丰富度指标统计分析

年级	贵州大学 Mean	"985"院校常模 Mean	T—value	ES
一年级	37.27	40.87	-4.037***	-0.196
二年级	38.75	41.87	-3.742***	-0.204
三年级	40.75	45.41	-5.064***	-0.276
四年级	44.12	47.43	-2.719*	-0.204

注：* 为 p<.05，** 为 p<.01，*** 为 p<.001。

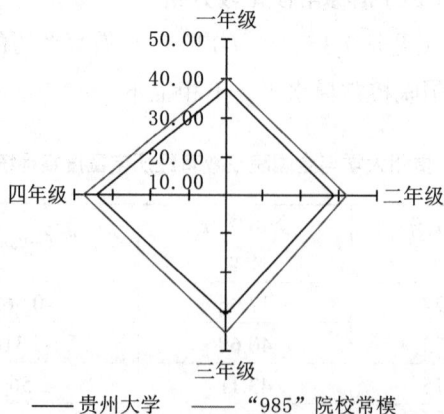

图 7-14　贵州大学与"985"院校常模在教育经历丰富度上的比较

与"211"院校常模相比（见表 7-17、图 7-15），在教育经历丰富度指标上，贵州大学一年级学生得分与"211"院校常模不相上下；二、三、四年级得分存在一定差距，其中三年级差距有显著性特征。

表 7-17　贵州大学与"211"院校教育经历丰富度指标统计分析

年级	贵州大学 Mean	"211"院校常模 Mean	T－value	ES
一年级	37.27	37.35	-0.117	-0.006
二年级	38.75	40.21	-1.753	-0.089
三年级	40.75	43.25	-2.719*	-0.150
四年级	44.12	46.73	-2.143	-0.144

注：* 为 $p < .05$，** 为 $p < .01$，*** 为 $p < .001$。

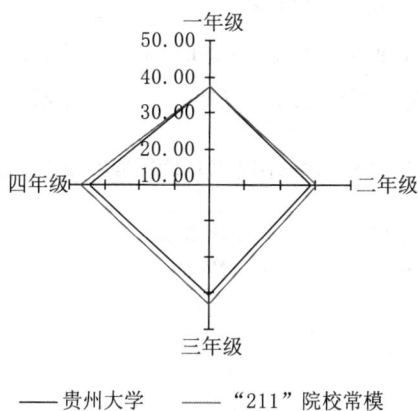

图 7-15　贵州大学与"211"院校常模在教育经历丰富度上的比较

与地方性本科院校常模相比（见表 7-18、图 7-16），在教育经历丰富度指标上，贵州大学四个年级得分均高于地方性本科院校常模，但并不存在显著性优势；其中，一年级学生得分优势相对较大。

表 7-18　贵州大学与地方性本科院校教育经历丰富度指标统计分析

年级	贵州大学 Mean	地方本科院校常模 Mean	T－value	ES
一年级	37.27	35.61	2.293	0.115
二年级	38.75	38.48	0.321	0.050
三年级	40.75	40.38	0.397	0.023
四年级	44.12	43.60	0.431	0.028

注：* 为 $p < .05$，** 为 $p < .01$，*** 为 $p < .001$。

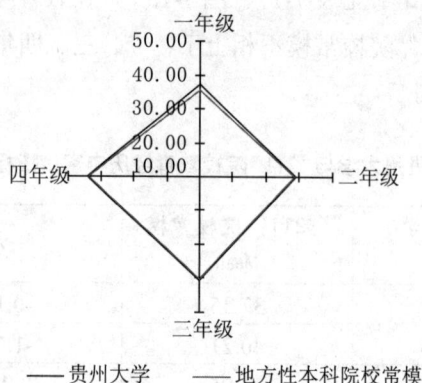

图 7-16   贵州大学与地方性本科院校常模在教育经历丰富度上的比较

（5）校园环境支持程度（SCE）指标常模

与全国院校常模相比（见表 7-19、图 7-17），在校园环境支持度上，贵州大学四个年级得分均显著低于全国院校平均水平；其中，一、三年级得分差距相对较大。

表 7-19   贵州大学与全国院校校园环境支持度指标统计分析

年级	贵州大学 Mean	全国常模 Mean	T—value	ES
一年级	59.59	65.01	-6.241***	-0.335
二年级	58.16	63.41	-5.157***	-0.313
三年级	56.30	62.82	-6.287***	-0.375
四年级	60.59	65.16	-3.613***	-0.282

注：* 为 $p < .05$，** 为 $p < .01$，*** 为 $p < .001$。

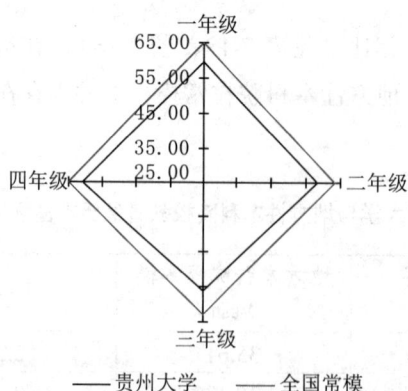

图 7-17   贵州大学与全国常模在校园环境支持程度上的比较

与"985"院校常模相比（见表 7-20、图 7-18），在校园环境支持度上，贵州大学四个年级得分均显著低于"985"院校平均水平，分差均达 6 分左右；其中，一、三年级得分差距相对较大。

表 7-20　贵州大学与"985"院校校园环境支持度指标统计分析

年级	贵州大学 Mean	"985"院校常模 Mean	T—value	ES
一年级	59.59	65.29	-6.386***	-0.369
二年级	58.16	63.67	-5.412***	-0.353
三年级	56.30	63.27	-6.721***	-0.395
四年级	60.59	66.17	-4.411***	-0.341

注：* 为 p< .05，** 为 p< .01，*** 为 p< .001。

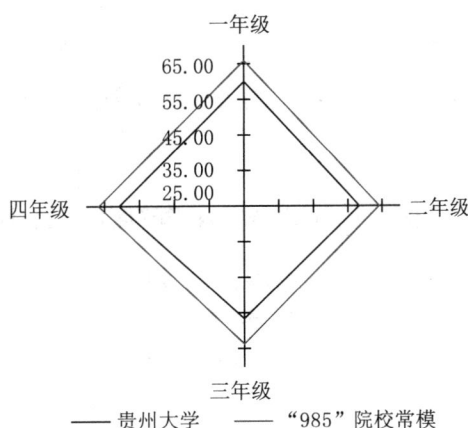

图 7-18　贵州大学与"985"院校常模在校园环境支持程度上的比较

与"211"院校常模相比（见表 7-21、图 7-19），在校园环境支持度上，贵州大学四个年级学生得分均低于"211"院校平均水平；其中，一年级和三年级得分存在显著性差距，三年级差距相对较大。

表 7-21　贵州大学与"211"院校校园环境支持度指标统计分析

年级	贵州大学 Mean	"211"院校常模 Mean	T—value	ES
一年级	59.59	62.79	-3.586***	-0.197
二年级	58.16	60.02	-1.830	-0.109
三年级	56.30	61.37	-4.889***	-0.292
四年级	60.59	63.89	-2.609*	-0.196

注：* 为 p< .05，** 为 p< .01，*** 为 p< .001。

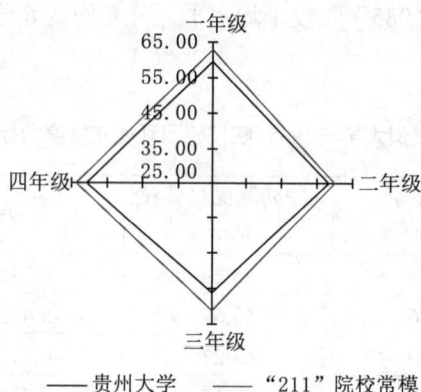

图 7-19　贵州大学与"211"院校常模在校园环境支持程度上的比较

　　与地方性本科院校常模相比（见表 7-22、图 7-20），在校园环境支持度上，贵州大学各年级得分均低于地方性性本科院校平均水平；其中，一年级和三年级学生得分存在显著性差距。

表 7-22　贵州大学与地方性本科院校校园环境支持度指标统计分析

年级	贵州大学 Mean	地方本科院校常模 Mean	T－value	ES
一年级	59.59	61.81	-2.488*	-0.139
二年级	58.16	59.11	-0.936	-0.056
三年级	56.30	59.07	-2.672*	-0.164
四年级	60.59	63.00	-1.905	-0.141

注：* 为 $p < .05$，** 为 $p < .01$，*** 为 $p < .001$。

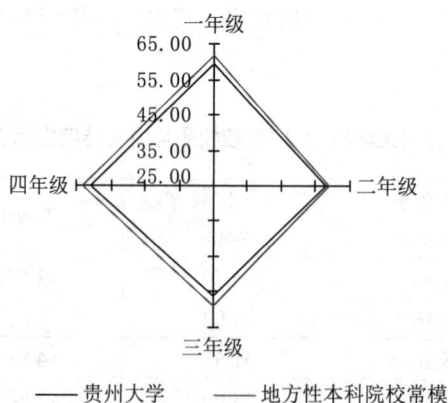

图 7-20　贵州大学与地方性本科院校常模在校园环境支持程度上的比较

7.2.3 二级指标

(1) 课程教育认知目标常模比较分析

课程教育认知目标包含 4 个题项。

◆所修的课程是否强调分析某个观点、经验或理论的基本要素，并了解其构成。

◆所修的课程是否强调综合不同观点、信息或经验，形成新的或更复杂的解释。

◆所修的课程是否强调判断信息、论点或方法的价值。

◆所修的课程是否强调运用理论或概念解决实际问题，或将其运用于新的情景。

与全国院校常模相比，在分析思维题项上（见表 7-23、图 7-21），贵州大学一年级学生得分显著低于全国院校平均水平；二、三、四年级得分低于全国院校常模但不存在显著性差距，其中，三年级得分基本相当。在综合思维题项上（见表 7-23、图 7-22），贵州大学一、二年级得分明显低于全国院校常模；三、四年级得分低于全国院校常模但差距不大。在判断思维题项上（见表 7-23、图 7-23），贵州大学四个年级低分均低于全国院校常模；其中，一年级得分存在显著性差距。在运用思维题项上（见表 7-23、图 7-24），贵州大学各年级得分稍低于全国院校常模但无显著性差异。

总体上看，贵州大学低年级学生在分析、综合、判断思维题项上与全国院校常模相比存在显著性差距，高年级差距不明显；运用思维题项上与全国院校常模无显著性差异。

表 7-23　贵州大学与全国院校课程教育认知目标统计分析

题项	年级	贵州大学 Mean	全国常模 Mean	T—value
分析某个观点、经验或理论的基本要素，并了解其构成	一年级	55.85	59.55	-2.523*
	二年级	58.69	61.06	-1.606
	三年级	60.14	60.24	-0.065
	四年级	60.70	62.71	-1.131
综合不同观点、信息或经验，形成新的或更复杂的解释	一年级	54.21	58.62	-2.963*
	二年级	55.67	59.39	-2.578*
	三年级	56.19	59.17	-1.856
	四年级	58.34	61.61	-1.943
判断信息、论点或方法的价值	一年级	48.79	52.18	-2.476*
	二年级	51.56	53.71	-1.417
	三年级	52.03	53.53	-0.975
	四年级	54.56	56.98	-1.429

续表

题项	年级	贵州大学 Mean	全国常模 Mean	T-value
运用理论或概念解决实际问题，或将其运用于新的情景	一年级	54.21	56.13	-1.244
	二年级	55.66	56.47	-0.519
	三年级	55.40	56.28	-0.525
	四年级	58.03	59.68	-0.884

注：* 为 $p < .05$，** 为 $p < .01$，*** 为 $p < .001$。

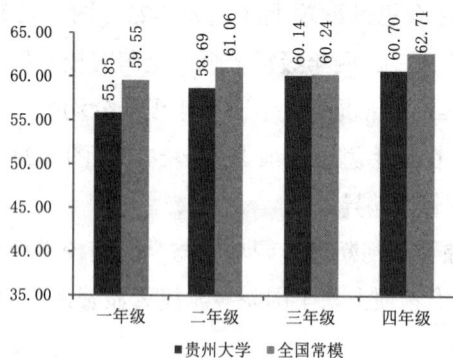

图 7-21 贵州大学与全国院校"分析"题项的比较

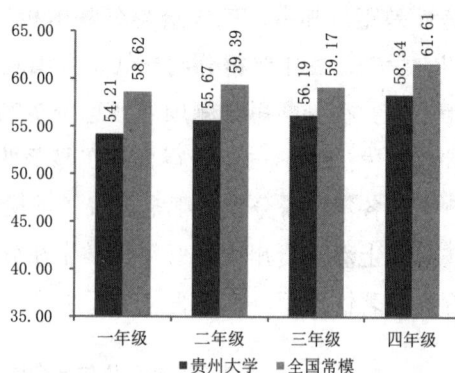

图 7-22 贵州大学与全国院校"综合"题项的比较

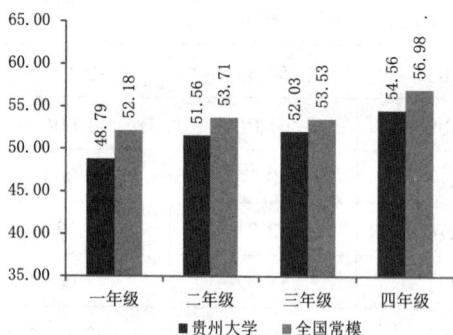

图 7-23 贵州大学与全国院校"判断"题项的比较

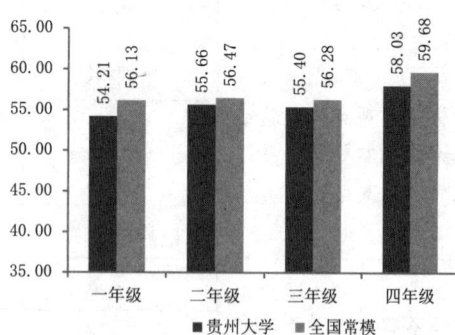

图 7-24 贵州大学与全国院校"运用"题项的比较

与"985"院校常模相比，在分析思维题项上（表 7-24、图 7-25），贵州大学四个年级得分与"985"院校常模相比不存在显著性差异，其中，三年级得分略高，其他年级得分略低。在综合思维题项上（表 7-24、图 7-26），贵州大学各年级表现均不如"985"院校常模；其中，二年级得分明显低于"985"院校常模。在判断思维题项上（表 7-24、7-27），贵州大学一、二、三年级得分略高，四年级得分略低，整体水平不相上下。在运用思维题项上（表 7-24、图 7-28），贵州大学一、二、三年级得分略高于"985"院校常模，四年级则略低于"985"院校常模。

　　总体上看，在分析和综合思维题项上，贵州大学整体表现不如"985"院校常模，但仅二年级综合思维题项存在显著性差距；在判断和运用思维题项上，贵州大学整体表现略优，但同样不存在显著性优势。

表 7-24　贵州大学与"985"院校课程教育认知目标统计分析

题项	年级	贵州大学	"985"院校常模	
		Mean	Mean	T—value
分析某个观点、经验或理论的基本要素，并了解其构成	一年级	55.85	56.65	-0.546
	二年级	58.69	60.01	-0.894
	三年级	60.14	58.26	1.213
	四年级	60.70	61.35	-0.366
综合不同观点、信息或经验，形成新的或更复杂的解释	一年级	54.21	57.49	-2.204
	二年级	55.67	59.43	-2.606*
	三年级	56.19	59.06	-1.787
	四年级	58.34	60.99	-1.575
判断信息、论点或方法的价值	一年级	48.79	48.00	0.578
	二年级	51.56	51.09	0.312
	三年级	52.03	51.05	0.632
	四年级	54.56	55.08	-0.306
运用理论或概念解决实际问题，或将其运用于新的情景	一年级	54.21	53.49	0.465
	二年级	55.66	53.39	1.464
	三年级	55.40	53.38	1.214
	四年级	58.03	58.33	-0.163

注：* 为 p< .05，** 为 p< .01，*** 为 p< .001。

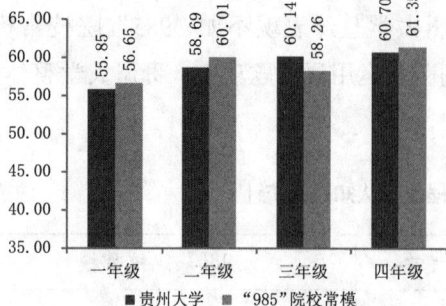

图 7-25　贵州大学与"985"院校"分析"题项的
比较

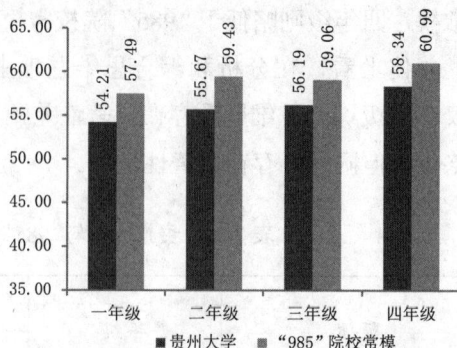

图 7-26　贵州大学与"985"院校"综合"题项的
比较

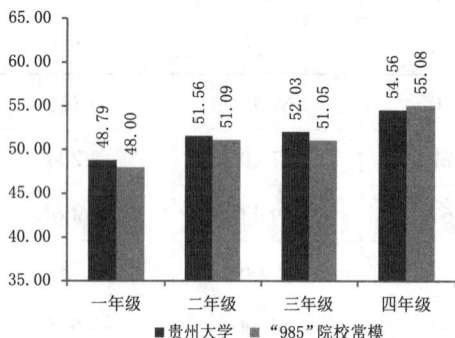

图 7-27　贵州大学与"985"院校"判断"题项的
比较

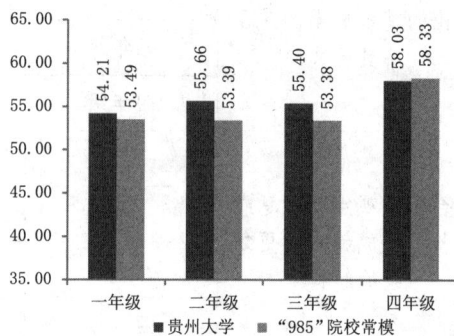

图 7-28　贵州大学与"985"院校"运用"题项的
比较

与"211"院校常模相比，在分析思维题项上（见表 7-25、图 7-29），贵州大学整体表现略低于"211"院校常模但不存在显著性差异；其中，三年级得分略高。在综合思维题项上（见表 7-25、图 7-30），贵州大学四个年级得分均低于"211"院校常模，但差距不显著。在判断思维题项上（见表 7-25、图 7-31），贵州大学二年级得分略高于"211"院校常模，其他年级得分略低但均无显著性差距。在运用思维题项上（见表 7-25、图 7-32），贵州大学整体表现略优，仅四年级得分略低，其他年级得分略高但均无显著性差异。

总体看来，在综合思维题项上，贵州大学整体表现不如"211"院校常模但差距不大；在分析和判断思维题项上，贵州大学与"211"院校常模相比各有优劣；在运用思维题项上，贵州大学整体表现略优。

表 7-25　贵州大学与"211"院校课程教育认知目标统计分析

题项	年级	贵州大学 Mean	"211"院校常模 Mean	T—value
分析某个观点、经验或理论的基本要素，并了解其构成	一年级	55.85	58.10	-1.534
	二年级	58.69	59.11	-0.284
	三年级	60.14	60.05	0.058
	四年级	60.70	62.38	-0.945
综合不同观点、信息或经验，形成新的或更复杂的解释	一年级	54.21	57.48	-2.197
	二年级	55.67	57.57	-1.317
	三年级	56.19	59.04	-1.775
	四年级	58.34	61.63	-1.955
判断信息、论点或方法的价值	一年级	48.79	50.14	-0.985
	二年级	51.56	50.02	1.018
	三年级	52.03	52.68	-0.424
	四年级	54.56	55.97	-0.832
运用理论或概念解决实际问题，或将其运用于新的情景	一年级	54.21	53.44	0.497
	二年级	55.66	54.16	0.969
	三年级	55.40	54.27	0.681
	四年级	58.03	58.98	-0.510

注：* 为 $p<.5$，** 为 $p<.01$，*** 为 $p<.001$。

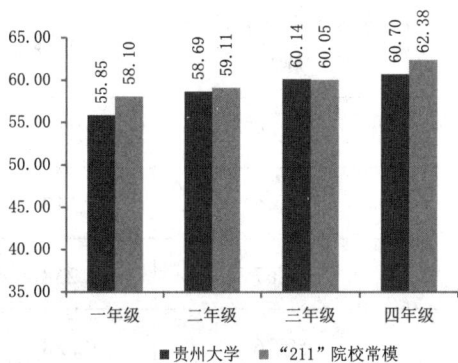

图 7-29　贵州大学与"211"院校"分析"题项的比较

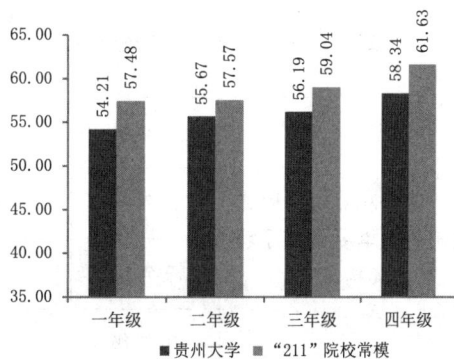

图 7-30　贵州大学与"211"院校"综合"题项的比较

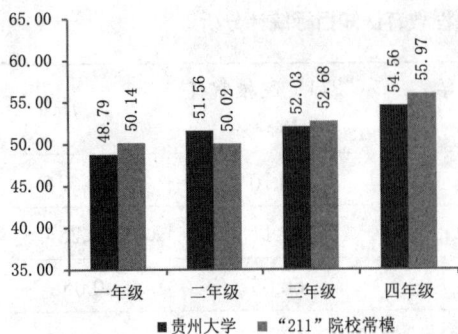

图 7-31　贵州大学与"211"院校"判断"题项的
比较

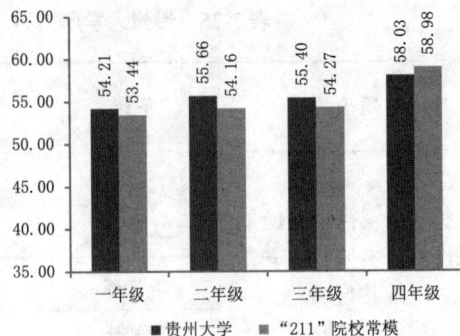

图 7-32　贵州大学与"211"院校"运用"题项的
比较

与地方性本科院校常模相比，在分析思维题项上（见表 7-26、图 7-33），贵州大学四各年级得分均高于地方性本科院校常模但并不存在显著性优势；其中，三年级优势相对较大。在综合思维题项上（见表 7-26、图 7-34），贵州大学整体表现与地方性本科院校常模不相上下；其中，一、四年级得分略低于地方性本科院校常模；二、三年级得分略高于地方性本科院校常模但均不存在显著性差异。在判断思维题项上（见表 7-26、图 7-35），贵州大学四个年级得分均略高于地方性本科院校常模但并无显著性优势。在运用思维题项上（见表 7-26、图 7-36），贵州大学四个年级得分均高于地方性本科院校常模，其中，二年级得分存在显著性优势但其他年级优势均无显著性。

总体上看，在分析、判断和运用思维题项上，贵州大学各年级得分均高于地方性本科院校常模；在综合思维题项上，贵州大学整体表现与地方性本科院校常模基本相当。

表 7-26　贵州大学与地方性本科院校常模课程教育认知目标统计分析

题项	年级	贵州大学 Mean	地方本科院校常模 Mean	T—value
分析某个观点、经验或理论的基本要素，了解其构成	一年级	55.85	55.68	0.115
	二年级	58.69	56.46	1.512
	三年级	60.14	56.67	2.238
	四年级	60.70	59.76	0.528

续表

题项	年级	贵州大学 Mean	地方本科院校常模 Mean	T-value
综合不同观点、信息或经验，形成新的或更复杂的解释	一年级	54.21	55.63	-0.955
	二年级	55.67	55.24	0.296
	三年级	56.19	55.42	0.483
	四年级	58.34	58.88	-0.320
判断信息、论点或方法的价值	一年级	48.79	48.02	0.564
	二年级	51.56	48.15	2.251
	三年级	52.03	49.22	1.818
	四年级	54.56	53.39	0.693
运用理论或概念解决实际问题，或将其运用于新的情景	一年级	54.21	52.07	1.384
	二年级	55.66	51.48	2.694*
	三年级	55.40	52.13	1.964
	四年级	58.03	57.25	0.415

注：* 为 $p < .05$，** 为 $p < .01$，*** 为 $p < .001$。

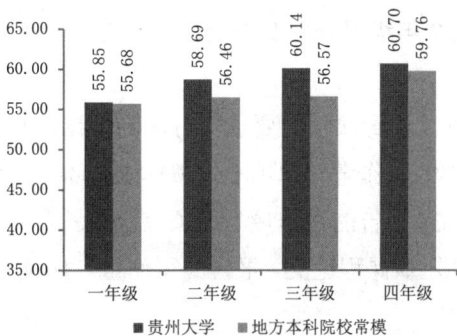

图 7-33　贵州大学与地方本科院校"分析"题项的比较

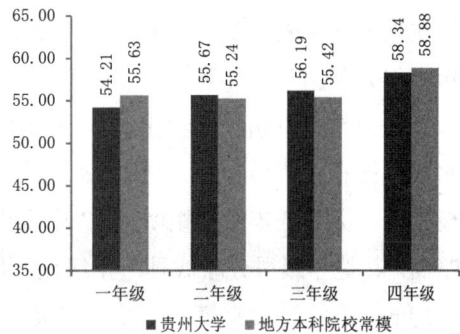

图 7-34　贵州大学与地方本科院校"综合"题项的比较

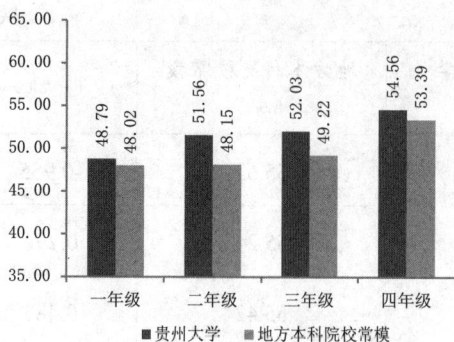

图 7-35　贵州大学与地方本科院校"判断"题项 的比较

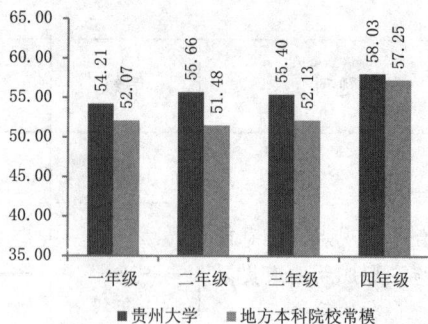

图 7-36　贵州大学与地方本科院校"运用"题项 的比较

（2）课程要求严格程度常模比较分析

课程要求严格程度包括 4 个题项。

◆更加用功学习以达到课程的要求。

◆长篇课程论文 / 报告（篇）（5000 字以上）。

◆中篇课程论文 / 报告（篇）（2000～5000 字）。

◆短篇课程论文 / 报告（篇）（2000 字以下）。

与全国院校常模相比，在"更加用功学习以达到课程的要求"题项上（见表 7-27、图 7-37），贵州大学四个年级得分均低于全国院校常模且仅有二年级不存在显著性差距；其中，四年级学生得分差距相对较大。在"长篇课程论文 / 报告的写作量"题项上（见表 7-27、图 7-38），贵州大学除四年级得分略高于全国院校常模以外，其他三个年级得分均低于全国院校常模；其中，低年级（一、二）学生存在显著性差距。在"中篇课程论文 / 报告的写作量"题项上（见表 7-27、图 7-39），贵州大学三年级得分稍高于全国院校常模，其他年级均低于且一年级存在显著性差距。在"短篇课程论文 / 报告的写作量"题项上（见表 7-27、图 7-40），贵州大学四个年级得分均低于全国院校常模；其中，一年级得分差距具有显著性。

总体上看，贵州大学学生在"更加用功学习以达到课程的要求"方面与全国院校常模水平相比存在明显差距。"长篇课程论文 / 报告的写作量"题项上，整体表现不如全国院校常模，尤其低年级差距明显；"中篇课程论文 / 报告的写作量"题项上，仅三年级得分略高，其他年级得分略低且一年级差距明显；"短篇课程论文 / 报告的写作量"题项上，得分均低于全国院校常模，尤其一年级差距较大。

表 7-27　贵州大学与全国院校课程要求严格程度统计分析

题项	年级	贵州大学 Mean	全国常模 Mean	T−value
更加用功学习以达到课程的要求	一年级	56.23	61.01	-3.186*
	二年级	58.36	61.25	-1.861
	三年级	59.91	66.14	-3.642***
	四年级	56.13	65.03	-4.771***
长篇课程论文/报告（篇）（5000字以上）	一年级	6.88	8.53	-2.434*
	二年级	8.52	11.08	-3.190*
	三年级	13.31	14.20	-0.981
	四年级	24.88	23.98	0.972
中篇课程论文/报告（篇）（2000~5000字）	一年级	16..45	21.26	-6.331***
	二年级	20.21	22.13	-2.073
	三年级	24.49	23.35	1.307
	四年级	23.82	24.82	-0.808
短篇课程论文/报告（篇）（2000字以下）	一年级	20.65	26.34	-6.166***
	二年级	25.16	26.92	-1.585
	三年级	24.07	26.42	-1.147
	四年级	22.04	24.97	-2.117

注：* 为 $p<.05$，** 为 $p<.01$，*** 为 $p<.001$。

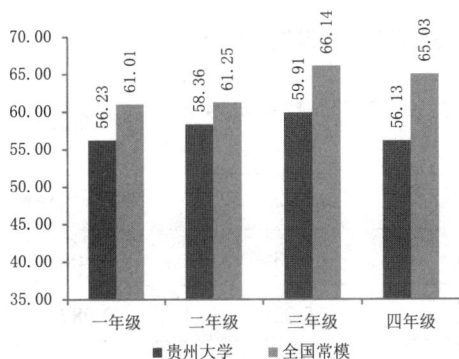

图 7-37　贵州大学与全国院校"更加用功学习以达到课程的要求"的比较

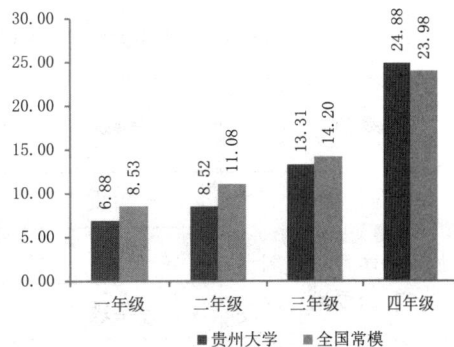

图 7-38　贵州大学与全国院校"长篇课程论文/报告"的比较

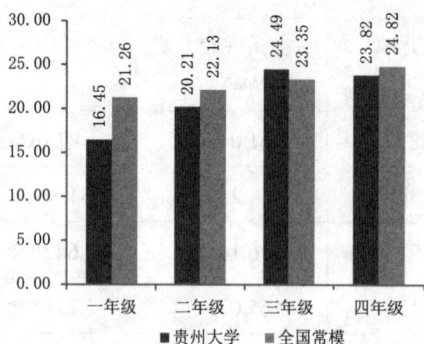

图 7-39　贵州大学与全国院校"中篇课程论文 / 报告"的比较

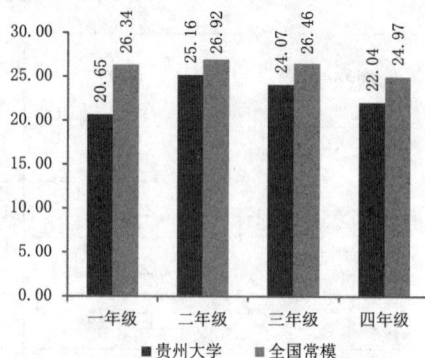

图 7-40　贵州大学与全国院校"短篇课程论文 / 报告"的比较

与"985"院校常模比较，在"更加用功学习以达到课程的要求"上（见表 7-28、图 7-41），贵州大学四个年级得分与"985"院校常模的差距均比较大，仅二年级不存在显著性差异。在长篇论文 / 报告的写作量上（见表 7-28、图 7-42），贵州大学一、二、三年级得分略低于"985"院校常模，四年级得分稍高但差异均不显著。在中篇论文 / 报告的写作量上（见表 7-28、图 7-43），贵州大学三、四年级得分略高于"985"院校常模；一年级得分明显低于"985"院校常模，二年级得分与"985"院校常模相比略低。在短篇论文 / 报告的写作量上（见表 7-28、图 7-44），贵州大学二、三、四年级学生得分与"985"院校常模相比不相上下；但一年级得分显著低于"985"院校常模。

总体上看，在"更加用功学习以达到课程的要求"题项上与"985"院校常模差距明显；在"长篇、中篇及短篇论文 / 报告的写作量"这三个题项上，贵州大学三、四年级与"985"院校常模相比互有高低，整体水平相当；二年级表现与"985"院校常模相比较接近，而一年级表现则明显差于"985"院校常模。

表 7-28　贵州大学与"985"院校课程要求严格程度统计分析

题项	年级	贵州大学 Mean	"985"院校常模 Mean	T-value
更加用功学习以达到课程的要求	一年级	56.23	64.24	-5.338***
	二年级	58.36	61.63	-2.106
	三年级	59.91	65.02	-2.987*
	四年级	56.13	64.16	-4.305***

续表

题项	年级	贵州大学 Mean	"985" 院校常模 Mean	T-value
长篇课程论文/报告 （篇）（5000字以上）	一年级	6.88	7.55	-0.985
	二年级	8.52	10.07	-1.930
	三年级	13.31	14.29	-1.080
	四年级	24.88	24.49	0.422
中篇课程论文/报告 （篇）（2000～5000字）	一年级	16.45	21.20	-6.252***
	二年级	20.21	21.64	-1.543
	三年级	24.49	24.05	0.505
	四年级	23.82	22.07	1.404
短篇课程论文/报告 （篇）（2000字以下）	一年级	20.65	26.54	-6.383***
	二年级	25.16	25.46	-0.268
	三年级	24.07	24.43	-0.331
	四年级	22.04	21.32	0.518

注：* 为 $p < .05$，** 为 $p < .01$，*** 为 $p < .001$

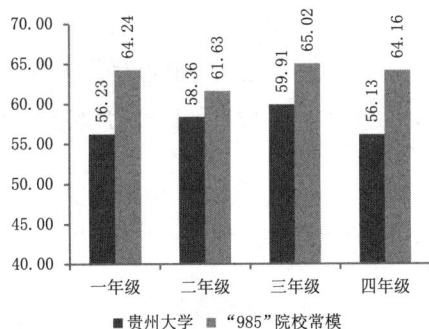

图 7-41　贵州大学与"985"院校"更加用功学习以达到课程的要求"的比较

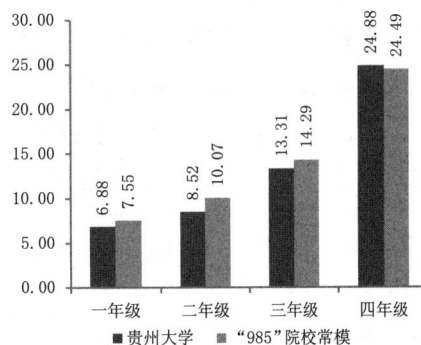

图 7-42　贵州大学与"985"院校"长篇课程论文/报告"的比较

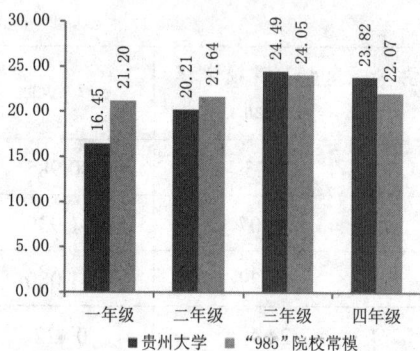

图 7-43　贵州大学与"985"院校"中篇课程论文 /报告"的比较

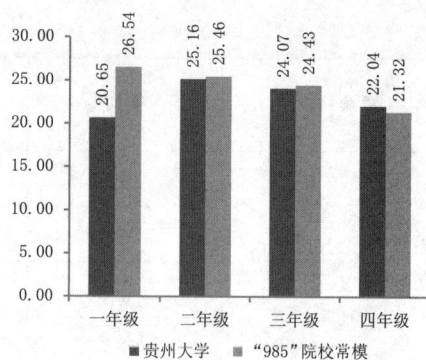

图 7-44　贵州大学与"985"院校"短篇课程论文 /报告"的比较

与"211"院校常模比较，在"更加用功学习以达到课程的要求"上（见表 7-29、图 7-45），贵州大学四个年级得分与"211"院校常模相比均有差距，一、二、三年级显著低于"211"院校常模，四年级则稍低于"211"院校常模。在"长篇课程论文 / 报告的写作量"题项上（见表 7-29、图 7-46），贵州大学一、二、三年级得分均略低于"211"院校常模，四年级得分与"211"院校常模水平相当。在"中篇课程论文 / 报告的写作量"题项上（见表 7-29、图 7-47），贵州大学一年级得分较低于"211"院校常模，二年级得分略低于"211"院校常模；三、四年级得分与"211"院校常模相当。在"短篇课程论文 / 报告的写作量"上（见表 7-29、图 7-48），贵州大学一年级得分较低于"211"院校常模；二、三、四年级得分与"211"院校常模相比不相上下，较为接近。

总体来看，在"更加用功学习以达到课程的要求"这个题项上，贵州大学除四年级外得分均显著低于"211"院校常模。在"长篇、中篇、短篇论文 / 报告写作量"方面，贵州大学二、三、四得分与"211"院校常模相当，一年级得分与"211"院校常模稍有差距，但是整体水平与"211"院校常模接近。

表 7-29　贵州大学与"211"院校课程要求严格程度统计分析

题项	年级	贵州大学 Mean	"211"院校常模 Mean	T－value
更加用功学习以达到课程的要求	一年级	56.23	62.79	-4.372***
	二年级	58.36	62.80	-2.861*
	三年级	59.91	65.58	-3.315**
	四年级	56.13	59.47	-1.790

续表

题项	年级	贵州大学 Mean	"211" 院校常模 Mean	T—value
长篇课程论文/报告 （篇）（5000字以上）	一年级	6.88	8.48	-2.360*
	二年级	8.52	10.68	-2.691*
	三年级	13.31	15.67	-2.593*
	四年级	24.88	24.51	0.401
中篇课程论文/报告 （篇）（2000～5000字）	一年级	16.45	20.78	-5.699***
	二年级	20.21	22.55	-2.526*
	三年级	24.49	24.79	-0.342
	四年级	23.82	23.94	-0.100
短篇课程论文/报告 （篇）（2000字以下）	一年级	20.65	24.16	-3.803***
	二年级	25.16	25.02	0.128
	三年级	24.07	24.77	-0.641
	四年级	22.04	22.70	-0.478

注：* 为 $p < .05$，** 为 $p < .01$，*** 为 $p < .001$。

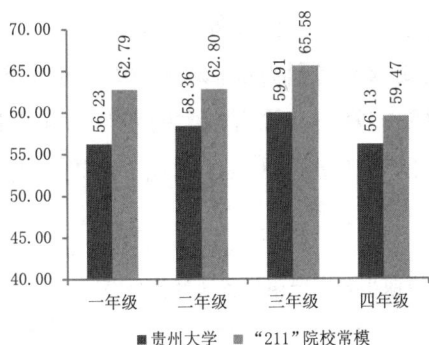

图 7-45　贵州大学与"211"院校"更加用功学习
以达到课程的要求"的比较

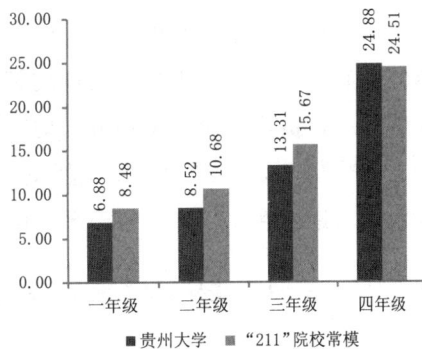

图 7-46　贵州大学与"211"院校"长篇课程论文
/报告"的比较

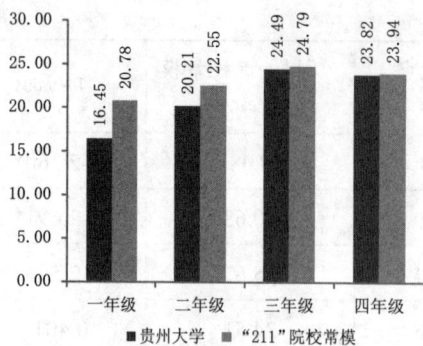

图 7-47　贵州大学与"211"院校"中篇课程论文 /报告"的比较

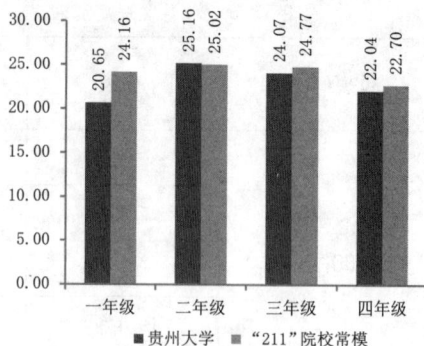

图 7-48　贵州大学与"211"院校"短篇课程论文 /报告"的比较

　　与地方性本科院校常模相比，在"更加用功学习以达到课程的要求"上（见表 7-30、图 7-49），贵州大学四个年级得分与地方性本科院校常模相比较，三、四年级与地方性本科院校常模有显著的差距，一年级与其相比稍有差距，二年级与其略有差距。在"长篇课程论文 /报告的写作量"题项上（见表 7-30、图 7-50），贵州大学一、二年级得分均略低于地方性本科院校常模，三、四年级得分与地方性本科院校常模相比则接近且略高。在"中篇课程论文 /报告的写作量"题项上（见表 7-30、图 7-51），贵州大学一年级得分显著低于地方性本科院校常模；二、四年级得分稍稍低于地方性本科院校常模，三年级则略高于地方性本科院校常模。在"短篇课程论文 /报告的写作量"题项上（见表 7-30、图 7-52），贵州大学一年级得分显著低于地方性本科院校常模，四年级得分与地方性本科院校常模稍有差距，二、三、年级得分与之相比也有微小的差距。

　　总体上看，在"更加用功学习以达到课程的要求""短篇课程论文 /报告的写作量"这两个题项上，贵州大学学生得分与地方性本科院校常模相比有较大的差距；在"长篇课程论文 /报告的写作量""中篇课程论文 /报告的写作量"这两个题项上，贵州大学学生整体水平与地方性本科院校常模水平相当。

表 7-30　贵州大学与地方性本科院校常模课程要求严格程度统计分析

题项	年级	贵州大学 Mean	地方本科院校常模 Mean	T—value
更加用功学习以达到课 程的要求	一年级	56.23	60.17	-2.626*
	二年级	58.36	59.27	-0.585
	三年级	59.91	66.25	-3.706***
	四年级	56.13	64.49	-4.482***

续表

题项	年级	贵州大学 Mean	地方本科院校常模 Mean	T—value
长篇课程论文/报告（篇）（5000字以上）	一年级	6.88	7.86	-1.443
	二年级	8.52	9.35	-1.032
	三年级	13.31	13.29	0.017
	四年级	24.88	24.33	0.595
中篇课程论文/报告（篇）（2000～5000字）	一年级	16.45	23.01	-8.634***
	二年级	20.21	22.63	-2.613*
	三年级	24.49	23.61	1.009
	四年级	23.82	25.01	-0.961
短篇课程论文/报告（篇）（2000字以下）	一年级	20.65	26.34	-6.166***
	二年级	25.16	26.37	-1.089
	三年级	24.07	25.15	-0.988
	四年级	22.04	25.33	-2.377

注：* 为 $p < .05$，** 为 $p < .01$，*** 为 $p < .001$。

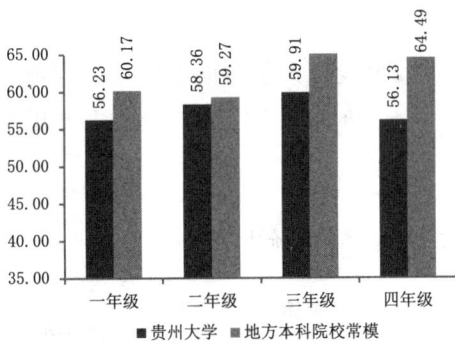

图 7-49　贵州大学与地方本科院校"更加用功学习以达到课程的要求"的比较

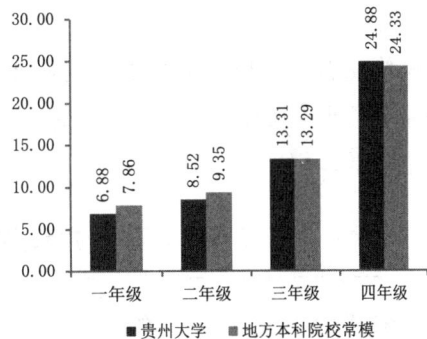

图 7-50　贵州大学与地方本科院校"长篇课程论文 / 报告"的比较

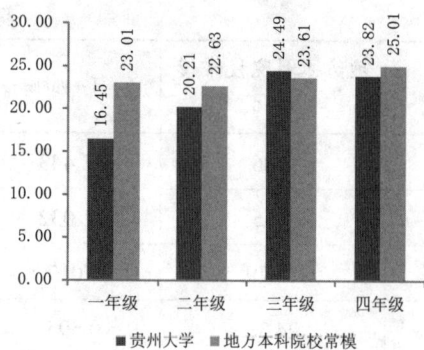

图 7-51　贵州大学与地方本科院校"中篇课程论文／报告"的比较

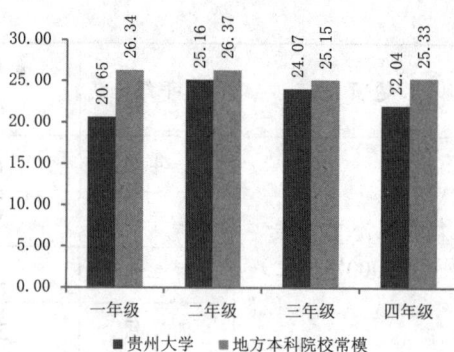

图 7-52　贵州大学地方本科院校"短篇课程论文／报告"的比较

（3）学生学业投入时间常模比较分析

学生学业投入时间包括 2 个题项。

◆学校强调学生在学业上投入大量时间的频率。

◆学生一周花在学习上的时间（预习、复习、读相关文献或专业期刊、做作业／实验等）。

与全国院校常模相比，在"学校强调学生在学业上投入大量时间的频率"题项上（见表 7-31、图 7-53），贵州大学四个年级得分均低于全国院校常模，二、四年级得分与全国院校常模有显著性差距。在"学生一周花在学习上的时间"题项上（见表 7-31、图 7-54），贵州大学一、二年级得分略高于全国院校常模；三、四年级得分略低于全国院校常模，与全国院校常模有微小的差距。

总体上看，贵州大学在"学校强调学生在学业上投入大量时间的频率"题项上表现略微逊色于全国院校常模；"学生一周花在学习上的时间"这个题项上要与全国院校常模水平基本相当。

表 7-31　贵州大学与全国院校学生学业投入时间统计分析

题项	年级	贵州大学 Mean	全国常模 Mean	T−value
学校强调学生在学业方面投入大量时间	一年级	61.41	64.32	-2.048
	二年级	61.47	65.00	-2.418*
	三年级	62.57	65.76	-2.119
	四年级	62.73	67.04	-2.425*

续表

题项	年级	贵州大学 Mean	全国常模 Mean	T-value
学生一周花在学习 上的时间	一年级	50.10	49.21	0.852
	二年级	51.21	49.62	1.370
	三年级	51.82	52.29	-0.390
	四年级	50.15	50.55	-0.278

注：* 为 p<.05，** 为 p<.01，*** 为 p<.001。

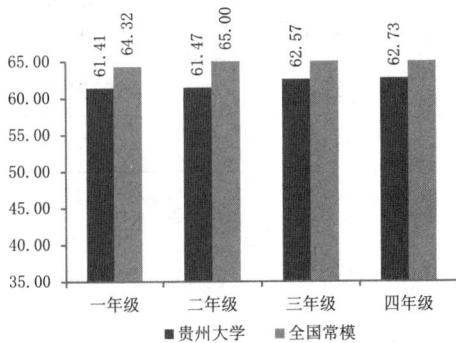

图 7-53　贵州大学与全国常模"学校强调学生
在学业方面投入大量时间"的比较

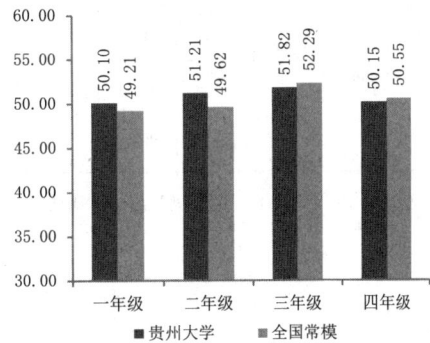

图 7-54　贵州大学与全国常模"学生一周花在
学习上的时间"的比较

　　与"985"院校常模相比，在"学校强调学生在学业上投入大量时间的频率"题项上（见表 7-32、图 7-55），贵州大学除四年级以外得分均显著低于"985"院校常模，四年级也低于但无显著性差异。在"学生一周花在学习上的时间"题项上（见表 7-32、图 7-56），贵州大学除二年级与"985"院校常模差距微小之外，其他年级均显著低于"985"院校常模。

　　总体来看，贵州大学在"学校强调学生在学业上投入大量时间的频率"和"学生一周花在学习上的时间"题项上都要明显低于"985"院校常模水平。

表 7-32   贵州大学与"985"院校学生学业投入时间统计分析

题项	年级	贵州大学 Mean	"985"院校常模 Mean	T—value
学校强调学生在学业方面投入大量时间	一年级	61.41	66.09	-3.294**
	二年级	61.47	65.37	-2.671*
	三年级	62.57	67.94	-3.565***
	四年级	62.73	65.86	-1.761
学生一周花在学习上的时间	一年级	50.10	55.38	-5.086***
	二年级	51.21	52.84	-1.403
	三年级	51.82	57.84	-5.037***
	四年级	50.15	55.33	-3.610***

注：* 为 $p < .05$，** 为 $p < .01$，*** 为 $p < .001$。

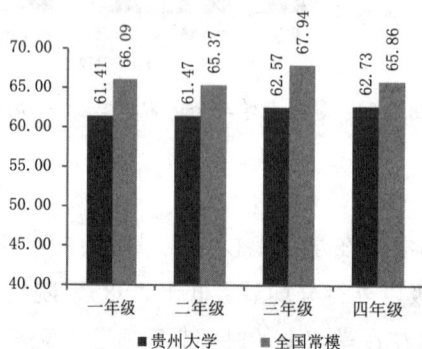

图 7-55　贵州大学与"985"院校常模"学校强调学生在学业方面投入大量时间"的比较

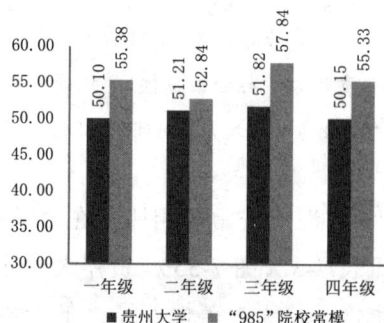

图 7-56　贵州大学与"985"院校常模"学生一周花在学习上的时间"的比较

与"211"院校常模相比，在"学校强调学生在学业上投入大量时间的频率"题项上（见表 7-33、图 7-57），贵州大学四个年级得分均显著低于"211"院校常模；在"学生一周花在学习上的时间"题项上（见表 7-33、图 7-58），贵州大学四个年级得分均略低于"211"院校常模，与"211"院校常模存在微小的差距。

总体来看，贵州大学在"学校强调学生在学业上投入大量时间的频率"题项上表现不如"211"院校常模，在"学生一周花在学习上的时间"题项上略低于"211"院校常模水平。

表 7-33　贵州大学与"211"院校学生学业投入时间统计分析

题项	年级	贵州大学 Mean	"211"院校常模 Mean	T-value
学校强调学生在学业方面投入大量时间	一年级	61.41	65.66	-2.991*
	二年级	61.47	65.62	-2.842*
	三年级	62.57	66.92	-2.889*
	四年级	62.73	67.76	-2.830*
学生一周花在学习上的时间	一年级	50.10	52.17	-1.996
	二年级	51.21	52.07	-0.740
	三年级	51.82	53.99	-1.813
	四年级	50.15	52.34	-1.526

注：* 为 $p < .05$，** 为 $p < .01$，*** 为 $p < .001$。

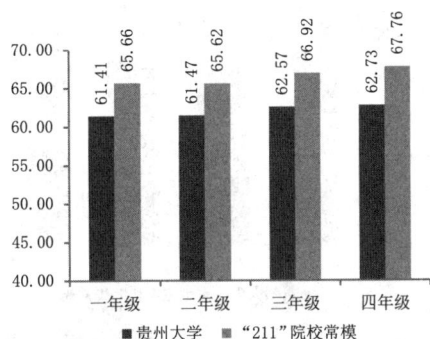

图 7-57　贵州大学与"211"院校常模"学校强调学生在学业方面投入大量时间"的比较

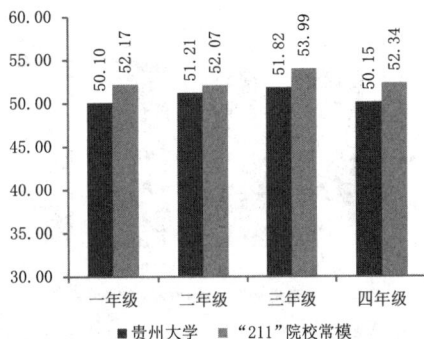

图 7-58　贵州大学与"211"院校常模"学生一周花在学习上的时间"的比较

与地方性本科院校常模相比，在"学校强调学生在学业上投入大量时间的频率"题项上（见表 7-34、图 7-59），贵州大学四个年级得分均稍稍低于地方性本科院校常模。在"学生一周花在学习上的时间"题项上（见表 7-34、图 7-60），贵州大学除三年级得分略低于地方性本科院校常模之外，其他年级得分均高于地方性本科院校常模但不存在显著性优势。

总体来看，贵州大学在"学校强调学生在学业上投入大量时间的频率"和"学生一周花在学习上的时间"这两个题项上，整体水平与地方性本科院校常模水平接近。

表 7-34　贵州大学与地方性本科院校学生学业投入时间统计分析

题项	年级	贵州大学 Mean	地方本科院校常模 Mean	T—value
学校强调学生在学业方面投入大量时间	一年级	61.41	62.16	-0.527
	二年级	61.47	62.72	-0.858
	三年级	62.57	62.69	-0.082
	四年级	62.73	65.48	-1.548
学生一周花在学习上的时间	一年级	50.10	47.78	2.229
	二年级	51.21	48.69	2.171
	三年级	51.82	52.33	-0.423
	四年级	50.15	48.67	1.032

注：* 为 $p < .05$，** 为 $p < .01$，*** 为 $p < .001$。

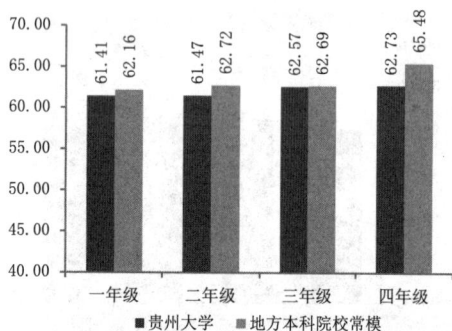

图 7-59　贵州大学与地方本科院校常模"学校强调学生在学业方面投入大量时间"的比较

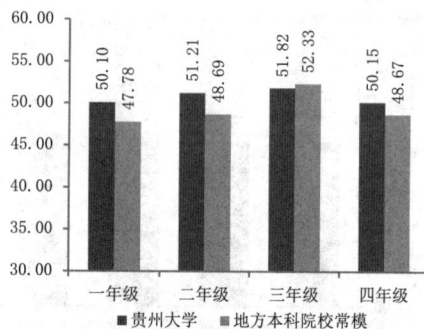

图 7-60　贵州大学与地方本科院校常模"学生一周花在学习上的时间"的比较

（4）学生课堂行为常模比较分析

学生课堂行为包含 3 个题项。

◆课堂上主动提问或参与讨论的频率。

◆课堂上就某一个研究主题做有预先准备的报告的频率。

◆课堂上和同学合作完成老师布置的任务的频率。

与全国院校常模相比，在"课堂上主动提问或参与讨论的频率"题项上（见表 7-35、图 7-61），贵州大学四个年级得分均低于全国院校常模，但一、四年级差距有显著性。在"课堂上就某一个研究主题做有预先准备的报告的频率"题项上（见表 7-35、图 7-62），贵州大学四个年级得分均显著低于全国院校常模。在"课堂上和同学合作完成老师布置任务的频率"题项上（见表 7-35、图 7-63），贵州大学二、三、四年级得分均低于全国院校常模且二、四年级差距有显著性；一年级得分略高于全国院校常模。

总体来看，在学生课堂行为的三个题项上，贵州大学学生得分与全国院校常模存在一定差距，尤其是第二个题项差距明显。

表 7-35　贵州大学与全国院校学生课堂行为统计分析

题项	年级	贵州大学 Mean	全国常模 Mean	T-value
课堂上主动提问或参与讨论	一年级	38.92	44.23	-4.306***
	二年级	43.36	45.45	-1.439
	三年级	44.36	46.88	-1.737
	四年级	48.11	52.28	-2.235*
课堂上就某一个研究主题做有预先准备的报告	一年级	29.07	36.47	-5.127***
	二年级	33.32	39.70	-3.960***
	三年级	38.28	41.91	-2.212*
	四年级	41.82	46.76	-2.665**
课堂上和同学合作完成老师布置的任务	一年级	63.97	62.58	1.096
	二年级	59.55	63.81	-3.003**
	三年级	64.20	65.55	-1.011
	四年级	58.18	62.91	-2.609*

注：* 为 $p < .05$，** 为 $p < .01$，*** 为 $p < .001$。

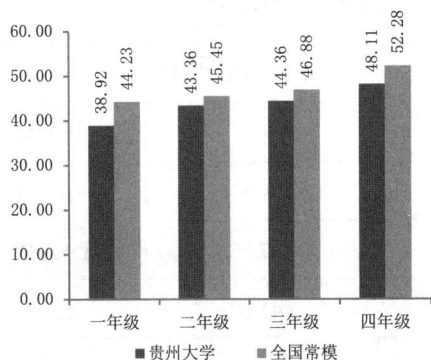

图 7-61　贵州大学与全国常模"课堂上主动提问或参与讨论"的比较

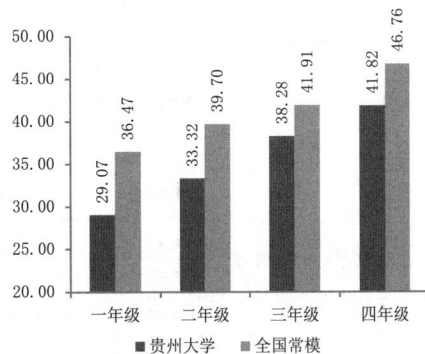

图 7-62　贵州大学与全国常模"课堂上就某一研究主题做有预先准备的报告"的比较

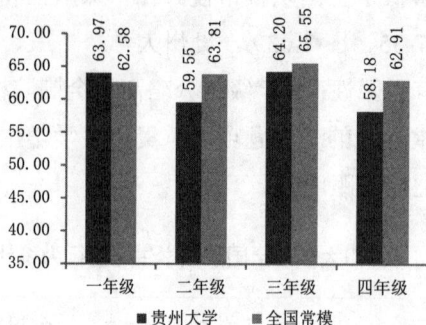

图 7-63　贵州大学与全国常模"课堂上和同学
合作完成老师布置的任务"的比较

　　与"985"院校常模相比，在"课堂上主动提问或参与讨论的频率"题项上（见表7-36、图 7-64），贵州大学一年级得分稍稍低于"985"院校常模，与其得分比较接近；二、三、四年级得分显著高于"985"院校常模。在"课堂上就某一个研究主题做有预先准备的报告的频率"题项上（见表7-36、图 7-65），贵州大学四个年级得分均低于"985"院校常模；一、二年级得分显著低于"985"院校常模，与"985"院校常模差距较大；三、四年级得分与"985"院校常模接近，差距不大。在"课堂上和同学合作完成老师布置任务的频率"题项上（见表7-36、图 7-66），贵州大学一年级得分略高于"985"院校常模；二、三、四年级得分略低于"985"院校常模，但与"985"院校常模差距不大。

　　总体来看，在"课堂上主动提问或参与讨论的频率"题项上，贵州大学学生表现要明显优于"985"院校常模，在"课堂上就某一个研究主题做有预先准备的报告"与"和同学合作完成老师布置任务"两个题项上，贵州大学学生得分与"985"院校常模相比存在一些差距。

表 7-36　贵州大学与"985"院校学生课堂行为统计分析

题项	年级	贵州大学	"985"院校常模	
		Mean	Mean	T—value
课堂上主动提问或参与讨论	一年级	38.92	39.33	-0.332
	二年级	43.36	37.55	3.992***
	三年级	44.36	41.62	1.885
	四年级	48.11	40.60	4.018***

续表

题项	年级	贵州大学 Mean	"985" 院校常模 Mean	T-value
课堂上就某一个研究主题做有预先准备的报告	一年级	29.07	39.13	-6.970***
	二年级	33.32	39.67	-3.942***
	三年级	38.28	42.00	-2.267*
	四年级	41.82	43.09	-0.686
课堂上和同学合作完成老师布置的任务	一年级	63.97	62.59	1.088
	二年级	59.55	62.95	-2.396*
	三年级	64.20	64.75	-0.412
	四年级	58.18	60.29	-1.164

注：* 为 p< .05，** 为 p< .01，*** 为 p< .001。

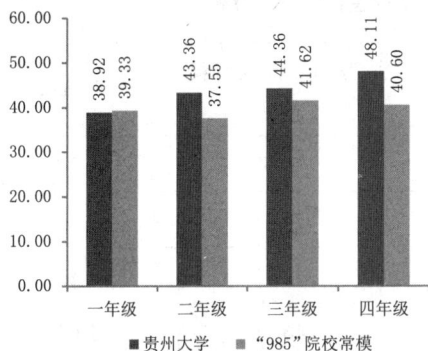

图 7-64　贵州大学与"985"院校常模"课堂上主动提问或参与讨论"的比较

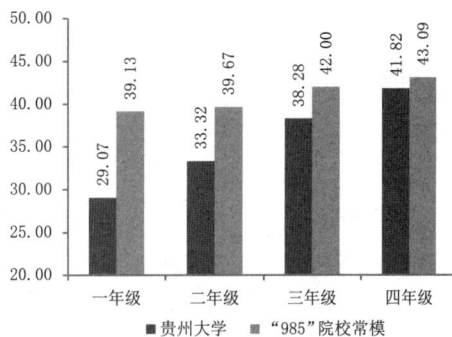

图 7-65　贵州大学与"985"院校常模"课堂上就某一研究主题做有预先准备的报告"的比较

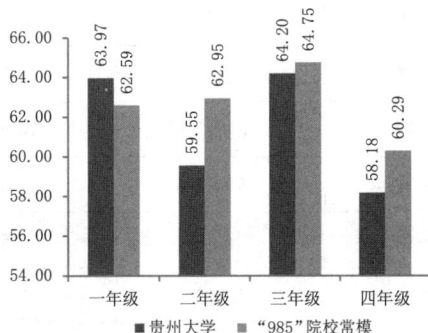

图 7-66　贵州大学与"985"院校常模"课堂上和同学合作完成老师布置的任务"的比较

　　与"211"院校常模相比，在"课堂上主动提问或参与讨论的频率"题项上（见表 7-37、图 7-67），贵州大四个年级得分均高于"211"院校常模；二、三、四年级得分稍高于"211"院校常模；一年级得分略高于"211"院校常模。在"课堂上就某一个研究主题做有预先准备的报告的频率"题项上（见表 7-37、图 7-68），贵州大四个年级得分均稍低于"211"院校常模；二、三年级得分略低于"211"院校常模，但差距不大；一年级得分比较低，与"211"院校常模差距比较大；四年级得分与"211"院校常模稍稍有差距。在"课堂上和同学合作完成老师布置任务的频率"题项上（见表 7-37、图 7-69），贵州大学一、二、三年级得分均高于"211"院校常模；一、年级得分显著高于"211"院校常模；二、三年级得分比"211"院校常模稍高；四年级得分稍低于"211"院校常模。

　　总体来看，在学生课堂行为方面，贵州大学与"211"院校常模相比有高有低，不相上下。其中，在"课堂上主动提问或参与讨论的频率"题项和在"课堂上就某一个研究主题做有预先准备的报告的频率"题项上，贵州大学学生表现最为突出，总的来说要稍微好于"211"院校常模。

表 7-37　贵州大学与"211"院校学生课堂行为统计分析

题项	年级	贵州大学 Mean	"211"院校常模 Mean	T-value
课堂上主动提问或参与讨论	一年级	38.92	38.67	0.203
	二年级	43.36	39.93	2.356*
	三年级	44.36	42.72	1.127
	四年级	48.11	46.18	1.031
课堂上就某一个研究主题做有预先准备的报告	一年级	29.07	33.60	-3.138**
	二年级	33.32	35.59	-1.408
	三年级	38.28	40.30	-1.231
	四年级	41.82	45.11	-1.775
课堂上和同学合作完成老师布置的任务	一年级	63.97	59.20	3.760***
	二年级	59.55	59.04	0.362
	三年级	64.20	62.56	1.225
	四年级	58.18	61.39	-1.771

注：* 为 $p < .05$，** 为 $p < .01$，*** 为 $p < .001$。

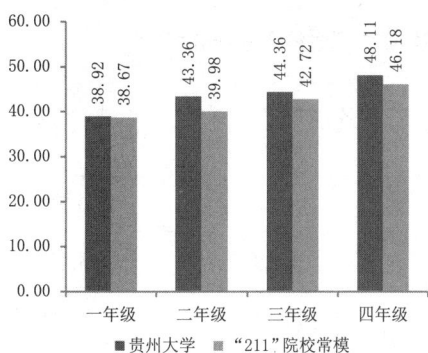

图 7-67　贵州大学与"211"院校常模"课堂上主
动提问或参与讨论"的比较

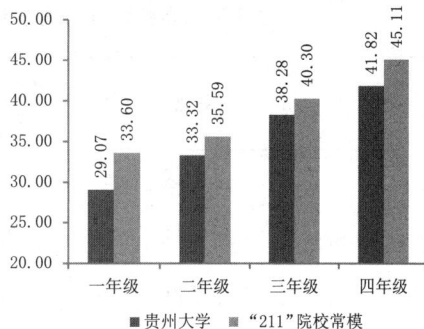

图 7-68　贵州大学与"211"院校常模"课堂上就
某一研究主题做有预先准备的报告"的比较

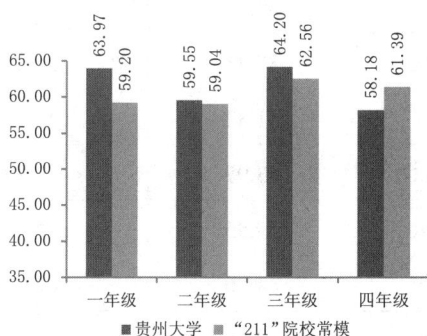

图 7-69　贵州大学与"211"院校常模"课堂上和
同学合作完成老师布置的任务"的比较

与地方性本科院校常模相比，在"课堂上主动提问或参与讨论的频率"题项上（见表 7-38、图 7-70），贵州大学一、二、三年级得分均高于地方性本科院校常模；四年级与地方性本科院校常模得分接近，要稍稍低于地方性本科院校常模。在"课堂上就某一个研究主题做有预先准备的报告的频率"题项上（见表 7-38、图 7-71），贵州大学四个年级得分与地方性本科院校常模相比较，其得分略高于地方性本科院校常模，三年级表现略好；而一年级和四年级的得分则与地方性本科院校常模相近且略超。在"课堂上和同学合作完成老师布置任务的频率"题项上（见表 7-38、图 7-72），贵州大学一、三年级与地方性本科院校常模得分相比较高，一年级得分显著高于地方性本科院校常模；二、四年级则稍低于地方性本科院校常模。

总体上看，在"课堂上主动提问或参与讨论的频率"和在"课堂上和同学合作完成老师布置任务的频率"题项上，贵州大学四年级得分略低于地方性本科院校常模，其他题项的得分与地方性本科院校常模水平相当。

表 7-38　贵州大学与地方性本科院校学生课堂行为统计分析

题项	年级	贵州大学 Mean	地方本科院校常模 Mean	T—value
课堂上主动提问或参与讨论	一年级	38.92	38.04	0.714
	二年级	43.36	38.38	3.422**
	三年级	44.36	40.35	2.759**
	四年级	48.11	48.68	-0.307
课堂上就某一个研究主题做有预先准备的报告	一年级	29.07	28.82	0.174
	二年级	33.32	31.20	1.318
	三年级	38.28	34.29	2.432*
	四年级	41.82	41.67	0.080
课堂上和同学合作完成老师布置的任务	一年级	63.97	58.74	4.123***
	二年级	59.55	60.44	-0.626
	三年级	64.20	62.05	1.607
	四年级	58.18	61.37	-1.760

注：* 为 $p < .05$，** 为 $p < .01$，*** 为 $p < .001$。

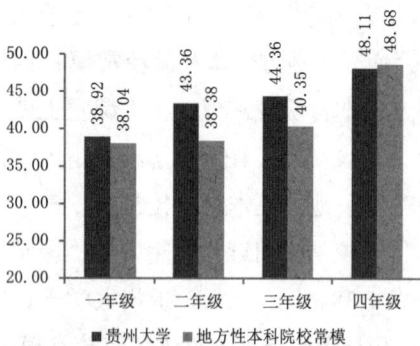

图 7-70　贵州大学与地方性本科院校常模"课堂上主动提问或参与讨论"的比较

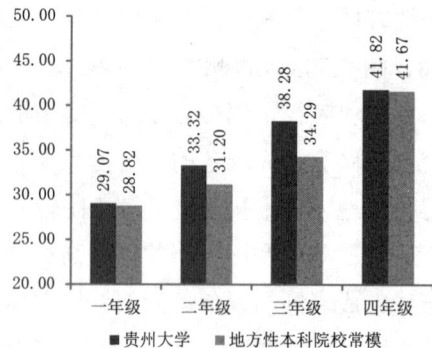

图 7-71　贵州大学与地方性本科院校常模"课堂上就某一研究主题做有预先准备的报告"的比较

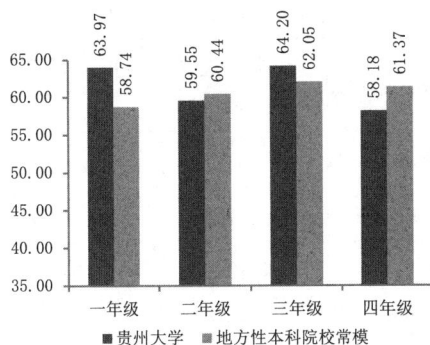

图 7-72　贵州大学与地方性本科院校常模"课堂上和同学合作完成老师布置的任务"的比较

（5）学生课外活动行为常模

学生课外活动行为包含 3 个题项。

◆课后和同学讨论作业／实验的频率。

◆课余和非本班的同学、朋友讨论学习中的观点和问题的频率。

◆在课业上帮助其他同学的频率。

与全国院校常模相比，在"课后和同学讨论作业／实验的频率"题项上（见表 7-39、图 7-73），贵州大学四个年级得分均低于全国常模，除三年级之外与全国常模差距皆有显著性。在"课余和家人、朋友讨论学习中的观点和问题的频率"题项上（见表 7-39、图 7-74），贵州大学二、三、四年级得分均略低于全国常模，且二、四年级得分与全国常模差距较大，一年级的分略高于全国常模。在"课业上帮助其他同学的频率"题项上（见表 7-39、图 7-75），贵州大学四个年级得分均略低于全国常模。

总体上看，在学生课外活动行为的三个题项上，贵州大学整体表现与全国院校常模水平有一定差距。

表 7-39　贵州大学与全国院校学生课外活动行为统计分析

题项	年级	贵州大学 Mean	全国常模 Mean	T-value
课后和同学讨论 作业/实验	一年级	47.53	51.39	-2.890**
	二年级	48.11	51.37	-2.414*
	三年级	49.32	51.69	-1.671
	四年级	51.10	55.72	-2.712**

续表

题项	年级	贵州大学 Mean	全国常模 Mean	T—value
课余和非本班的同学、朋友讨论学习中的观点和问题	一年级	63.29	62.36	0.720
	二年级	57.28	62.08	-3.398**
	三年级	59.24	62.31	-2.257*
	四年级	57.23	63.84	-3.746***
在课业上帮助其他同学	一年级	49.08	51.21	-1.607
	二年级	48.75	51.37	-1.873
	三年级	50.56	52.69	-1.502
	四年级	53.46	56.37	-1.709

注：* 为 p<.05，** 为 p<.01，*** 为 p<.001。

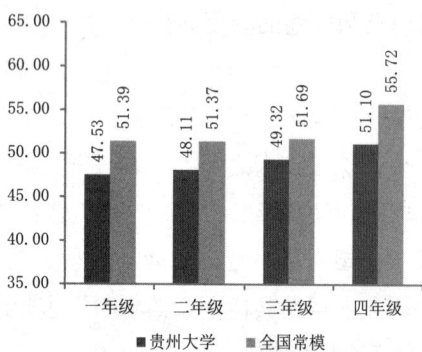

图 7-73 贵州大学与全国常模"课后和同学讨论作业／报告"的比较

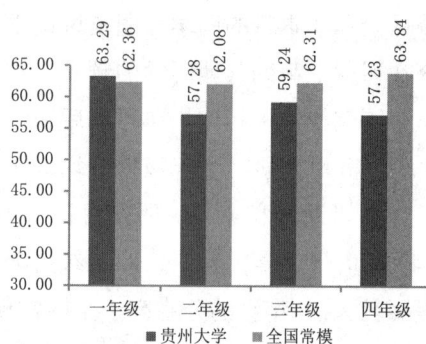

图 7-74 贵州大学与全国常模"课余和非本班的同学、朋友讨论学习中的观点和问题"的比较

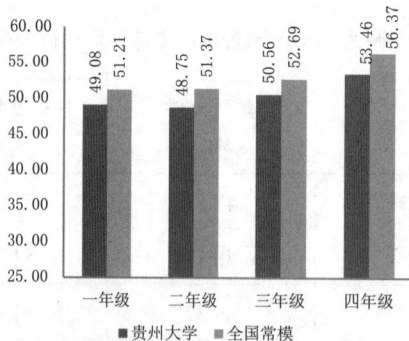

图 7-75 贵州大学与全国常模"在课业上帮助其他同学"的比较

　　与"985"院校常模相比,在"课后和同学讨论作业 / 实验的频率"题项上(见表 7-40、图 7-76),贵州大学二、三年级得分比"985"院校常模略高,一、四年级得分略低于"985"院校常模,但是都相差不大。在"课余和家人、朋友讨论学习中的观点和问题的频率"题项上(见表 7-40、图 7-77),贵州大学二、三、四个年级的得分均低于"985"院校常模,一年级得分略高于"985"院校常模。在"课业上帮助其他同学的频率"题项上(见表 7-40、图 7-78),贵州大学四个年级得分均高于"985"院校常模;其中一、二年级得分略高于"985"院校常模,与"985"院校常模基本持平;三、四年级得分较高于"985"院校常模。

　　总体上看,在"课后和同学讨论作业 / 实验的频率"题项上,在"课余和非本班的同学、朋友讨论学习中的观点和问题的频率"上以及"课业上帮助其他同学的频率"三个题项上,贵州大学学生与"985"院校常模得分均比较接近,相差不大。

表 7-40　贵州大学与"985"院校学生课外活动行为统计分析

题项	年级	贵州大学 Mean	"985"院校常模 Mean	T—value
课后和同学讨论作业/实验	一年级	47.53	48.94	-1.056
	二年级	48.11	47.97	0.101
	三年级	49.32	48.22	0.775
	四年级	51.10	53.14	-1.198
课余和非本班的同学、朋友讨论学习中的观点和问题	一年级	63.29	60.40	2.231*
	二年级	57.28	61.55	-3.022**
	三年级	59.24	59.62	-0.280
	四年级	57.23	62.04	-2.726**
在课业上帮助其他同学	一年级	49.08	47.68	1.051
	二年级	48.75	48.45	0.217
	三年级	50.56	47.43	2.206*
	四年级	53.46	49.94	2.065*

注: * 为 $p < .05$, ** 为 $p < .01$, *** 为 $p < .001$。

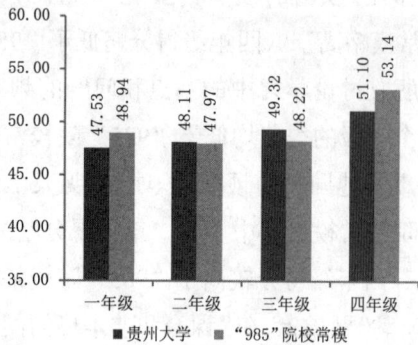

图 7-76　贵州大学与"985"院校常模"课后和同学讨论作业/实验"的比较

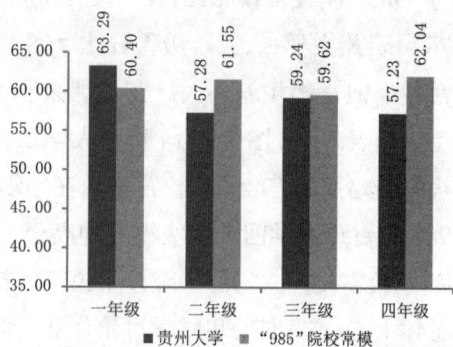

图 7-77　贵州大学与"985"院校常模"课余和非本班的同学、朋友讨论学习中的观点和问题"的比较

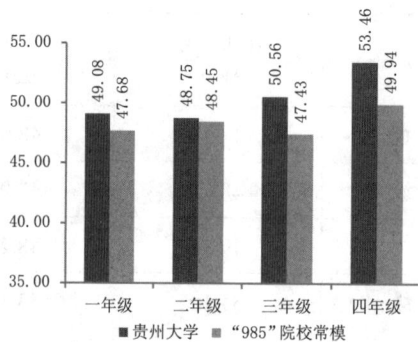

图 7-78　贵州大学与"985"院校常模"在课业上帮助其他同学"的比较

与"211"院校常模相比，在"课后和同学讨论作业/实验的频率"题项上（见表 7-41、图 7-79），贵州大学四个年级整体与"211"院校常模有差距，但与"211"院校常模的差距不大。在"课余和家人、朋友讨论学习中的观点和问题的频率"题项上（见表 7-41、图 7-80），贵州大学一年级得分与"211"院校常模相比略高，二、三、四年级得分与"211"院校常模相比较逊色，四年级得分与"211"院校常模差距比较显著。在"课业上帮助其他同学的频率"上（见表 7-41、图 7-81），贵州大学四个年级表现均与"211"院校常模相当。

总体上看，在学生课外活动行为方面，贵州大学得分情况与"211"院校常模水平相当，差距不大。

表 7-41　贵州大学与"211"院校学生课外活动行为统计分析

题项	年级	贵州大学 Mean	"211"院校常模 Mean	T—value
课后和同学讨论作业/实验	一年级	47.53	49.22	-1.266
	二年级	48.11	48.90	-0.587
	三年级	49.32	50.64	-0.931
	四年级	51.10	53.51	-1.415
课余和非本班的同学、朋友讨论学习中的观点和问题	一年级	63.29	62.02	0.982
	二年级	57.28	60.11	-2.003*
	三年级	59.24	61.22	-1.456
	四年级	57.23	62.61	-3.049**
在课业上帮助其他同学	一年级	49.08	50.10	-0.771
	二年级	48.75	50.07	-0.943
	三年级	50.56	50.86	-0.212
	四年级	53.46	53.51	-0.031

注：* 为 $p < .05$，** 为 $p < .01$，*** 为 $p < .001$。

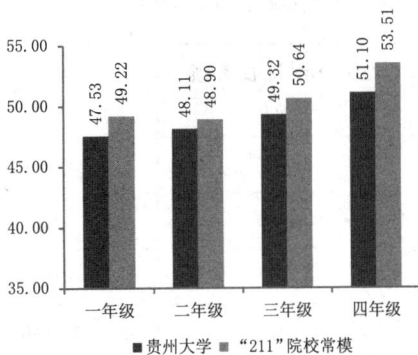

图 7-79　贵州大学与"211"院校常模"课后和同学讨论作业／实验"的比较

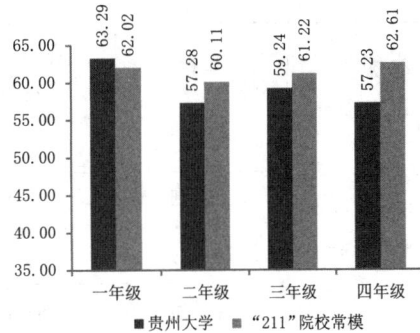

图 7-80　贵州大学与"211"院校常模"课余和非本班同学、朋友讨论学习中的观点和问题"的比较

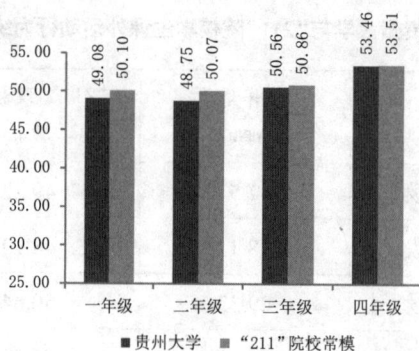

图 7-81　贵州大学与"211"院校常模"在课业上
帮助其他同学"的比较

与地方性本科院校常模相比,在"课后和同学讨论作业/实验的频率"题项上(见表 7-42、图 7-82),贵州大学二、三年级得分略高于地方性本科院校常模,一、四年级表现则略逊色于地方性本科院校常模。在"课余和非本班的同学、朋友讨论学习中的观点和问题的频率"题项上(见表 7-42、图 7-83),贵州大学一年级得分略高于地方性本科院校常模,二、三、四年级表现与地方性本科院校常模差距比较小。在"课业上帮助其他同学的频率"题项上(见表 7-42、图 7-84),贵州大学四个年级得分与本科院校常模不相上下,水平相当。

总体上看,学生课外活动行为方面,贵州大学与地方性本科院校常模水平相当。

表 7-42　贵州大学与地方性本科院校学生课外活动行为统计分析

题项	年级	贵州大学 Mean	地方本科院校常模 Mean	T—value
课后和同学讨论作业/实验	一年级	47.53	48.25	-0.539
	二年级	48.11	46.64	1.085
	三年级	49.32	47.77	1.092
	四年级	51.10	53.09	-1.169
课余和非本班的同学、朋友讨论学习中的观点和问题	一年级	63.29	61.47	1.406
	二年级	57.28	60.73	-2.442*
	三年级	59.24	60.69	-1.066
	四年级	57.23	62.08	-2.748**

续表

题项	年级	贵州大学 Mean	地方本科院校常模 Mean	T—value
在课业上帮助其他同学	一年级	49.08	48.93	0.110
	二年级	48.75	48.19	0.403
	三年级	50.56	50.06	0.352
	四年级	53.46	55.02	-0.917

注：* 为 $p < .05$，** 为 $p < .01$，*** 为 $p < .001$。

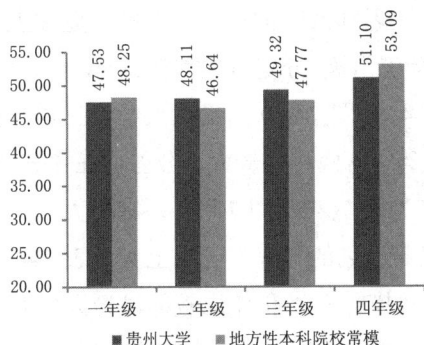

图 7-82　贵州大学与地方性本科院校常模"课后和同学讨论作业 / 实验"的比较

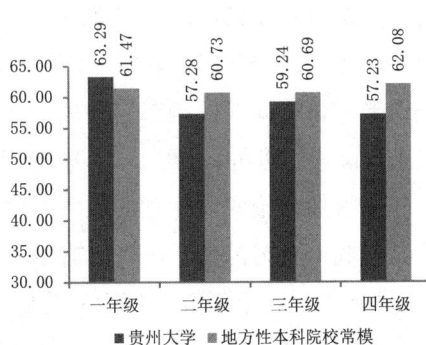

图 7-83　贵州大学与地方性本科院校常模"课余和非本班的同学、朋友讨论学习中的观点和问题"的比较

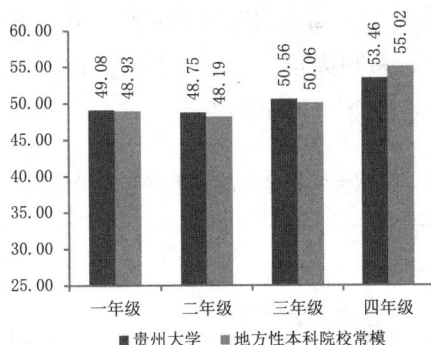

图 7-84　贵州大学与地方性本科院校常模"在课业上帮助其他同学"的比较

（6）生师互动指标常模比较分析

生师互动指标包含 8 个题项。

◆学习表现得到任课老师及时的反馈（口头 / 书面）的频率。

◆课外和任课老师讨论问题的频率。

◆和任课老师讨论职业计划的频率。

◆和辅导员讨论职业计划。

◆和任课老师讨论人生观。

◆和辅导员讨论人生观。

◆和任课老师参与课程以外工作。

◆和任课老师一起做研究。

与全国院校常模相比，在"学习表现得到任课老师及时的反馈的频率"题项上（见表 7-43、图 7-85），贵州大学四个年级得分均低于全国常模，分差基本都在 5 分以上。在"课外和任课老师讨论问题的频率"题项上（见表 7-43、图 7-86），贵州大学除三年级得分略微低于全国常模以外，一、二、四年级得分与全国常模相差较大，分差均在 5 分以上。在"和任课教师讨论职业计划的频率"题项上（见表 7-43、图 7-87），贵州大学四个年级得分显著低于全国常模。在"和辅导员讨论职业计划的频率"题项上（见表 7-43、图 7-88），贵州大学四个年级得分均显著低于全国常模。在"和任课教师讨论人生观的频率"题项上（见表 7-43、图 7-89），贵州大学一、四年级得分均显著低于全国常模，二、三年级得分与全国常模相差较小。在"和辅导员讨论人生观的频率"题项上（见表 7-43、图 7-90），贵州大学四个年级得分均显著低于全国常模。在"和任课教师参与课程外工作"题项上（见表 7-43、图 7-91），贵州大学一、二、四年级得分均显著低于全国常模，差距均在 5 分以上；三年级得分与全国常模略微有差距。在"和任课教师一起做研究"题项上（见表 7-43、图 7-92），贵州大学一、二、三年级得分和全国常模得分相比均有明显差距；而四年级得分则要明显高于全国常模。

表 7-43　贵州大学与全国院校生师互动指标统计分析

题项	年级	贵州大学 Mean	全国常模 Mean	T—value
学习表现得到任课老师及时的反馈（口头/书面）	一年级	53.24	61.57	-5.738***
	二年级	51.67	61.69	-6.512***
	三年级	51.35	60.65	-6.365***
	四年级	54.24	62.18	-4.527***

续表

题项	年级	贵州大学 Mean	全国常模 Mean	T—value
课外和任课老师讨论问题	一年级	27.14	36.20	-6.585***
	二年级	32.46	38.21	-3.673***
	三年级	38.62	40.74	-1.294
	四年级	42.92	49.33	-3.601***
和任课老师讨论自己的职业计划	一年级	22.60	33.65	-7.676***
	二年级	31.49	36.64	-3.019**
	三年级	33.33	40.76	-4.388***
	四年级	44.71	51.93	-3.704***
和辅导员讨论自己的职业计划	一年级	21.15	31.92	-7.274***
	二年级	25.75	34.15	-5.176***
	三年级	28.35	37.41	-5.376***
	四年级	38.86	48.67	-4.878***
和任课教师讨论人生观	一年级	22.70	30.39	-5.276***
	二年级	27.37	32.79	-3.391**
	三年级	31.63	35.68	-2.399*
	四年级	38.86	45.64	-3.482**
和辅导员讨论人生观	一年级	19.80	30.24	-7.222***
	二年级	24.02	32.23	-4.973***
	三年级	27.22	34.53	-4.370***
	四年级	36.65	45.49	-4.322***
和任课老师参与课程以外的工作	一年级	25.50	33.16	-4.967***
	二年级	28.46	34.65	-3.582***
	三年级	31.97	34.69	-1.573
	四年级	36.49	44.64	-4.288***
在课程要求之外，和老师一起做研究	一年级	5.56	11.91	-5.123***
	二年级	12.05	18.43	-3.427**
	三年级	17.47	25.90	-3.790***
	四年级	43.60	37.17	1.880

注：* 为 $p < .05$，** 为 $p < .01$，*** 为 $p < .001$。

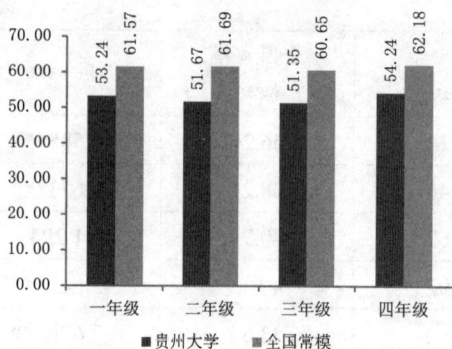

图7-85　贵州大学与全国常模"学习表现得到任课老师及时的反馈"的比较

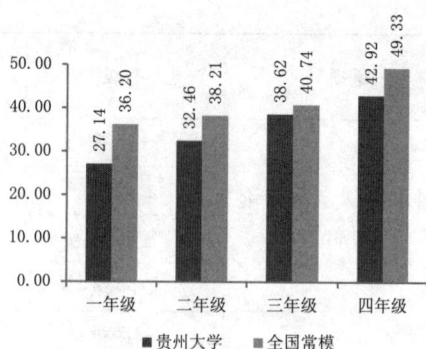

图7-86　贵州大学与全国常模"课外和任课老师讨论问题"的比较

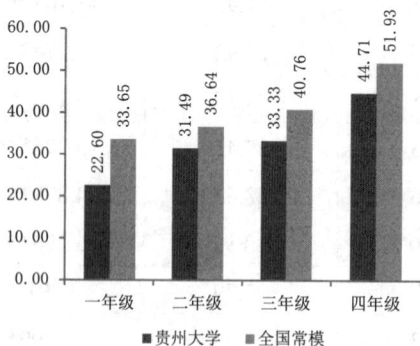

图7-87　贵州大学与全国常模"和任课老师讨论职业计划"的比较

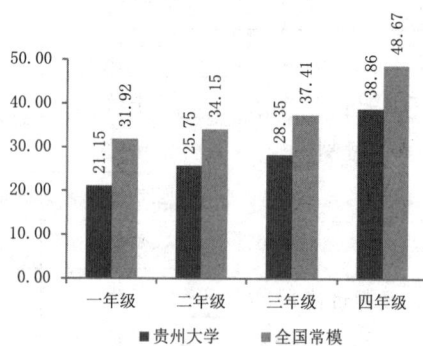

图7-88　贵州大学与全国常模"和辅导员讨论职业计划"的比较

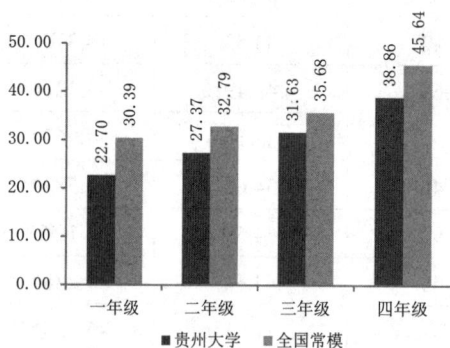

图7-89　贵州大学与全国常模"和任课教师讨论人生观"的比较

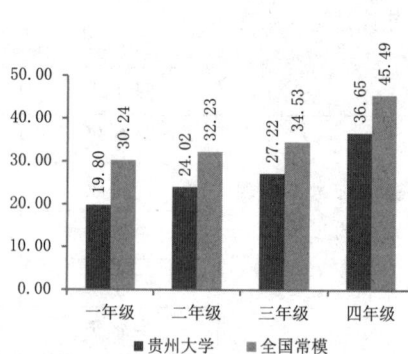

图7-90　贵州大学与全国常模"和辅导员讨论人生观"的比较

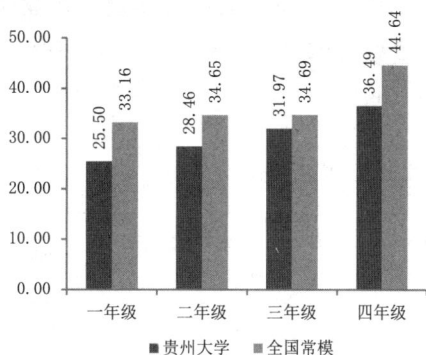

图 7-91　贵州大学与全国常模"和任课老师参
与课程以外的工作"的比较

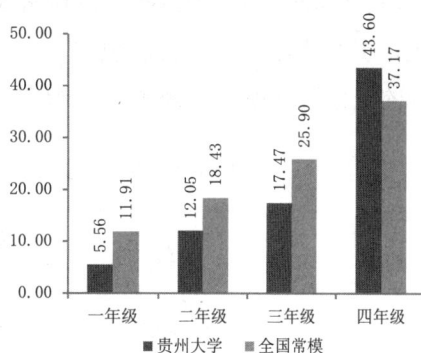

图 7-92　贵州大学与全国常模"和任课教师一
起做研究"的比较

与"985"院校常模相比，在"学习表现得到任课老师及时的反馈的频率"题项上（见表 7-44、图 7-93），贵州大学四个年级得分显著低于"985"院校常模，每个年级的得分与"985"院校常模相比差距均在 5 分以上。在"课外和任课老师讨论问题的频率"题项上（见表 7-44、图 7-94），贵州大学二、三、四年级得分均高于"985"院校常模；一年级得分略低于"985"院校常模，但是差距不大。"和任课教师讨论职业计划的频率"题项上（见表 7-44、图 7-95），贵州大学二、三、四年级得分与"985"院校常模相比要稍高于"985"院校常模，而一年级则较低于"985"院校常模。"和辅导员讨论职业计划的频率"题项上（见表 7-44、图 7-96），贵州大学四个年级得分与"985"院校常模相比要均低于"985"院校常模，而一年级则很显著的低于"985"院校常模。"和任课教师讨论人生观的频率"题项上（见表 7-44、图 797），贵州大学一年级得分略微高于"985"院校常模，；四年级得分稍高于"985"院校常模；二、三年级得分与"985"院校常模相比明显高于"985"院校常模。"和辅导员讨论人生观的频率"题项上（见表 7-44、图 7-98），贵州大学二、三年级得分与"985"院校常模相比相当且略高，而一年级则很显著的低于"985"院校常模，四年级得分与"985"院校常模基本相当。在"和任课教师参与课程外工作"题项上（见表 7-44、图 7-99），贵州大学三年级得分与"985"院校常模相比明显高于"985"院校常模；一、二、四年级得分稍微高于"985"院校常模。在"和任课教师一起做研究"题项上（见表 7-44、图 7-100），贵州大学四个年级得分均低于"985"院校常模，二、三年级得分明显低于"985"院校常模，而一、四年级得分则稍微低于"985"院校常模。

总体来看，在"学习表现及时得到任课老师反馈"和"课程外和老师一起做研究"两个题项上，贵州大学四年级表现优于"985"院校常模，其他年级则差于"985"院校常模。在"和任课老师讨论分数或作业""课外和任课老师讨论课堂或阅读中的问题""和任课老师讨论自己的职业计划"三个题项上，贵州大学除一年级表现不如"985"院校常模外,其他年级表现均比"985"院校常模要好。"辅导员／班主任讨论自己的职业计划"题项上,贵州大学四个年级表现均差于"985"院校常模。在"和任课老师一起参与课程以外的工作"题项上,贵州大学表现均要好于"985"院校常模。

表 7-44　贵州大学与"985"院校生师互动指标统计分析

题项	年级	贵州大学 Mean	"985"院校常模 Mean	T—value
学习表现得到任课老师及时的反馈（口头/书面）	一年级	53.24	59.34	-2.907**
	二年级	51.67	58.95	-4.731***
	三年级	51.35	58.50	-4.894***
	四年级	54.24	59.34	-2.907**
课外和任课老师讨论问题	一年级	27.14	29.97	-2.057*
	二年级	32.46	31.19	0.812
	三年级	38.62	34.22	2.679**
	四年级	42.92	41.75	0.657
和任课老师讨论自己的职业计划	一年级	22.60	26.39	-2.632**
	二年级	31.49	26.32	3.025**
	三年级	33.33	31.44	1.113
	四年级	44.71	42.67	1.045
和辅导员讨论自己的职业计划	一年级	21.15	29.95	-5.943***
	二年级	25.75	27.16	-0.869
	三年级	28.35	29.70	-0.799
	四年级	38.86	41.80	-1.462
和任课教师讨论人生观	一年级	22.70	21.90	0.548
	二年级	27.37	22.60	2.987**
	三年级	31.63	25.69	3.521***
	四年级	38.86	34.85	2.057*
和辅导员讨论人生观	一年级	19.80	26.52	-4.648***
	二年级	24.02	23.68	0.205
	三年级	27.22	26.00	0.732
	四年级	36.65	36.95	-0.149

续表

题项	年级	贵州大学 Mean	"985" 院校常模 Mean	T-value
和任课老师参与课程以外的工作	一年级	25.50	24.84	0.428
	二年级	28.46	24.69	2.177*
	三年级	31.97	24.22	4.480***
	四年级	36.49	34.42	1.087
在课程要求之外，和老师一起做研究	一年级	5.56	7.82	-1.826
	二年级	12.05	18.44	-3.432**
	三年级	17.47	27.07	-4.315***
	四年级	43.60	46.36	-0.806

注：* 为 p< .05，** 为 p< .01，*** 为 p< .001。

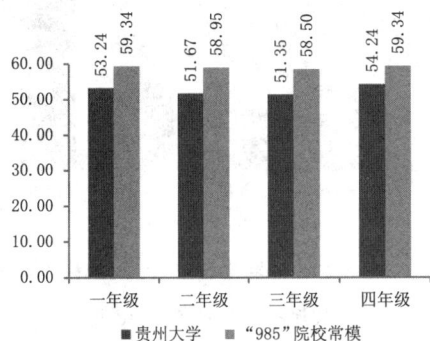

图 7-93　贵州大学与"985"院校常模"学习表现得到任课老师及时的反馈"的比较

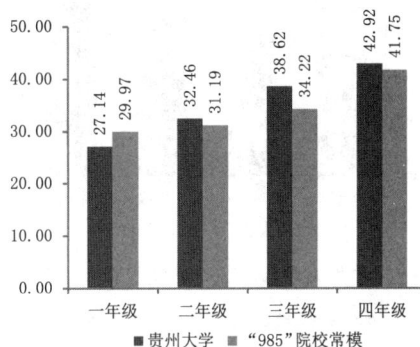

图 7-94　贵州大学与"985"院校常模"课外和任课老师讨论问题"的比较

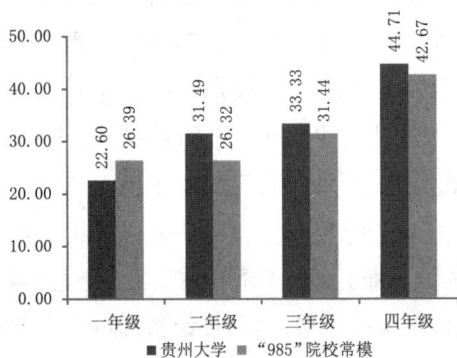

图 7-95　贵州大学与"985"院校常模"和任课老师讨论自己的职业计划"的比较

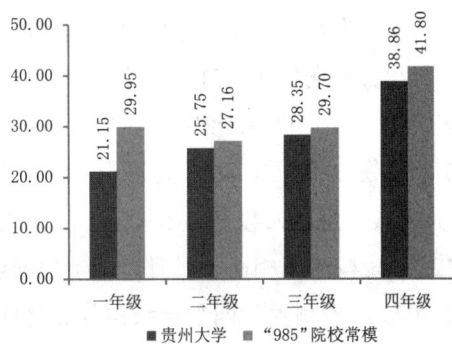

图 7-96　贵州大学与"985"院校常模"和辅导员讨论自己的职业计划"的比较

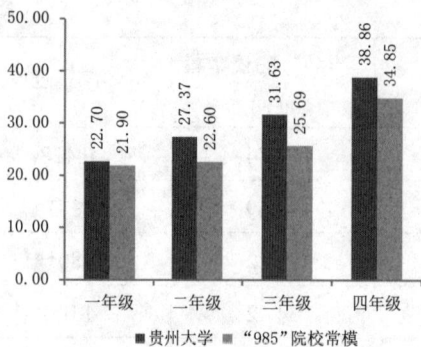

图 7-97 贵州大学与"985"院校常模"和任课教师讨论人生观"的比较

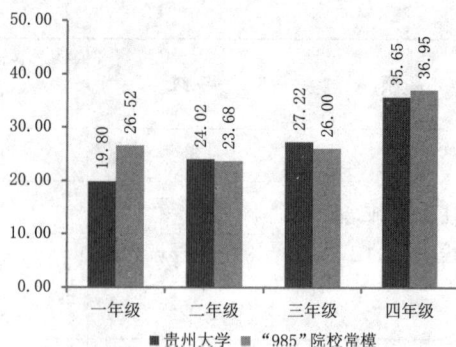

图 7-98 贵州大学与"985"院校常模"和辅导员讨论人生观"的比较

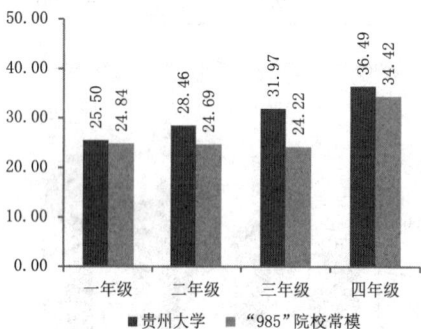

图 7-99 贵州大学与"985"院校常模"和任课老师参与课程以外的工作"的比较

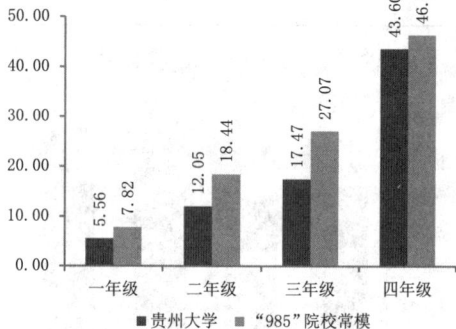

图 7-100 贵州大学与"985"院校常模"和任课教师一起做研究"的比较

与"211"院校常模相比,在"学习表现得到任课老师及时的反馈的频率"题项上（见表 7-45、图 7-101），贵州大学四个年级的得分均较低于"211"院校常模,基本分差约 5 分。在"课外和任课老师讨论问题的频率"题项上（见表 7-45、图 7-102），贵州大学一年级得分显著低于"211"院校常模；三年级得分均与"211"院校常模相当且稍高；二、四年级得分较"211"院校常模相当且稍低。"和任课教师讨论职业计划的频率"题项上（见表 7-45、图 7-103），贵州大学一、三、四年级得分均低于"211"院校常模,其中一年级与"211"院校常模相差 5 分,三、四年级与"211"院校常模相差甚微；二年级得分与"211"院校常模相比相当且稍高。"和辅导员讨论职业计划的频率"题项上（见表 7-45、图 7-104），贵州大学四个年级得分显著低于"211"院校常模。"和任课教师讨论人生观的频率"题项上（见表 7-45、图 7-105），贵州大学四个年级得分均与"211"院校常模相当,差距微小。"和辅导员讨论人生观的频率"题项上（见表 7-45、图 7-106），贵州大学一年级得分显著低于"211"院校常模；二、三、四年级得分与"211"院校常模相比也是较为明显地低于"211"院校常模。在"和任课教师参与课程外工作"题项上（见表 7-45、图 7-107），贵州大学一、二、三年级得分略低于"211"院校常模且与"211"院校常模很是接近；四年级得分则较低于"211"院校常模。在"和任课教师一起做研究"题项上（见表 7-45、图 7-108），贵州大学二、三年级的得分显著低于"211"院校常模，差距都在 5 分以上，而一、四年级得分则略低于于"211"院校常模。

　　总体来看，在"学习表现得到任课教师及时反馈""和辅导员讨论职业计划""和辅导员讨论人生观""和任课教师一起做研究"题项这四个题项上，贵州大学四个年级表现明显均不如"211"院校常模，其中低年级差距较大，高年级差距相对要小点。在"课外和任课老师讨论问题""和任课教师讨论职业计划""和任课教师参与课程外工作"这三个题项上，贵州大学除了一年级的得分与"211"院校常模相比较，差距有点大，其他三个年级的得分与"211"院校常模相比有高有低，但是差距不大。"和任课教师讨论人生观"题项上，贵州大学除一年级与"211"院校常模相比，四个年级均与"211"院校常模相差不大，且各自得分与"211"院校常模相比有高有低。

表 7-45　贵州大学与"211"院校生师互动指标统计分析

题项	年级	贵州大学 Mean	"211"院校常模 Mean	T－value
学习表现得到任课老师及时的反馈（口头/书面）	一年级	53.24	59.64	-4.409***
	二年级	51.67	56.79	-3.327**
	三年级	51.35	57.13	-3.956***
	四年级	54.24	59.72	-3.124**
课外和任课老师讨论问题	一年级	27.14	32.27	-3.729***
	二年级	32.46	34.40	-1.239
	三年级	38.62	37.30	0.802
	四年级	42.92	45.48	-1.439
和任课老师讨论自己的职业计划	一年级	22.60	27.72	-3.556***
	二年级	31.49	31.14	0.202
	三年级	33.33	36.46	-1.850
	四年级	44.71	48.01	-1.694

续表

题项	年级	贵州大学	"211"院校常模	
		Mean	Mean	T—value
和辅导员讨论自己的职业计划	一年级	21.15	29.50	-5.639***
	二年级	25.75	30.22	-2.754**
	三年级	28.35	35.40	-4.183***
	四年级	38.86	44.24	-2.675**
和任课教师讨论人生观	一年级	22.70	25.60	-1.990*
	二年级	27.37	27.31	0.039
	三年级	31.63	31.63	0.001
	四年级	38.86	39.81	-0.489
和辅导员讨论人生观	一年级	19.80	27.64	-5.423***
	二年级	24.02	27.34	-2.011*
	三年级	27.22	31.54	-2.582*
	四年级	36.65	40.58	-1.922
和任课老师参与课程以外的工作	一年级	25.50	27.86	-1.530
	二年级	28.46	29.83	-0.795
	三年级	31.97	31.79	0.104
	四年级	36.49	40.05	-1.874
在课程要求之外，和老师一起做研究	一年级	5.56	8.67	-2.511*
	二年级	12.05	20.15	-4.351***
	三年级	17.47	29.78	-5.533***
	四年级	43.60	46.19	-0.756

注：* 为 $p < .05$，** 为 $p < .01$，*** 为 $p < .001$。

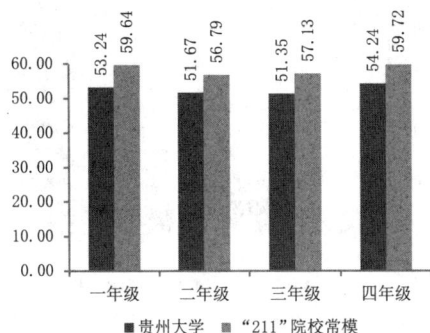

图 7-101　贵州大学与"211"院校常模"学习表现得到任课老师及时的反馈"的比较

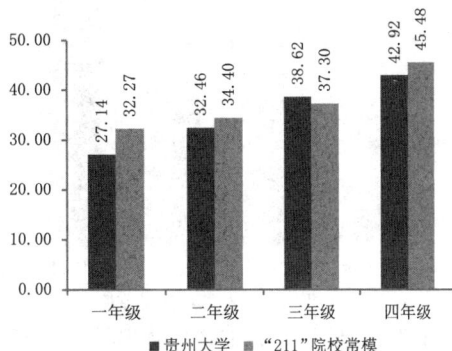

图 7-102　贵州大学与"211"院校常模"课外和任课老师讨论问题"的比较

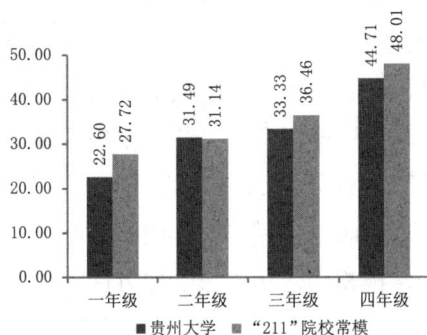

图 7-103　贵州大学与"211"院校常模"和任课老师讨论自己的职业计划"的比较

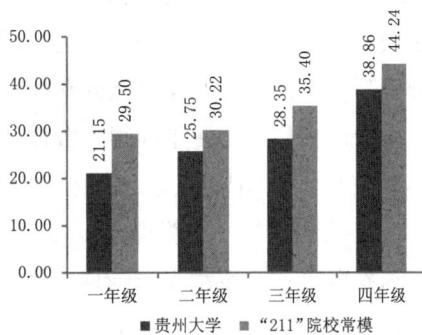

图 7-104　贵州大学与"211"院校常模"和辅导员讨论自己的职业计划"的比较

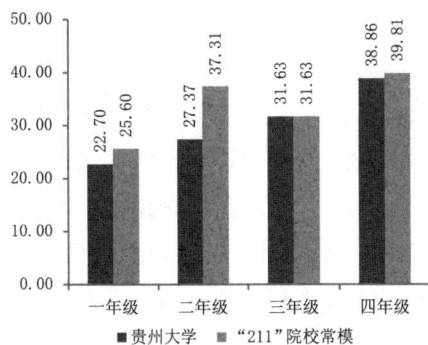

图 7-105　贵州大学与"211"院校常模"和任课教师讨论人生观"的比较

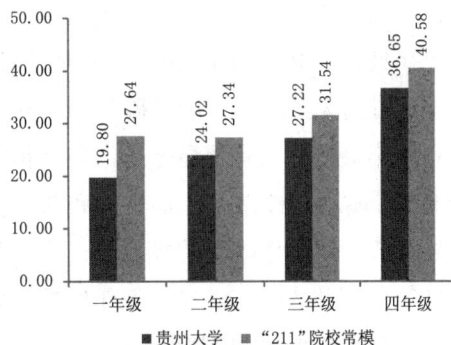

图 7-106　贵州大学与"211"院校常模"和辅导员讨论人生观"的比较

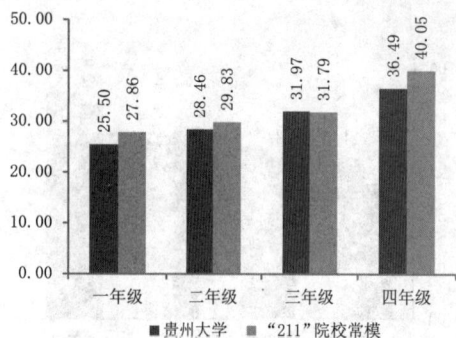

图7-107　贵州大学与"211"院校常模"和任课
老师参与课程以外的工作"的比较

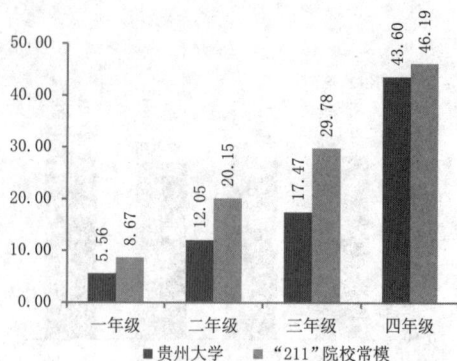

图7-108　贵州大学与"211"院校常模"和任课
教师一起做研究"的比较

与地方性本科院校常模相比，在"学习表现得到任课老师及时的反馈的频率"题项上（见表7-46、图7-109），贵州大学四个年级的得分均显著低于地方性本科院校常模，基本分差都在5分以上。在"课外和任课老师讨论问题的频率"题项上（见表7-46、图7-110），贵州大学一、四年级得分较低于地方性本科院校常模；二、三年级得分均与地方性本科院校常模相比稍高。"和任课教师讨论职业计划的频率"题项上（见表7-46、图7-111），贵州大学一年级得分显著低于地方性本科院校常模；二年级得分略高于地方性本科院校常模；三年级得分与地方性本科院校常模相比是稍微低于地方性本科院校常模；四年级得分较低于地方性本科院校常模。"和辅导员讨论职业计划的频率"题项上（见表7-46、图7-112）、"和辅导员讨论人生观的频率"题项上（见表7-46、图7-113），贵州大学一、四年级得分显著低于地方性本科院校常模；二、三年级得分与地方性本科院校常模相比略低于地方性本科院校常模，但是差距不大。在"和任课教师讨论人生观"题项上（见表7-46、图7-114）、"和任课教师参与课程外工作"题项上（见表7-46、图7-115），贵州大学二、三年级得分与地方性本科院校常模接近且均略高；一年级得分则略低；四年级得分则有明显差距，在"和任课教师讨论人生观"题项上四年级得分显著高于地方性本科院校常模；而在"和任课教师参与课程以外的工作"题项上，四年级得分则显著低于地方性本科院校常模。在"和任课教师一起做研究"题项上（见表7-46、图7-116），贵州大学一、二、三年级的得分较低于地方性本科院校常模，而四年级的得分明显高于地方性本科院校常模。

总体来看，生师互动题项上贵州大学一年级表现差于地方性本科院校常模。在"学习表现得到任课老师及时的反馈""课外和任课老师讨论问题""和任课教师讨论职业计划""和辅导员讨论职业计划""和辅导员讨论人生观""和任课教师参与课程外工作"这六个题项上，贵州大学四年级表现均明显不如地方性本科院校常模；二、三年级与地方性本科院校常模相比有差距，得分有高有低。在"和任课教师一起做研究"这个题项上，贵州大学一、二、三年级与地方性本科院校常模相比，得分较低，有一定的差距，四年级得分明显高于地方性本科院校常模。在"和任课老师讨论人生观"题项上，二、三、四年级得分均高于地方性本科院校常模，其中四年级得分显著高于地方性本科院校常模。

表 7-46　贵州大学与地方性本科院校生师互动指标统计分析

题项	年级	贵州大学 Mean	地方本科院校常模 Mean	T-value
学习表现得到任课老师及时的反馈（口头/书面）	一年级	53.24	57.84	-3.169**
	二年级	51.67	58.19	-4.237***
	三年级	51.35	56.83	-3.751***
	四年级	54.24	60.34	-3.478**
课外和任课老师讨论问题	一年级	27.14	30.74	-2.617**
	二年级	32.46	31.34	0.716
	三年级	38.62	35.68	1.789
	四年级	42.92	46.36	-1.933
和任课老师讨论自己的职业计划	一年级	22.60	27.34	-3.292**
	二年级	31.49	28.43	1.789
	三年级	33.33	34.75	-0.841
	四年级	44.71	48.33	-1.858
和辅导员讨论自己的职业计划	一年级	21.15	25.99	-3.268**
	二年级	25.75	26.44	-0.425
	三年级	28.35	31.52	-1.880
	四年级	38.86	45.23	-3.167**
和任课教师讨论人生观	一年级	22.70	23.78	-0.742
	二年级	27.37	24.88	1.560
	三年级	31.63	29.34	1.358
	四年级	38.86	42.52	-1.881
和辅导员讨论人生观	一年级	19.80	23.74	-2.725**
	二年级	24.02	24.43	-0.249
	三年级	27.22	28.45	-0.733
	四年级	36.65	42.51	-2.865**

续表

题项	年级	贵州大学 Mean	地方本科院校常模 Mean	T-value
和任课老师参与课程以外的工作	一年级	25.50	27.22	-1.115
	二年级	28.46	27.62	0.483
	三年级	31.97	29.32	1.532
	四年级	36.49	41.76	-2.773**
在课程要求之外，和老师一起做研究	一年级	5.56	8.88	-2.680**
	二年级	12.05	15.02	-1.595
	三年级	17.47	21.42	-1.777
	四年级	43.60	35.95	2.236*

注：* 为 $p < .05$，** 为 $p < .01$，*** 为 $p < .001$。

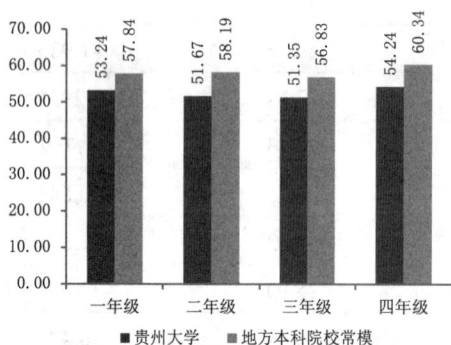

图 7-109　贵州大学与地方本科院校常模"学习表现得到任课老师及时的反馈"的比较

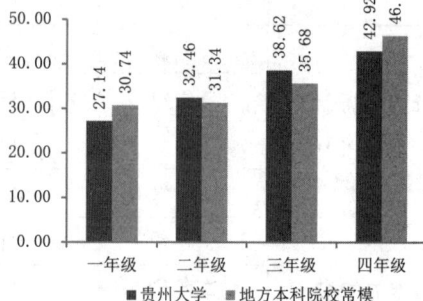

图 7-110　贵州大学与地方性本科院校常模"课外和任课老师讨论问题"的比较

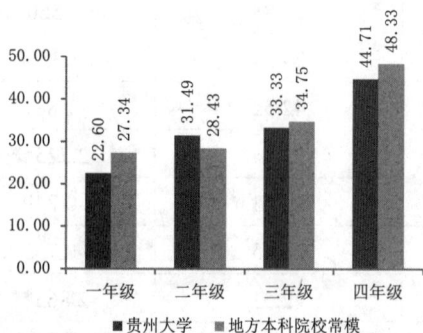

图 7-111　贵州大学与地方本科院校常模"和任课老师讨论自己的职业计划"的比较

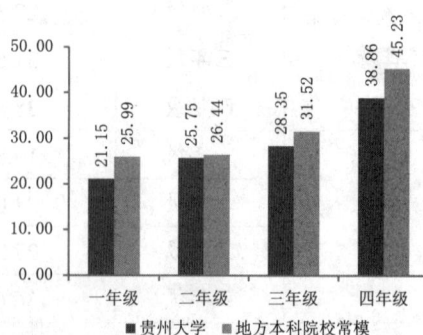

图 7-112　贵州大学与地方本科院校常模"和辅导员讨论自己的职业计划"的比较

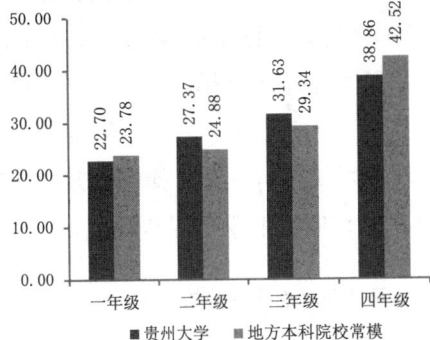

图 7-113　贵州大学与地方本科院校常模"和任
　　　　课教师讨论人生观"的比较

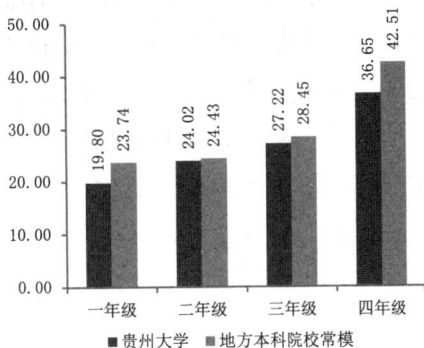

图 7-114　贵州大学与地方本科院校常模"和辅
　　　　导员讨论人生观"的比较

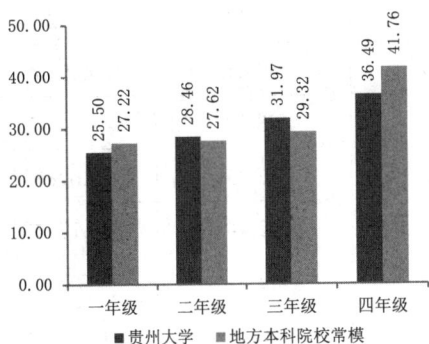

图 7-115　贵州大学与地方本科院校常模"和任
　　　　课老师参与课程以外的工作"的比较

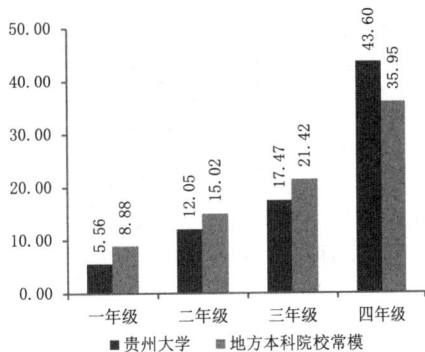

图 7-116　贵州大学与地方本科院校常模"和任
　　　　课教师一起做研究"的比较

(7) 学生相互交流观点常模比较分析

学生相互交流观点包含 6 个题项。

◆使用网络媒介讨论完成作业的频率。

◆与不同种族或民族的人交流的频率。

◆与不同经济背景的人交流的频率。

◆与不同宗教信仰的人交流的频率。

◆与不同地域来源的人交流的频率。

◆与不同背景学生接触的频率。

与全国院校常模相比,在"使用网络媒介讨论完成作业的频率"题项上(见表 7-47、图 7-117),贵州大学一至三年级均高于全国常模,贵州大学四年级得分接近全国常模。"与不同种族或民族的人交流的频率"题项上(见表 7-47、图 7-118),贵州大学一、二、三、四年级得分均低于全国常模。在"与不同经济背景的人交流的频率"题项上（见表 7-47、图 7-119），贵州大学一、二年级得分略低于全国常模；三年级得分接近全国常模；四年级得分与全国常模无明显差异。在"与不同宗教信仰的人交流的频率"题项上（见表 7-47、图 7-120），贵州大学四个年级的得分均是十分显著的高于全国常模。在"与不同地域来源的人交流的频率"题项上（见表 7-47、图 7-121），贵州大学一、二年级得分均高于全国常模，三、四年级得分低于全国常模。在"与不同院校背景学生接触的频率"题项上（见表 7-47、图 7-122），贵州大学的四个年级得分均明显低于全国常模。

表 7-47　贵州大学与全国院校学生相互交流观点统计分析

题项	年级	贵州大学 Mean	全国常模 Mean	T—value
频率-使用网络媒介讨论完成作业	一年级	50.04	56.12	-4.309***
	二年级	51.89	58.12	-4.342***
	三年级	55.29	59.01	-2.535*
	四年级	56.29	58.39	-1.207
交流频率-不同种族或民族的人	一年级	67.45	47.73	12.628***
	二年级	63.31	42.44	13.176***
	三年级	58.56	42.94	9.385***
	四年级	59.09	46.39	6.844***
交流频率-不同经济背景的人	一年级	65.11	60.52	3.252**
	二年级	61.46	58.31	2.120*
	三年级	57.99	57.71	0.184
	四年级	58.61	58.87	-0.151
交流频率-不同宗教信仰的人	一年级	35.67	36.24	-0.349
	二年级	36.91	34.97	1.156
	三年级	35.15	36.22	-0.631
	四年级	39.64	41.69	-1.026
交流频率-不同地域来源的人	一年级	71.94	69.11	1.983*
	二年级	67.22	66.95	0.17
	三年级	63.36	65.37	-1.273
	四年级	60.82	63.85	-1.567

续表

题项	年级	贵州大学 Mean	全国常模 Mean	T—value
院校强调-不同背景学生接触	一年级	61.02	62.78	-1.134
	二年级	58.53	60.2	-1.116
	三年级	55.94	59.35	-2.036*
	四年级	57.83	61.92	-2.075*

注：* 为 p< .05，** 为 p< .01，*** 为 p< .001。

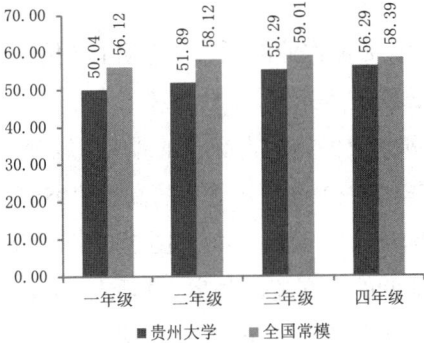

图 7-117　贵州大学与全国常模"频率 - 使用网络媒介讨论完成作业"的比较

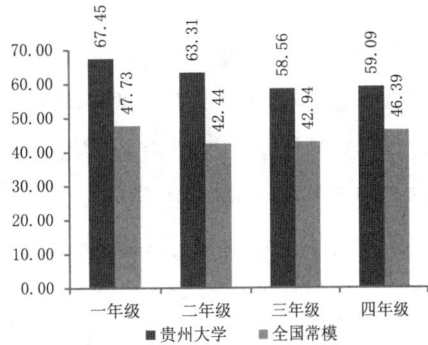

图 7-118　贵州大学与全国常模"交流频率 - 不同种族或民族的人"的比较

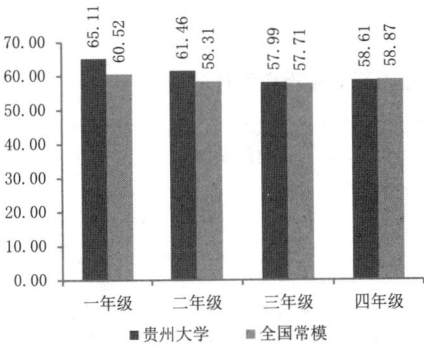

图 7-119　贵州大学与全国常模"交流频率 - 不同经济背景的人"的比较

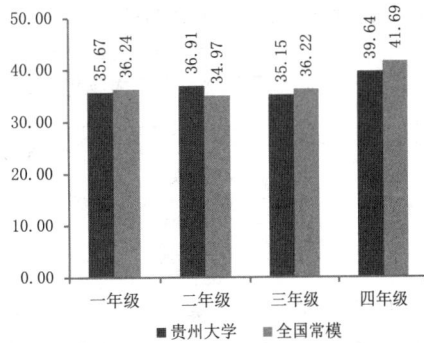

图 7-120　贵州大学与全国常模"交流频率 - 不同宗教信仰的人"的比较

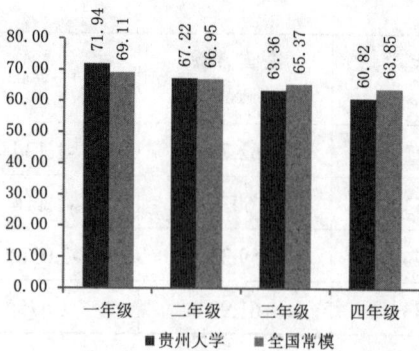

图 7-121　贵州大学与全国常模"交流频率－不同地域来源的人"的比较

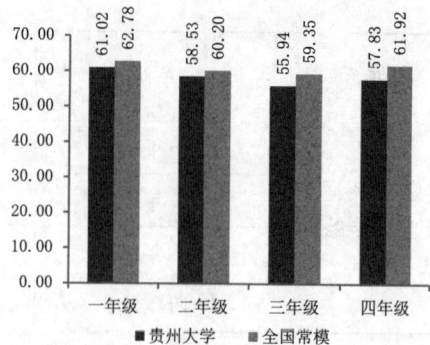

图 7-122　贵州大学与全国常模"院校强调－不同背景学生接触"的比较

与"985"院校常模相比,在"使用网络媒介讨论完成作业的频率"题项上(见表 7-48、图 7-123),贵州大学二、三、四年级的得分均低稍于"985"院校常模;一、二年级的得分较为明显的低于"985"院校常模。"与不同种族或民族的人交流的频率"题项上(见表 7-48、图 7-124),贵州大学一、二、三、四年级得分均十分显著的高于"985"院校常模。在"与不同经济背景的人交流的频率"题项上(见表 7-48、图 7-125),贵州大学的得分与全国常模相对持平。在"与不同宗教信仰的人交流的频率"题项上(见表 7-48、图 7-126),贵州大学四个年级的得分均是十分显著的高于"985"院校常模。在"与不同地域来源的人交流的频率"题项上(见表 7-48、图 7-127),贵州大学四个年级均是明显低于"985"院校常模,且各个年级与"985"院校常模相比都有一定的差距。在"与不同院校背景学生接触的频率"题项上(见表 7-48、图 7-128),贵州大学的四个年级得分均明显低于"985"院校常模。

表 7-48　贵州大学与"985"院校学生相互交流观点统计分析

题项	年级	贵州大学 Mean	"985"院校常模 Mean	T－value
频率-使用网络媒介讨论完成作业	一年级	50.04	58.2	-5.783***
	二年级	51.89	55.66	-2.629**
	三年级	55.29	57.18	-1.286
	四年级	56.29	57.87	-0.908

续表

题项	年级	贵州大学	"985" 院校常模	
		Mean	Mean	T—value
交流频率-不同种族或民族的人	一年级	67.45	50.62	10.778***
	二年级	63.31	44.99	11.565***
	三年级	58.56	44.91	8.202***
	四年级	59.09	44.34	7.950***
交流频率-不同经济背景的人	一年级	65.11	66.11	-0.705
	二年级	61.46	61.73	-0.181
	三年级	57.99	58.54	-0.354
	四年级	58.61	58.9	-0.169
交流频率-不同宗教信仰的人	一年级	35.67	37.49	-1.108
	二年级	36.91	33.6	1.974*
	三年级	35.15	33.74	0.834
	四年级	39.64	35.04	2.309*
交流频率-不同地域来源的人	一年级	71.94	78.97	-4.929***
	二年级	67.22	72.9	-3.596***
	三年级	63.36	71.02	-4.855***
	四年级	60.82	70.59	-5.058***
院校强调-不同背景学生接触	一年级	61.02	64.72	-2.385*
	二年级	58.53	60.13	-1.069
	三年级	55.94	60.77	-2.885**
	四年级	57.83	63.05	-2.648**

注: * 为 $p < .05$, ** 为 $p < .01$, *** 为 $p < .001$。

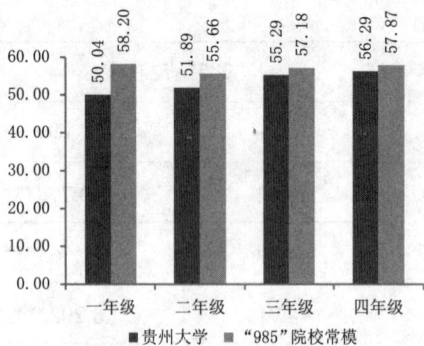

图 7-123　贵州大学与"985"院校常模"频率 - 使用网络媒介讨论完成作业"的比较

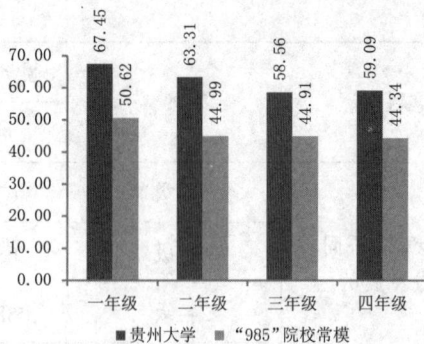

图 7-124　贵州大学与"985"院校常模"交流频率 - 不同种族或民族的人"的比较

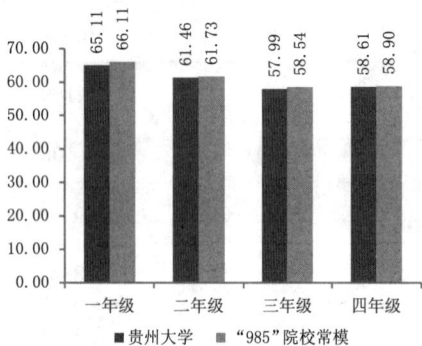

图 7-125　贵州大学与"985"院校常模"交流频率 - 不同经济背景的人"的比较

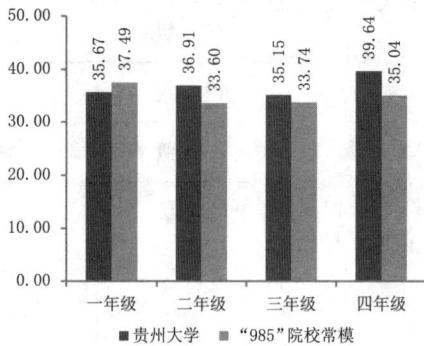

图 7-126　贵州大学与"985"院校常模"交流频率 - 不同宗教信仰的人"的比较

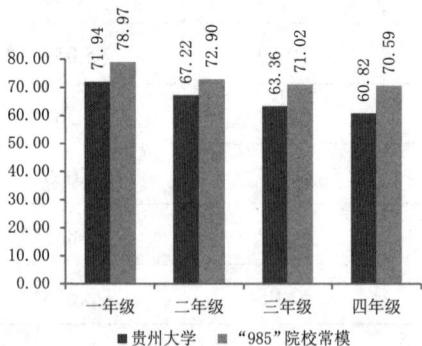

图 7-127　贵州大学与"985"院校常模"交流频率 - 不同地域来源的人"的比较

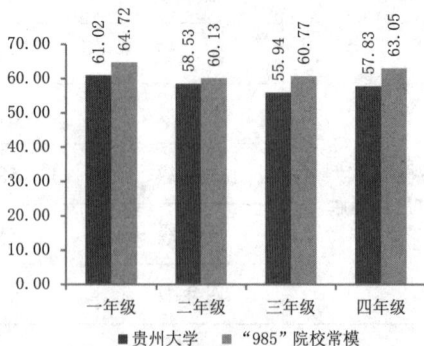

图 7-128　贵州大学与"985"院校常模"院校强调 - 不同背景学生接触"的比较

与"211"院校常模相比,在"使用网络媒介讨论完成作业的频率"题项上(见表 7-49、

图 7-129），贵州大学一、二、三年级的得分均略低于"211"院校常模；四年级与"211"院校常模得分二者不相上下。"与不同种族或民族的人交流的频率"题项上（见表 7-49、图 7-130），贵州大学四个年级得分均明显的高于"211"院校常模，平均每个年级比"211"院校常模约高 8 分。在"与不同经济背景的人交流的频率"题项上（见表 7-49、图 7-131），贵州大学一年级得分高于"211"常模，二年级得分与常模相差甚少，三、低年级得分略低于"211"常模。在"与不同宗教信仰的人交流的频率"题项上（见表 7-49、图 7-132），贵州大学四个年级的得分均低于"211"院校常模。在"与不同地域来源的人交流的频率"题项上（见表 7-49、图 7-133），贵州大学四个年级均是低于"211"院校常模，一年级得分与"211"院校常模差距不大；二、三四年级得分均低于"211"院校常模。在"与不同院校背景学生接触的频率"题项上（见表 7-49、图 7-134），贵州大学的四个年级得分均明显低于"211"院校常模。

表 7- 49　贵州大学与"211"院校学生相互交流观点统计分析

题项	年级	贵州大学 Mean	"211"院校常模 Mean	T—value
频率-使用网络媒介讨论完成作业	一年级	50.04	51.25	-0.856
	二年级	51.89	52.02	-0.093
	三年级	55.29	55.47	-0.119
	四年级	56.29	56.17	0.07
交流频率-不同种族或民族的人	一年级	67.45	52.86	9.343***
	二年级	63.31	51.66	7.354***
	三年级	58.56	50.25	4.994***
	四年级	59.09	50.15	4.818***
交流频率-不同经济背景的人	一年级	65.11	63.03	1.475
	二年级	61.46	61.54	-0.053
	三年级	57.99	60.32	-1.506
	四年级	58.61	60.3	-0.987
交流频率-不同宗教信仰的人	一年级	35.67	37.68	-1.223
	二年级	36.91	36.87	0.023
	三年级	35.15	37.63	-1.463
	四年级	39.64	40.03	-0.194

续表

题项	年级	贵州大学 Mean	"211"院校常模 Mean	T—value
交流频率-不同地域来源的人	一年级	71.94	72.11	-0.12
	二年级	67.22	68.6	-0.874
	三年级	63.36	67.73	-2.769**
	四年级	60.82	67.23	-3.318**
院校强调-不同背景学生接触	一年级	61.02	62.04	-0.656
	二年级	58.53	58.15	0.256
	三年级	55.94	59.38	-2.054*
	四年级	57.83	61.24	-1.73

注：* 为 $p < .05$，** 为 $p < .01$，*** 为 $p < .001$。

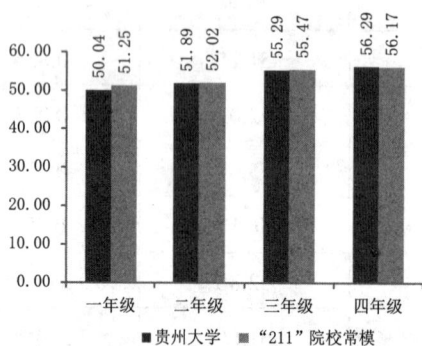

图 7-129　贵州大学与"211"院校常模"频率 - 使用网络媒介完成作业"的比较

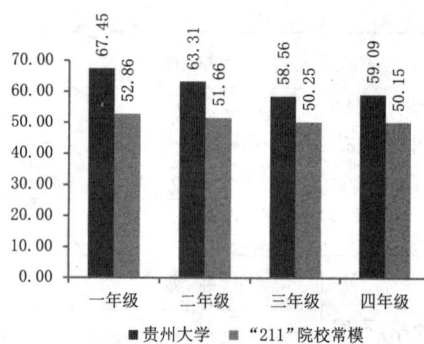

图 7-130　贵州大学与"211"院校常模"交流频率 - 不同种族或民族的人"的比较

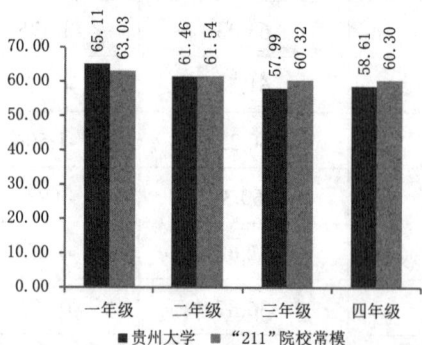

图 7-131　贵州大学与"211"院校常模"交流频率 - 不同经济背景的人"的比较

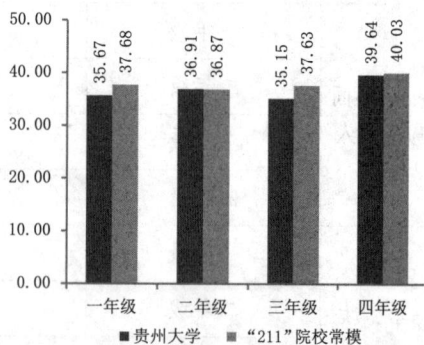

图 7-132　贵州大学与"211"院校常模"交流频率 - 不同宗教信仰的人"的比较

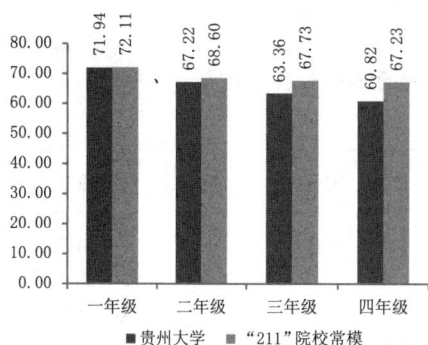

图 7-133　贵州大学与"211"院校常模"交流频率 - 不同地域来源的人"的比较

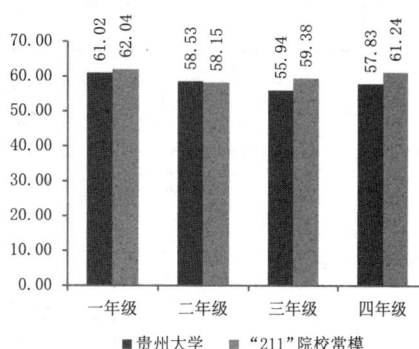

图 7-134　贵州大学与"211"院校常模"院校强调 - 不同背景学生接触"的比较

与地方本科院校常模相比，在"使用网络媒介讨论完成作业的频率"题项上（见表 7-50、图 7-135），贵州大学四个年级的得分与地方本科院校常模相差不大，一年级略低于地方本科院校常模，三、四年级略高于地方本科院校常模。"与不同种族或民族的人交流的频率"题项上（见表 7-50、图 7-136），贵州大学一、二、三、四年级得分均十分显著的高于地方本科院校常模，均高于约 30 分。在"与不同经济背景的人交流的频率"题项上（见表 7-50、图 7-137），贵州大学四个年级均高于地方本科院校常模。在"与不同宗教信仰的人交流的频率"题项上（见表 7-50、图 7-138），贵州大学四个年级得分均十分显著的高于地方本科院校常模。在"与不同地域来源的人交流的频率"题项上（见表 7-50、图 7-139），贵州大学四个年级与地方本科院校常模相比相差不大，一、二年级得分较高于地方本科院校常模，三、四年级较低于地方本科院校常模。在"与不同院校背景学生接触的频率"题项上（见表 7-50、图 7-140），贵州大学的四个年级得分均稍高于地方本科院校常模。

表 7-50　贵州大学与地方性本科院校学生相互交流观点统计分析

题项	年级	贵州大学 Mean	地方本科院校常模 Mean	T－value
频率-使用网络媒介讨论完成作业	一年级	50.04	51.52	-1.048
	二年级	51.89	52.17	-0.198
	三年级	55.29	54.98	0.215
	四年级	56.29	55.51	0.45

续表

题项	年级	贵州大学 Mean	地方本科院校常模 Mean	T—value
交流频率-不同种族或民族的人	一年级	67.45	40.71	17.123***
	二年级	63.31	38.59	15.607***
	三年级	58.56	37.59	12.599***
	四年级	59.09	43.2	8.564***
交流频率-不同经济背景的人	一年级	65.11	60.06	3.578***
	二年级	61.46	57.11	2.928**
	三年级	57.99	56.28	1.109
	四年级	58.61	57.31	0.76
交流频率-不同宗教信仰的人	一年级	35.67	32.48	1.935
	二年级	36.91	31.32	3.334**
	三年级	35.15	31.56	2.121*
	四年级	39.64	37.97	0.839
交流频率-不同地域来源的人	一年级	71.94	69.78	1.513
	二年级	67.22	66.6	0.392
	三年级	63.36	64.84	-0.937
	四年级	60.82	63.3	-1.283
院校强调-不同背景学生接触	一年级	61.02	59.33	1.091
	二年级	58.53	55.29	2.169*
	三年级	55.94	54.3	0.983
	四年级	57.83	59.04	-0.615

注：* 为 $p < .05$，** 为 $p < .01$，*** 为 $p < .001$。

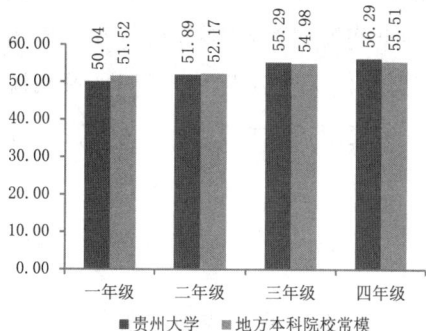

图 7-135　贵州大学与地方本科院校常模"频率 -
　　　使用网络媒介讨论完成作业"的比较

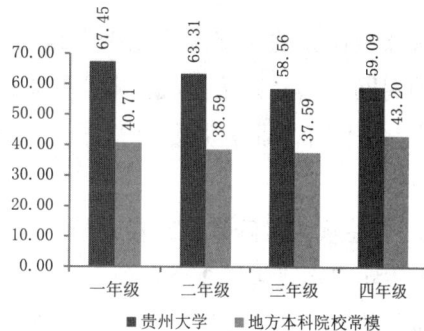

图 7-136　贵州大学与地方本科院校常模"交流
　　　频率 - 不同种族或民族的人"的比较

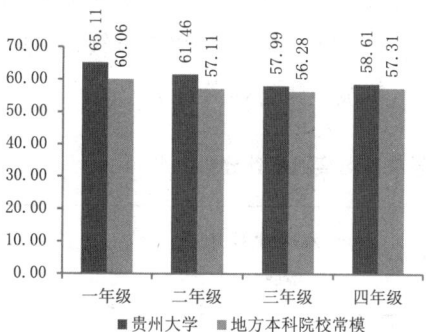

图 7-137　贵州大学与地方本科院校常模"交流
　　　频率 - 不同经济背景的人"的比较

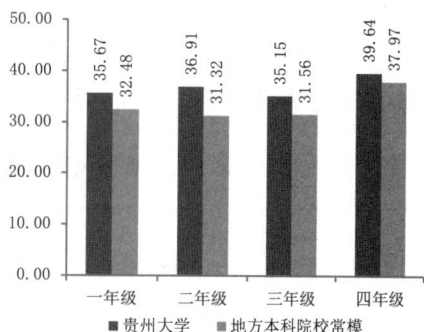

图 7-138　贵州大学与地方本科院校常模"交流
　　　频率 - 不同宗教信仰的人"的比较

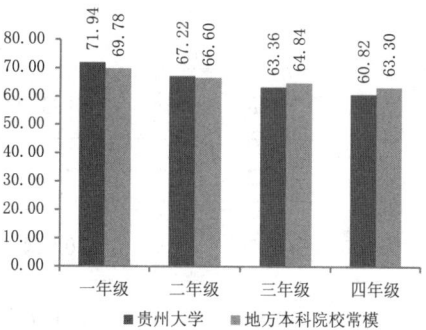

图 7-139　贵州大学与地方本科院校常模"交流
　　　频率 - 不同地域来源的人"的比较

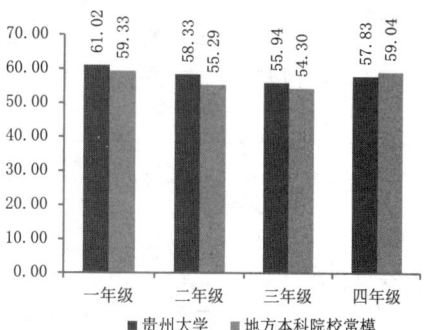

图 7-140　贵州大学与地方本科院校常模"院校
　　　强调 - 不同背景学生接触"的比较

　　总体上看，在"使用网络媒介讨论完成作业的频率""与不同经济背景的人交流的频率""与不同地域来源的人交流的频率""与不同背景学生接触的频率"这四个题项上，贵州大学的四个年级的得分与全国常模、"985"院校常模、"211"院校常模及地方性本科院校常模相差不大，有的得分甚至高出约30分，如贵州大学四个年级"与不同种族或民族的人交流的频率"题项相比。由此可知各数据图分析得知，贵州大学在"使用网络媒介讨论完成作业""与不同经济背景的人交流""与不同地域来源的人交流""与不同背景学生接触"方面有所欠缺，学校应该对此方面引起重视，并需不断加以改善。

（8）学生实习实践常模比较分析

学生实习实践包括2个题项。

◆学生已经做了或打算在毕业之前做的——实习、社会实践或田野调查。

◆学生已经做了或打算在毕业之前做的——参加学习社团。

与全国院校常模相比，在"实习、社会实践或田野调查"题项上（见表7-51、图7-141），贵州大学一、四年级得分显著高于全国院校常模水平，二、三年级则得分基本相当，互有高低。在"参加学习社团"上（见表7-51、图7-142），贵州大学低年级得分略高于全国院校常模，高年级得分低于全国院校常模且三年级差距有显著性。

表7-51　贵州大学与全国院校学生实习实践统计分析

题项	年级	贵州大学 Mean	地方本科院校常模 Mean	T—value
实习、社会实践或 田野调查	一年级	45.03	36.22	3.270**
	二年级	54.40	55.45	-0.37
	三年级	64.73	61.71	1.077
	四年级	82.94	72.08	4.183***
参加学习社团	一年级	47.37	46.72	0.24
	二年级	47.23	47.02	0.074
	三年级	39.73	49.59	-3.439**
	四年级	48.82	50.68	-0.541

注：* 为 $p < .05$，** 为 $p < .01$，*** 为 $p < .001$。

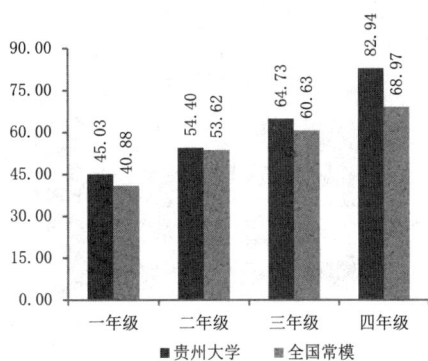

图 7-141 贵州大学与全国常模"实习、社会实践或田野调查"的比较

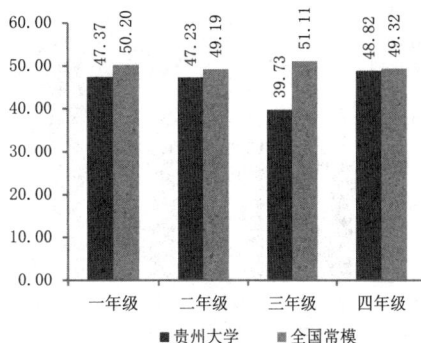

图 7-142 贵州大学与全国常模"参加学习社团"的比较

与"985"院校常模相比，在"实习、社会实践或田野调查"题项上（见表 7-52、图 7-143），贵州大学一、二、四年得分明显高于"985"院校常模；三年级得分均与"985"院校常模不相上下，略微低于"985"院校常模。在"参加学习社团"题项上（见表 7-52、图 7-144），贵州大学除一年级之外得分均显著低于"985"院校常模水平。

表 7-52 贵州大学与"985"院校学生实习实践统计分析

题项	年级	贵州大学 Mean	"985"院校常模 Mean	T—value
实习、社会实践或田野调查	一年级	45.03	35.17	3.659***
	二年级	54.40	45.28	3.202**
	三年级	64.73	68.34	-1.29
	四年级	82.94	81.76	0.454
参加学习社团	一年级	47.37	49.25	-0.696
	二年级	47.23	54.01	-2.375*
	三年级	39.73	52.94	-4.607***
	四年级	48.82	58.13	-2.700**

注：* 为 p<.05，** 为 p<.01，*** 为 p<.001。

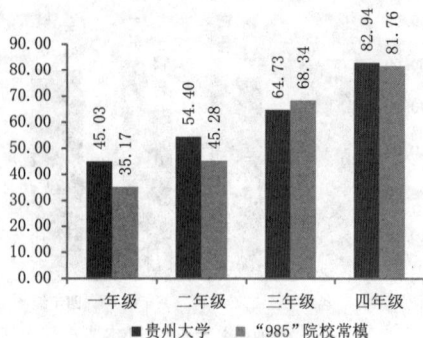

图 7-143 贵州大学与"985"院校常模"实习、社会实践或田野调查"的比较

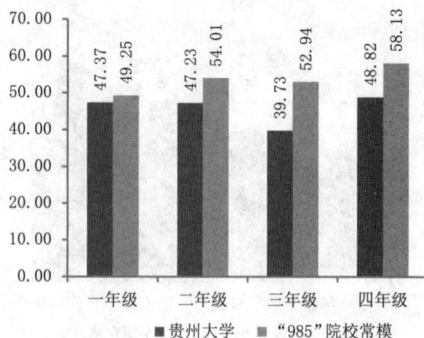

图 7-144 贵州大学与"985"院校常模"参加学习社团"的比较

与"211"院校常模相比，在"实习、社会实践或田野调查"题项上（见表 7-53、图 7-145），贵州大学四个年级得分均高于"211"院校常模且一、四年级优势有显著性。在"参加学习社团"题项上（见表 7-53、图 7-146），贵州大学低年级得分略高于"211"院校常模，高年级得分明显低于"211"院校常模水平。

表 7-53　贵州大学与"211"院校学生实习实践统计分析

题项	年级	贵州大学 Mean	"211"院校常模 Mean	T−value
实习、社会实践或田野调查	一年级	45.03	32.2	4.762***
	二年级	54.40	49.57	1.695
	三年级	64.73	62.3	0.866
	四年级	82.94	76.72	2.396*
参加学习社团	一年级	47.37	44.42	1.09
	二年级	47.23	45.06	0.761
	三年级	39.73	49.94	-3.561***
	四年级	48.82	55.93	-2.063*

注：* 为 $p < .05$，** 为 $p < .01$，*** 为 $p < .001$。

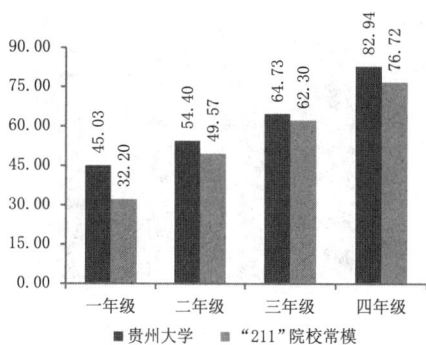

图 7-145　贵州大学与"211"院校常模"实习、社　　图 7-146　贵州大学与"211"院校常模"参加学
　　　　　 会实践或田野调查"的比较　　　　　　　　　　　　　习社团"的比较

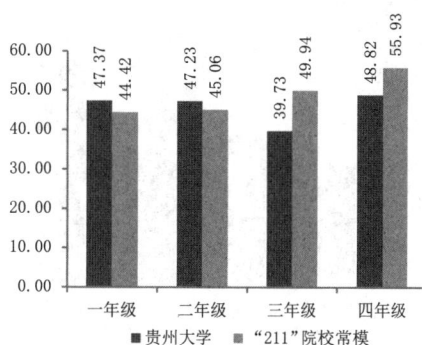

与地方性本科院校常模相比，在"实习、社会实践或田野调查"题项上（见表 7-54、图 7-147），贵州大学二年级得分与地方性本科院校常模接近，但也明显高于地方性本科院校常模；一、二、四年级得分均显著高于地方性本科院校常模。在"参加学习社团"题项上（见表 7-54、图 7-148），贵州大学一、二年级得分与地方性本科院校常模相当，略高于地方性本科院校常模；三、四年级得分明显低于地方性本科院校常模。

表 7-54　贵州大学与地方性本科院校学生实习实践统计分析

题项	年级	贵州大学 Mean	地方本科院校常模 Mean	T−value
实习、社会实践或田野调查	一年级	45.03	36.22	3.270**
	二年级	54.40	55.45	-0.37
	三年级	64.73	61.71	1.077
	四年级	82.94	72.08	4.183***
参加学习社团	一年级	47.37	46.72	0.24
	二年级	47.23	47.02	0.074
	三年级	39.73	49.59	-3.439**
	四年级	48.82	50.68	-0.541

注：* 为 $p < .05$，** 为 $p < .01$，*** 为 $p < .001$。

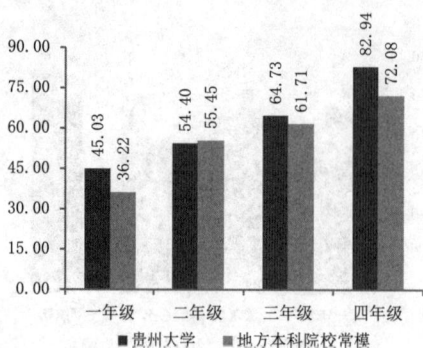

图 7-147 贵州大学与地方本科院校常模"实习、社会实践或田野调查"的比较

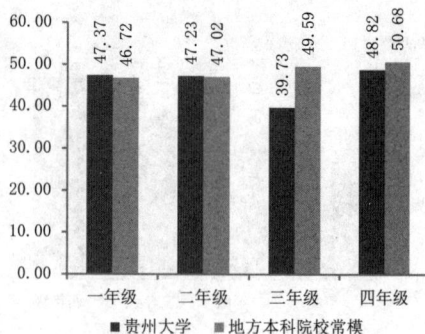

图 7-148 贵州大学与地方本科院校常模"参加学习社团"的比较

总体上看，在"实习、社会实践或田野调查"和"参加学习社团"这两个题项上，贵州大学的表现均与全国常模和地方性本科院校常模相比有明显的优势。与"985"院校常模和"211"院校常模比较，贵州大学四个年级在"实习、社会实践或田野调查"题项上表现较好，优于"985"院校常模和"211"院校常模；在"参加学习社团"题项上，贵州大学四个年级的总体表现与"985"院校常模和"211"院校常模有一定的差距，此外，在随着年级的提高在高年级与"985"院校常模和"211"院校常模相比差距甚大。

(9) 学生课外学习和课外活动常模比较分析

学生课外学习和课外活动包含 4 个题项。

◆课程要求以外的语言学习。

◆海外学习。

◆参加各类竞赛。

◆一周参加课外活动。

与全国院校常模相比，在"课程要求以外的语言学习"题项上（见表 7-55、图 7-149），贵州大学四个年级得分与全国常模相比较均较明显的低于全国常模。在"海外学习"题项上（见表 7-55、图 7-150），贵州大学二年级得分稍高于全国常模；一、三年级得分与全国常模相近，均稍低于全国常模；四年级得分明显低于全国常模。在"参加各类竞赛"题项上（见表 7-55、图 7-151），贵州大学四个年级得分与全国常模存在显著的差距。在"参加课外活动"题项上（见表 7-55、图 7-152），贵州大学四个年级得分均略低于全国常模，二、三年级得分与全国常模的差距不是很明显。

表 7-55　贵州大学与全国院校学生课外学习和课外活动统计分析

题项	年级	贵州大学 Mean	全国常模 Mean	T—value
课程要求外的语言学习	一年级	9.32	12.73	-2.062*
	二年级	14.29	16.30	-0.977
	三年级	16.15	22.43	-2.745**
	四年级	20.16	22.11	-0.754
海外学习	一年级	2.25	2.87	-0.735
	二年级	4.32	3.98	0.289
	三年级	3.85	4.66	-0.681
	四年级	4.94	7.36	-1.739
参加各类竞赛	一年级	2.25	13.87	-13.79***
	二年级	4.32	19.83	-13.22***
	三年级	3.85	22.09	-15.268***
	四年级	4.94	21.85	-12.14***
周均实践-参加课外活动	一年级	7.69	8.97	-3.310**
	二年级	8.28	8.66	-0.972
	三年级	7.39	8.02	-1.635
	四年级	8.83	9.83	-2.105*

注：* 为 p<.05，** 为 p<.01，*** 为 p<.001。

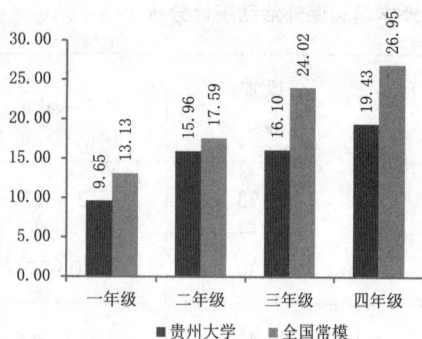

图 7-149　贵州大学与全国常模"课程要求外的语言学习"的比较

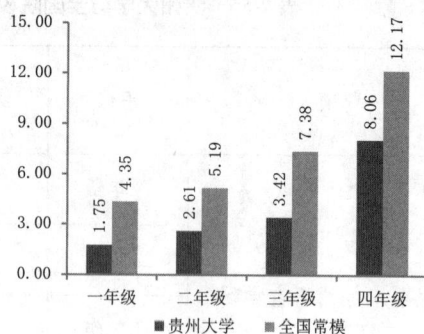

图 7-150 贵州大学与全国常模"海外学习（短期或长期）"的比较

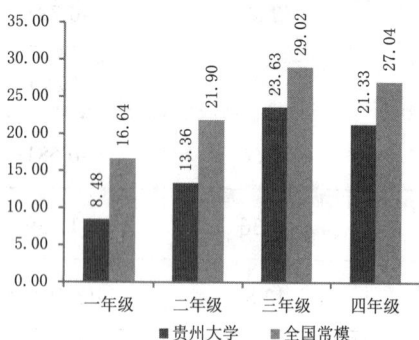

图 7-151　贵州大学与全国常模"参加各类竞赛"的比较

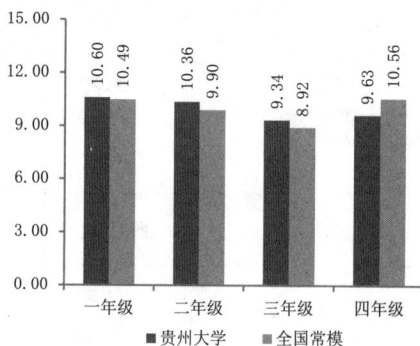

图 7-152　贵州大学与全国常模"周均实践-参加课外活动"的比较

　　与"985"院校常模相比，在"课程要求以外的语言学习"题项上（见表7-56、图7-153），贵州大学四个年级得分均显著低于"985"院校常模。在"海外学习"题项上（见表7-56、图7-154），贵州大学高年级得分显著低于"985"院校常模，低年级得分略低于与"985"院校常模。在"参加各类竞赛"题项上（见表7-56、图7-155），贵州大学四个年级得分均十分显著低于"985"院校常模。在"参加课外活动"题项上（见表7-56、图7-156），贵州大学四个年级得分均接近于"985"院校常模，且四个年级得分略低于"985"院校常模，差距不明显。

表 7-56　贵州大学与"985"院校学生课外学习和课外活动统计分析

题项	年级	贵州大学 Mean	"985"院校常模 Mean	T—value
课程要求外的语言学习	一年级	9.32	15.84	-3.945***
	二年级	14.29	25.35	-5.477***
	三年级	16.15	29.52	-5.845***
	四年级	20.16	29.80	-3.736***
海外学习	一年级	2.25	3.43	-1.400
	二年级	4.32	5.40	-0.921
	三年级	3.85	7.18	-2.790*
	四年级	4.94	9.52	-3.290**
参加各类竞赛	一年级	2.25	14.85	-3.080**
	二年级	4.32	24.08	-2.274*
	三年级	3.85	30.83	-6.651**
	四年级	4.94	24.99	-1.362
周均实践-参加课外活动	一年级	7.69	8.47	-2.013*
	二年级	8.28	8.58	-0.766
	三年级	7.39	7.74	-0.911
	四年级	8.83	9.21	-0.799

注：* 为 $p < .05$，** 为 $p < .01$，*** 为 $p < .001$。

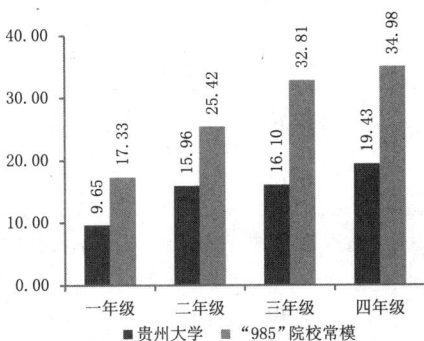

图 7-153　贵州大学与"985"院校常模"课程要求外的语言学习"的比较

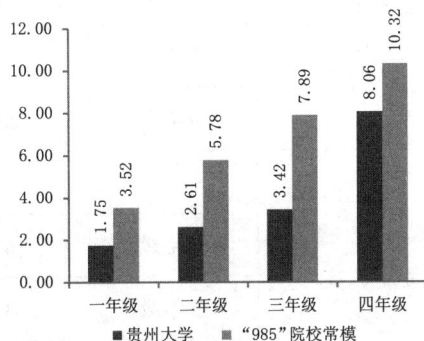

图 7-154　贵州大学与"985"院校常模"海外学习（短期或长期）"的比较

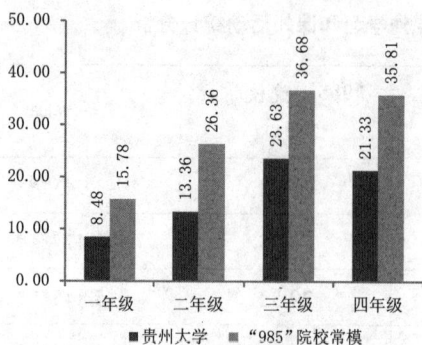

图 7-155　贵州大学与"985"院校常模"参加各
类竞赛"的比较

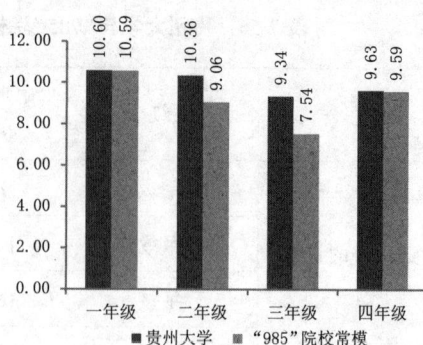

图 7-156　贵州大学与"985"院校常模"周均实
践 - 参加课外活动"的比较

　　与"211"院校常模相比,在"课程要求以外的语言学习"题项上(见表 7-57、图 7-157),贵州大学二、四年级得分与"211"院校常模差距不大;一、三年级得分显著低于"211"院校常模。在"海外学习"题项上(见表 7-57、图 7-158),贵州大学四年级得分显著低于"211"院校常模,其他年级得分基本相当。在"参加各类竞赛"题项上(见表 7-57、图 7-159),贵州大学四个年级得分均十分显著低于"211"院校常模。在"参加课外活动"题项上(见表 7-57、图 7-160),贵州大学四个年级的得分均稍微低于"211"院校常模,差距不明显。

表 7-57　贵州大学与"211"院校学生课外学习和课外活动统计分析

题项	年级	贵州大学 Mean	"211"院校常模 Mean	T-value
课程要求外的语言 学习	一年级	9.32	12.92	-2.177*
	二年级	14.29	16.17	-0.933
	三年级	16.15	22.08	-2.591*
	四年级	20.16	22.67	-0.971
海外学习	一年级	2.25	3.18	-1.103
	二年级	4.32	4.22	0.084
	三年级	3.85	5.40	-1.300
	四年级	4.94	8.26	-2.385*

续表

题项	年级	贵州大学 Mean	"211" 院校常模 Mean	T-value
参加各类竞赛	一年级	2.25	13.72	-2.429*
	二年级	4.32	22.05	-1.376
	三年级	3.85	25.27	-4.195***
	四年级	4.94	27.08	-2.155*
周均实践-参加课外活动	一年级	7.69	8.70	-2.610*
	二年级	8.28	8.58	-0.766
	三年级	7.39	7.89	-1.299
	四年级	8.83	9.09	-0.546

注：* 为 $p < .05$，** 为 $p < .01$，*** 为 $p < .001$。

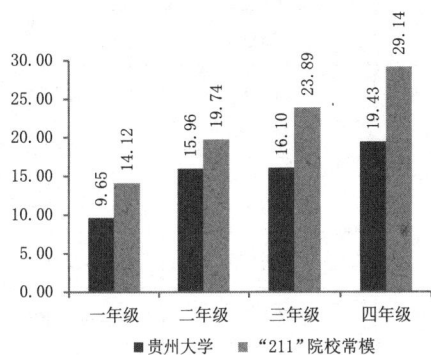

图 7-157　贵州大学与"211"院校常模"课程要求外的语言学习"的比较

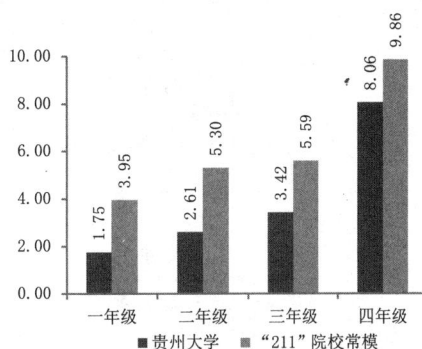

图 7-158　贵州大学与"211"院校常模"海外学习（短期或长期）"的比较

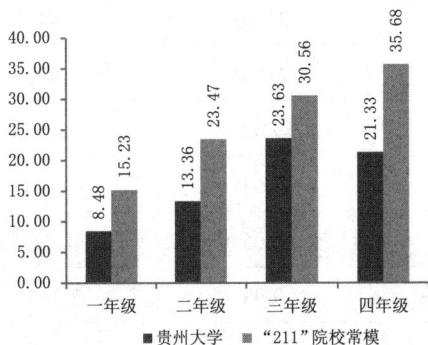

图 7-159　贵州大学与"211"院校常模"参加各类竞赛"的比较

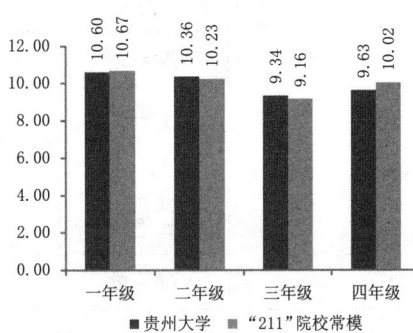

图 7-160　贵州大学与"211"院校常模"周均实践 - 参加课外活动"的比较

　　与地方性本科院校常模相比，在"课程要求以外的语言学习"题项上（见表 7-58、图 7-161），贵州大学一、二、四年级得分与地方性本科院校常模无太大差别，稍微低于地方性本科院校常模；三年级得分则显著低于地方性本科院校常模。在"海外学习"题项上（见表 7-58、图 7-162），贵州大学一、三年级得分稍微低于地方性本科院校常模；二年级得分则略微高于地方性本科院校常模；四年级得分则显著低于地方性本科院校常模。在"参加各类竞赛"题项上（见表 7-58、图 7-163），贵州大学四个年级得分均显著低于地方性本科院校常模。在"参加课外活动"题项上（见表 7-58、图 7-164），贵州大学一、二、三、四年级得分均略低于地方性本科院校常模。

表 7-58　贵州大学与地方性本科院校学生课外学习和课外活动统计分析

题项	年级	贵州大学 Mean	地方本科院校常模 Mean	T—value
课程要求外的语言学习	一年级	9.32	12.58	-1.971
	二年级	14.29	15.88	-0.789
	三年级	16.15	22.03	-2.570*
	四年级	20.16	21.61	-0.560
海外学习	一年级	2.25	2.82	-0.676
	二年级	4.32	3.89	0.365
	三年级	3.85	4.44	-0.497
	四年级	4.94	7.15	-1.588
参加各类竞赛	一年级	2.25	13.85	-2.507
	二年级	4.32	19.42	-0.214
	三年级	3.85	21.30	-2.442*
	四年级	4.94	21.20	0.076
周均实践-参加课外活动	一年级	7.69	9.02	0.31**
	二年级	8.28	8.67	-0.997
	三年级	7.39	8.05	-1.713
	四年级	8.83	9.93	-2.315*

注：* 为 $p < .05$，** 为 $p < .01$，*** 为 $p < .001$。

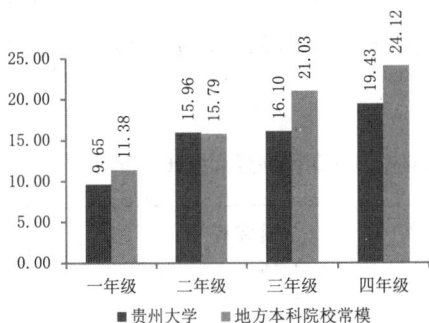

图 7-161　贵州大学与地方本科院校常模"课程
要求以外的语言学习"的比较

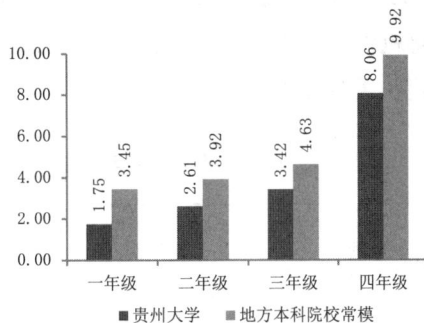

图 7-162　贵州大学与地方本科院校常模"海外
学习（短期或长期）"的比较

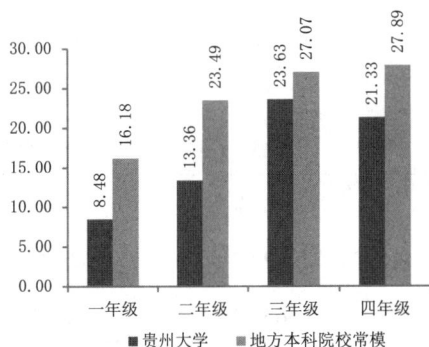

图 7-163　贵州大学与地方本科院校常模"参加
各类竞赛"的比较

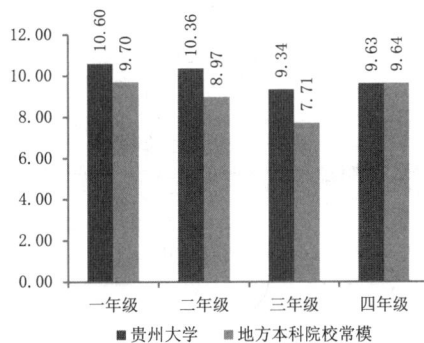

图 7-164　贵州大学与地方本科院校常模"周均
实践 - 参加课外活动"的比较

从总体上来看，在"课程要求以外的语言学习""海外学习""参加各类竞赛"和"参加课外活动"四个题项上，贵州大学各年级得分与全国常模、"985"院校常模、"211"院校常模和地方性本科院校常模相比，贵州大学的表现都相对较差，均处于劣势；特别是在参加各类竞赛方面，贵州大学各个年级得分与全国常模、"985"院校常模、"211"院校常模和地方性本科院校常模相比，差距非常大。

（10）学生报考证书及使用网络媒介常模比较分析

学生报考证书及使用网络媒介包含 3 个题项。

◆报考专业资格证书 / 技能等级证书。

◆辅修第二学位 / 专业。

◆就读的大学是否强调在学业中使用计算机。

与全国院校常模相比，在"报考专业 / 等级证书"题项上（见表 7-59、图 7-165），贵州大学一年级得分显著高于全国常模；二、三年级得分与全国常模无太大差别且稍微高于全国常模；四年级得分高于全国常模。在"辅修第二学位 / 专业"题项上（见表 7-59、

图 7-166），贵州大学一、二、三、四年级得分均十分显著低于全国常模。在"学业中使
用计算机"题项上（见表 7-59、图 7-167），贵州大学四个年级得分均显著低于全国常模，
且差距在 3 分以上。

表 7-59　贵州大学与全国院校学生报考证书及使用网络媒介统计分析

题项	年级	贵州大学 Mean	全国常模 Mean	T-value
报考专业/等级证书	一年级	25.15	21.64	1.492
	二年级	37.46	41.66	-1.518
	三年级	45.55	52.23	-2.289*
	四年级	51.18	44.32	1.990*
辅修第二学位/专业	一年级	4.68	5.2	-0.456
	二年级	3.58	7.56	-3.743***
	三年级	5.82	9.44	-2.636**
	四年级	8.06	12.97	-2.616*
院校强调-学业中使用计算机	一年级	63.36	65.73	-1.648
	二年级	63.85	66.57	-1.873
	三年级	64.39	67.82	-2.136*
	四年级	66.68	67.75	-0.613

注：* 为 $p < .05$，** 为 $p < .01$，*** 为 $p < .001$。

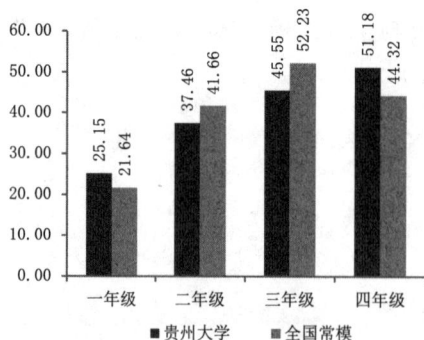

图 7-165　贵州大学与全国常模"报考专业/等级证书"的比较

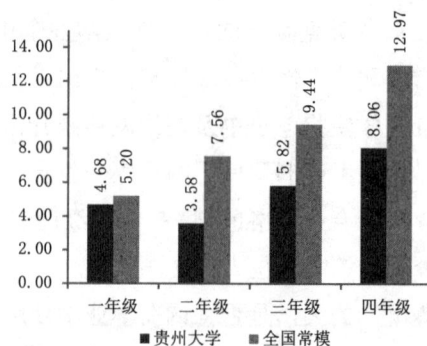

图 7-166　贵州大学与全国常模"辅修第二学位/专业"的比较

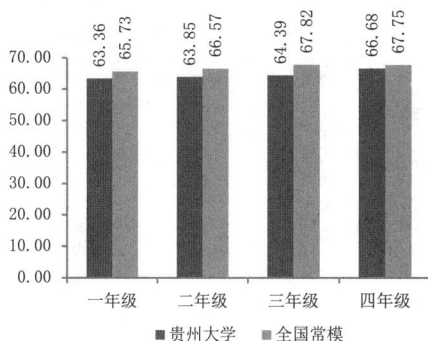

图 7-167　贵州大学与全国常模"院校强调 - 学
业中使用计算机"的比较

与"985"院校常模相比，在"报考专业 / 等级证书"题项上（见表 7-60、图 7-168），
贵州大学四个年级得分均显著高于"985"院校常模。在"辅修第二学位 / 专业"题项上（见
表 7-60、图 7-169），贵州大学二、三、四年级得分均显著低于"985"院校常模；一年
级得分明显低于"985"院校常模。在"学业中使用计算机"题项上（见表 7-60、图 7-170），
贵州大学四个年级得分均显著低于"985"院校常模，且都有一定差距。

表 7-60　贵州大学与"985"院校学生报考证书及使用网络媒介统计分析

题项	年级	贵州大学 Mean	"985"院校常模 Mean	T-value
报考专业/等级证书	一年级	25.15	18.96	2.633**
	二年级	37.46	32.14	1.922
	三年级	45.55	45.14	0.14
	四年级	51.18	46.57	1.338
辅修第二学位/专业	一年级	4.68	6.14	-1.278
	二年级	3.58	14.35	-10.133***
	三年级	5.82	13.36	-5.492***
	四年级	8.06	14.67	-3.521**
院校强调-学业中使用计算机	一年级	63.36	66.95	-2.497*
	二年级	63.85	65.86	-1.384
	三年级	64.39	66.65	-1.406
	四年级	66.68	69.82	-1.796

注：* 为 $p < .05$，** 为 $p < .01$，*** 为 $p < .001$。

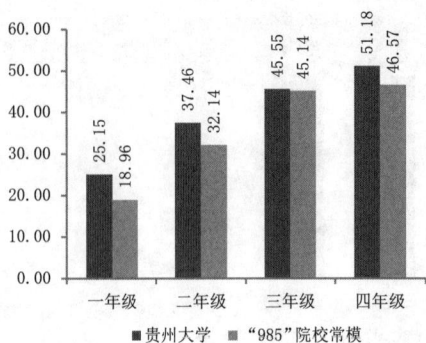

图 7-168　贵州大学与"985"院校常模"报考专
业 / 等级证书"的比较

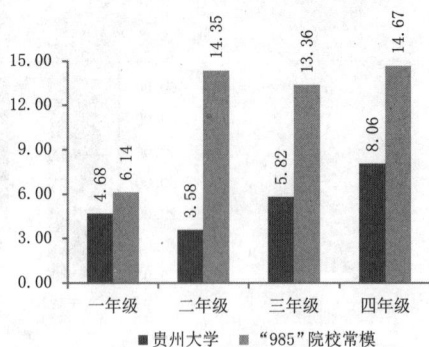

图 7-169　贵州大学与"985"院校常模"辅修第
二学位 / 专业"的比较

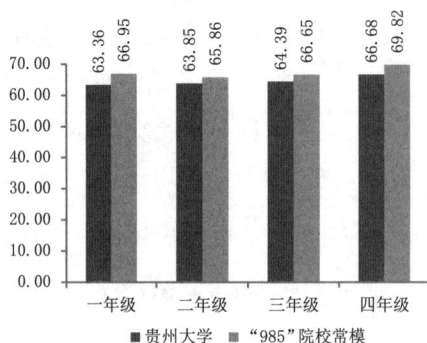

图 7-170　贵州大学与"985"院校常模"院校强
调 - 学业中使用计算机"的比较

与"211"院校常模相比，在"报考专业 / 等级证书"题项上（见表 7-61、图 7-171），贵州大学四个年级得分均略高于"211"院校常模。在"辅修第二学位 / 专业"题项上（见表 7-61、图 7-172），二、三、四年级得分显著低于"211"院校常模，一年级得分略低。在"学业中使用计算机"题项上（见表 7-61、图 7-173），贵州大学一、二年级得分高于"211"院校常模，三、四年级得分低于"211"院校常模。

表 7-61　贵州大学与"211"院校学生报考证书及使用网络媒介统计分析

题项	年级	贵州大学 Mean	"211"院校常模 Mean	T-value
报考专业/等级证书	一年级	25.15	22.48	1.135
	二年级	37.46	36.95	0.184
	三年级	45.55	45.46	0.03
	四年级	51.18	49.67	0.439
辅修第二学位/专业	一年级	4.68	6.05	-1.199
	二年级	3.58	9.67	-5.729***
	三年级	5.82	10.96	-3.743***
	四年级	8.06	12.2	-2.206**
院校强调-学业中使用计算机	一年级	63.36	63.17	0.133
	二年级	63.85	63.14	0.491
	三年级	64.39	65.98	-0.989
	四年级	66.68	67.09	-0.236

注：* 为 $p < .05$，** 为 $p < .01$，*** 为 $p < .001$。

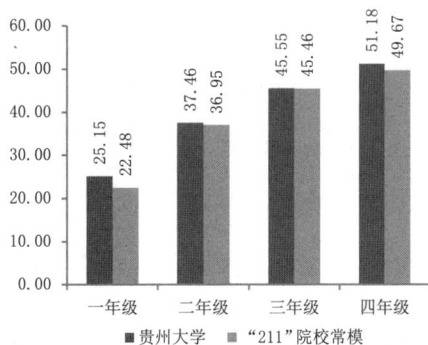

图 7-171　贵州大学与"211"院校常模"报考专业／等级证书"的比较

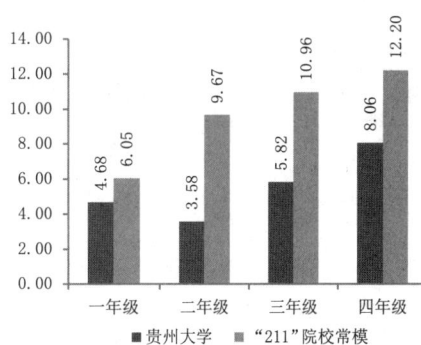

图 7-172　贵州大学与"211"院校常模"辅修第二学位／专业"的比较

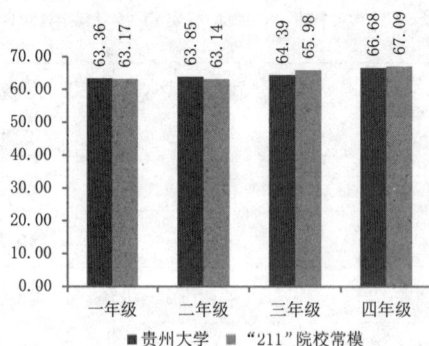

图 7-173　贵州大学与"211"院校常模"院校强

调 - 学业中使用计算机"的比较

　　与地方性本科院校常模相比,在"报考专业/等级证书"题项上(见表 7-62、图 7-174),贵州大学一、四年级得分明显高于地方性本科院校常模;二、三年级得分与地方性本科院校差别不大,要略低于地方性本科院校常模。在"辅修第二学位/专业"题项上(见表 7-62、图 7-175),贵州大学四个年级得分均显著低于地方性本科院校常模。在"学业中使用计算机"题项上(见表 7-62、图 7-176)贵州大学四个年级得分均明显低于地方性本科院校常模,而二年级得分则与地方性本科院校常模有一定的差距。

表 7-62　贵州大学与地方性本科院校学生报考证书及使用网络媒介统计分析

题项	年级	贵州大学 Mean	地方本科院校常模 Mean	T—value
报考专业/等级证书	一年级	25.15	20.84	1.833
	二年级	37.46	39.92	-0.889
	三年级	45.55	46.91	-0.467
	四年级	51.18	43.82	2.135*
辅修第二学位/专业	一年级	4.68	3.7	0.856
	二年级	3.58	7.31	-3.508**
	三年级	5.82	7.35	-1.113
	四年级	8.06	13.08	-2.674**

续表

题项	年级	贵州大学	地方本科院校常模	
		Mean	Mean	T—value
院校强调-学业中使用计算机	一年级	63.36	63.29	0.05
	二年级	63.85	62.18	1.153
	三年级	64.39	65.22	-0.515
	四年级	66.68	66.89	-0.121

注：* 为 $p < .05$，** 为 $p < .01$，*** 为 $p < .001$。

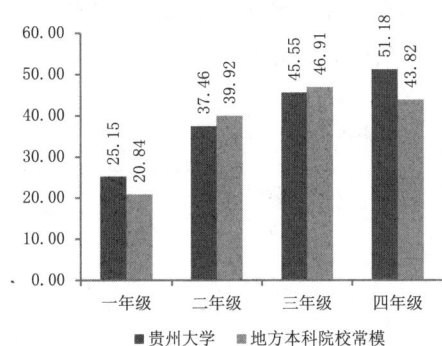

图 7-174 贵州大学与地方本科院校常模"报考专业 / 等级证书"的比较

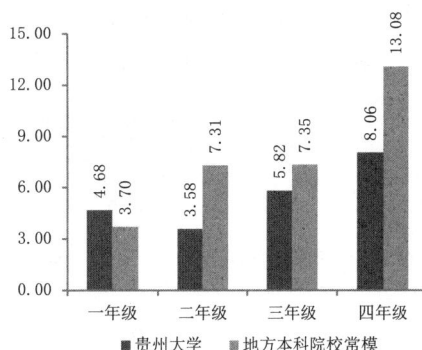

图 7-175 贵州大学与地方本科院校常模"辅修第二学位 / 专业"的比较

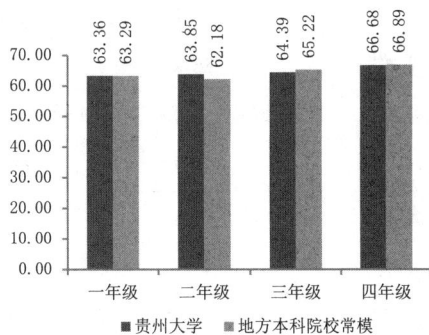

图 7-176 贵州大学与地方本科院校常模"院校强调 - 学业中使用计算机"的比较

　　总的来看，在"报考专业 / 等级证书"题项上，贵州大学四个年级均与地方性本科院校常模不相上下，而在"辅修第二学位 / 专业"和在"学业中使用计算机"两个题项上，贵州大学四个年级则相对不足，且差距较为明显。

（11）学生人际关系常模比较分析

学生人机关系包含 4 个题项。

◆学生在大学中与其他学生的关系；

◆学生在大学中与任课教师的关系；

◆学生在大学中与班主任 / 辅导员的关系；

◆学生在大学中与办公室行政人员（如教务处等）的关系。

与全国常院校模相比，在"与其他学生的关系"题项上（见表 7-63、图 7-177），贵州大学四个年级得分均明显低于全国常模。在"与任课教师的关系"题项上（见表 7-63、图 7-178），贵州大学一、二年级得分均显著低于全国常模；三、四年级得分明显低于全国常模。在"与班主任 / 辅导员的关系"题项上（见表 7-63、图 7-179），贵州大学一、二、三、四年级的得分都十分显著低于全国常模。在"与办公室行政人员的关系"题项上（见表 7-63、图 7-180），贵州大学四个年级得分均明显低于全国常模。

表 7-63　贵州大学与全国院校学生人际关系统计分析

题项	年级	贵州大学 Mean	全国常模 Mean	T—value
与同学关系	一年级	81.09	82.18	-1.027
	二年级	81.37	81.33	0.037
	三年级	78.65	80.82	-1.815
	四年级	82.14	79.66	1.902
与任课老师关系	一年级	56.19	65.78	-6.494***
	二年级	55.97	65.76	-6.261***
	三年级	55.94	65.87	-6.747***
	四年级	65.72	69.83	-2.332*
与班主任/辅导员的关系	一年级	54.58	66.97	-8.406***
	二年级	51.74	65.43	-8.449***
	三年级	50.12	64.77	-9.212***
	四年级	60.11	69.42	-4.923***
与行政人员关系	一年级	49.17	57.38	-5.636***
	二年级	46.63	55.33	-5.393***
	三年级	42.64	54.26	-7.151***
	四年级	55.85	61.3	-2.728**

注：* 为 $p < .05$，** 为 $p < .01$，*** 为 $p < .001$。

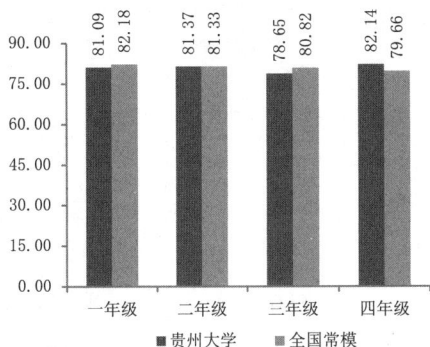

图 7-177　贵州大学与全国常模"与同学关系"的比较

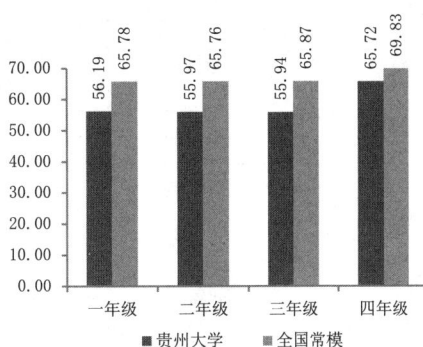

图 7-178　贵州大学与全国常模"与任课老师关系"的比较

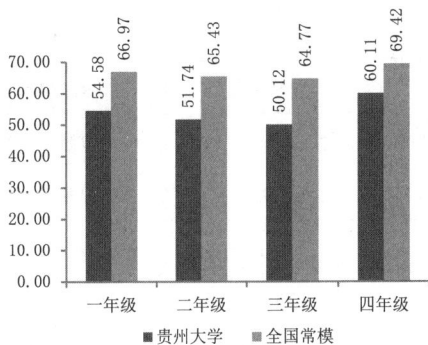

图 7-179　贵州大学与全国常模"与班主任 / 辅导员的关系"的比较

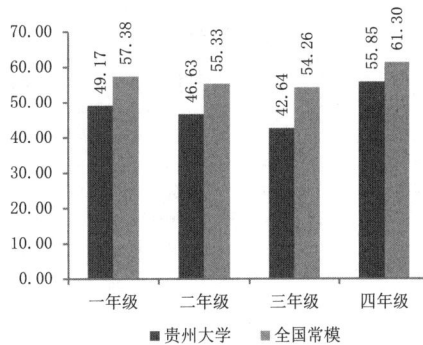

图 7-180　贵州大学与全国常模"与行政人员关系"的比较

与"985"院校常模相比，在"与其他学生的关系"题项上（见表 7-64、图 7-181），贵州大学的得分比较接近"985"院校常模,但贵州大学总体偏低。在"与任课教师的关系"题项上（见表 7-64、图 7-182），贵州大学四个年级得分均显著低于"985"院校常模。在"与班主任 / 辅导员的关系"题项上（见表 7-64、图 7-183），贵州大学四个年级得分全都十分显著低于"985"院校常模。在"与办公室行政人员的关系"题项上（见表 7-64、图 7-184），贵州大学四个年级得分均是显著低于"985"院校常模。

表 7-64　贵州大学与"985"院校学生人际关系统计分析

题项	年级	贵州大学 Mean	"985"院校常模 Mean	T—value
与同学关系	一年级	81.09	83.09	-1.882
	二年级	81.37	81.08	0.268
	三年级	78.65	83.61	-4.144***
	四年级	82.14	83.09	-0.725
与任课老师关系	一年级	56.19	62.02	-3.948***
	二年级	55.97	63.49	-4.809***
	三年级	55.94	66.97	-7.494***
	四年级	65.72	69.98	-2.417*
与班主任/辅导员的关系	一年级	54.58	69	-9.784***
	二年级	51.74	67.71	-9.856***
	三年级	50.12	65.9	-9.923***
	四年级	60.11	70.81	-5.658***
与行政人员关系	一年级	49.17	53.96	-3.287**
	二年级	46.63	53.57	-4.301***
	三年级	42.64	53.47	-6.665***
	四年级	55.85	60.95	2.553*

注：* 为 $p < .05$，** 为 $p < .01$，*** 为 $p < .001$。

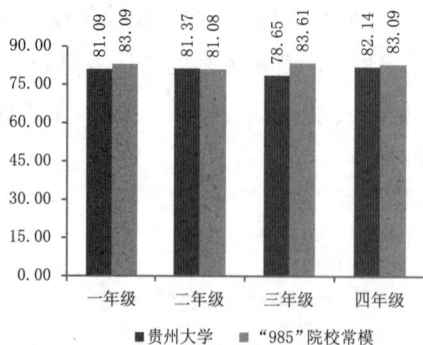

图 7-181　贵州大学与"985"院校常模"与同学关系"的比较

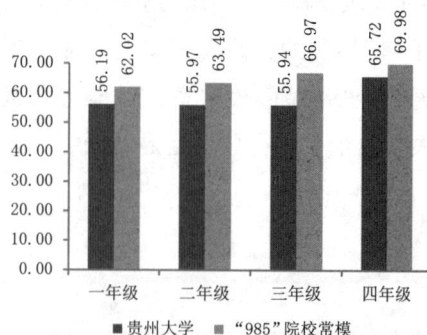

图 7-182　贵州大学与"985"院校常模"与任课老师关系"的比较

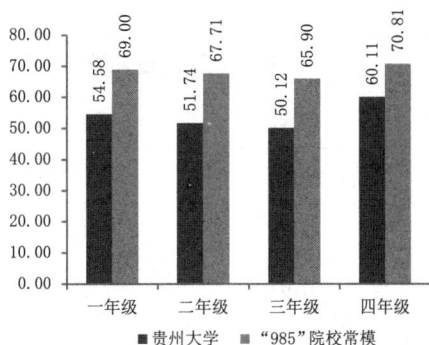

图 7-183   贵州大学与"985"院校常模"与班主
任 / 辅导员的关系"的比较

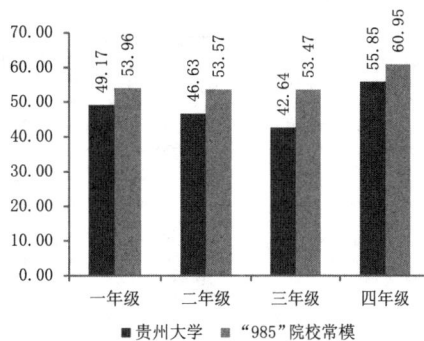

图 7-184   贵州大学与"985"院校常模"与行政
人员关系"的比较

与"211"院校常模相比，在"与其他学生的关系"题项上（见表 7-65、图 7-185），贵州大学四个年级得分均低于"211"院校常模，但差距不大。在"与任课教师的关系"题项上（见表 7-65、图 7-186），贵州大学四个年级得分明显低于"211"院校常模。在"与班主任 / 辅导员的关系"题项上（见表 7-65、图 7-187），贵州大学四个年级得分均显著低于"211"院校常模，有着一定的差距。在"与办公室行政人员的关系"题项上（见表 7-65、图 7-188），贵州大学一、二年级得分显著低于"211"院校常模，较为明显；三、四年级得分略低于"211"院校常模水平。

表 7-65   贵州大学与"211"院校学生人际关系统计分析

题项	年级	贵州大学 Mean	"211"院校常模 Mean	T—value
与同学关系	一年级	81.09	80.98	0.101
	二年级	81.37	79.62	1.618
	三年级	78.65	80.76	-1.765
	四年级	82.14	81.67	0.362
与任课老师关系	一年级	56.19	60.68	-3.040**
	二年级	55.97	59.98	-2.564*
	三年级	55.94	63.53	-5.517***
	四年级	65.72	68.27	-1.447

续表

题项	年级	贵州大学	"211"院校常模	
		Mean	Mean	T-value
与班主任/辅导员的关系	一年级	54.58	63.64	-6.147***
	二年级	51.74	60.9	-5.654***
	三年级	50.12	61.91	-7.414***
	四年级	60.11	67.28	-3.791***
与行政人员关系	一年级	49.17	52.99	-2.621**
	二年级	46.63	50.94	-2.670**
	三年级	42.64	51.06	-5.182***
	四年级	55.85	57.56	-0.857

注：* 为 $p<.05$，** 为 $p<.01$，*** 为 $p<.001$。

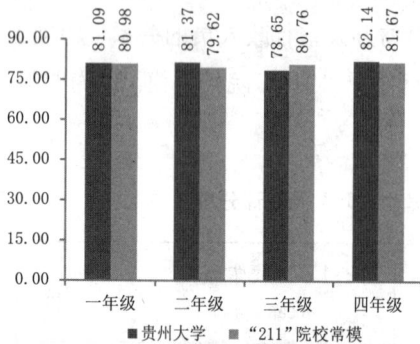

图7-185　贵州大学与"211"院校常模"与同学关系"的比较

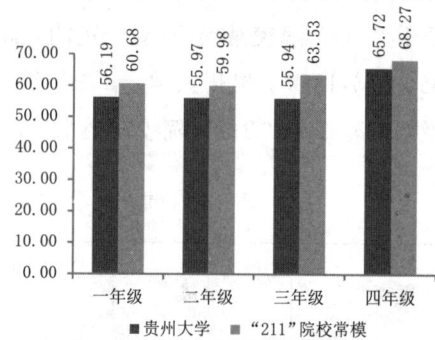

图7-186　贵州大学与"211"院校常模"与任课老师关系"的比较

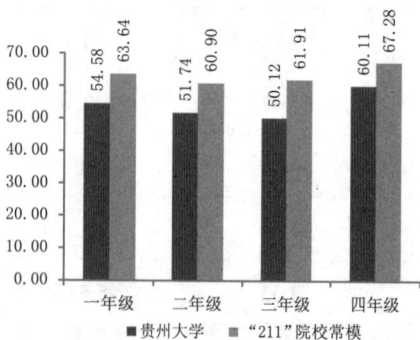

图7-187　贵州大学与"211"院校常模"与班主任/辅导员的关系"的比较

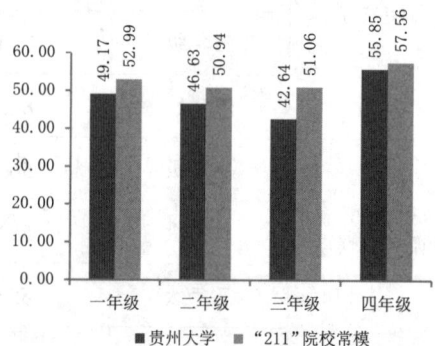

图7-188　贵州大学与"211"院校常模"与行政人员关系"的比较

与地方性本科院校常模相比,在"与其他学生的关系"题项上(见表 7-66、图 7-189),贵州大学四个年级得分与地方性本科院校常模水平基本相当,互有高低。在"与任课教师的关系"题项上(见表 7-66、图 7-190),贵州大学四个年级得分均低于地方性本科院校常模,其中,一、二、三年级有显著性差距。在"与班主任 / 辅导员的关系"题项上(见表 7-66、图 7-191),贵州大学四个年级得分均显著低于地方性本科院校常模,且每个年级的差距都在 10 分左右。在"与办公室行政人员的关系"题项上(见表 7-66、图 7-192),贵州大学一、二、三、四各个年级得分均显著低于地方本科院校常模,且差距较大。

表 7-66　贵州大学与地方性本科院校学生人际关系统计分析

题项	年级	贵州大学 Mean	地方本科院校常模 Mean	T—value
与同学关系	一年级	81.09	81.36	-0.256
	二年级	81.37	80.72	0.601
	三年级	78.65	80.99	-1.957
	四年级	82.14	80.46	1.289
与任课老师关系	一年级	56.19	62.36	-4.178***
	二年级	55.97	61.87	-3.773***
	三年级	55.94	63.87	-5.388***
	四年级	65.72	69.01	-1.867
与班主任/辅导员 的关系	一年级	54.58	64.4	-6.663***
	二年级	51.74	62.14	-6.419***
	三年级	50.12	63.02	-8.112***
	四年级	60.11	68.36	-4.362***
与行政人员关系	一年级	49.17	53.5	-2.971**
	二年级	46.63	49.83	-1.982*
	三年级	42.64	50.64	-4.924***
	四年级	55.85	59.26	-1.708

注:* 为 p< .05,** 为 p< .01,*** 为 p< .001。

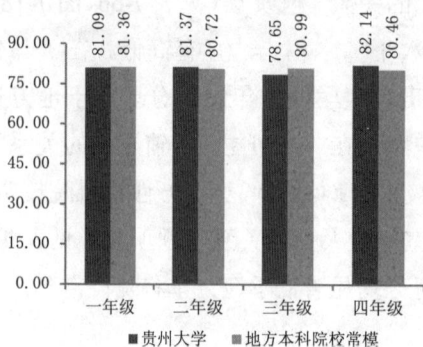

图 7-189　贵州大学与地方本科院校常模"与同学关系"的比较

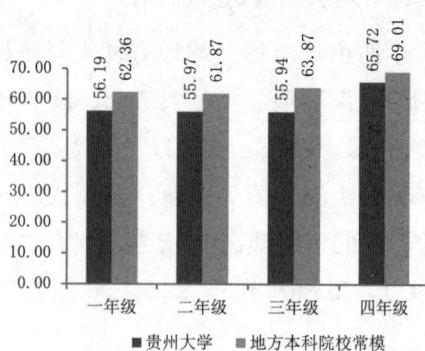

图 7-190　贵州大学与地方本科院校常模"与任课老师关系"的比较

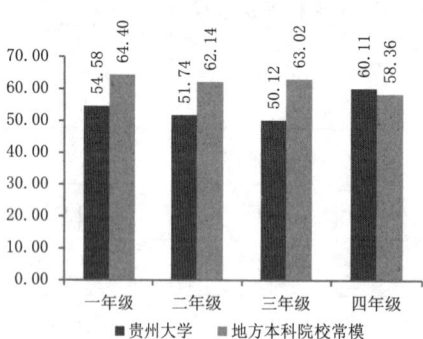

图 7-191　贵州大学与地方本科院校常模"与班主任/辅导员的关系"的比较

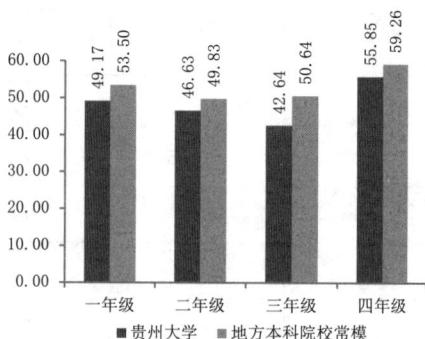

图 7-192　贵州大学与地方本科院校常模"与行政人员关系"的比较

总的来看，在学生人际关系四个题项上，贵州大学四个年级学生表现与全国各类院校常模均存在差距，其中与"211"院校常模差距最大，与地方性本科院校常模差距最小。其中，四年级表现稍好，其余三个年级表现较差，与全国各类院校相比差距都很大。

（12）院校为学生提供支持与帮助常模比较分析

院校为学生提供支持与帮助包含6个题项。

◆为学生学业提供支持与帮助的频率。

◆为学生身心健康提供服务的频率。

◆为学生就业提供指导帮助的频率。

◆为学生提供社交机会的频率。

◆为学生提供参加校园文体活动机会的频率。

◆帮助学生应对经济问题的频率。

与全国院校常模相比，在"为学生学业提供支持与帮助"题项上（见表7-67、图7-193），贵州大学四个年级得分相差不大，均低于全国常模。在"为学生身心健康提供服务"题项上（见表 7-67、图 7-194），贵州大学四个年级得分均低于全国常模。在"为学生就业提供指导帮助"题项上（见表 7-67、图 7-195）贵州大学四个年级得分均较低于全国常模。在"为学生提供社交机会"题项上（见表 7-67、图 7-196），贵州大学四个年级得分均低于全国常模。在"为学生提供参加校园文体活动机会"题项上（见表 7-67、图 7-197），贵州大学四个年级的得分均显著低于全国常模。在"帮助学生应对经济问题"题项上（见表 7-67、图 7-198），贵州大学四个年级的得分均是显著低于全国常模。

表 7-67　贵州大学与全国院校为学生提供支持与帮助统计分析

题项	年级	贵州大学 Mean	全国常模 Mean	T—value
院校强调-为学业提供支持帮助	一年级	54.78	62.85	-5.641***
	二年级	56.25	62.19	-3.962***
	三年级	56.51	61.89	-3.524***
	四年级	57.35	63.23	-3.248**
院校强调-为学生身心健康提供服务	一年级	61.22	64.44	-2.273*
	二年级	58.42	62.41	-2.610*
	三年级	56.51	61.45	-3.067**
	四年级	57.99	62.95	-2.762**
院校强调-为学生就业提供指导帮助	一年级	63.17	66.19	-2.106*
	二年级	60.27	64.44	-2.892**
	三年级	59.14	64.85	-3.592***
	四年级	60.99	66.29	-3.081**
院校强调-为学生提供社交机会	一年级	62.29	65.53	-2.063*
	二年级	58.64	62.86	-2.604*
	三年级	55.15	61.28	-3.700***
	四年级	58.46	62.63	-2.215*
院校强调-为学生提供参加校园文体活动的机会	一年级	61.51	67.84	-4.382***
	二年级	61.47	65.21	-2.548*
	三年级	59.03	64.32	-3.452**
	四年级	60.36	65.39	-2.919**

续表

题项	年级	贵州大学 Mean	全国常模 Mean	T-value
院校强调-帮助学生应对经济问题	一年级	59.36	62.94	-2.524*
	二年级	58.42	61.83	-2.232*
	三年级	57.09	61.43	-2.799**
	四年级	59.25	62.97	-2.155*

注：* 为 p<.05，** 为 p<.01，*** 为 p<.001。

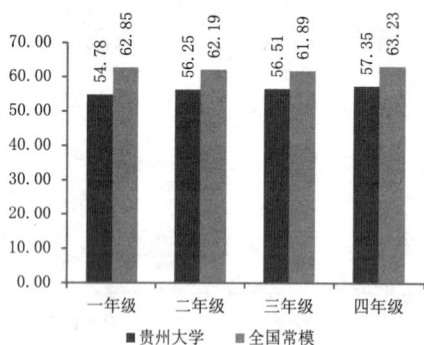

图 7-193　贵州大学与全国常模"院校强调 - 为学业提供支持帮助"的比较

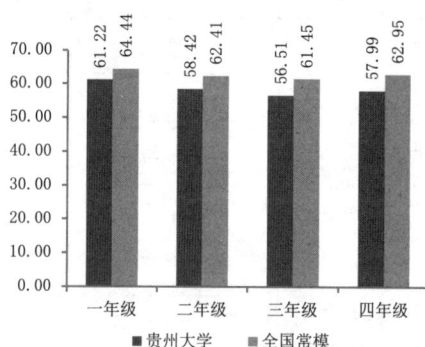

图 7-194　贵州大学与全国常模"院校强调 - 为学生身心健康提供服务"的比较

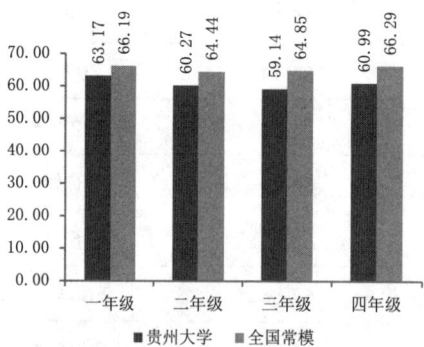

图 7-195　贵州大学与全国常模"院校强调 - 为学生就业提供指导帮助"的比较

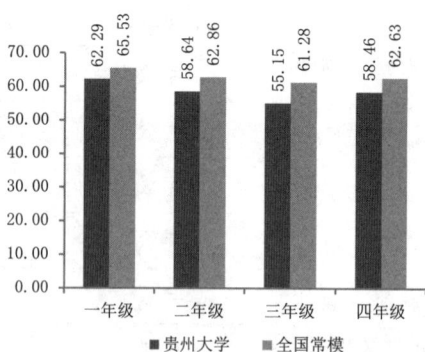

图 7-196　贵州大学与全国常模"院校强调 - 为学生提供社交机会"的比较

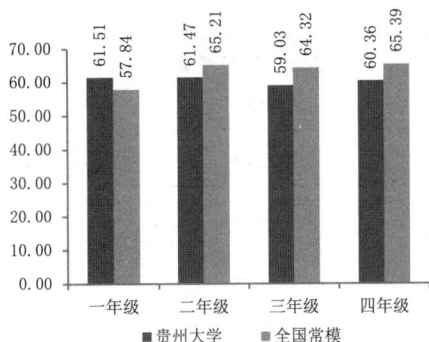

图 7-197　贵州大学与全国常模"院校强调 - 为学生提供参加校园文体活动机会"的比较

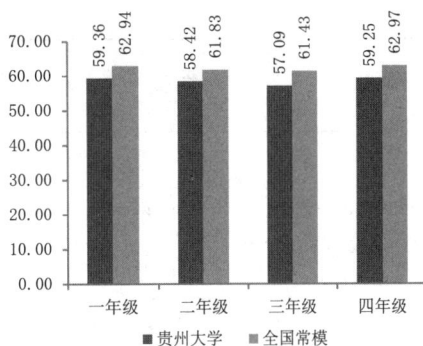

图 7-198　贵州大学与全国常模"院校强调 - 帮助学生应对经济问题"的比较

　　与"985"院校常模相比，在"为学生学业提供支持与帮助"题项上（见表 7-68、图 7-199），贵州大学四个年级级得分均显著低于"985"院校常模。在"为学生身心健康提供服务"题项上（见表 7-68、图 7-200），贵州大学四个年级得分均明显低于"985"院校常模，分差相差不大。在"为学生就业提供指导帮助"题项上（见表 7-68、图 7-201）贵州大学四个年级得分均明显低于"985"院校常模。在"为学生提供社交机会"题项上（见表 7-68、图 7-202），贵州大学除四个年级均较明显低于"985"院校常模，分差都在 3 分左右。在"为学生提供参加校园文体活动机会"题项上（见表 7-68、图 7-203），贵州大学四个年级得分均显著低于"985"院校常模。在"帮助学生应对经济问题"题项上（见表 7-68、图 7-204），贵州大学四个年级的得分均是显著低于"985"院校常模。

表 7-68　贵州大学与"985"院校为学生提供支持与帮助统计分析

题项	年级	贵州大学 Mean	"985" 院校常模 Mean	T－value
院校强调-为学业 提供支持帮助	一年级	54.78	62.33	-5.277***
	二年级	56.25	62.86	-4.408***
	三年级	56.51	60.06	-2.324*
	四年级	57.35	62.06	-2.601*
院校强调-为学生 身心健康提供服 务	一年级	61.22	65.35	-2.915**
	二年级	58.42	65.31	-4.508***
	三年级	56.51	62.12	-3.483**
	四年级	57.99	64.82	-3.803***

续表

题项	年级	贵州大学 Mean	"985"院校常模 Mean	T-value
院校强调-为学生就业提供指导帮助	一年级	63.17	66.15	-2.078*
	二年级	60.27	64.93	-3.232**
	三年级	59.14	64.32	-3.259**
	四年级	60.99	68.19	-4.186***
院校强调-为学生提供社交机会	一年级	62.29	65.98	-2.349**
	二年级	58.64	62.62	-2.456**
	三年级	55.15	61.91	-4.080***
	四年级	58.46	63.25	-2.544*
院校强调-为学生提供参加校园文体活动的机会	一年级	61.51	69.74	-5.698***
	二年级	61.47	65.47	-2.725**
	三年级	59.03	64.9	-3.830***
	四年级	60.36	66.83	-3.754***
院校强调-帮助学生应对经济问题	一年级	59.36	65.48	-4.316***
	二年级	58.42	63.19	-3.122**
	三年级	57.09	63.28	-3.992***
	四年级	59.25	65.96	-3.888***

注:* 为 $p < .05$,** 为 $p < .01$,*** 为 $p < .001$。

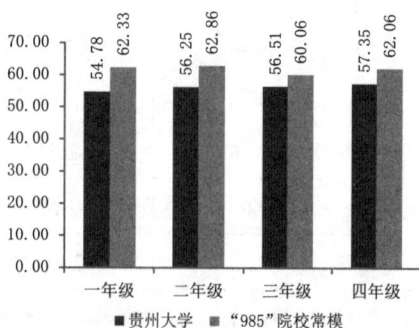

图 7-199　贵州大学与"985"院校常模"院校强调-为学业提供支持帮助"的比较

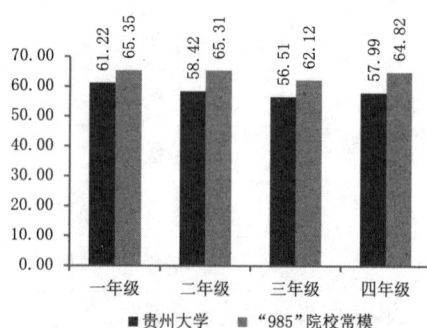

图 7-200　贵州大学与"985"院校常模"院校强调-为学生身心健康提供服务"的比较

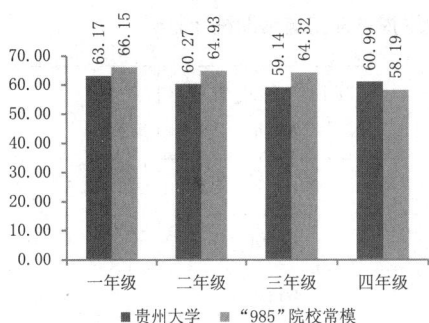

图 7-201　贵州大学与"985"院校常模"院校强
调 - 为学生就业提供指导帮助"的比较

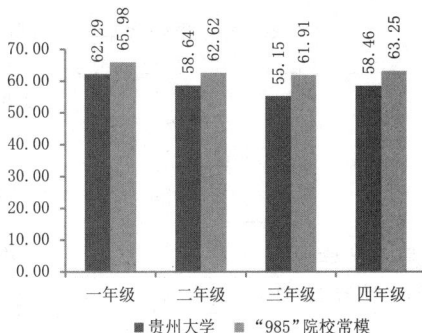

图 7-202　贵州大学与"985"院校常模"院校强
调 - 为学生提供社交机会"的比较

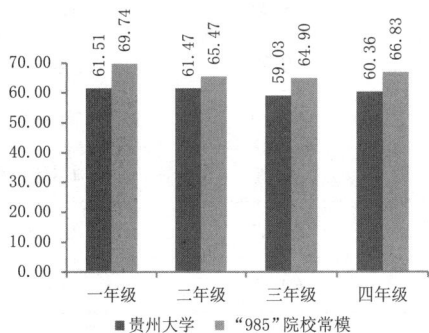

图 7-203　贵州大学与"985"院校常模"院校强
调 - 为学生提供参加校园文体活动机会"的比较

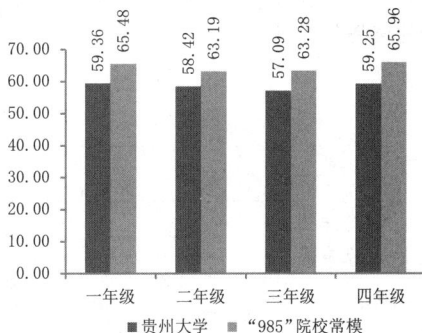

图 7-204　贵州大学与"985"院校常模"院校强
调 - 帮助学生应对经济问题"的比较

　　与"211"院校常模相比，在"为学生学业提供支持与帮助"题项上（见表 7-69、图 7-205），贵州大学四个年级得分均低于"211"院校常模，其中一、三、四年级差距有显著性。在"为学生身心健康提供服务"题项上（见表 7-69、图 7-206），贵州大学低年级学生得分稍低于"211"院校常模，高年级则明显低于"211"院校常模。在"为学生就业提供指导帮助"题项上（见表 7-69、图 7-207）贵州大学一、二年级得分均稍稍低于"211"院校常模，三、四年级得分要明显低于"211"院校常模。在"为学生提供社交机会"题项上（见表 7-69、图 7-208），贵州大学一、二年级得分均稍稍低于"211"院校常模，三、四年级得分要明显低于"211"院校常模。在"为学生提供参加校园文体活动机会"题项上（见表 7-69、图 7-209），贵州大学二年级得分与"211"院校常模相差不大，一、三、四年级得分稍微低于"211"院校常模。在"帮助学生应对经济问题"题项上（见表 7-69、图 7-210），贵州大学四个年级得分均低于"211"院校常模，仅二年级无显著性差距。

表 7-69   贵州大学与"211"院校为学生提供支持与帮助统计分析

题项	年级	贵州大学 Mean	"211"院校常模 Mean	T—value
院校强调-为学业提供支持帮助	一年级	54.78	61.3	-4.557***
	二年级	56.25	58.34	-1.395
	三年级	56.51	60.92	-2.888**
	四年级	57.35	61.49	-2.287*
院校强调-为学生身心健康提供服务	一年级	61.22	63.36	-1.512
	二年级	58.42	58.93	-0.332
	三年级	56.51	59.87	-2.085*
	四年级	57.99	61.74	-2.089*
院校强调-为学生就业提供指导帮助	一年级	63.17	64.5	-0.929
	二年级	60.27	61.07	-0.556
	三年级	59.14	64.53	-3.391**
	四年级	60.99	65.31	-2.512*
院校强调-为学生提供社交机会	一年级	62.29	62.7	-0.262
	二年级	58.64	59.24	-0.371
	三年级	55.15	59.38	-2.554*
	四年级	58.46	61.11	-1.407
院校强调-为学生提供参加校园文体活动的机会	一年级	61.51	65.55	-2.797**
	二年级	61.47	61.87	-0.275
	三年级	59.03	61.9	-1.873
	四年级	60.36	63.68	-1.927
院校强调-帮助学生应对经济问题	一年级	59.36	62.19	-1.994*
	二年级	58.42	60.08	-1.086
	三年级	57.09	61.29	-2.709**
	四年级	59.25	62.81	-2.062*

注：* 为 p< .05, ** 为 p< .01, *** 为 p< .001。

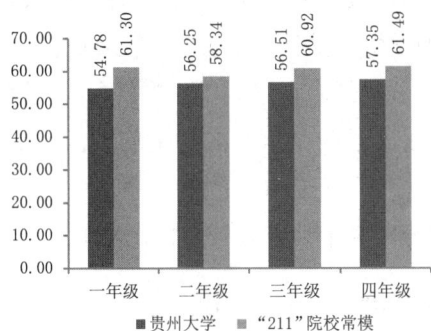

图 7-205　贵州大学与"211"院校常模"院校强调 - 为学业提供支持帮助"的比较

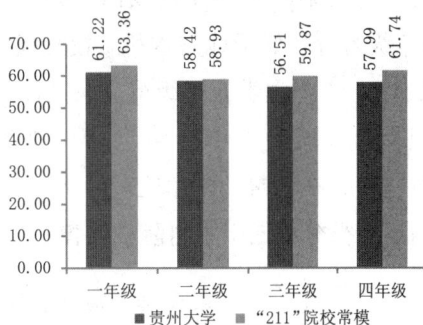

图 7-206　贵州大学与"211"院校常模"院校强调 - 为学生身心健康提供服务"的比较

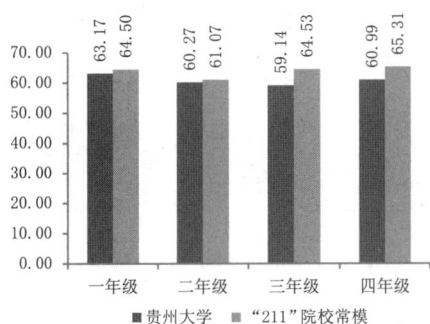

图 7-207　贵州大学与"211"院校常模"院校强调 - 为学生就业提供指导帮助"的比较

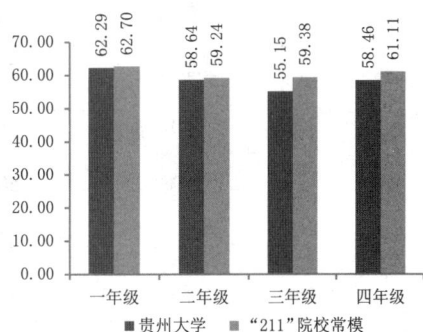

图 7-208　贵州大学与"211"院校常模"院校强调 - 为学生提供社交机会"的比较

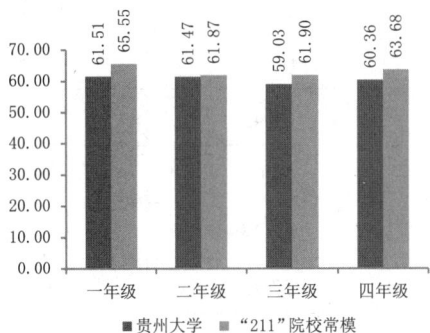

图 7-209　贵州大学与"211"院校常模"院校强调 - 为学生提供参加校园文体活动机会"的比较

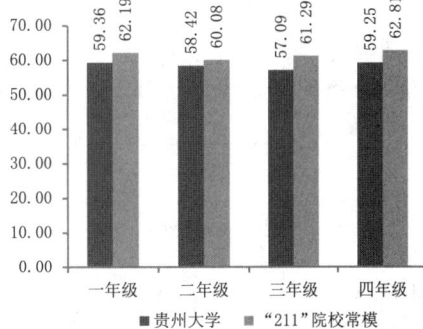

图 7-210　贵州大学与"211"院校常模"院校强调 - 帮助学生应对经济问题"的比较

与地方性本科院校常模相比，在"为学生学业提供支持与帮助"题项上（见表 7-70、图 7-211），贵州大学一年级有显著性差距，其他年级得分基本相当。在"为学生身心健康提供服务"题项上（见表 7-70、图 7-212），贵州大学一、二、三年级得分较高于地方性本科院校常，四年级得分要稍低于地方性本科院校常模。在"为学生就业提供指导帮助"题项上（见表 7-70、图 7-213）贵州大学一、二年级得分较高于地方性本科院校常模，三、四年级得分较低于地方本科院校常模。在"为学生提供社交机会"题项上（见表 7-70、图 7-214），贵州大学低年级得分略高，高年级得分稍低。在"为学生提供参加校园文体活动机会"题项上（见表 7-70、图 7-215），贵州大学四个年级的学生均较低于地方本科院校常模。在"帮助学生应对经济问题"题项上（见表 7-70、图 7-216），贵州大学一、三、四年级得分稍低于本科院校常模，二年级得分较高于地方院校常模，差距均不明显。

表 7-70　贵州大学与地方性本科院校为学生提供支持与帮助统计分析

题项	年级	贵州大学 Mean	地方本科院校常模 Mean	T—value
院校强调-为学业提供支持帮助	一年级	54.78	58.47	-2.578*
	二年级	56.25	56.21	0.025
	三年级	56.51	56.17	0.225
	四年级	57.35	59.59	-1.237
院校强调-为学生身心健康提供服务	一年级	61.22	60.94	0.195
	二年级	58.42	57.27	0.754
	三年级	56.51	56.06	0.282
	四年级	57.99	60.63	-1.472
院校强调-为学生就业提供指导帮助	一年级	63.17	63.6	-0.302
	二年级	60.27	60.28	-0.008
	三年级	59.14	61.42	-1.435
	四年级	60.99	64.03	-1.767
院校强调-为学生提供社交机会	一年级	62.29	62.24	0.03
	二年级	58.64	57.82	0.504
	三年级	55.15	56.46	-0.793
	四年级	58.46	60.21	-0.929
院校强调-为学生提供参加校园文体活动的机会	一年级	61.51	65.25	-2.589*
	二年级	61.47	62.12	-0.446
	三年级	59.03	60.73	-1.11
	四年级	60.36	62.75	-1.388

续表

题项	年级	贵州大学 Mean	地方本科院校常模 Mean	T—value
院校强调-帮助学生应对经济问题	一年级	59.36	59.64	-0.195
	二年级	58.42	58.23	0.124
	三年级	57.09	57.46	-0.24
	四年级	59.25	60.44	-0.688

注：* 为 p<.05，** 为 p<.01，*** 为 p<.001。

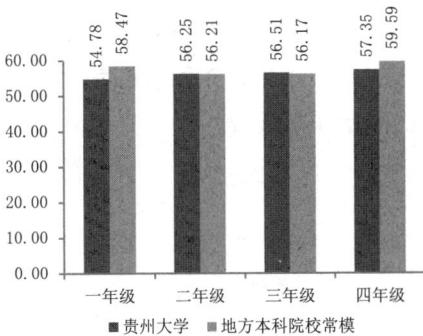

图 7-211　贵州大学与地方本科院校常模"院校强调 - 为学业提供支持帮助"的比较

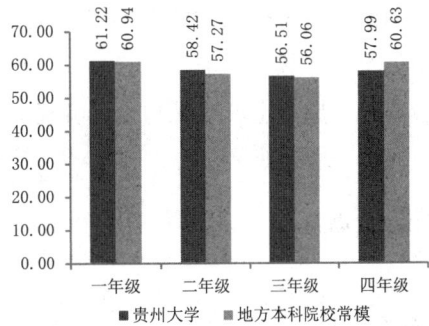

图 7-212　贵州大学与地方本科院校常模"院校强调 - 为学生身心健康提供服务"的比较

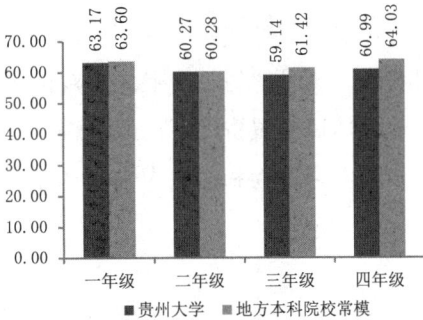

图 7-213　贵州大学与地方本科院校常模"院校强调 - 为学生就业提供指导帮助"的比较

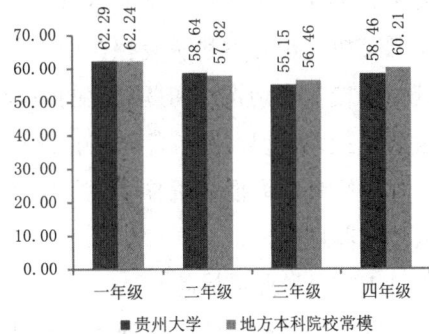

图 7-214　贵州大学与地方本科院校常模"院校强调 - 为学生提供社交机会"的比较

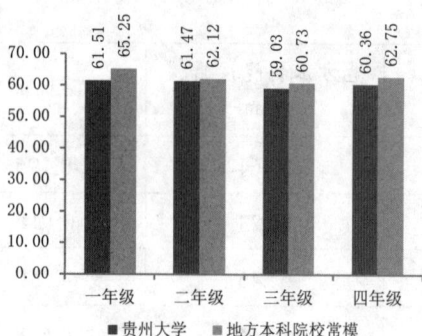

图 7-215　贵州大学与地方本科院校常模"院校强调 - 为学生提供参加校园文体活动机会"的比较

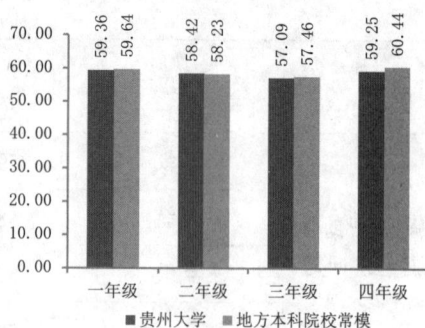

图 7-216　贵州大学与地方本科院校常模"院校强调 - 帮助学生应对经济问题"的比较

　　总的来看，贵州大学四个年级学生在院校为学生提供支持与帮助的六个题项上的表现均不如全国常模、"985"院校常模、"211"院校常模和地方性本科院校常模。其中某些年级的各个题项上的表现与全国各类院校常模的差距非常显著。

7.3 问题整改

7.3.1 存在问题

　　通过 NSSE-China 问卷调查，围绕五大指标对贵州大学与其他类型的常模做了比较，并在此基础上探讨了贵州大学的本科教育与对比院校存在的差异。整体上来看，贵州大学与全国院校和地方本科院校存在微小差距，各有优势。虽然实际差异不大，但贵州大学与其他院校在个别指标和题项上的差异仍值得关注。通过比较，我们能客观地了解学生的学习性投入情况，学校能够根据这些结果来研究通过配置资源、组织课程、开展活动以及提供服务等方面来引导学生将精力投入有效的学习行为和活动中去，从而实现学校的人才培养目标。

7.3.1.1 本科学业挑战度（LAC）

　　与全国院校常模相比，在课程教育认知目标方面贵州大学在综合思维题项上略逊于全国常模，在分析思维题项、判断思维题项和运用思维题项上与全国常模水平相当；在课程要求的严格程度方面，贵州大学学生在"去图书馆 / 自习室学习"与全国常模水平相比略逊色；在学生的写作量方面，"中、长篇论文写作量"与全国常模相比水平相当，"短篇论文写作量"得分普遍低于全国常模；在学生学业投入方面，贵州大学在"学校强调学生在学业上投入大量时间的频率"上表现略微逊色于全国常模，在"学生一周花在学习上的时间"这个题项上与全国常模水平相当。

　　与"985"院校常模比较，在课程教育认知目标方面贵州大学学生在分析、判断和运用思维题项的能力上与"985"院校常模相当，只有在综合思维题项能力上略逊色于"985"院校常模；在课程要求的严格程度方面，贵州大学学生在"去图书馆／自习室学习"与"985"院校常模差距明显，在"长篇、中篇课程论文／报告的写作量"上，贵州大学四年级得分与"985"院校常模水平不相上下，甚至略高，一、二年级的写作量均明显低于"985"院校常模；在"短篇课程论文／报告的写作量"上，贵州大学与"985"院校常模水平相比，除了四年级高于"985"院校常模，其他年级都要明显低于"985"院校常模；在学生学业投入方面"学校强调学生在学业上投入大量时间的频率"和"学生一周花在学习上的时间"都要明显低于"985"院校常模水平。

　　与"211"院校常模比较，在课程教育认知目标方面贵州大学水平与"211"院校常模相当；在课程要求的严格程度方面，"长篇、中篇、短篇课程论文／报告的写作量"上贵州大学二、三、四得分与"211"院校常模相当，一年级得分与"211"院校常模稍有差距，但是整体水平与"211"院校常模接近；在学生学业投入方面，"学校强调学生在学业上投入大量时间的频率"题项上表现明显不如"211"院校常模，在"学生一周花在学习上的时间"题项上略微低于"211"院校常模水平。

　　与地方性本科院校相比，在课程教育认知目标方面贵州大学的整体水平比地方性本科院校得分略高；在课程要求的严格程度方面中，"长篇课程论文／报告写作量"上贵州大学学生整体水平与地方性本科院校常模水平相当，"短篇课程论文／报告写作量"上与地方性本科院校常模模稍有差距；在学生学业投入方面整体水平与地方性本科院校常模水平接近。

7.3.1.2 本科生主动合作学习水平 (ACL)

　　与全国院校常模相比，在学生课堂行为的三个题项上，贵州大学学生得分与全国常模相近，整体水平与全国常模不相上下；在学生课外活动行为方面贵州大学各年级均与全国常模有一定的差距。

　　与"985"院校常模比较，在学生课堂行为方面，"课堂上主动提问或参与讨论的频率"上，贵州大学学生表现要明显优于"985"院校常模，在"课堂上就某一个研究主题做有预先准备的报告"与"和同学合作完成老师布置任务"两个题项上，贵州大学学生得分与"985"院校常模相比稍有差距；在学生课外活动行为方面三个题项上，贵州大学学生与"985"院校常模得分均比较接近，相差不大。

　　与"211"院校常模比较，在学生课堂行为方面，贵州大学与"211"院校常模相比有高有低，不相上下。在学生课外活动行为方面三个题项上贵州大学得分情况与"211"院校常模水平相当，差距不大。

　　与地方性本科院校相比，在学生课堂行为方面"课堂上主动提问或参与讨论的频率"和"在课堂上和同学合作完成老师布置任务的频率"上，贵州大学四年级得分略低于地方性本科院校常模，其他题项的得分与地方性本科院校常模水平相当；在学生课外活动行为方面，贵州大学各年级得分与地方性本科院校常模大体相当。

7.3.1.3 本科生师互动（SFI）

与全国院校常模相比，在"和任课教师一起做研究"题项上，贵州大学一、二、三年级得分和全国常模得分相比均有明显差距，四年级得分则要明显高于全国常模；在其他七个题项的常模对比中贵州大学得分均低于全国常模。

与"985"院校常模比较，在"课外和任课教师讨论问题""和任课教师讨论自己的职业规划""和任课教师讨论自己人生观""和任课教师参与课程以外的工作"的四个题项上贵州大学表现均略高于"985"院校常模。在"和辅导员讨论自己人生观""和辅导员讨论职业规划"两个题项上贵州大学表现与"985"院校常模基本相当。在"学习表现得到任课教师及时反馈"以及"和任课教师一起做研究"两个题项上，贵州大学四个年级总体表现稍逊色于"985"院校常模。

与"211"院校常模比较，在"学习表现得到任课教师及时反馈""和辅导员讨论职业计划""和辅导员讨论人生观""和任课教师一起做研究"这四个题项上，贵州大学四个年级表现明显均不如"211"院校常模，其中低年级差距较大，高年级差距相对要小点。在"课外和任课老师讨论问题""和任课教师讨论职业计划""和任课教师参与课程外工作"这三个题项上，贵州大学除了一年级的得分与"211"院校常模相比较，差距有点大，其他三个年级的得分与"211"院校常模相比有高有低，但是差距不大。在"和任课教师讨论人生观"上，四个年级均与"211"院校常模相差不大，且各自的得分与"211"院校常模相比有高有低。

与地方性本科院校常模比较，贵州大学低年级学生在生师互动性方面表现存在很大差距；除在"和任课老师讨论人生观"得分均高于地方性本科院校常模，其他的所有题项上一、二、三年级的表现均有一定的差距。

7.3.1.4 本科教育经历的丰富程度（EEE）

与全国院校常模相比，在学生相互交流观点统计分析中，贵州大学各年级题项得分各有千秋；在学生实习实践方面，贵州大学总体上表现好过全国常模；在学生课外学习和课外活动方面贵州大学各年级的总体表现稍差；在学生报考证书及使用网络媒介方面贵州大学各年级表现均优于全国常模。

与"985"院校常模比较，在学生相互交流观点统计分析中，学生相互交流观点中的"与不同种族或民族的人交流的频率"和"与不同宗教信仰的人交流的频率"这两个题项上，贵州大学各年级得分明显高于"985"院校常模，在其他四个题项上，贵州大学各年级得分均稍差些；在学生实习实践中的两个题项上，贵州大学总体上表现与"985"院校常模不相上下；在学生课外学习和课外活动中的四个题项上，贵州大学各年级的总体表现要明显差些；在学生报考证书及使用网络媒介方面，贵州大学四个年级得分均显著高于"985"院校常模，在"辅修第二学位/专业"及在"学业中使用计算机"这两个题项上贵州大学得分均明显低于"985"院校常模，且都有一定差距。

与"211"院校常模比较，在学生相互交流观点方面，贵州大学总体上表现与"211"院校常模不相上下，甚至更佳；在学生实习实践方面，贵州大学得分均明显高于"211"院校常模；在学生课外学习和课外活动中的四个题项上，贵州大学各年级的总体表现稍差。在学生报考证书及使用网络媒介中的三个题项上，贵州大学表现稍差。

与地方性本科院校常模比较，在学生相互交流观点中的"与不同种族或民族的人交流的频率"和"与不同宗教信仰的人交流的频率"这两个题项上，贵州大学各年级得分明显优于地方性本科院校常模；在其他四个题项上，贵州大学各年级得分均稍差；在学生实习实践中的两个题项上，贵州大学各年级表现要稍好；在学生课外学习与活动中的四个题项上和在学生报考证书及使用网络媒介中的三个题项上，贵州大学各年级在这些题项上的表现总体与地方性本科院校常模不相上下。

7.3.1.5 本科校园环境支持度（SCE）

与全国常模相比，贵州大学四个年级在为学生提供支持与帮助常模的每个题项上的得分均明显低于全国常模。而在学校学生人际关系常模各个题项上贵州大学各年级得分要稍差于全国常模。

与"985"院校常模比较，在学生人际关系和学校为学生提供支持与帮助下的各个题项上，贵州大学得分与"985"院校差距非常明显；为学生提供支持与帮助常模每个题项上，贵州大学得分均低于"985"院校常模。

与"211"院校常模比较，在院校为学生提供支持和帮助方面，除了在学校为学生提供支持与帮助下的为学生身心健康服务这一题项上，贵州大学各年级得分与"211"院校常模不相上下；而在学生人际关系和学校为学生提供支持与帮助下的其他各个题项上，贵州大学同"211"院校常模同样存在较大差距。

与地方性本科院校常模比较，在学生人际关系的各个题项上，贵州大学同地方性本科院校常模存在较大差距；而在学校为学生提供支持与帮助下的各个题项的贵州大学各年级得分与地方性本科院校常模差距不大。

7.3.2 整改建议

7.3.2.1 学业挑战度

（1）设定合理的课业目标，促进学生自主学习能力的提高

调查表明大部分大学生课外学习时间管理主动性较低，挑战科研的意识较为薄弱。尤其是对分析问题、综合问题的要求远低于各类院校常模，课程目标较低不能满足学生学习需求，无法实现对学生创新思维的训练，阻碍了学生高级思维技能的发展和提升。因此，贵州大学应当帮助学生培养良好的自主学习习惯，为学生提供良好的自主学习环

境，营造良好的自主学习氛围。改变传统的以教师为主的教授教学形式，让学生多参与课堂教学，增加自主学习与思考的机会，可以通过小组讨论学习、让学生在课堂上作报告等教学方式让学生主动参与课堂学习，由"被动学习"变为"主动学习"。

（2）重视学生阅读和写作能力的培养，促进学生的专业学习

通过与各类院校的常模对比，我们发现贵州大学高年级本科生论文写作量与"985"院校常模，"211"院校常模以及地方本科性常模不相上下，甚至还更高，而低年级学生在论文写作方面较其他类型学校普遍偏低。良好的阅读和写作能力是进行学术研究的前提，指定教材、参考书目和学术论文/研究报告的广泛阅读有利于学生专业学习的深化，进而促进学生的专业学习和发展。写作是对平时零散的、片段的学习成果的阶段性总结、多维度思考、渐进式内化与个性化整合，学校对学生写作量的要求直接体现了学校对学生学术训练的重视程度。因此，要改善贵州大学低年级学生阅读量和写作量不足的现状，必须从宏观课程管理上为各年级制定合理的课程挑战度目标，从微观课程实践上激励和引导学生进行专业学习。

（3）建立学生正确的价值取向，激发学生学习兴趣

兴趣是人们内心最强烈的求知动机，学习动机一旦被激发，就会产生出巨大的力量去学习，从而提高学习效率。但是，在大学阶段很多学生处于一个迷茫的生活状态，没有建立自己的稳定价值观和对于事物的独有的判断力，通常选择随波逐流。因而，自己从事的或学习的课程未必是自己选择的，或是自己感兴趣的，无法对学习生活充满热情。兴趣是大学生最好的老师，但这需要一整套正确完善的机制去引导。贵州大学应举办各种校园文化活动、辩论赛、讲座等使学生在参与活动的过程中建立自己的价值取向；建立多样化的校园文化环境，通过外部环境来刺激学生内在的价值追求。

（4）创造问题环境，树立学习目标

在教师教学过程中，创设适当的问题环境，组织学生参加竞赛，增加他们的竞争意识，激发对学习的主观愿望，从而调动学生的学习热情。在各个学习阶段对学生提出具体的学习目标，帮助学生有目的有计划地进行学习安排。

7.3.2.2 主动合作学习水平

（1）创造合作学习的氛围与空间，调动学生主动学习的积极性

高校要激发学生课堂参与兴趣，首先，要通过师资培训，提高教师教学情境创设水平，丰富教师的教学技能，学生在教师的鼓励和引导下，以学习任务为中心激发学生主动学习意识。其次，要调整课程设置，为学生搭建主动学习的平台，鼓励学生参与课题研究，积极展示学习研究成果，促进学生主动学习。学术团队、学术论坛、师生学术共同体等多种组织方式都可以激发学生的学习动力，让学生更有参与感和投入感。学生带着理论知识迅速参与到发现问题、解决问题的过程中，学习自主性和创新能力都会得到锻炼和提高。

（2）增强角色意识，使每个人都体验到自己对团队的价值

在合作学习之中，常常会出现游离在小组之外的同学，他们在小组中没有一个准确的定位，也感觉不到自己对小组目标达成有什么自身的价值，同样有一部分积极主动的同学习惯将小组任务往自己身上揽，这种情况导致部分学生任务压力大，另外的学生则无所事事，达不到合作的最终目的。因此，在建立合作关系时，应明确合作组成员角色分工，强化个体的责任感，使每一个个体意识到自己对小组完成任务的不可或缺性，这样也能使学生在合作中感受到团体力量。

（3）改善学校支持度并赋予学生更多自主权利

大学校园是社会系统的一部分，而构成这个系统的内部成员包括学校的行政人员、学校教师、学生、工作人员等。通常我们在进行学校管理时，管理者是指行政人员，而管理对象在社会大部分的认同下是指学生，学生通常被视为管理对象，必须服从学校的规定和纪律。但是，在多中心共同管理的新型模式下，学生不仅仅是被管理者，还要主动参与到学校的管理中，学校应给予学生更多的自主权利，让学生在集体中感受到足够的参与感，增进学校多方面合作，促进校园和谐发展。

（4）营造民主平等的心理氛围，倡导团结合作互助精神

学校和教师应努力营造一个民主平等的心理氛围，大力倡导学术民主，教学相长，鼓励教师和学生独立思考，敢于发表不同意见，敢于向权威挑战，领导和教师的工作方式要体现民主、尊重，教师和学生之间的关系是既是师长，也是朋友，任何强迫命令、简单生硬、粗暴干涉的工作方法都是不可取的，领导和教师要一视同仁地对待身边的每一个人，处理问题要公平、公正、公开。学校应在教师之间、学生之间倡导互助合作的精神，鼓励和指导教师、学生互相尊重，互相关爱，培养学业上互相切磋，生活上互相关心，工作上互相配合的良好风气。引导学生正确处理竞争和合作的关系，既要利用好竞争的激励作用，又要设法避免可能由竞争带来的不良影响。

7.3.2.3 生师互动

（1）改变教师的权威地位，建立平等的师生关系

师生之间的各种正式或非正式交流积极影响着学生的成长成才。教育的本质即人与人的互动。教学过程是教师与学生共同参与，共同协作的过程，而我国传统的师道尊严观念塑造了教师高高在上的权威地位，加之功利的"科研优先于教学"的取向分散和占用了师生交流时间和精力，导致国内教师与学生之间的互动水平总体较低。通过对比可以看出贵州大学低年级学生在生师互动性方面的表现与各类高校相比存在一定差距，学校应从学生和老师的互动水平着手改变生师互动不良的现状。首先，学校要营造一个民主宽松、积极进取的校园文化氛围，充实学生校园生活，提倡自由民主和尊重包容的文化，满足师生互动的合理需求，激发师生工作和学习的动机，在激励的环境中，让师生学会自我激励。其次，学校方面要改革对教师传统的评估模式，对教师业绩的考核还应该注

重教学过程质量的评价，主要是学生对教师的评价。同时，要为师生互动创造一个积极探索，敢于创新、勇于质疑的良好互动环境。最后，学校要支持师生的课内外互动并为其提供场所和机会，例如利用课外时间开展师生互动的茶话会，让师生平等自由地畅谈学习生活、职业规划等。

（2）从"学生为本"的角度促进生师互动

教育教学活动的中心就是学生的成长和发展，就是要致力于学生的实际生活，也就是要激发学生的学习动机，提高学生的学习性投入，使学生适应当前的学习和生活，以学生的需要为出发点。从"以学生为本"的角度促进良好的师生互动，首先要让学生得到全面和谐的发展，就是使学生自然性与社会性、体力与脑力、生理与心理全面和谐统一的发展。其次，学校要真正把学生看成是有着自己独立个性的鲜活的主体，要创设适当的教育情境，让学生发挥自己的主动性和积极性，主动构建自己的知识体系和思想观念，要给学生充分的思考权和话语权。最后，要让学生实现完全和长久的发展，就要让学生具备生存生活、沟通交际等各方面的实际能力。教师是学生获取能力的最佳引导者，这些能力也是在师生互动中可以获得的。

（3）强化学生的主体意识，鼓励学生积极与老师互动

教学活动的过程是生师有效互动的过程，有效互动是围绕精心设计的教学目标与内容，在学生积极参与的状态下进行的，互动过程中既有教师的讲述和引导，也有学生的倾听与思考。贵州大学低年级生师互动水平低，一方面说明教师在生师互动过程中积极性不够，另一方面说明大学生主体意识不强，没有在教学过程中积极主动与教师进行沟通交流，因此，要改善贵州大学生师互动不良现状，必须强化学生主体意识，鼓励学生积极参与到教学活动中去。具体来说，就是要鼓励学生在教师教授过程中主动思考，积极提问，并把学生在日常活动中提问和主动回答问题的表现计入学期课程成绩，从意识和学校制度两个层面鼓励学生积极参与到教学活动中去。与此同时，鼓励学生主动积极参与教师的课题研究，在教师带领下做课题，既能学到深层的专业知识和技能，又能与教师频繁互动，并在耳濡目染中感受到教师的人格魅力，提升对专业学习和教师教学科研水平的心理认可度，进而以老师为榜样，为学好专业知识和提升自我修养不懈努力。

（4）加强课堂外的非正式互动

在以往的师生互动的研究中，研究者认为只有涉及教师的教学、涉及学生的学习需要才需要师生之间的配合，与教学活动没有关系则不需要师生之间的配合和互动。然而，事实并非如此，这种看法其实是把师生的职业生活和学习割裂开来，认为师生的学校生活是脱离其社会生活而独立存在的个体。然而课堂上的正式互动与课堂外的非正式互动都是有必要的。课堂上的正式互动，教师与学生的关系建立在两者对知识的敬畏和渴望上，在这项互动中，教师的职责仅仅是引导学生对知识进行自我建构，师生双方了解的渠道单一。课堂之外的非正式互动，教师和学生的角色不仅仅是探索知识的

共同体，而且是在社会活动中自我价值不同、学术技能不同、各具不同的性格魅力的独立平等的个体。若能意识到这一点，师生应当加强在课堂外的非正式互动，平等地交流生活中的所思所想，这样的沟通往往比课堂上的教学更深入人心。

7.3.2.4 教育经历丰富度

（1）拓展课外学习实践活动，促进学生全面发展

通过对各类院校常模的比较，我们发现在学生课外学习和课外活动以及学生报考证书及使用网络媒介的四个题项上，贵州大学各个年级均总体逊色。要丰富高校大学生的教育经验丰富程度，首先，必须搭建活动平台，包括实习实践平台、各类竞赛平台、国际学习交流平台和社会服务平台。实习实践平台的创设有助于学生提前了解职场工作生活，为就业做充分准备；竞赛平台为学生展示个性和特长提供平台，让学生的潜能得以充分发挥，让学生的各项才能得到充分的肯定；国际学习交流平台有助于开阔学生的视野，增长学生的见闻，交流所学知识，获得专业发展的最新资讯；社会服务平台有助于增强学生的社会责任感，社会的每个成员都肩负着服务社会的神圣职责，让学生多参与社会服务，有助于其社会服务意识的强化和社会服务职能的尽早发挥。其次，要加强师资培训，确保有足够的师资力量指导学生的学习实践活动。

（2）构建多样化的校园生活

在课程学习之外，贵州大学的很大部分学生是没有好好利用课外的时间。不同的生活经历造成学生之间世界观、人生观和价值观的较大的差异。因此，学校首先要有一定包容性，不歧视与否定每个人；其次，可以通过举办多种校园文化活动，促进学生之间的相互了解，挖掘大学生个体的内在潜力。同时，学校也可以在各类的竞赛或活动中，把这类的兴趣爱好培养工作与之相结合，使学生们产生兴趣与动力，增强学生的沟通能力，培养学生接纳多元的生活方式，培养积极乐观的生活态度。

（3）在完善选修课程的基础上进行"学术整合"

选修课、辅修第二学位是目前高校吸引学生拓宽知识面、广泛涉猎的主要手段。选修课基于学生的兴趣爱好，由学生自由选择课程进行学习，一般采用论文式考察方式结课而不作严格考试要求，选修课因而被打上"消遣""应付学分"等标签，失去了整合学习资源、拓展学生知识面的应有作用。加强对学生基于爱好的选修课的指导，成立以相关专业学生为朋辈导师、其他专业选修学生为成员的学习资源组对选修课题进行深入研究；结业方面则要求以专业课题或实验报告等操作性方式进行考核，从学习过程到最终的考核结业，学生都能够深入细致地进行选修领域的研究。这样每名学生参与专业与选修学习小组在内的至少两个异质学习资源组并以此为纽带促进组内不同专业的学生深入交流，拓宽因专业细化造成的"狭隘视野"，整合学习资源，丰富自身的学习经历。

（4）加强对外合作，培养国际化人才

高校在人才培养上应该更多地关注国际化市场的需求，加大复合型人才培养的力度。

要想打造国际化人才，关键在于教育模式的改革。当前我国人才、产业、经济、教育四个环节之间出现了严重的断裂，弥补的关键在于开展国际化的教育。开展国际化的教育首先要打造复合型的教师队伍，多元化的教师队伍将会为学生提供多视角的文化氛围；其次，在课程设置上要实现多元化，在较早的时期就让学生们有着更广阔的视野；最后，还要实现考试的多元化。

7.3.2.5 校园环境支持度

（1）强化个性化管理理念，营造"以人为本"的环境文化氛围

"以人为本"是素质教育的必然要求，也是学校培养未来人才的根本所在，更是学校可持续发展的基础。"以人为本"是充分考虑学生的生活来设计学校的校园布局，购置校园设施，人人为我，我为人人，在相互理解和关爱中构建和谐校园。

（2）加强校园信息化建设，推进教育现代化发展进程

配备现代教学设备和设施，以现代教育观念为指导，运用现代教育技术，通过革新教学内容、教学方法与教学手段，提高教学质量，培养出具有国际竞争力的新型劳动者和高素质人才的过程称之为教育现代化。通过与各类院校常模的对比，贵州大学的学生使用网络媒介讨论或完成作业的水平远低于地方本科院校常模，可见贵州大学的学生在使用网络媒介讨论或完成作业方面的水平整体偏低。要提高贵州大学学生使用网络媒介讨论或完成作业水平较低的现状，首先应提高学生的信息素养，不仅只是开设"大学计算机基础"等课程，还要引导学生使用网络媒介讨论学习内容，完成学习任务；其次要提高教师的信息化教学水平，教师不仅要能够熟练运用现代化教育技术手段开展教学活动，而且要能够高效指导学生充分利用网络学习资源进行自主学习或合作学习。

（3）优化校园环境，促进大学生心理健康发展

良好的大学校园环境是培育大学生的肥沃土壤，既能最大限度地调动大学生的主动性和积极性，提高学习工作的效率，又能有效地促进大学生心理健康，并且能培养大学生良好的心理素质。不健康的校园环境对大学生产生的影响是消极的，阻碍其成长。发展大学生健康的心理是大学生能够正常学习、生活、交往、发展的前提和基本保证。美国精神分析家哈内就认为，许多心理变态是由于对环境的不良适应而引起的。从中学进入大学，面对一个新奇又陌生的环境，大学生应调整自我，适应环境的变化。虽然大学生在适应环境的幅度和难度上存在明显的差异，但大学生顺利地完成对环境的适应的过程是大学生成才和发展的关键，也是影响大学生心理健康的重要因素。校园环境对大学生的心理健康的影响不是被动的、机械的，而在于大学生对校园环境的认知与理解、评价。

（4）注重良好的校风育人，激励学生健康成长

从文化的视角看，校园精神环境包罗万象，它涵盖了师生认可的行为方式、价值观、群体目标、治学态度，以及各种思想感情意识、学校人际关系、校风、学风等。校风反映一所学校的办学宗旨、办学理念和师生的精神风貌，它由领导作风、教师教风和学生

学风组成。优良的校风是学校精神的外化,折射出学校的理想和价值导向,是一种无形的、潜在的教育力量,对学生的健康成长具有重要影响。学校应把营造健康文明、积极向上的校风作为校园精神环境建设的重要内容,要充分发挥校风特有的导向功能、凝聚功能和激励功能。用优良的领导作风和教风,培养优良的学风;用健康的校风习气、生活方式、人际关系和舆论氛围感染、激励、陶冶、教育学生的行为观念,润物无声,发挥校风的独特的育人功能。

7.3.3 整改情况

（1）明确学科建设的核心要素

做好学科建设战略规划,就要明确学科建设的核心要素是什么。合理的学科结构、明确的重点特色学科、人才队伍建设、制度建设等都是学科建设必不可少的核心要素。学科建设应以学校的历史传统、发展现状、未来走向、优势劣势、地域特色等实际情况为出发点,以调整学科结构、优化学科布局为基础,以重点学科、特色学科建设为抓手,以人才队伍建设为核心,以国际化为助力,以制度建设为保障。

（2）重点、特色与整体的统一

做好学科建设战略规划要明确重点学科、特色学科与整体学科之间的关系,坚持重点突破、特色发展与整体推进的统一。从很大程度上讲,一所大学的水平和声誉是由其重点学科、特色学科来体现的,因此,在资源和条件有限的情况下,应当坚持有所为、有所不为的原则,把资源集中投入到最优秀的、最有潜力的领域,以保证这些尖端、前沿领域的持续发展。但是,应当明确的是坚持重点学科与特色学科优先发展并不是忽略其他学科的发展,而是要首先在优势学科领域实现突破,以此为基础,逐步形成一个优势带头学科、基础支撑学科、相关配套学科、新兴交叉学科共同发展的学科生态结构。

（3）适应经济发展的社会需求

服务社会是高等学校的一大职能,学科建设必须坚持服务于经济社会发展的理念。而高等学校要实现与经济社会发展的互动,其关键问题在于学科专业的设置。学科设置决定了人才培养的质量、人才培养的结构和人才培养的方向。因此,只有调整学科结构、优化学科布局,才能体现高等教育服务于经济社会发展需要的现实要求。高校学科建设要紧紧围绕当地经济社会发展的市场需求,建设特色学科,培养宽口径、厚基础、强能力、高素质的各类人才。同时,高校要充分发挥教育资源优势和高素质人才优势,紧密结合地方经济建设的现实需要,加强人才培养和技能培训,为地方培养高素质科技型实用人才,直接为地方经济建设和社会发展提供智力支持,成为所在地区的智力源和人才库。当然,作为以培养人才为核心任务的高校,在学科建设与服务地方经济发展的关系中要占主导地位,不能被动地跟随市场走,必须遵循学科建设的自身发展规律,才能保证学科建设的中心工作不偏离正确轨道。

（4）加强人才体制机制建设

学科建设，人为根本。人才队伍建设，尤其是高层次人才队伍建设是高等学校学科建设的核心所在，学科建设必须依靠一批具有真知灼见的学术领军人才和结构合理的学科梯队。

第 8 章　2014 年学院（部）贡献度与竞争力综合评估报告

《贵州大学 2014 年度教育教学状况白皮书——学院（中心、重点实验室）年度贡献度及竞争力综合评估》（以下简称《白皮书》），连续六年由评估中心（高教所）编印发布。评估中心（高教所）在人员紧缺、任务繁重、压力很大的情况下，各项工作持续稳步推进，"五专一综"日臻完善，高教研究更上层楼。

8.1 评估方法

8.1.1 评估依据

按照教育部高教司《关于全面提高高等教育质量的若干意见》（教高〔2012〕4 号）和《关于继续试点部分高等学校编制发布〈本科教学质量报告〉的通知》（教高司函〔2012〕118 号）要求，在进一步总结以往工作经验、广泛征求学校各单位意见的基础上，我们对评估指标体系和评估系统进一步进行了完善和优化，使得 2014 年《白皮书》对各学院（中心、重点实验室）贡献度及竞争力的综合评价更趋科学合理，对学校教育教学状态和综合竞争力的展现更加全面客观。

8.1.2 评估内容

综合评估指标体系包括 5 个一级指标、11 个二级指标。由一系列描述二级指标的年度教育教学基本状态数据（观测点）组成，2014 年，指标体系的评价项目为 216 项，将 126 个评价项目的分母改为全校平均值。包括本科生教学工作（A1）、研究生教学工作（A2）、科研项目（B1）、科研成果（B2）、重点学科专业（C1）、师资队伍（C2）、教学科研基地（C3）、合作办学（D1）、学术交流（D2）、社会合作与服务（E1）、社会经济效益（E2）。

8.1.3 状态数据

2014 年，各学院（中心、重点实验室）十分重视评估数据的采集与录入工作，其中有法学院、外国语学院、材料与冶金学院、资源与环境工程学院、管理学院、体育学院、酿酒与食品工程学院、经济学院、药学院、喀斯特环境与地质灾害防治重点实验室、贵州省农业生物资源工程中心 11 个单位认真地组织录入了本单位的教育教学状态数据。评估中心（高教所）承担了其它单位和校直部门相关状态数据的在线录入工作。学院（中心、重点实验室）网上审核数据共 10920 行，校高等教育研究与评估专家对 22499 行重要数据进行了现场甄别和在线审核。最后，我中心（所）对 90242 行数据全部进行了审核确认。

8.2 结果分析

8.2.1 总体情况

根据教育教学质量评估系统统计分析的结果，在综合评价和 5 个一级指标及 11 个二级指标上。2014 年，在 27 个学院（不含未承担本科教学工作的所、中心）中，综合评价前三名分别是资源与环境工程学院、机械工程学院、农学院，全校平均值 134.89 分，相比 2013 年的平均值增加了 32.53 分；共有 9 个单位高于平均值，有 18 个单位低于平均值。

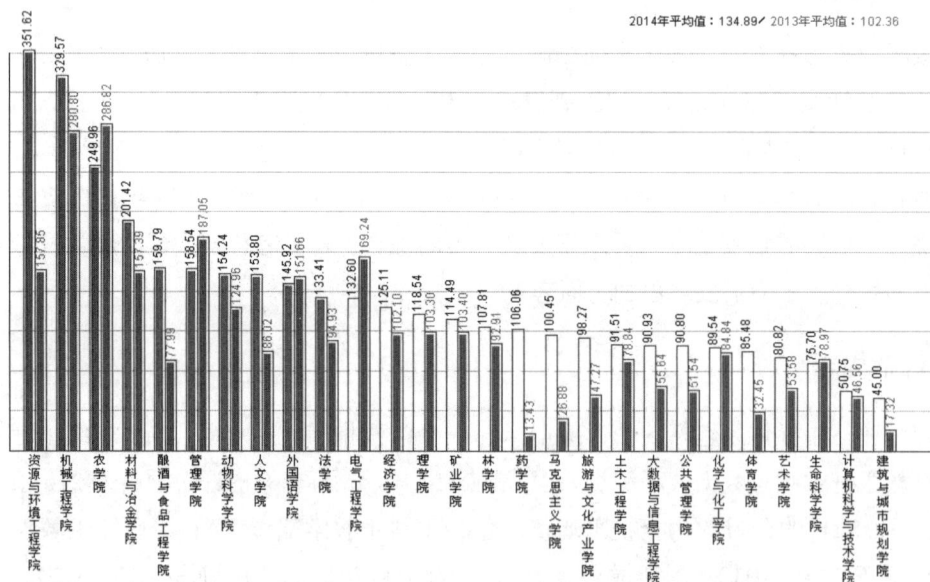

图 8-1　学院（中心、重点实验室）年度贡献度及竞争力综合评估排行

8.2.2 一级指标

（1）学院（中心、重点实验室）教学工作（A1+A2）贡献度排行

2014 年，学院（中心、重点实验室）教学工作贡献度前三名为机械工程学院、材料与冶金学院、人文学院，全校平均值为 77.78 分，比 2013 年增加了 13.96 分；共有 13 个

单位高于平均值，有 19 个单位低于平均值。

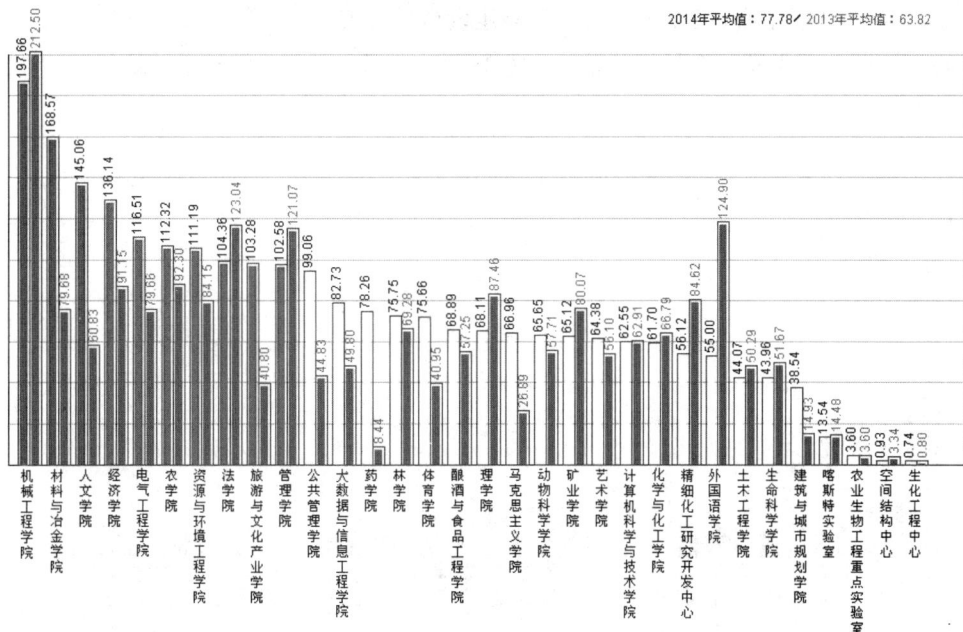

图 8-2　学院（中心、重点实验室）教学工作（A1+A2）贡献度排行

（2）学院（中心、重点实验室）科研工作（B1+B2）贡献度排行

2014 年，学院（中心、重点实验室）科研工作贡献度前三名为精细化工研究开发中心、资源与环境工程学院、农学院，全校平均值为 206.56 分，共有 12 个单位高于平均值，有 20 个单位低于平均值。

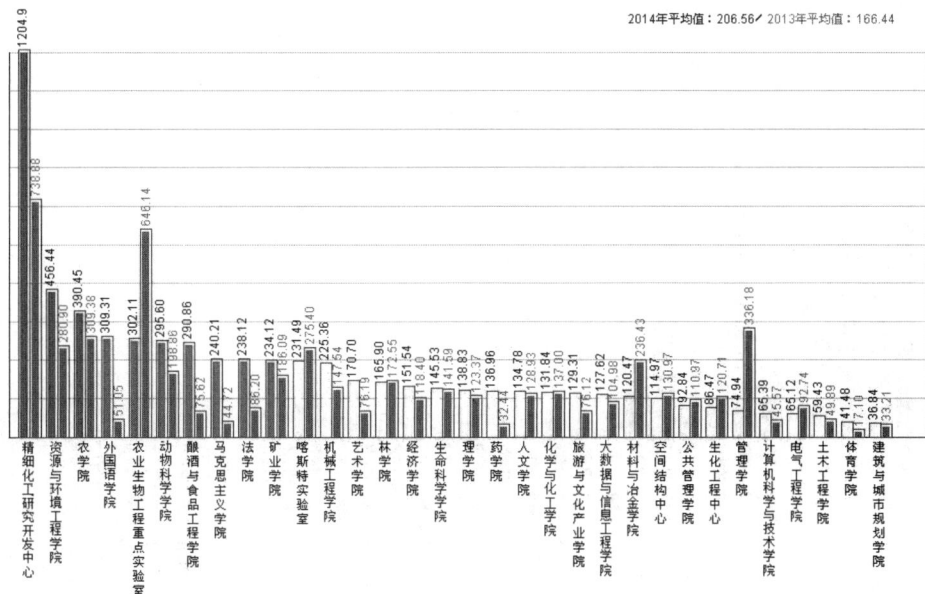

图 8-3　学院（中心、重点实验室）科研工作（B1+B2）贡献度排行

（3）学院（中心、重点实验室）学科建设（C1+C2+C3）贡献度排行

2014 年，学院（中心、重点实验室）学科建设贡献度前三名为精细化工研究开发中心、理学院、机械工程学院，全校平均值为 110.35 分，共有 12 个单位高于平均值，有 20 个单位低于平均值。

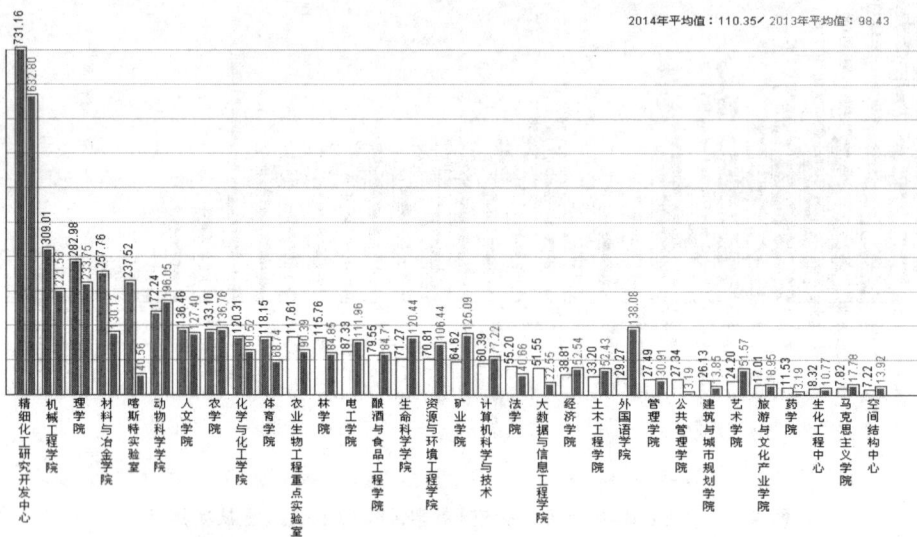

图 8-4　学院（中心、重点实验室）学科建设（C1+C2+C3）贡献度排行

（4）学院（中心、重点实验室）国际交流（D1+D2）贡献度排行

2014 年，学院（中心、重点实验室）国际交流贡献度前三名为管理学院、电气工程学院、机械工程学院，全校平均值为 132.38 分。共有 10 个单位高于平均值，有 22 个单位低于平均值。

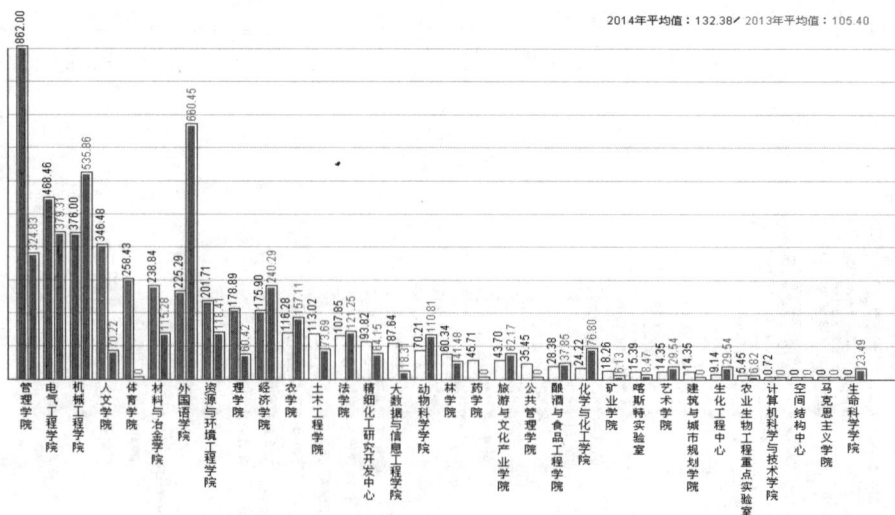

图 8-5　学院（中心、重点实验室）国际交流（D1+D2）贡献度排行

（5）学院（中心、重点实验室）社会服务（E1+E2）贡献度排行

2014 年，学院（中心、重点实验室）社会服务贡献度前三名为资源与环境工程学院、机械工程学院、农学院，全校平均值为 205.19 分，共有 8 个单位高于平均值，有 24 个单位低于平均值。

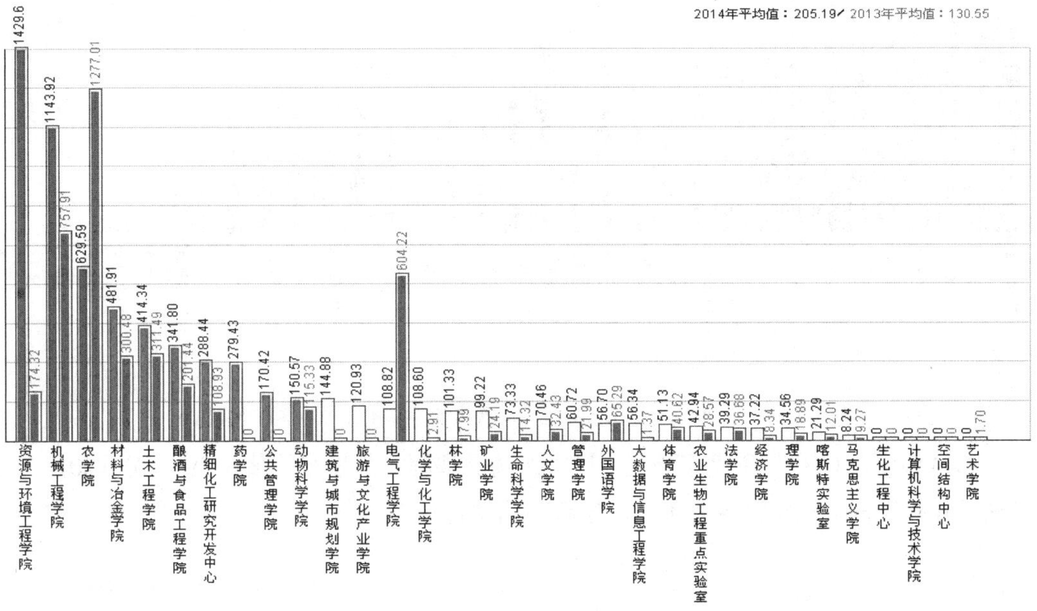

图 8-6　学院（中心、重点实验室）社会服务（E1+E2）贡献度排行

8.2.3 二级指标

（1）学院（中心、重点实验室）本科生教学工作（A1）贡献度排行

本科生教学（A1）贡献度前三名为机械工程学院、材料与冶金学院、公共管理学院，全校平均值为 73.93 分，有 16 个单位低于平均值。

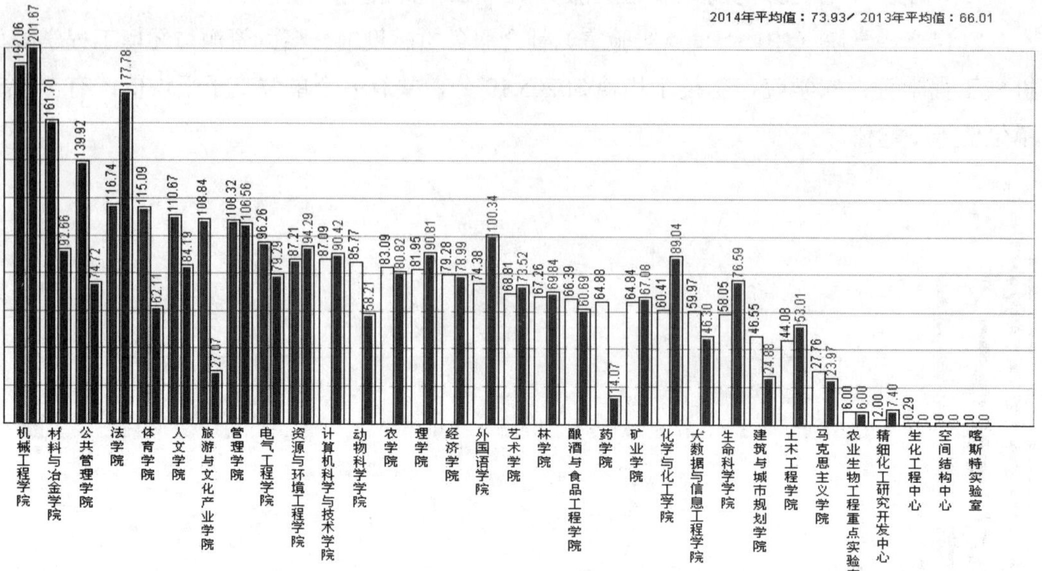

图 8-7　学院（中心、重点实验室）本科生教学工作（A1）贡献度排行

2014 年学院（中心、重点实验室）国家级精品课程贡献度平均值是 89.29 分。2014 年，仅法学院和机械工程学院各有 1 门国家级精品课程。

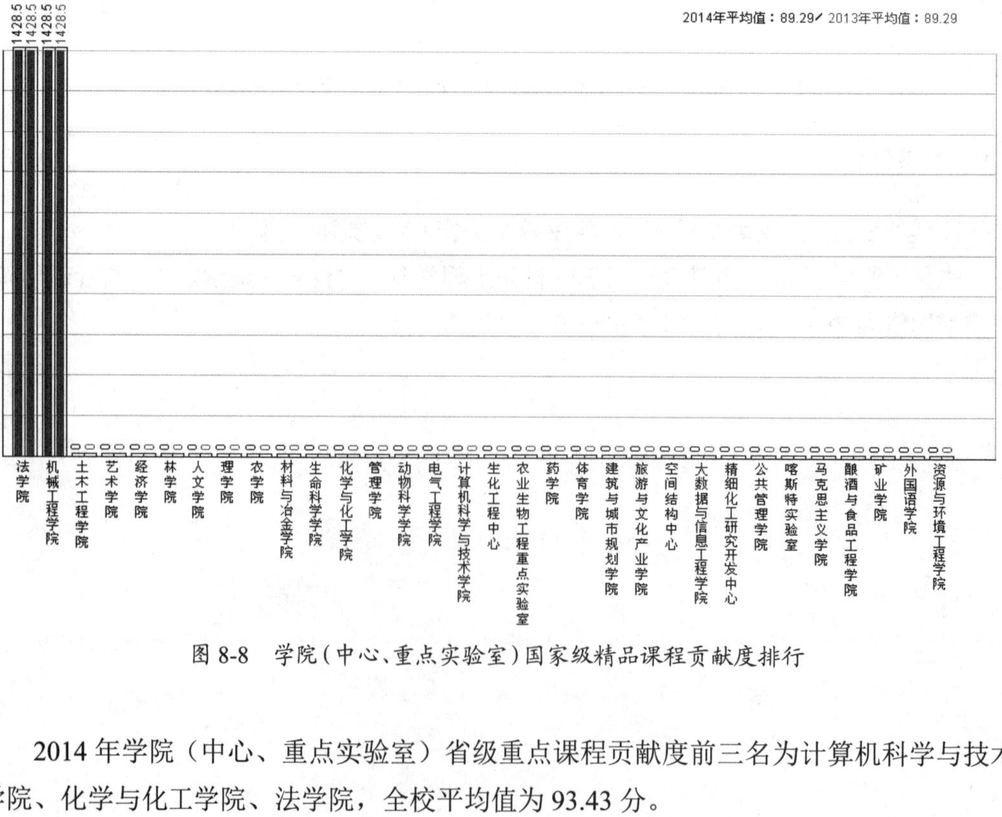

图 8-8　学院（中心、重点实验室）国家级精品课程贡献度排行

2014 年学院（中心、重点实验室）省级重点课程贡献度前三名为计算机科学与技术学院、化学与化工学院、法学院，全校平均值为 93.43 分。

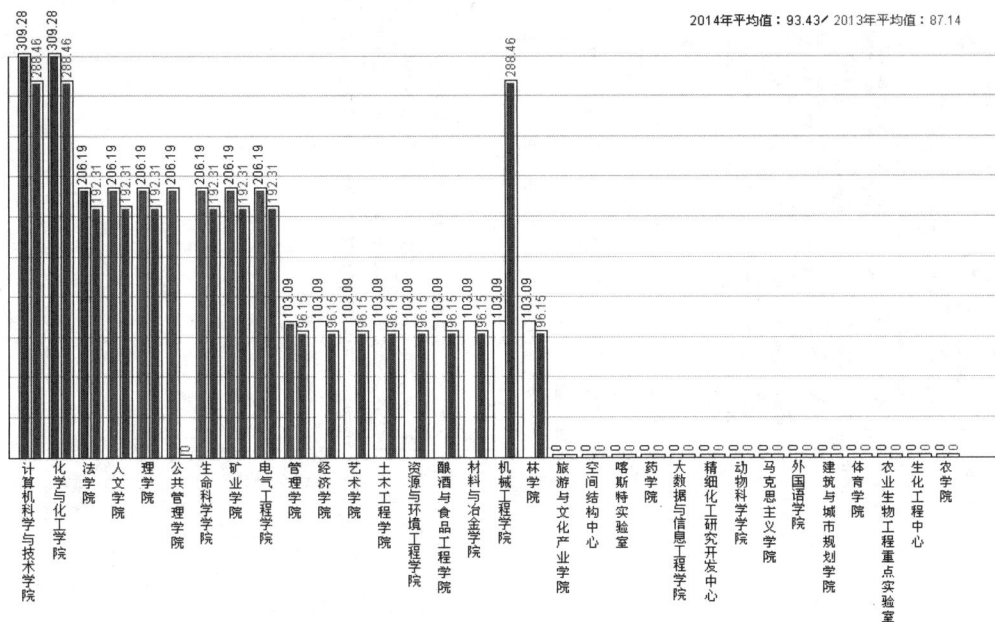

图 8-9 学院（中心、重点实验室）省级重点课程贡献度排行

2014 年学院（中心、重点实验室）双语课程贡献度前三名依次为资源与环境工程学院、计算机科学与技术学院、大数据与信息工程学院，全校平均值为 94.18 分。

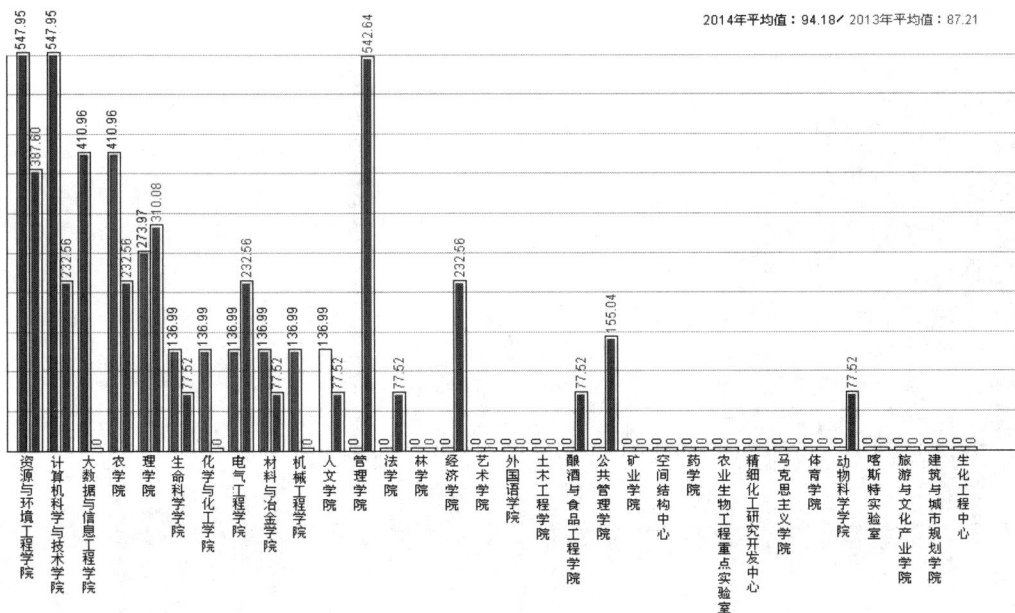

图 8-10 学院（中心、重点实验室）双语课程贡献度排行

2014 年学院（中心、重点实验室）开放实验贡献度前三名为材料与冶金学院、化学与化工学院、资源与环境工程院，全校平均值为 71.88 分。

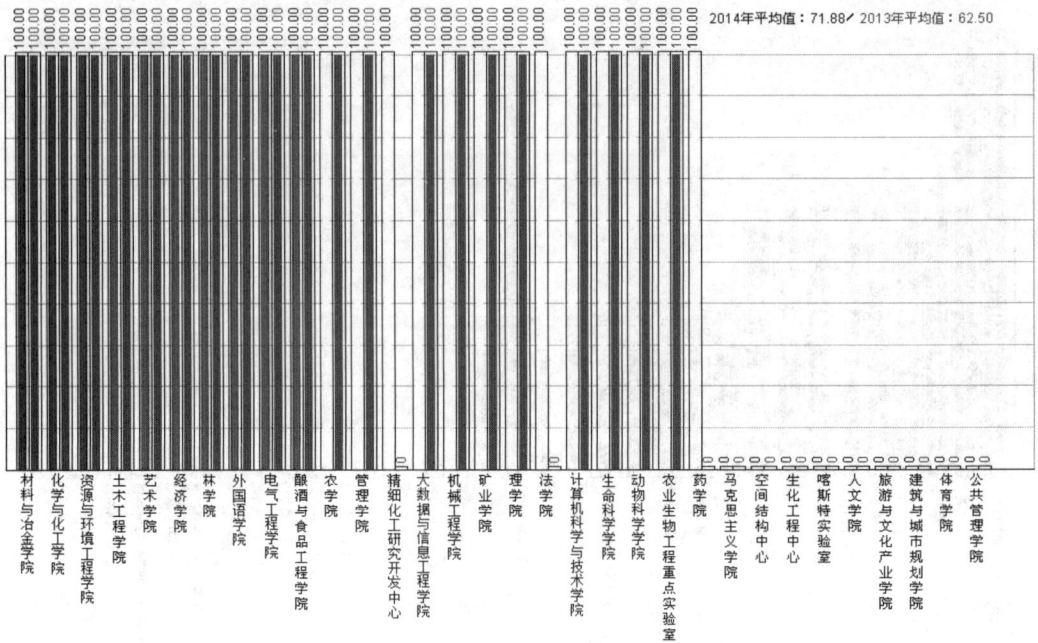

图 8-11　学院（中心、重点实验室）开放实验贡献度排行

2014 年学院（中心、重点实验室）综合性、设计性实验贡献度前三名为人文学院、体育学院、旅游与文化产业学院，全校平均值为 45.81 分。

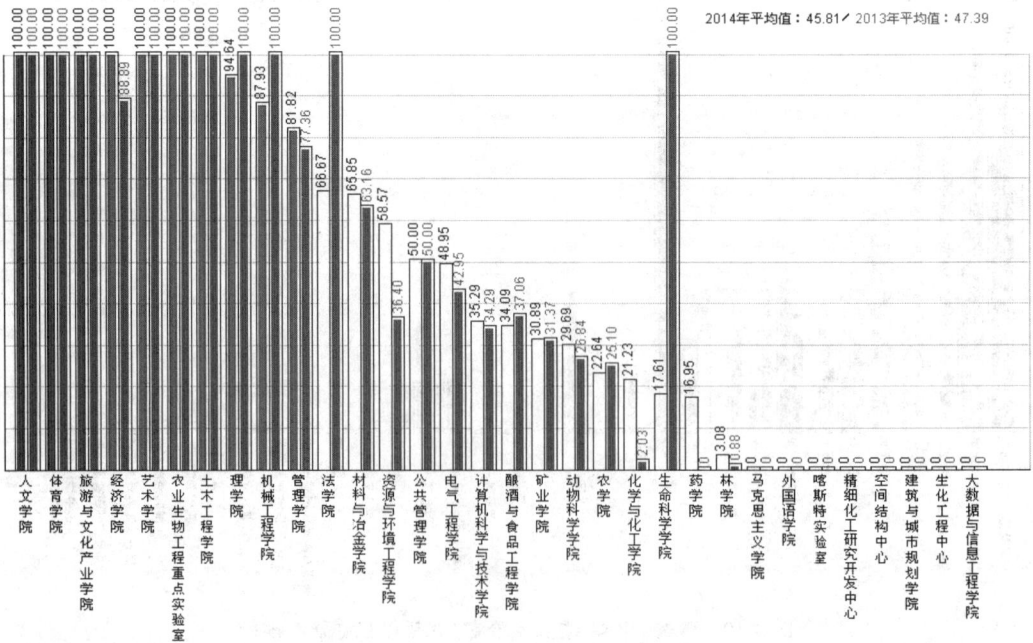

图 8-12　学院（中心、重点实验室）综合性、设计性实验贡献度排行

2014 年学院（中心、重点实验室）主编国家教材贡献度前三名为电气工程学院、艺术学院、计算机科学与技术学院，全校平均值为 93.48 分。

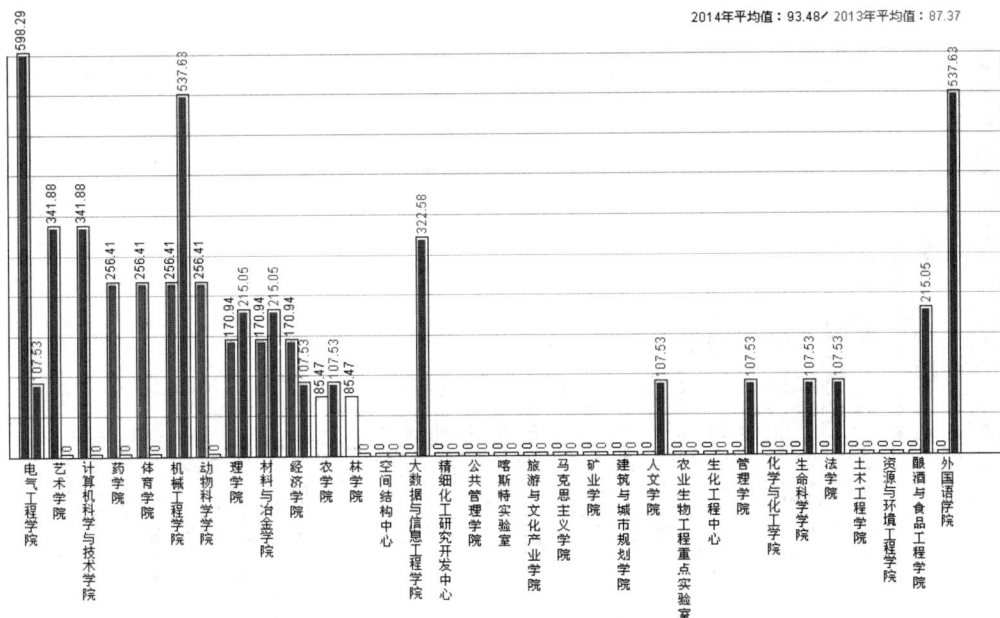

图 8-13　学院（中心、重点实验室）主编国家教材贡献度排行

2014 年学院（中心、重点实验室）教改项目立项贡献度前三名为机械工程学院、材料与冶金学院、人文学院，全校平均值为 93.75 分。

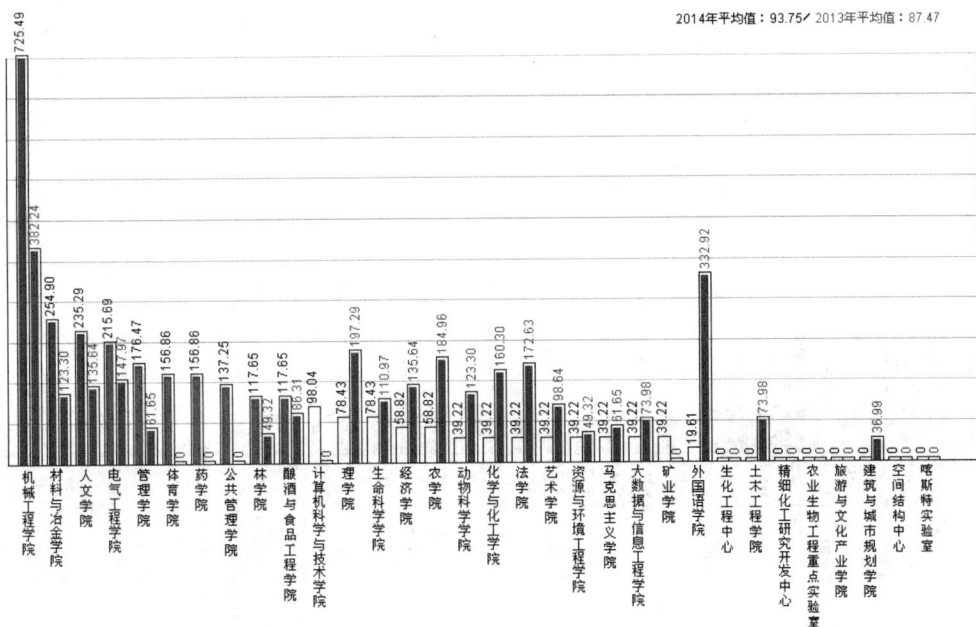

图 8-14　学院（中心、重点实验室）教改项目立项贡献度排行

2014 年学院（中心、重点实验室）本科生英（日）语等级考试通过率贡献度前三名为法学院、药学院、外国语学院，全校平均值为 17.42 分。

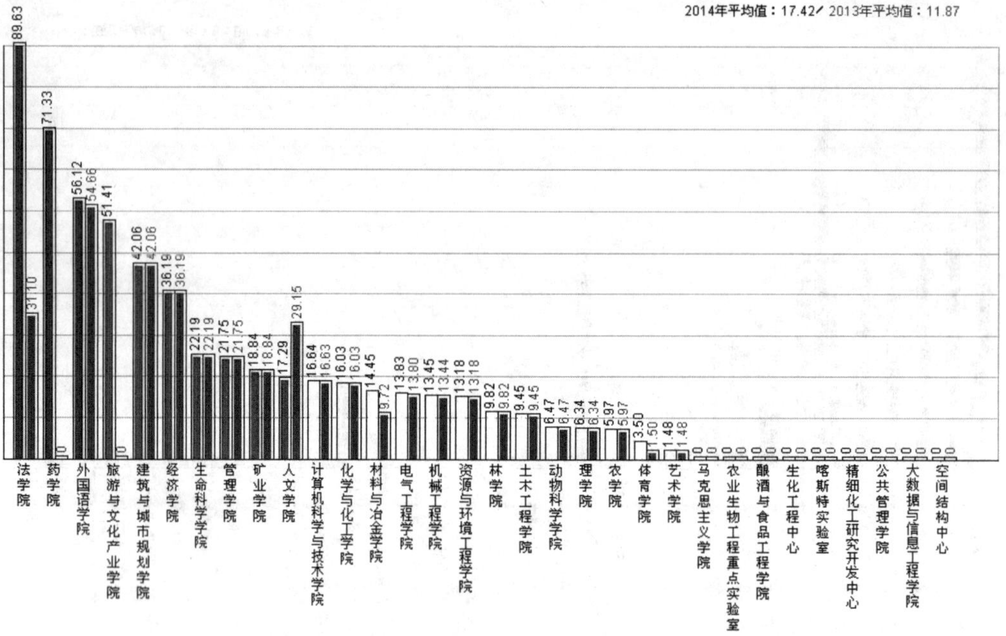

图 8-15　学院（中心、重点实验室）本科生英（日）语等级考试通过率贡献度排行

2014 年学院（中心、重点实验室）本科生计算机等级考试通过率贡献度前三名为药学院、公共管理学院、旅游与文化产业学院，全校平均值为 10.75 分。

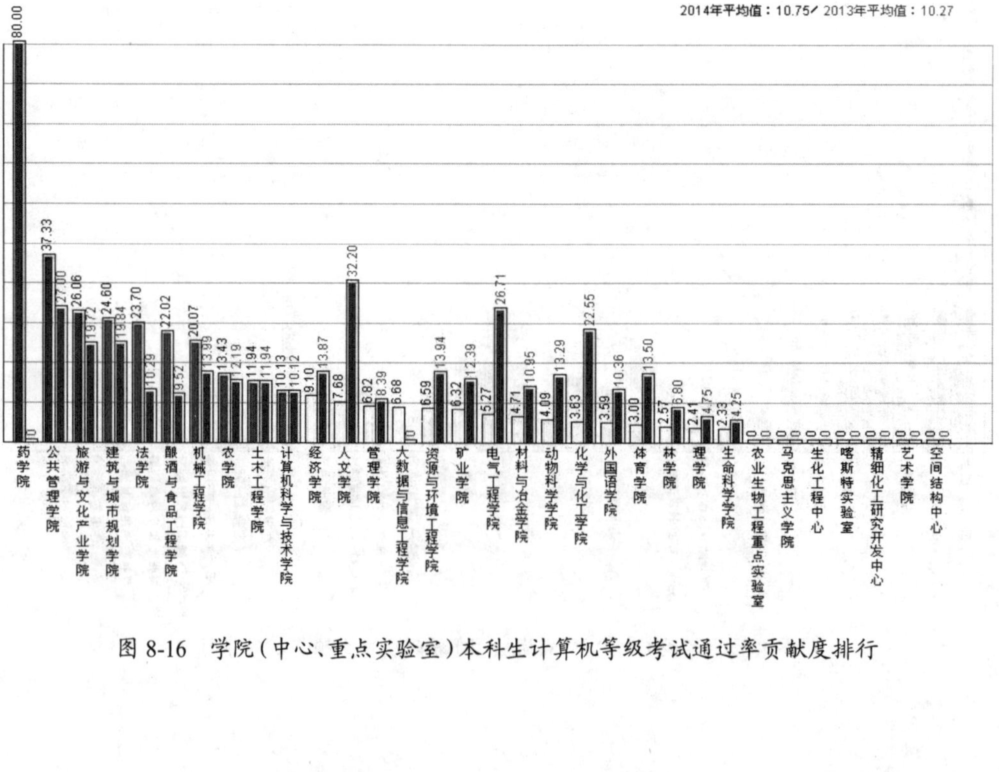

图 8-16　学院（中心、重点实验室）本科生计算机等级考试通过率贡献度排行

2014 年学院（中心、重点实验室）本科生主持项目数贡献度前三名为电气工程学院、农学院、机械工程学院，全校平均值为 3.12 分。

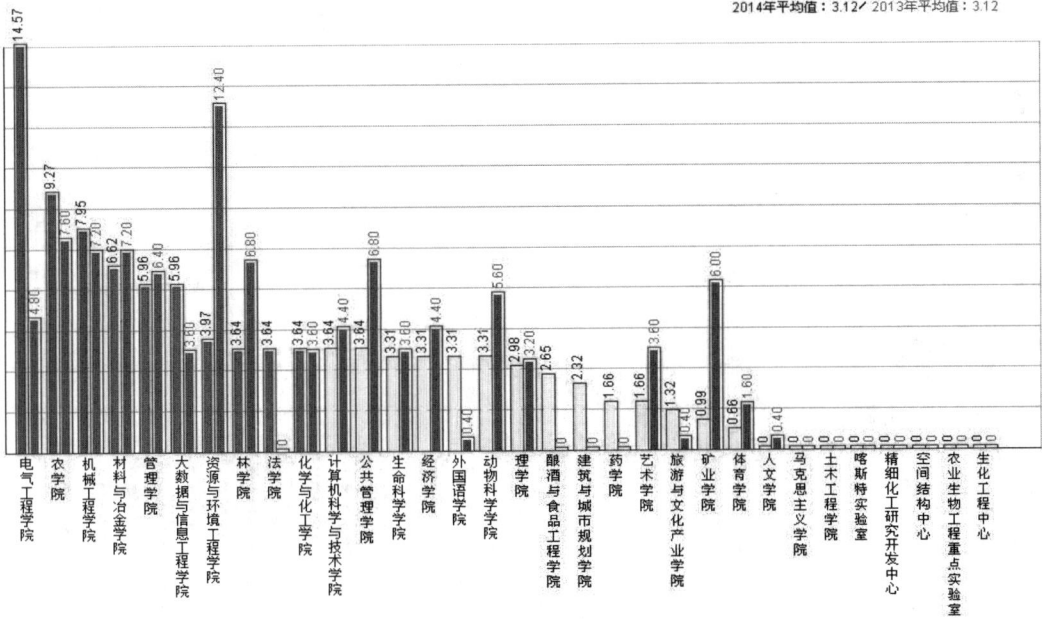

图 8-17 学院（中心、重点实验室）本科生主持项目数贡献度排行

2014 年学院（中心、重点实验室）本科生获专利数贡献度前两名为机械工程学院、酿酒与食品工程学院，全校平均值为 93.90 分。

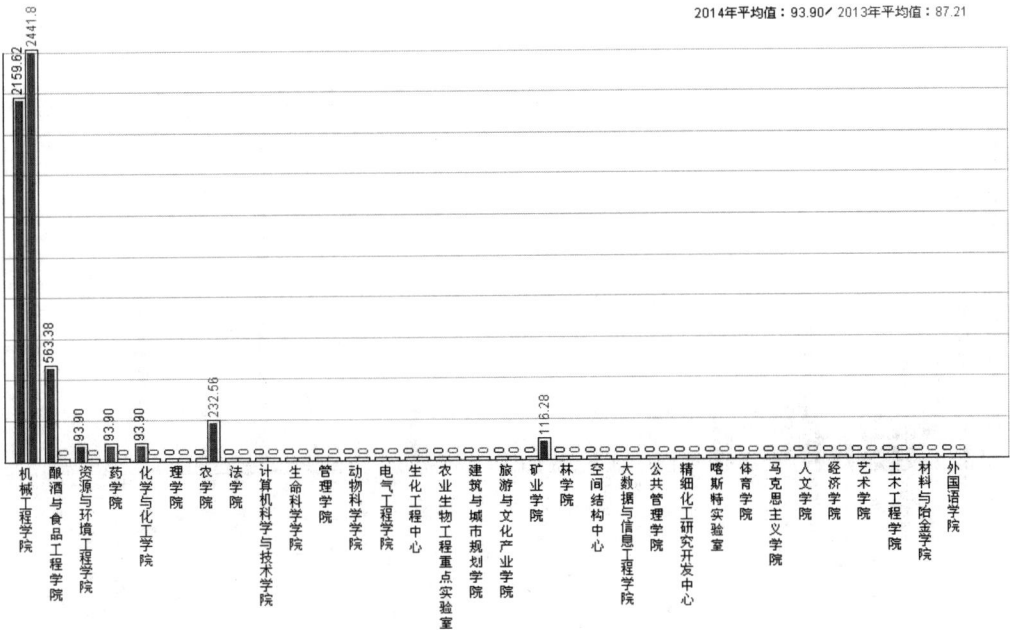

图 8-18 学院（中心、重点实验室）本科生获专利数贡献度排行

2014 年学院（中心、重点实验室）本科生发表论文数贡献度前三名为酿酒与食品工程学院、材料与冶金学院、经济学院，全校平均值 93.84 分。

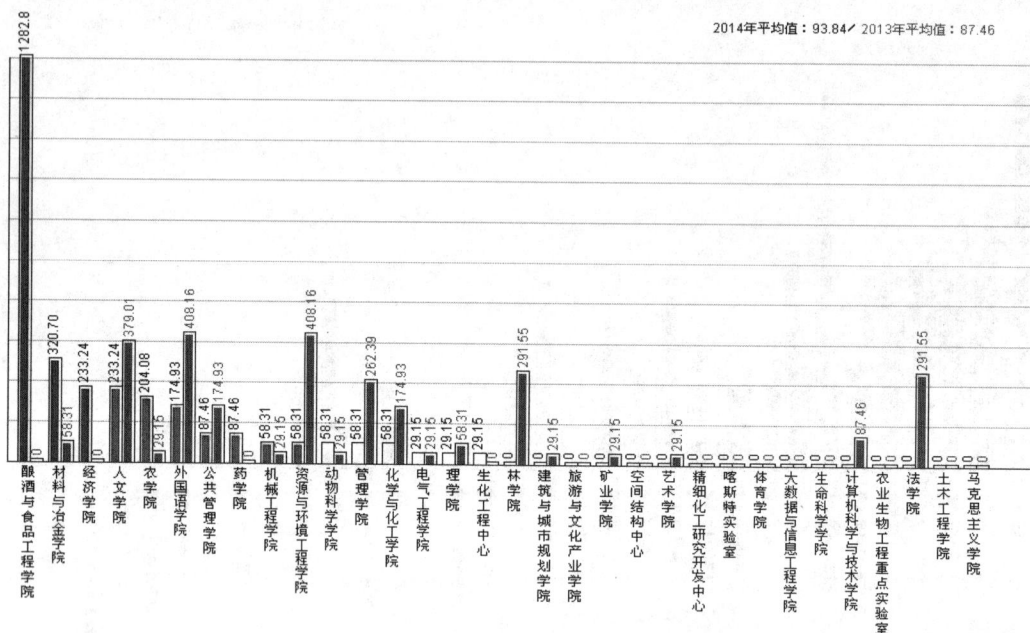

图 8-19　学院（中心、重点实验室）本科生发表论文数贡献度排行

2014 年学院（中心、重点实验室）本科生省级比赛获奖贡献度前三名为体育学院、机械工程学院、外国语学院，全校平均值为 93.78 分。

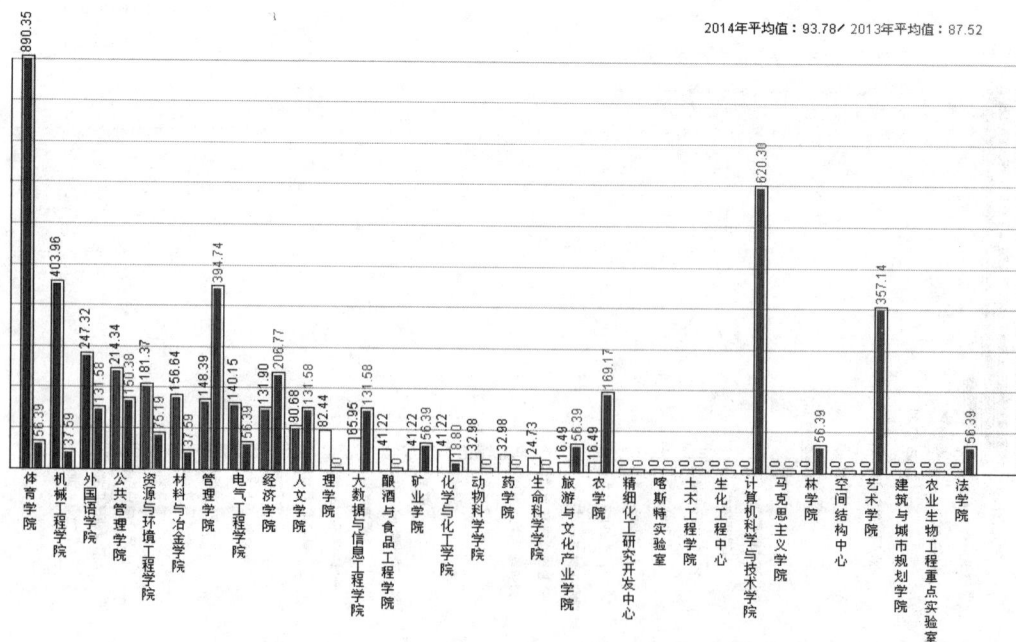

图 8-20　学院（中心、重点实验室）本科生省级比赛获奖贡献度排行

2014 年学院（中心、重点实验室）本科应届毕业生就业贡献度前三名为外国语学院、电气工程学院、体育学院，全校平均值为 80.11 分。

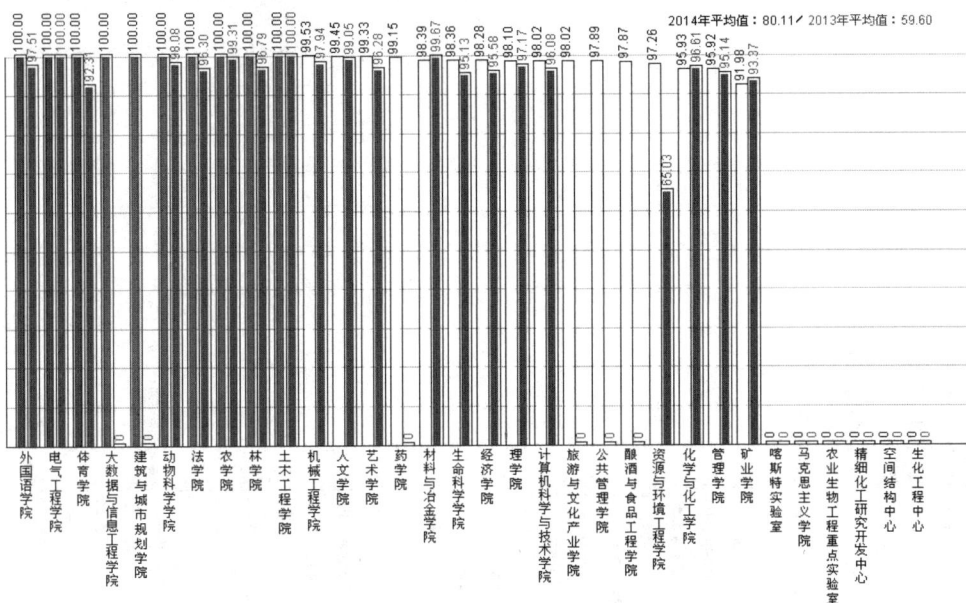

图 8-21　学院（中心、重点实验室）本科应届毕业生就业贡献度排行

（2）学院（中心、重点实验室）研究生教学工作（A2）贡献度排行

研究生教学（A2）前三名为经济学院、机械工程学院、人文学院，全校平均值为 83.56 分，有 17 个单位低于平均值。

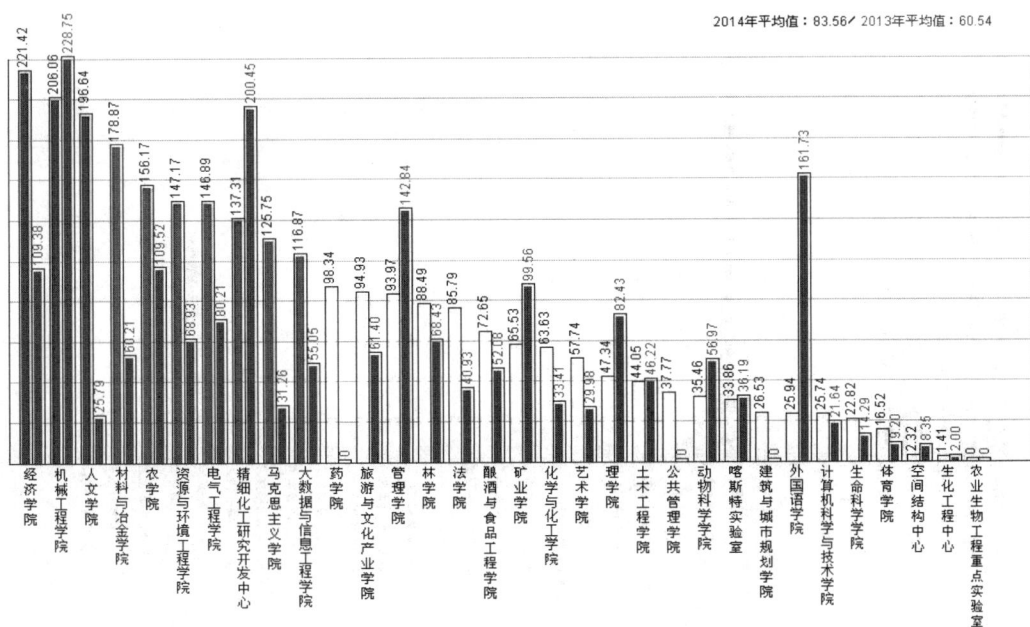

图 8-22　学院（中心、重点实验室）研究生教学工作（A2）贡献度排行

2014 年学院（中心、重点实验室）主编研究生统编教材贡献度前三名为精细化工研究开发中心、大数据学院、理学院，全校平均值为 131.05 分。

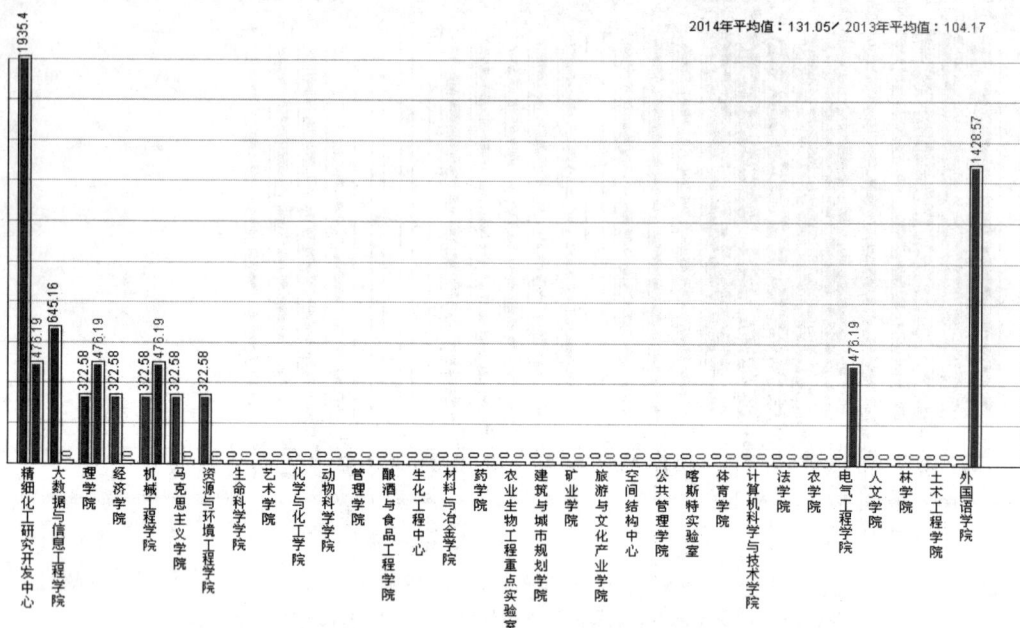

图 8-23　学院（中心、重点实验室）主编研究生统编教材贡献度排行

2014 年学院（中心、重点实验室）研究生主持省级以上科研项目贡献度前三名为资源与环境工程学院、马克思主义学院、药学院，全校平均值为 133.93 分。

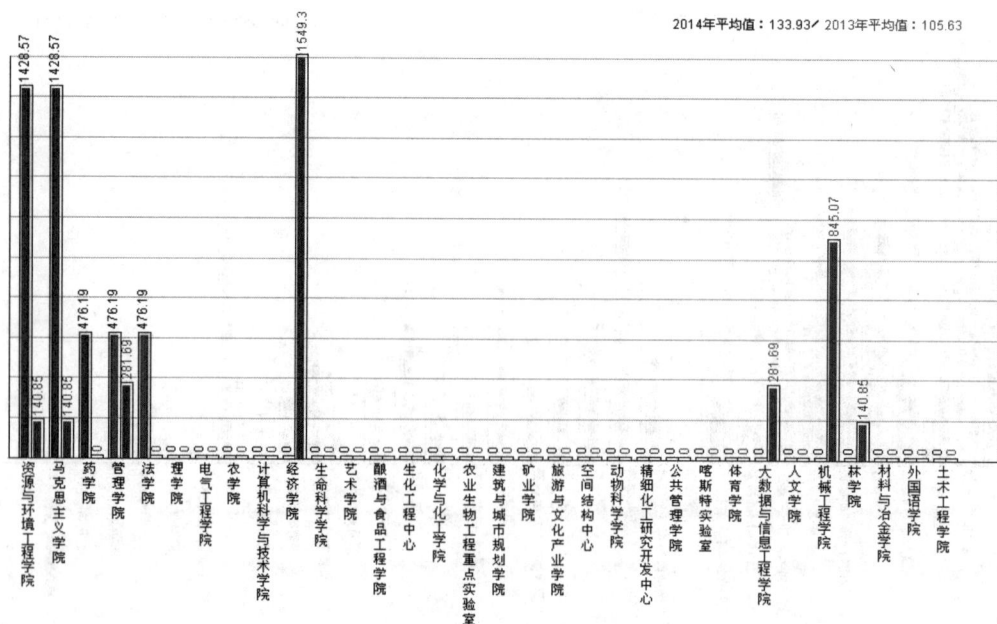

图 8-24　学院（中心、重点实验室）研究生主持省级以上科研项目贡献度排行

2014 年学院（中心、重点实验室）研究生发表论文（核心期刊）贡献度前三名为酿酒学院、材料与冶金学院、林学院，全校平均值为 131.26 分。

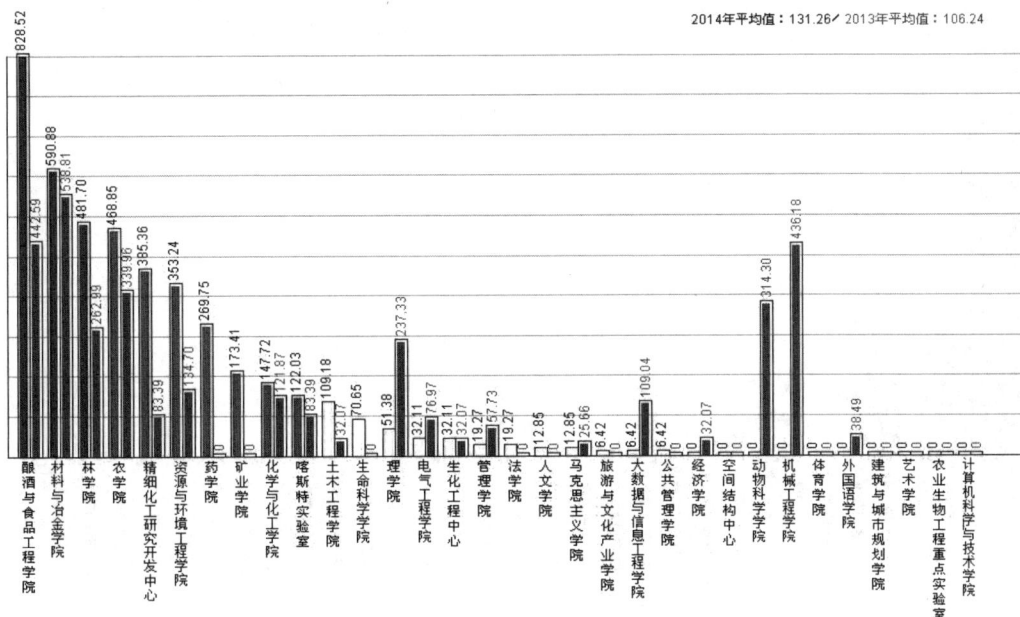

图 8-25　学院（中心、重点实验室）研究生发表论文（核心期刊）贡献度排行

2014 年学院（中心、重点实验室）研究生获国家专利贡献度前三名为机械工程学院、农学院、酿酒与食品工程学院，全校平均值为 131.35 分。

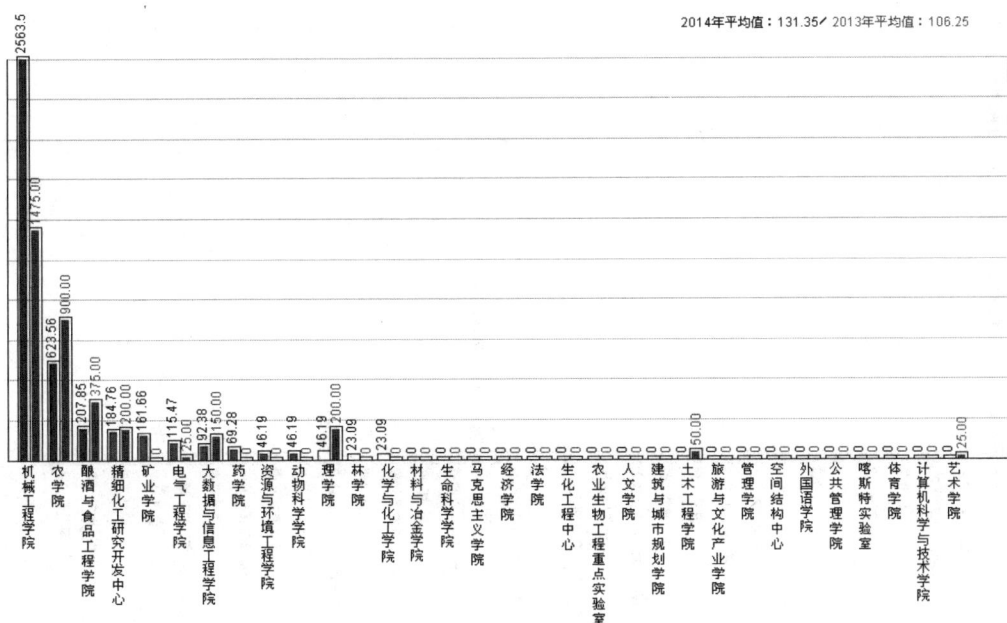

图 8-26　学院（中心、重点实验室）研究生获国家专利贡献度排行

　　2014年学院（中心、重点实验室）研究生在省级以上比赛获奖贡献度前三名为艺术学院、机械工程学院、管理学院，全校平均值为131.29分。

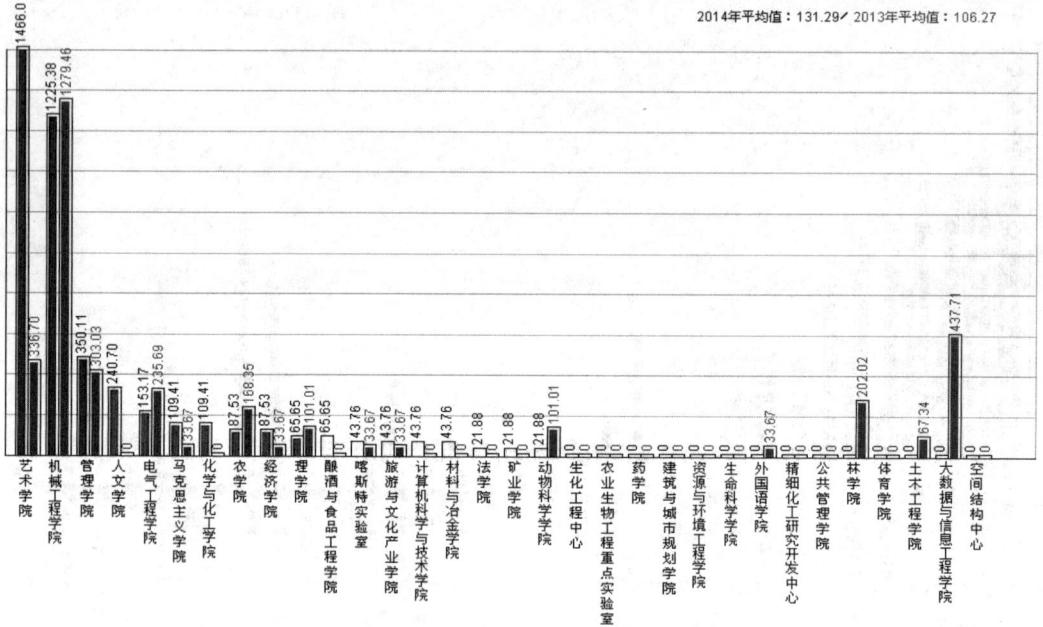

图8-27　学院（中心、重点实验室）研究生在省级以上比赛获奖贡献度排行

　　2014年学院（中心、重点实验室）研究生参加国际学术会议贡献度前三名为材料与冶金学院、土木工程学院、资源与环境工程学院，全校平均值为133.93分。

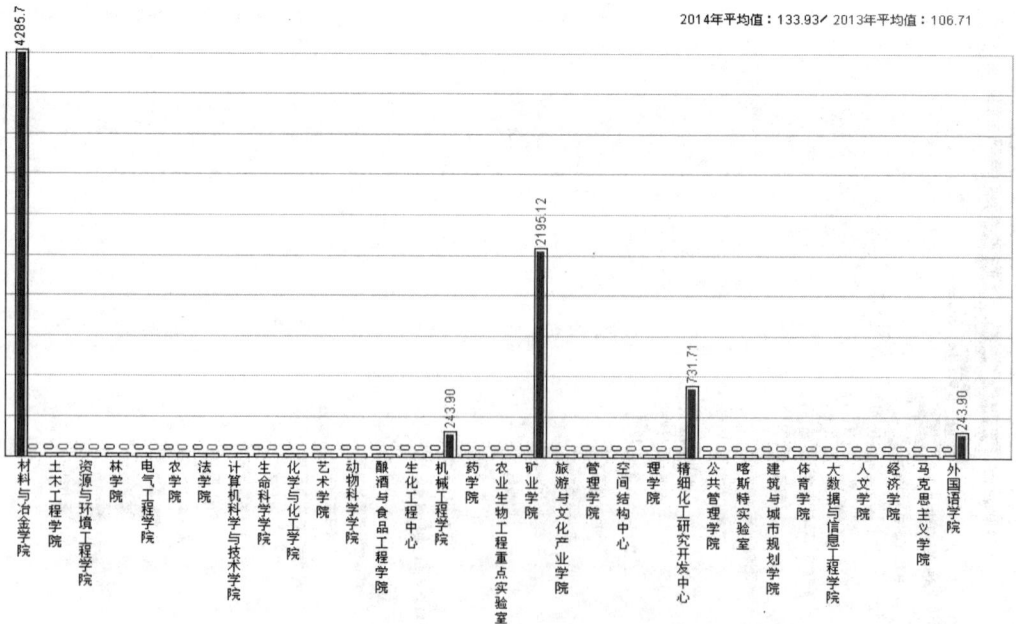

图8-28　学院（中心、重点实验室）研究生参加国际学术会议贡献度排行

　　2014 年学院（中心、重点实验室）应届研究生就业贡献度贡献度前三名为马克思主义学院、机械工程学院、土木工程学院，全校平均值为 74.28 分。

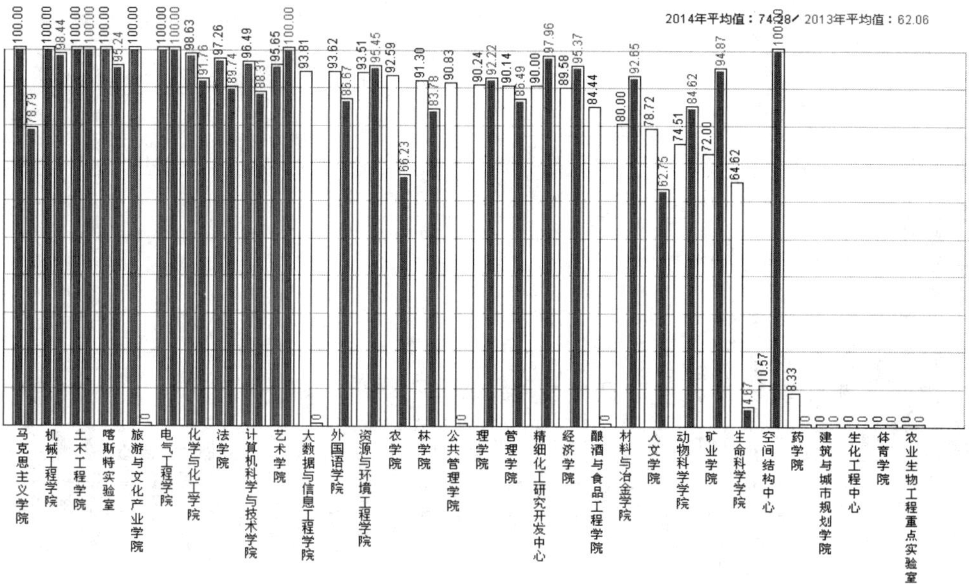

图 8-29　学院（中心、重点实验室）应届研究生就业贡献度排行

（3）学院（中心、重点实验室）科研工作（B1）贡献度排行

　　科研项目（B1）前三名为精细化工研究开发中心、资源与环境工程学院、外国语学院，全校平均值为 325.52 分，仅 8 个单位高于平均值。

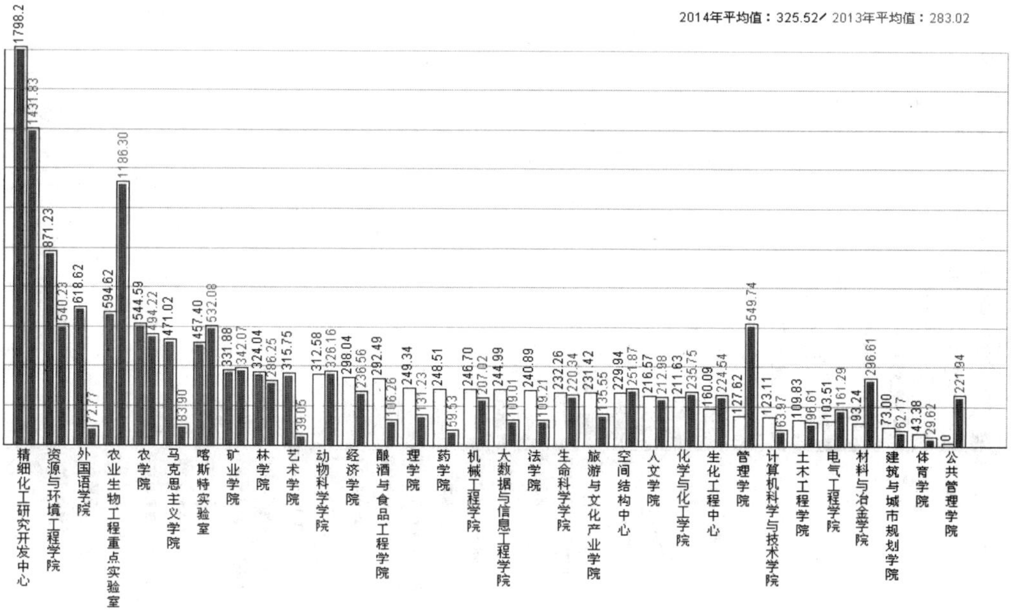

图 8-30　学院（中心、重点实验室）科研工作（B1）贡献度排行

2014 年学院（中心、重点实验室）获国家级项目贡献度贡献度前三名为外国语学院、农学院、理学院，全校平均值为 154.53 分。

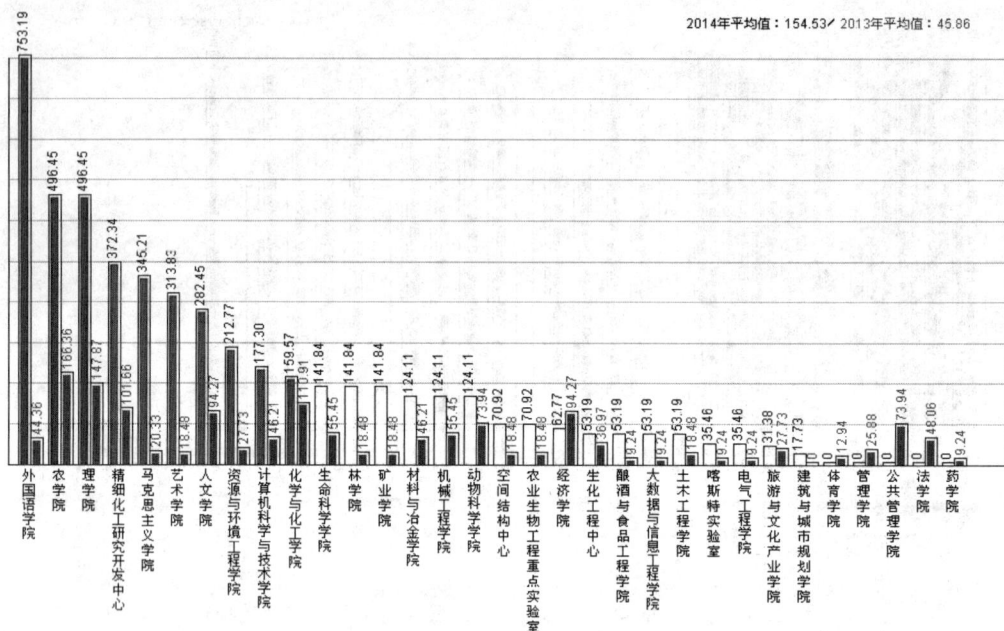

图 8-31　学院（中心、重点实验室）获国家级项目贡献度排行

2014 年学院（中心、重点实验室）获省（部）级项目贡献度排行前三名为马克思主义学院、外国语学院、材料与冶金学院，全校平均值为 127.32 分。

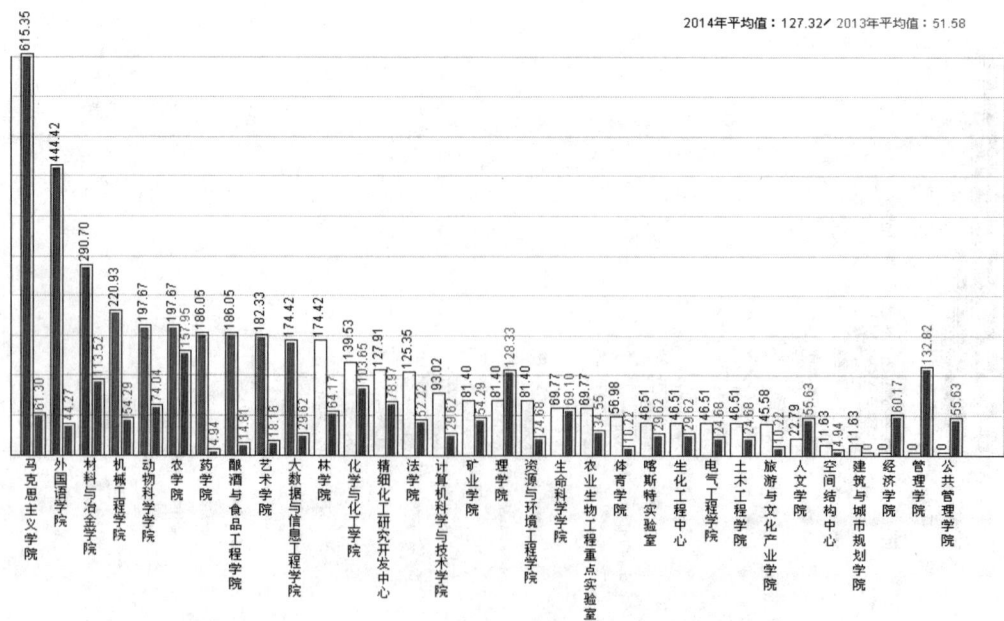

图 8-32　学院（中心、重点实验室）获省（部）级项目贡献度排行

2014 年学院（中心、重点实验室）纵向到账经费（万元）贡献度前三名为精细化工研究开发中心、农业生物工程试验室、喀斯特实验室，全校平均值为 905.08 分。

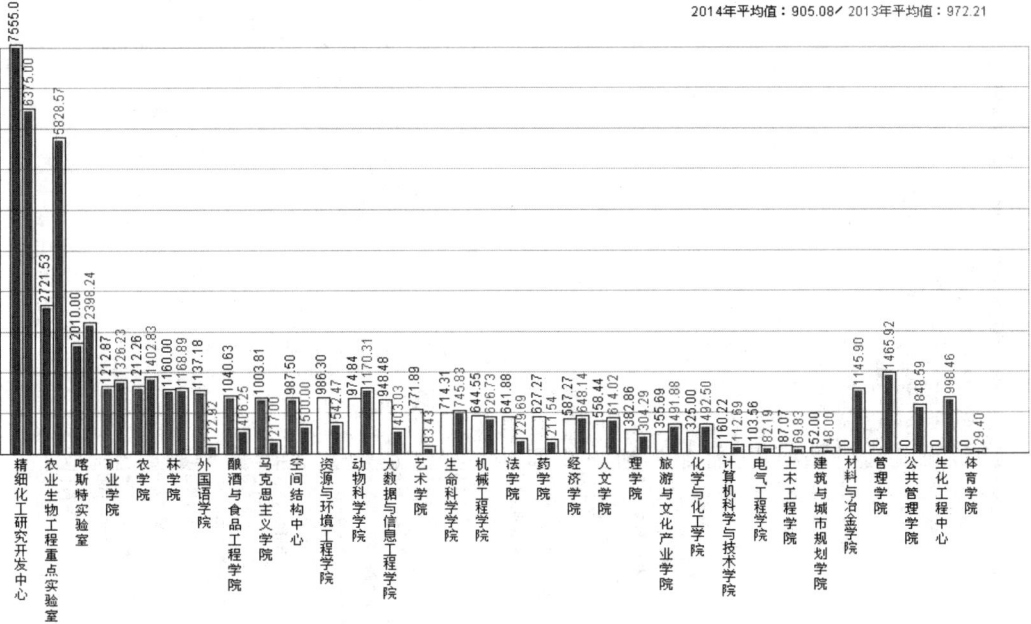

图 8-33　学院（中心、重点实验室）纵向到账经费（万元）贡献度排行

2014 年学院（中心、重点实验室）横向到账经费（万元）贡献度前三名为资源与环境工程学院、精细化工研究开发中心、经济学院，全校平均值为 429.13 分。

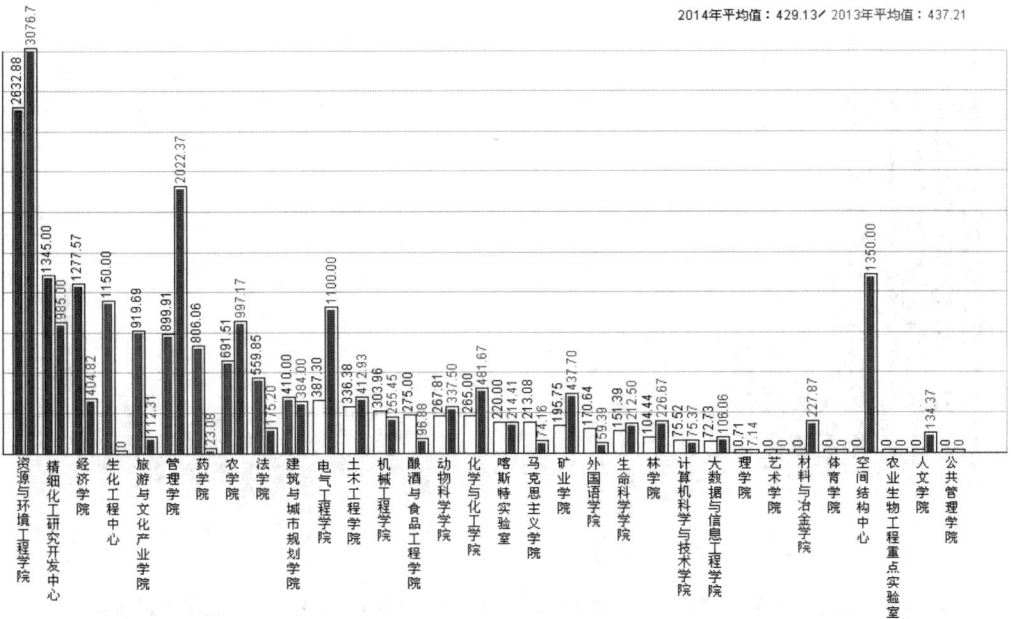

图 8-34　学院（中心、重点实验室）横向到账经费（万元）贡献度排行

（4）学院（中心、重点实验室）科研成果（B2）贡献度排行

科研成果（B2）前三名为精细化工研究开发中心、酿酒与食品工程学院和动物科学学院，全校平均值为 87.60 分，仅 9 个单位高于平均值。

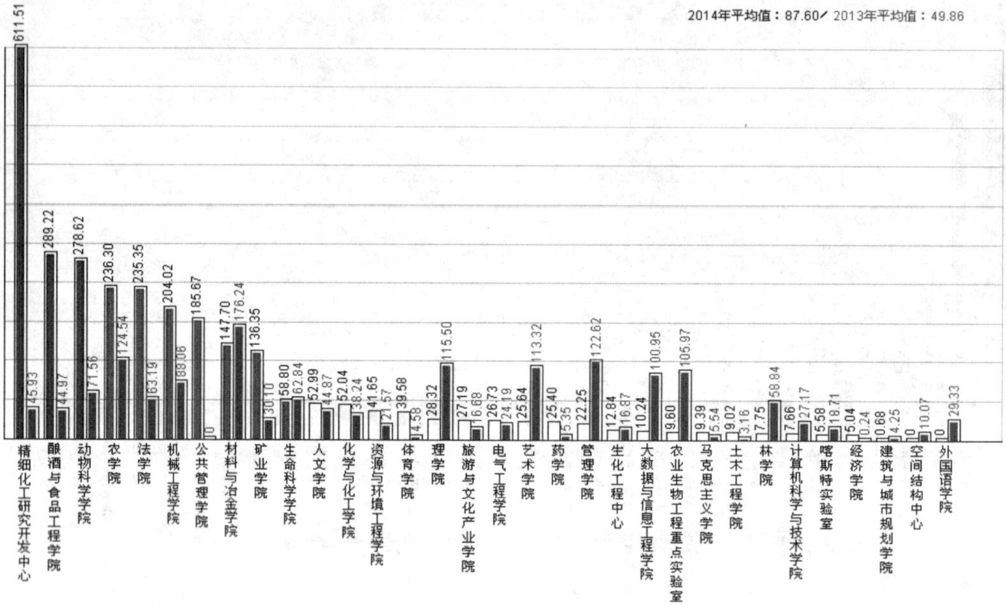

图 8-35　学院（中心、重点实验室）科研成果（B2）贡献度排行

2014 年学院（中心、重点实验室）被 SCI、EI、SSCI、ISTP、CSSCI 等收录论文贡献度前三名为材料学院、精细化工研究开发中心、农学院，全校平均值 131.19 分。

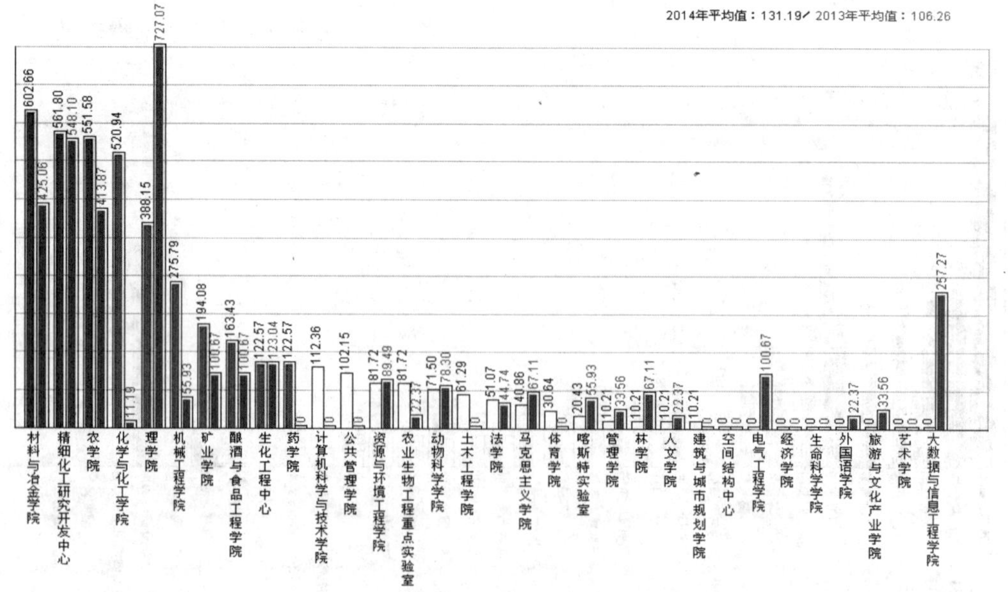

图 8-36　学院（中心、重点实验室）被 SCI、EI、SSCI、ISTP、CSSCI 等收录论文贡献度排行

2014 年学院（中心、重点实验室）教师在核心期刊发表论文贡献度前三名为动物科学学院、农学院、生命科学学院，全校平均值为 131.25 分。

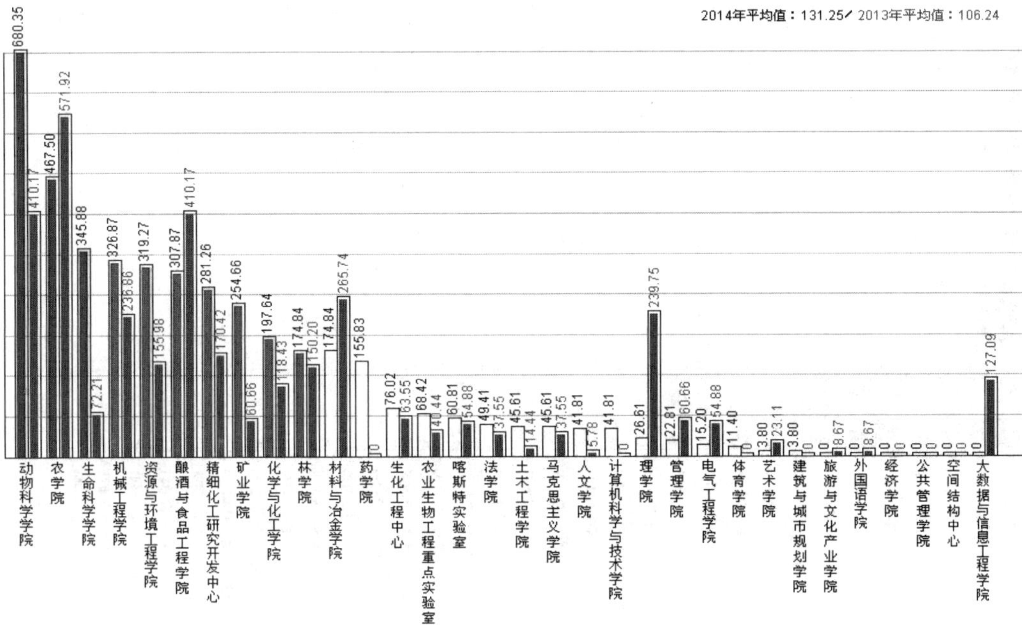

图 8-37　学院（中心、重点实验室）教师在核心期刊发表论文贡献度排行

2014 年学院（中心、重点实验室）教师出版专著贡献度贡献度前三名为人文学院、动物科学学院、公共管理学院，全校平均值为 131.30 分。

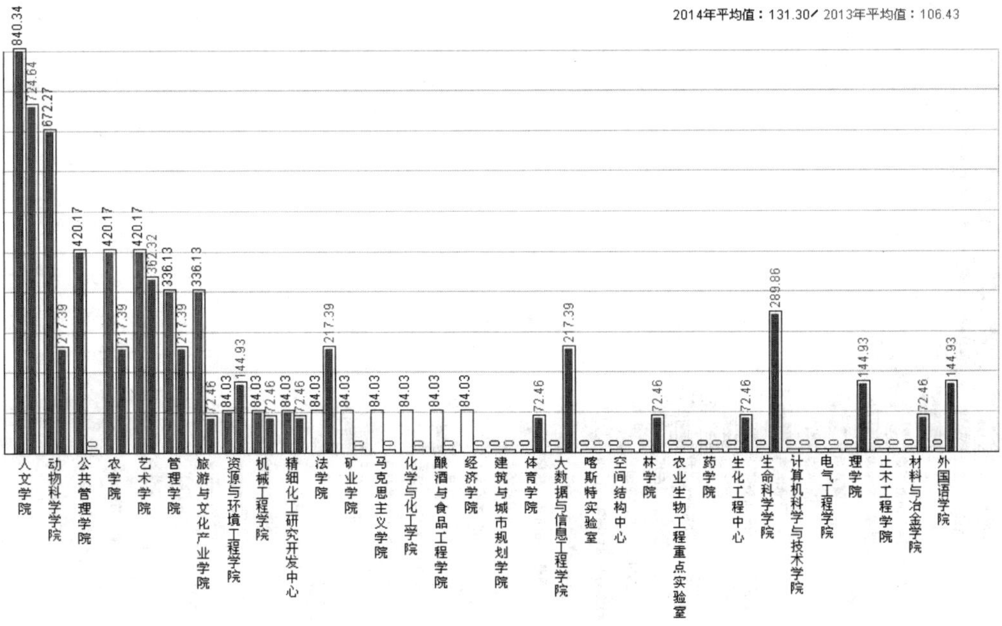

图 8-38　学院（中心、重点实验室）教师出版专著贡献度排行

2014 年学院（中心、重点实验室）获专利贡献度贡献度前三名为机械工程学院、材料与冶金学院、农学院，全校平均值为 131.33 分。

2014年平均值：131.33／2013年平均值：101.81

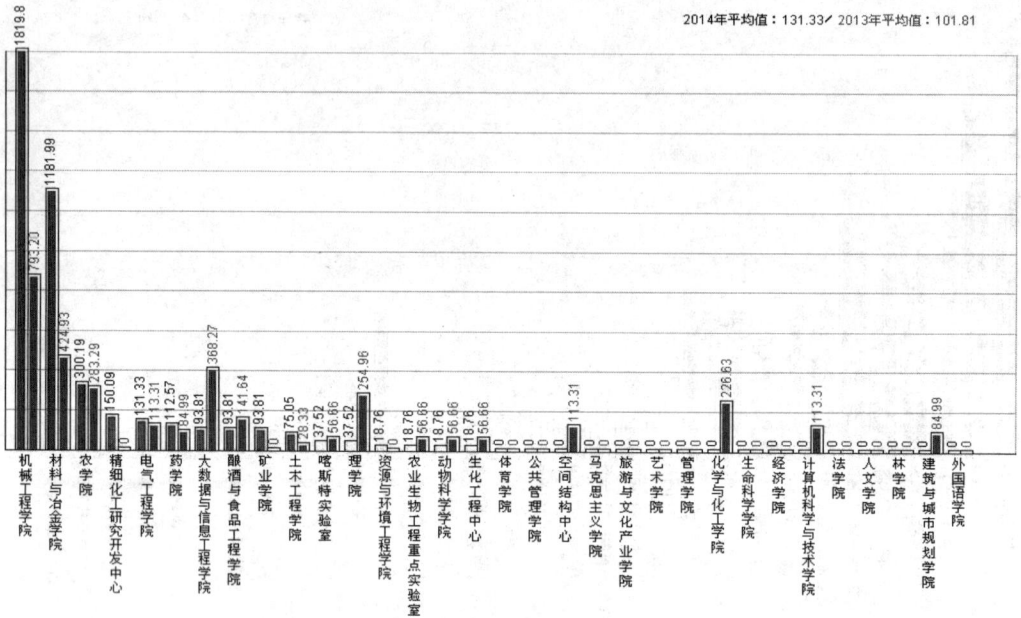

图 8-39　学院（中心、重点实验室）获专利贡献度排行

2014 年学院（中心、重点实验室）申请专利贡献度前三名为机械工程学院、材料与冶金学院、化学与化工学院，全校平均值为 131.24 分。

2014年平均值：131.24／2013年平均值：100.72

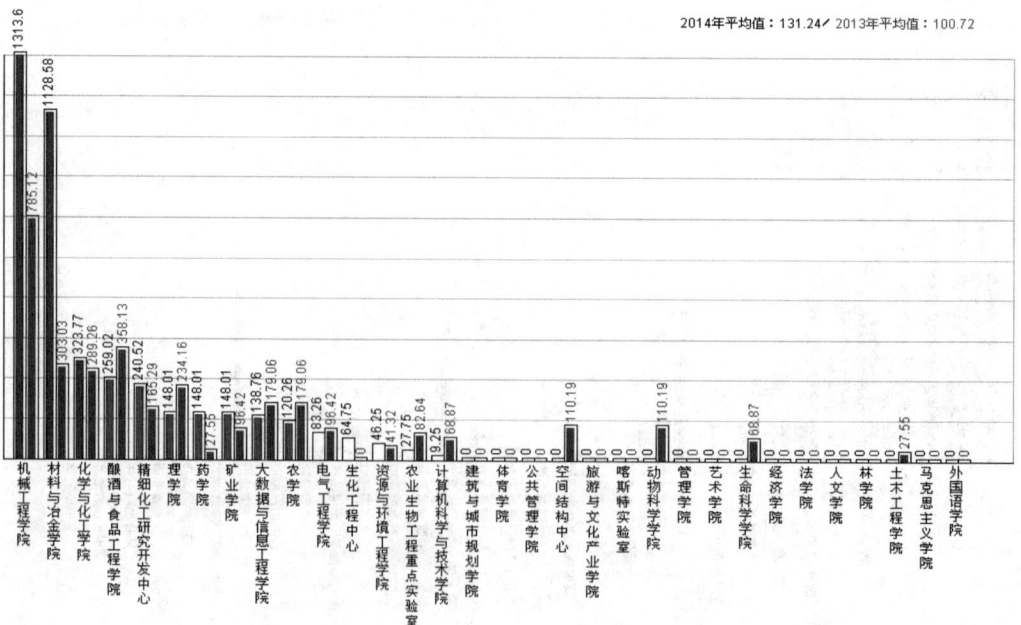

图 8-40　学院（中心、重点实验室）申请专利贡献度排行

（5）学院（中心、重点实验室）重点学科专业（C1）贡献度排行

重点学科（C1）前三名为精细化工研究开发中心、理学院、机械工程学院，全校平均值为 116.66 分，有 21 个单位低于平均值。

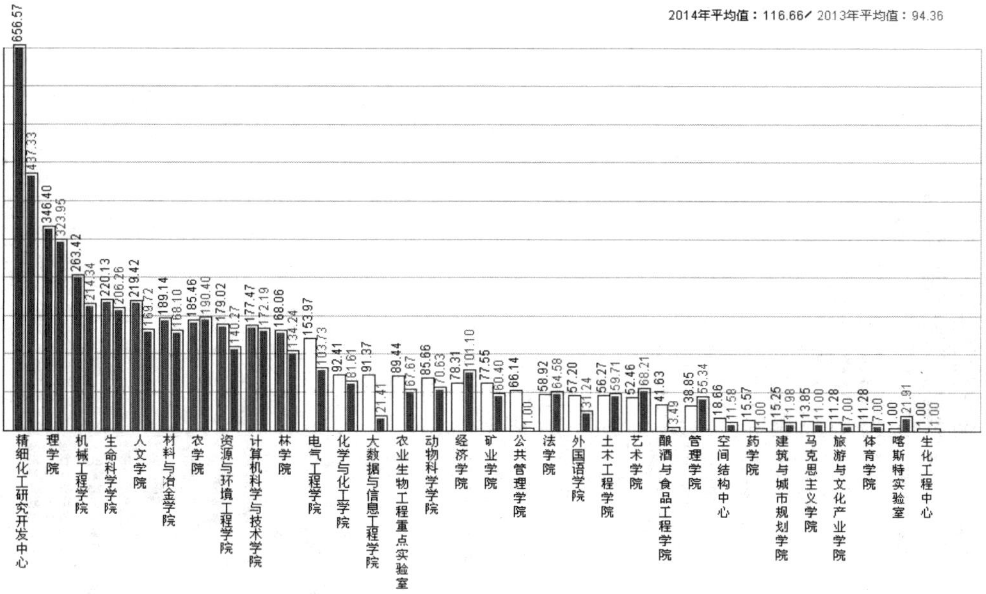

2014年平均值：116.66／2013年平均值：94.36

图 8-41　学院（中心、重点实验室）重点学科建设（C1）贡献度排行

2014 年学院（中心、重点实验室）博士后工作站贡献度，具有博士后工作站的学院（部）为计算机科学与技术学院、理学院、精细化工研究开发中心、机械工程学院、农业生物工程重点实验室，全校平均值为 130.21 分。

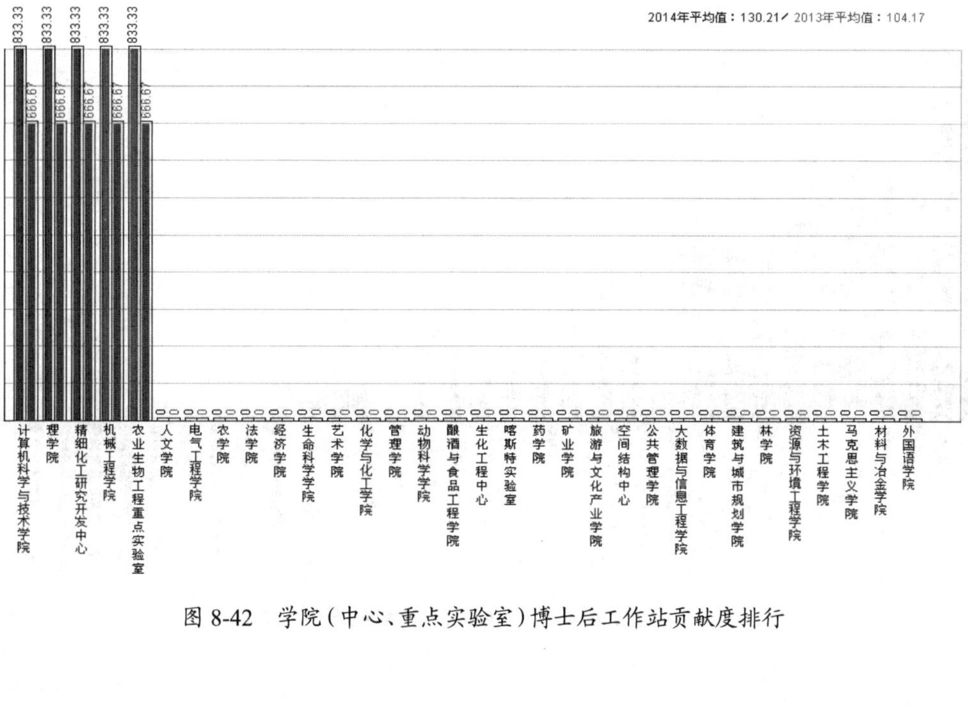

2014年平均值：130.21／2013年平均值：104.17

图 8-42　学院（中心、重点实验室）博士后工作站贡献度排行

2014 年学院（中心、重点实验室）二级博点贡献度贡献度前三名为生命科学学院、资源与环境工程学院、理学院，全校平均值为 130.68 分。

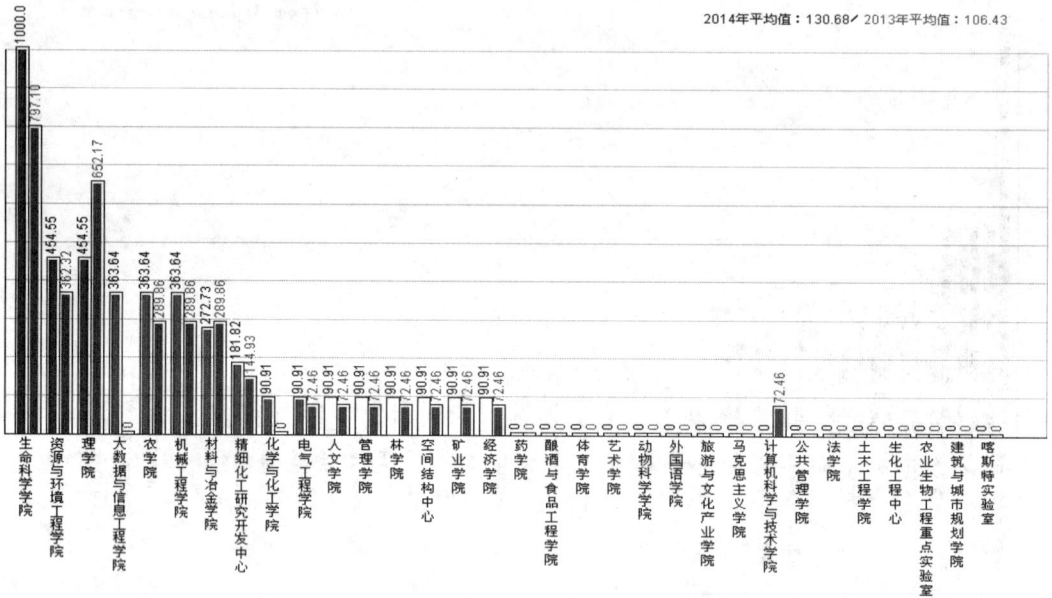

2014年平均值：130.68／2013年平均值：106.43

图 8-43　学院（中心、重点实验室）二级博点贡献度排行

2014 年学院（中心、重点实验室）一级硕点贡献度前三名为艺术学院、人文学院、林学院，全校平均值为 127.84 分。

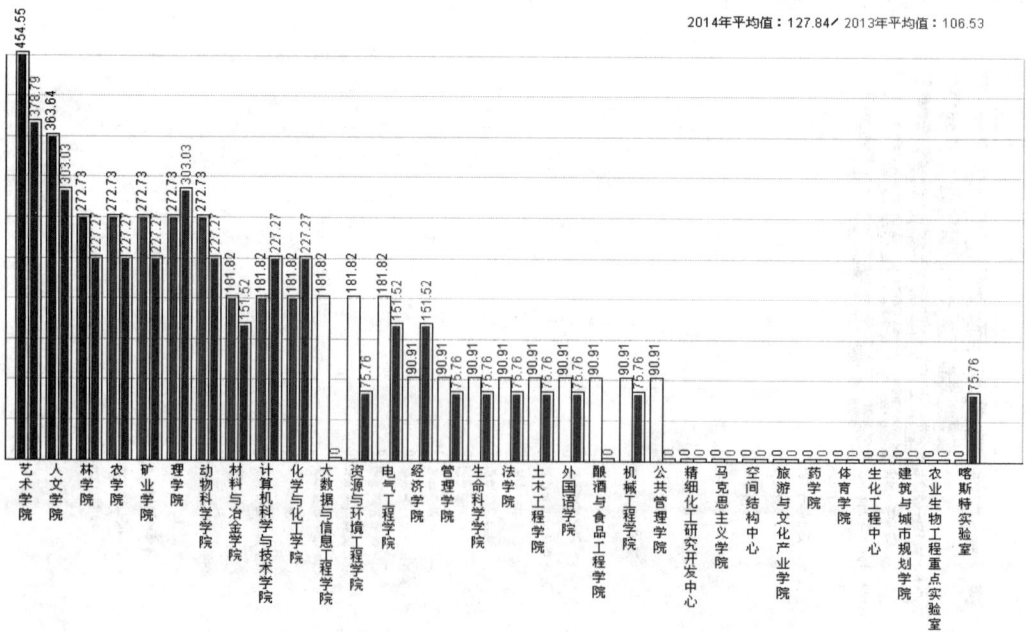

2014年平均值：127.84／2013年平均值：106.53

图 8-44　学院（中心、重点实验室）一级硕点贡献度排行

2014 年学院（中心、重点实验室）国家级重点学科贡献度最大的为精细化工研究开发中心，全校平均值为 156.25 分。

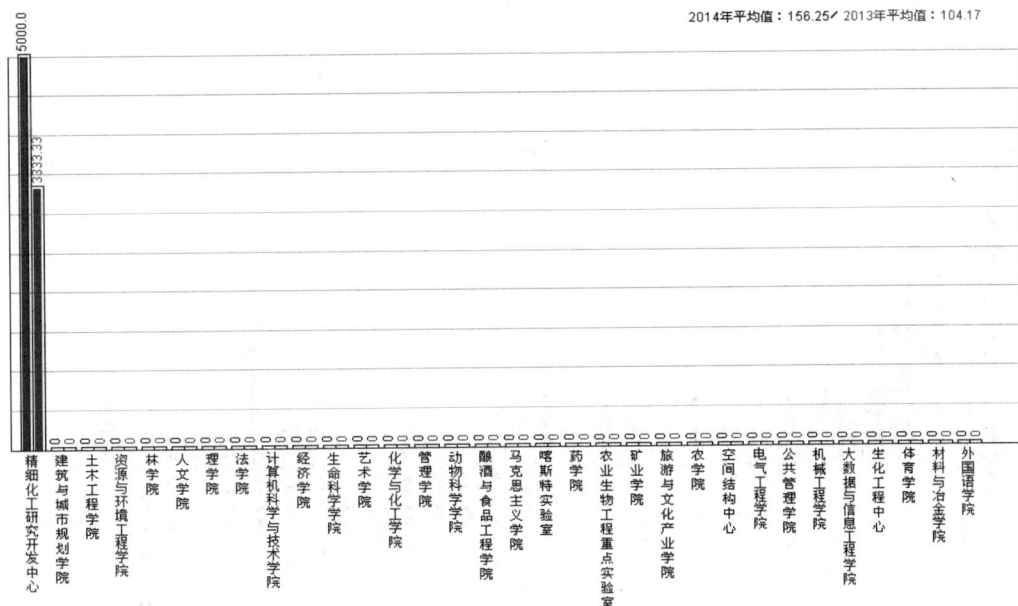

图 8-45　学院（中心、重点实验室）国家级重点学科贡献度排行

2014 年学院（中心、重点实验室）国家级重点专业贡献度最大的为电气工程学院、精细化工研究开发中心、材料与冶金学院、人文学院，全校平均值为 130.21 分。

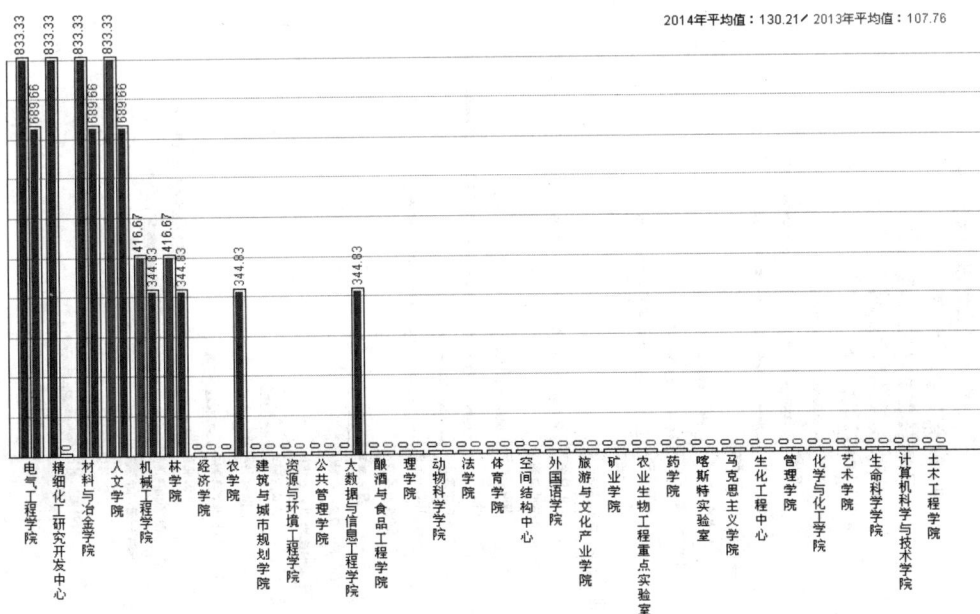

图 8-46　学院（中心、重点实验室）国家级重点专业贡献度排行

（6）学院（中心、重点实验室）师资队伍（C2）贡献度排行

师资队伍（C2）前三名为精细化工研究开发中心、材料与冶金学院、机械工程学院，全校平均值为99.38分，仅9个单位高于平均值。

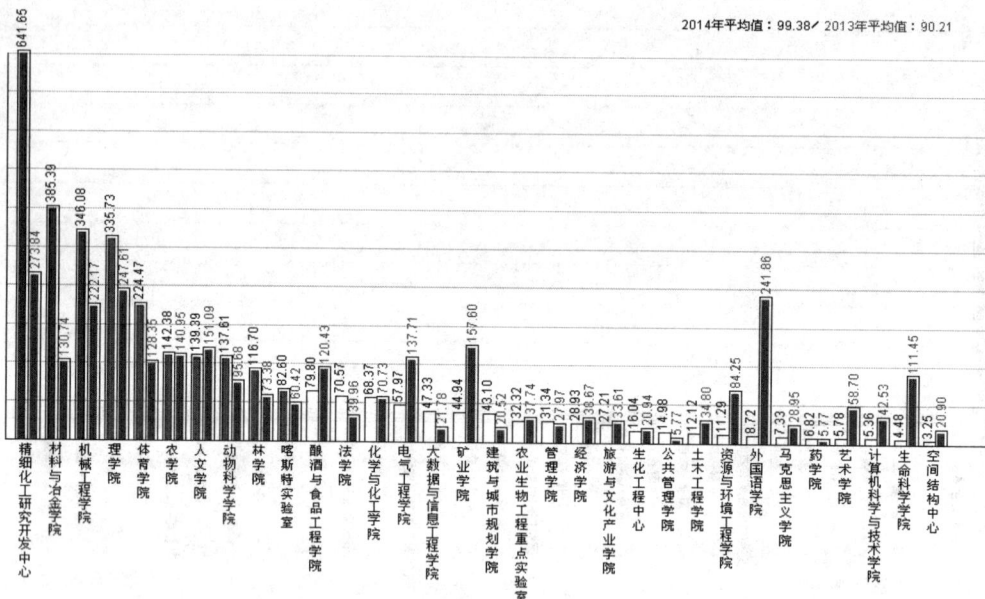

图8-47　学院（中心、重点实验室）师资队伍（C2）贡献度排行

2014年学院（中心、重点实验室）具有正高级职称贡献度全校平均值为17.29分（注：2014年未公布新成立学院专业技术岗位数，故新学院无得分）。

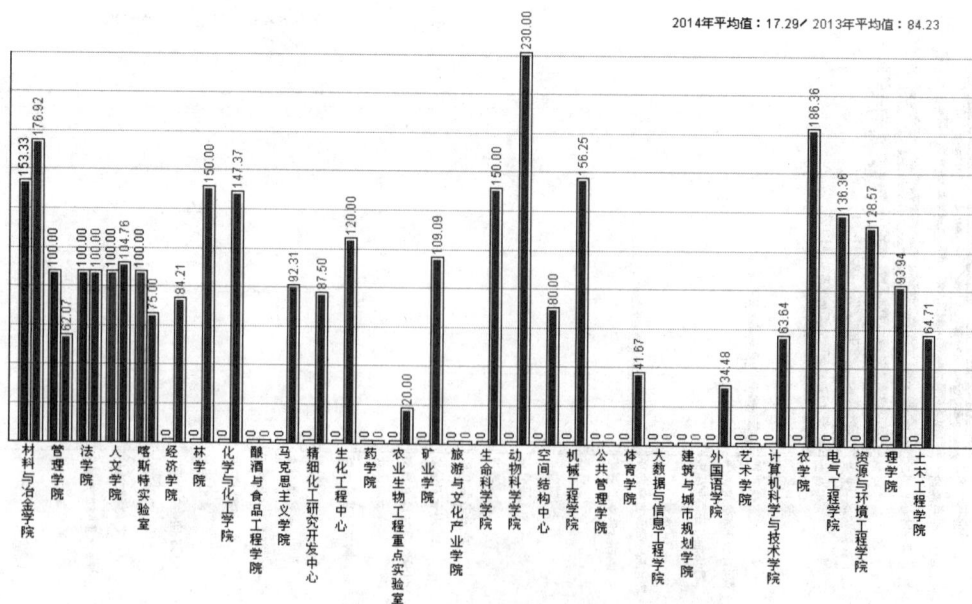

图8-48　学院（中心、重点实验室）具有正高级职称贡献度排行

2014 年学院（中心、重点实验室）教师具有副高级职称贡献度全校平均值为 16.27 分（注：2014 年未公布新成立学院专业技术岗位数，故新学院无得分）。

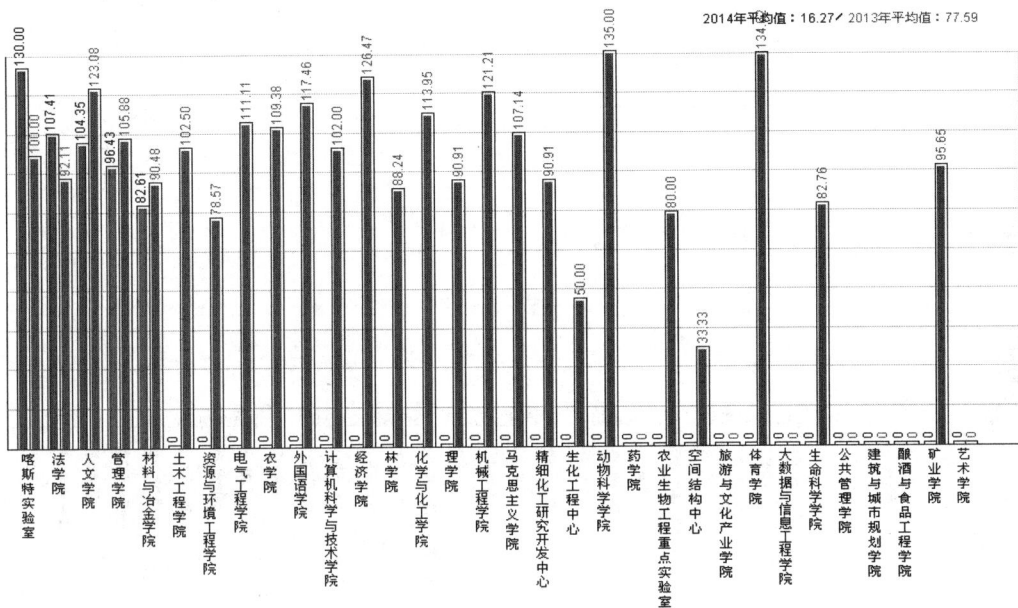

图 8-49　学院（中心、重点实验室）教师具有副高级职称贡献度排行

2014 年学院（中心、重点实验室）专任教师具有硕士学位贡献度前三名为管理学院、外国语学院、大数据与信息工程学院，全校平均值为 36.80 分。

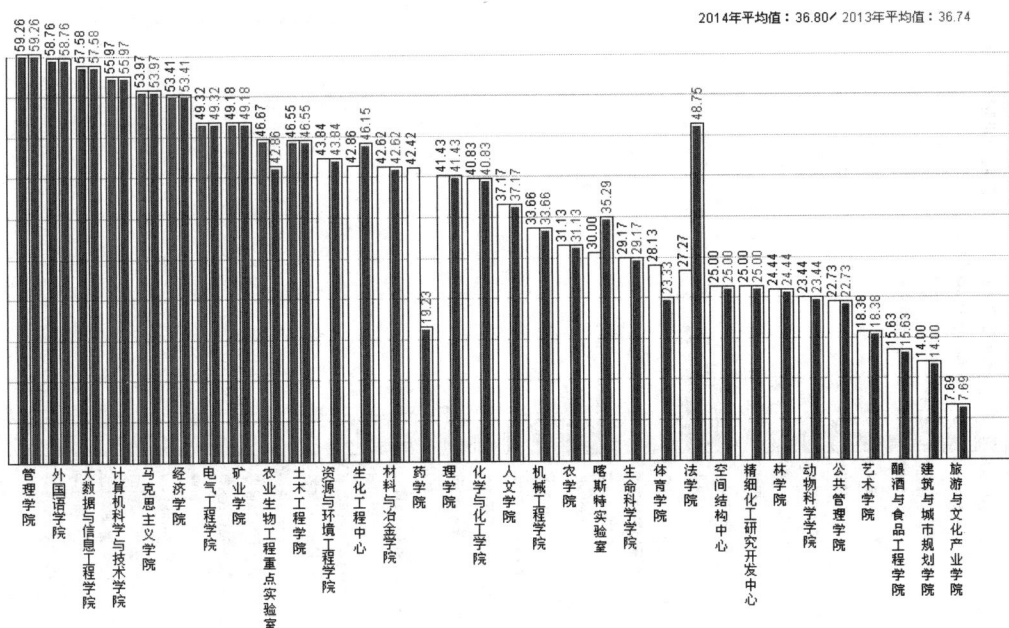

图 8-50　学院（中心、重点实验室）专任教师具有硕士学位贡献度排行

2014 年学院（中心、重点实验室）国家级专家贡献度最大的为精细化工研究开发中心，全校平均值为 125.00 分。

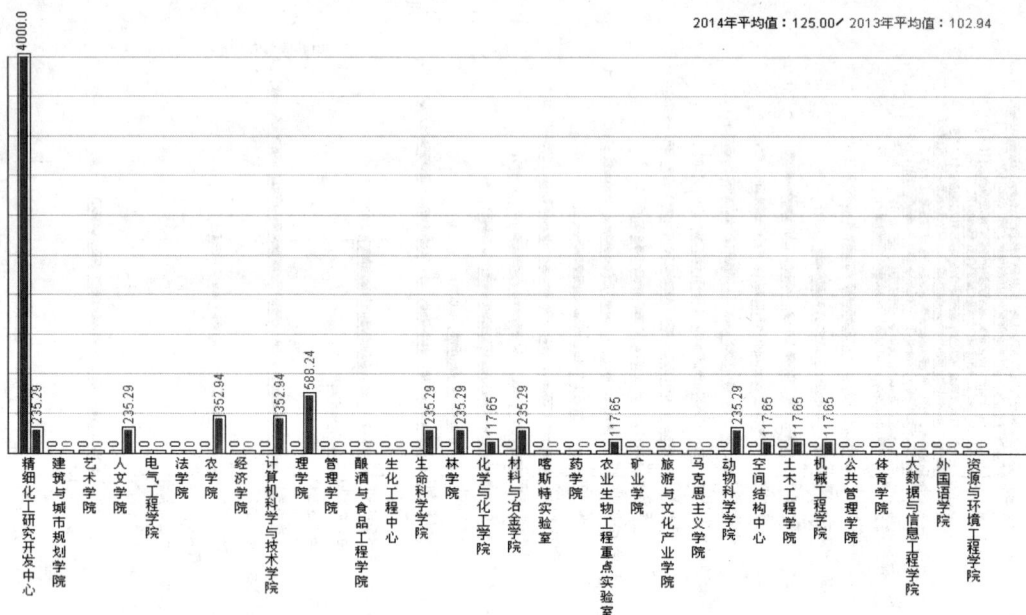

图 8-51　学院（中心、重点实验室）国家级专家贡献度排行

2014 年学院（中心、重点实验室）省级专家贡献度前三名为人文学院、体育学院、精细化工研究开发中心，全校平均值为 130.21 分。

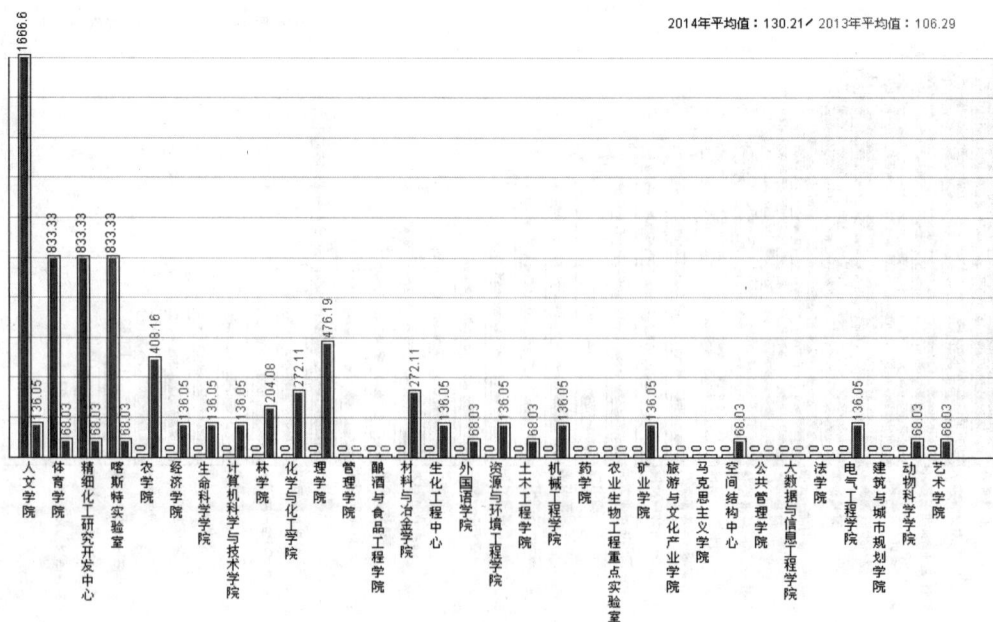

图 8-52　学院（中心、重点实验室）省级专家贡献度排行

　　2014 年学院（中心、重点实验室）获省级以上教学成果奖贡献度前三名为机械工程学院、材料与冶金学院、林学院，全校平均值为 132.81 分。

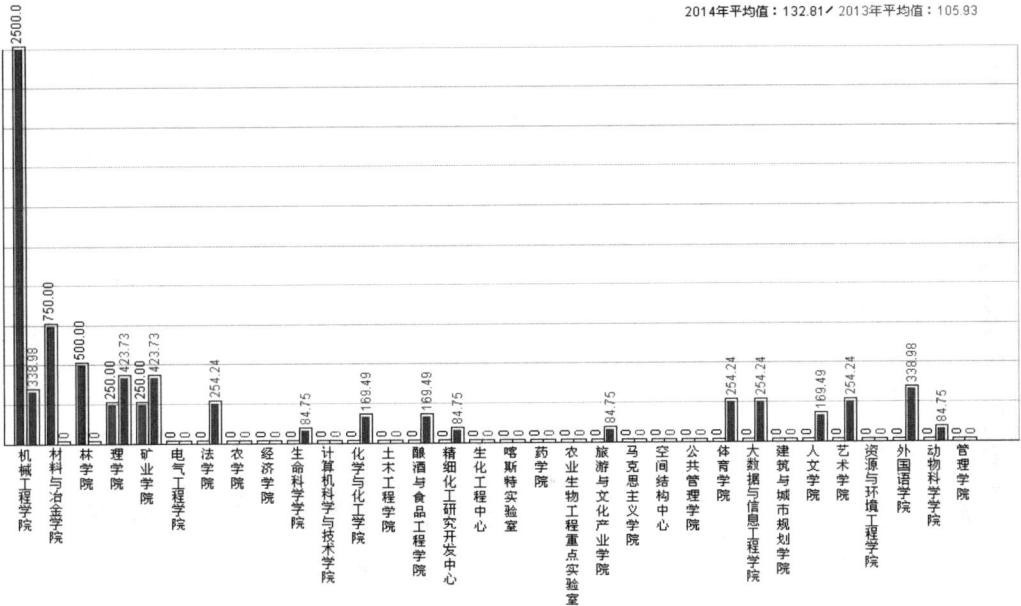

图 8-53　学院（中心、重点实验室）获省级以上教学成果奖贡献度排行

　　2014 年学院（中心、重点实验室）获省级以上教学名师奖贡献度前三名为机械工程学院、理学院、材料与冶金学院，全校平均值为 128.68 分。

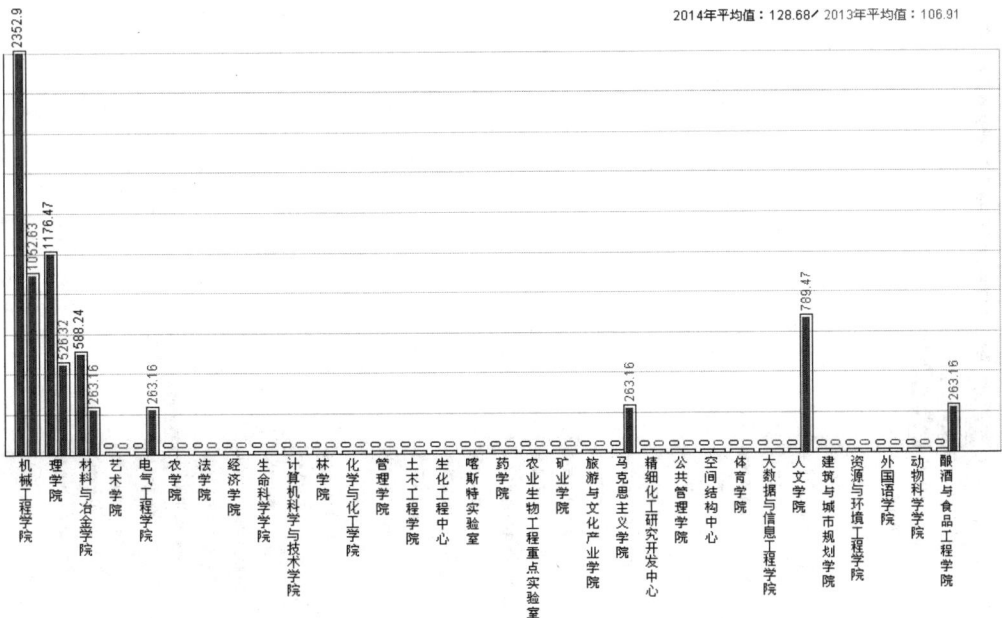

图 8-54　学院（中心、重点实验室）获省级以上教学名师奖贡献度排行

2014 年学院（中心、重点实验室）国家级教、研创新团队贡献度最大的为精细化工研究开发中心，全校平均值为 156.25 分。

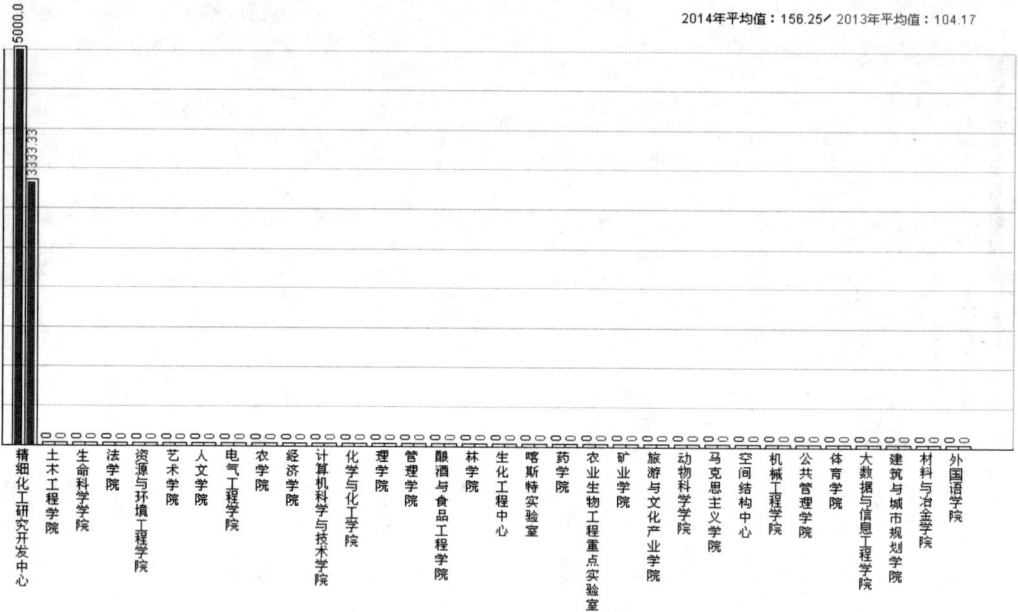

图 8-55　学院（中心、重点实验室）国家级教、研创新团队贡献度排行

2014 年学院（中心、重点实验室）省级教、研创新团队贡献度前三名为农学院、精细化工研究开发中心、人文学院，全校平均值为 133.93 分。

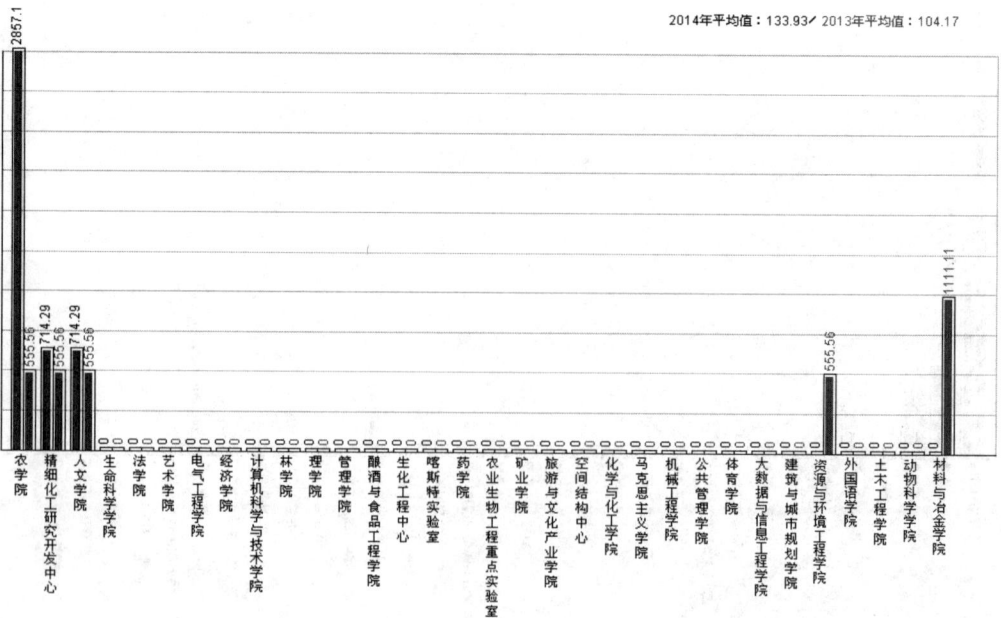

图 8-56　学院（中心、重点实验室）省级教、研创新团队贡献度排行

（7）学院（中心、重点实验室）教学科研基地（C3）贡献度排行

教学科研基地（C3）前三名为精细化工研究开发中心、喀斯特实验室、动物科学学院，全校平均值为 128.30 分，仅 7 个单位高于平均值。

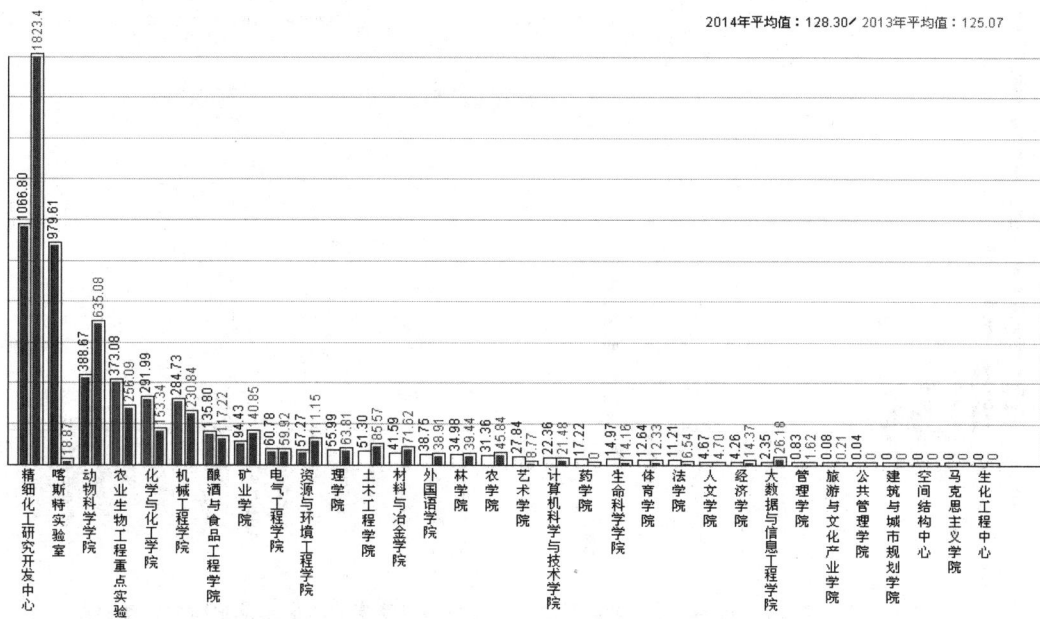

图 8-57　学院（中心、重点实验室）教学科研基地（C3）贡献度排行

2014 年学院（中心、重点实验室）国家级重点实验室贡献度前三名为农业生物工程重点实验室、精细化工研究开发中心、机械工程学院，全校平均值为 130.21 分。

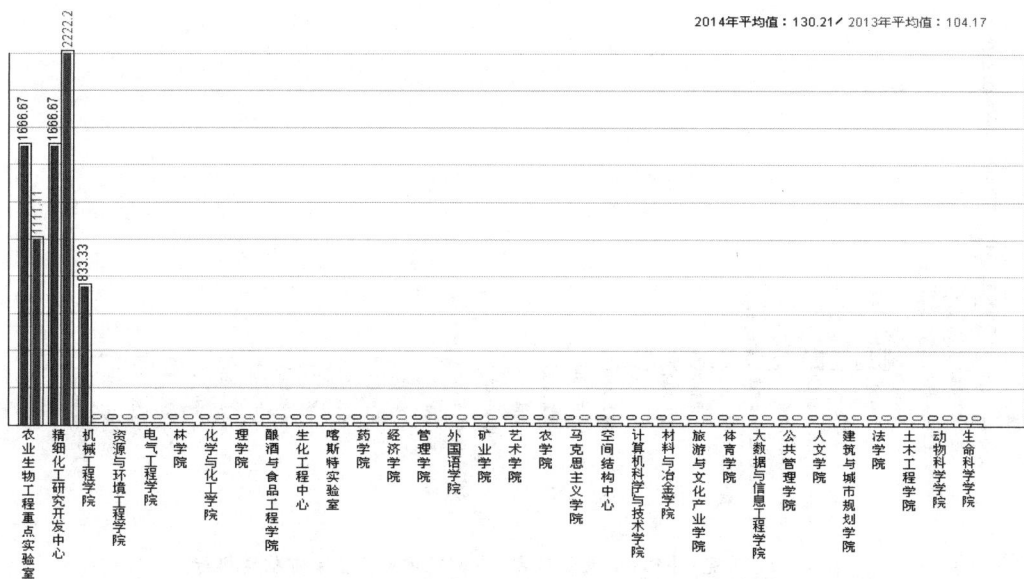

图 8-58　学院（中心、重点实验室）国家级重点实验室贡献度排行

2014年学院（中心、重点实验室）国家级工程研究中心数及实验教学示范中心贡献度高的为机械工程学院、农业生物工程重点实验室、资源与环境工程学院，全校平均值为14.24分。

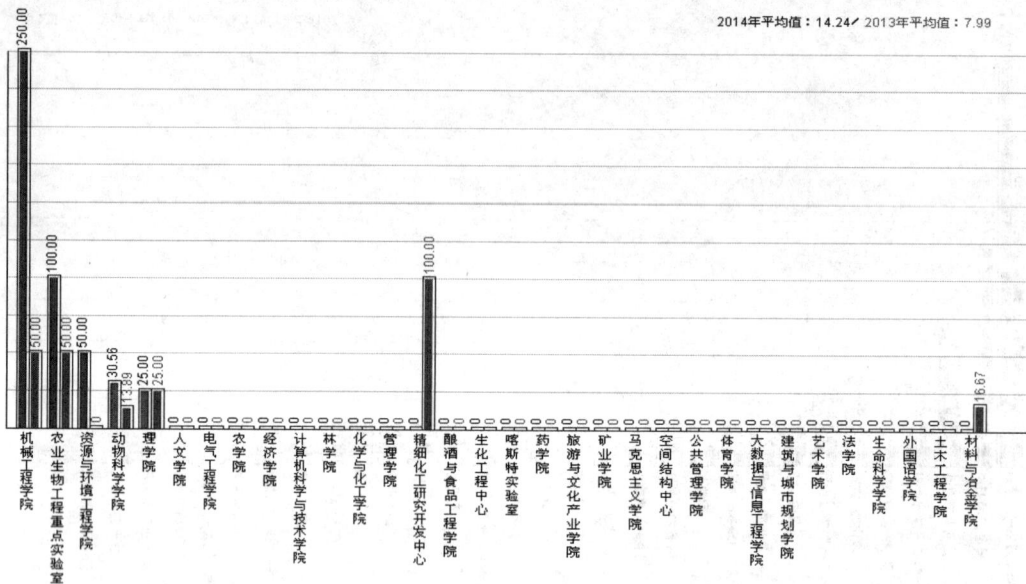

图 8-59 学院（中心、重点实验室）国家级工程研究中心数及实验教学示范中心贡献度排行

2014年学院（中心、重点实验室）省部级重点实验室贡献度前三名为化学与化工学院、动物科学学院、精细化工研究开发中心，全校平均值为131.94分。

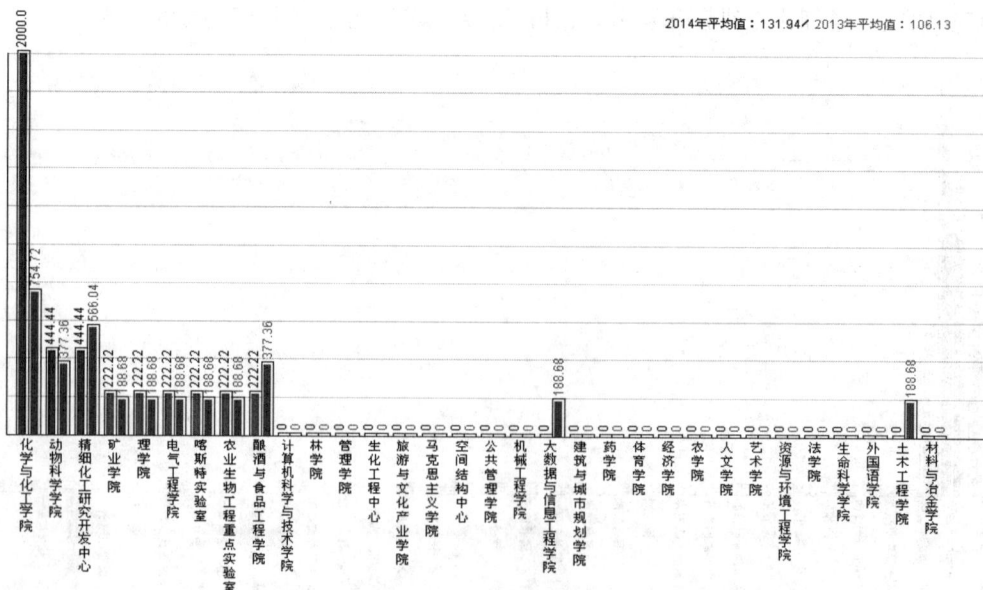

图 8-60 学院（中心、重点实验室）省部级重点实验室贡献度排行

（8）学院（中心、重点实验室）合作办学（D1）贡献度排行

合作办学（D1）前三名为管理学院、电气工程学院、机械工程学院，全校平均值为 133.48 分，仅 7 个单位高于平均值。

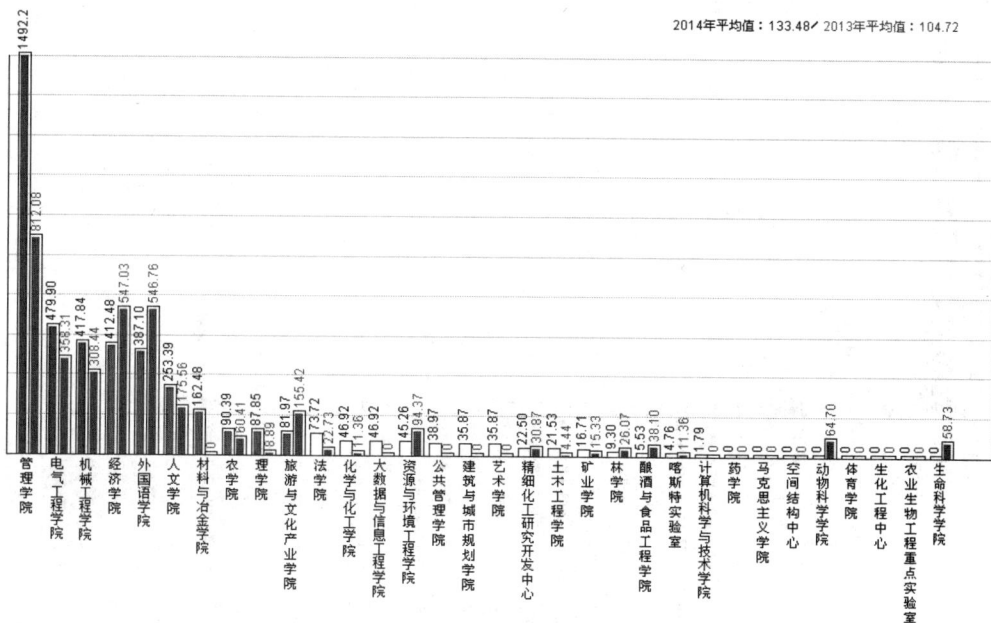

图 8-61　学院（中心、重点实验室）合作办学（D1）贡献度排行

2014 年学院（中心、重点实验室）教育部批准合作办学项目贡献度最大的为管理学院，全校平均值为 156.25 分。

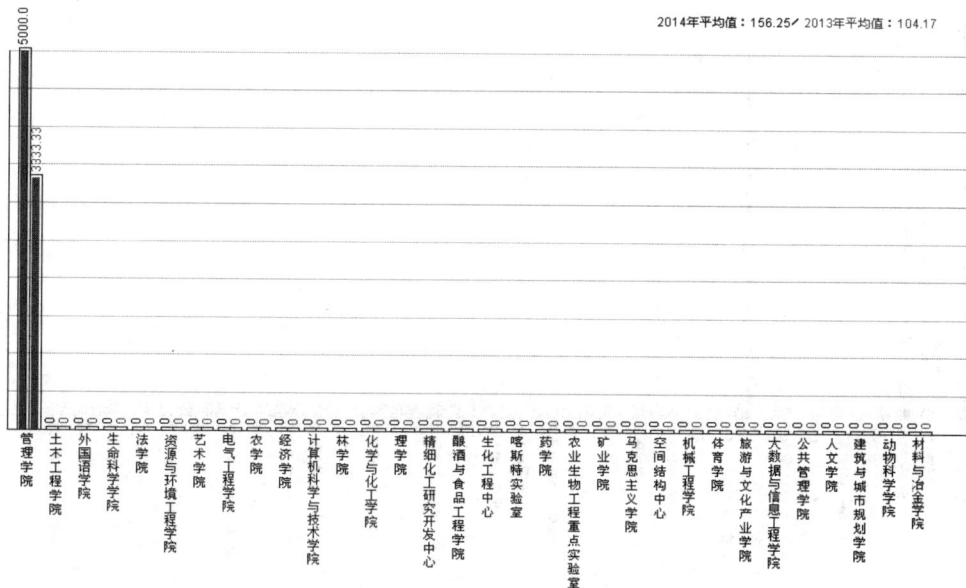

图 8-62　学院（中心、重点实验室）教育部批准合作办学项目贡献度排行

2014 年学院（中心、重点实验室）国际合作合作办学项目贡献度前三名为管理学院、外国语学院、机械工程学院，全校平均值为 130.81 分。

2014年平均值：130.81／2013年平均值：106.80

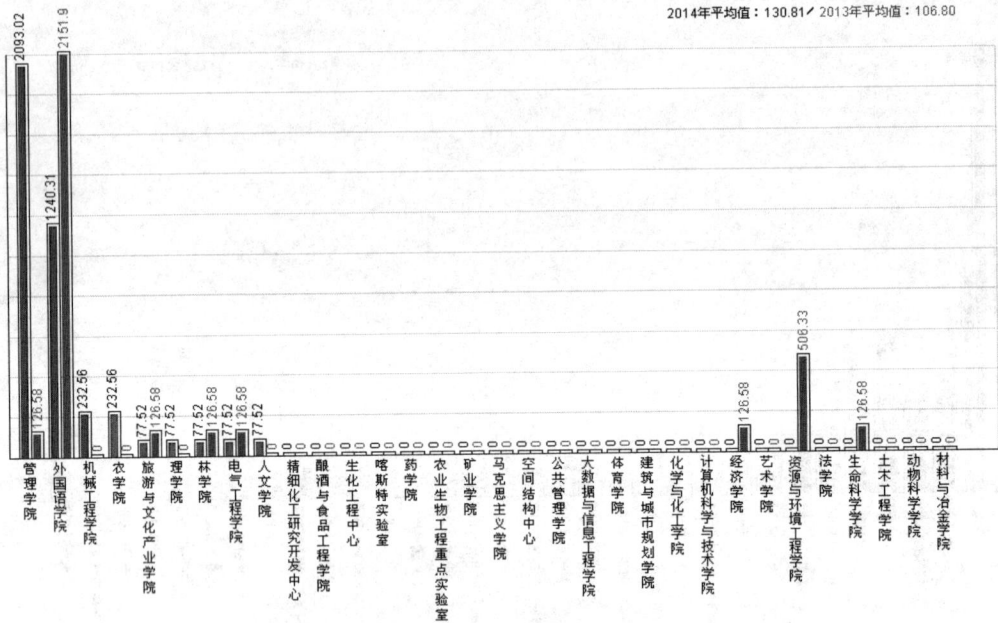

图 8-63　学院（中心、重点实验室）国际合作合作办学项目贡献度排行

2014 年学院（中心、重点实验室）境外合作办学项目贡献度最大为机械工程学院、人文学院、材料与冶金学院，全校平均值为 125.00 分。

2014年平均值：125.00／2013年平均值：104.17

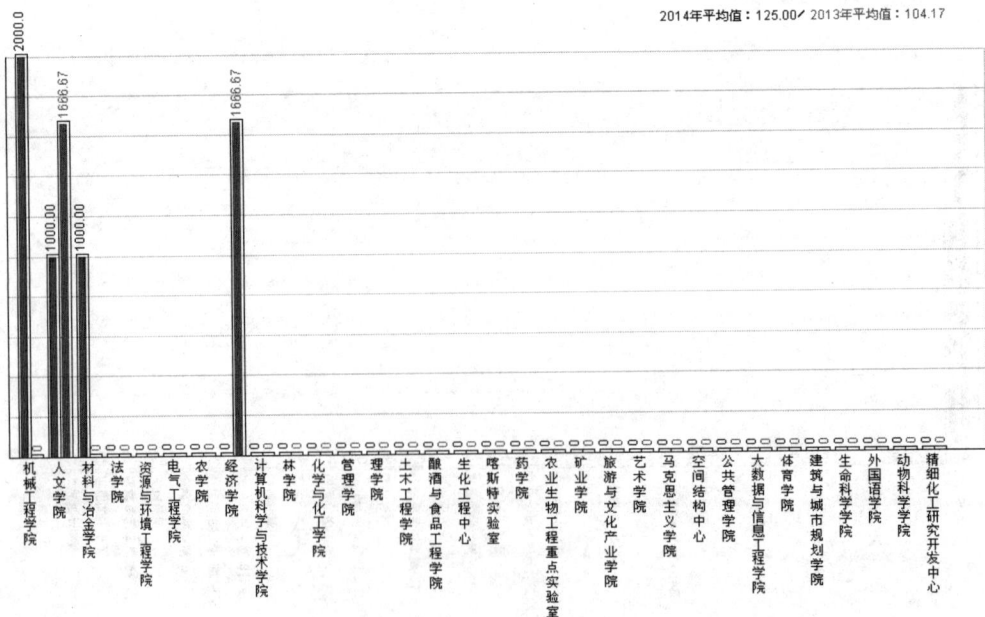

图 8-64　学院（中心、重点实验室）境外合作办学项目贡献度排行

2014 年学院（中心、重点实验室）培养留学生贡献度前三名为经济学院、管理学院、人文学院，全校平均值为 130.99 分。

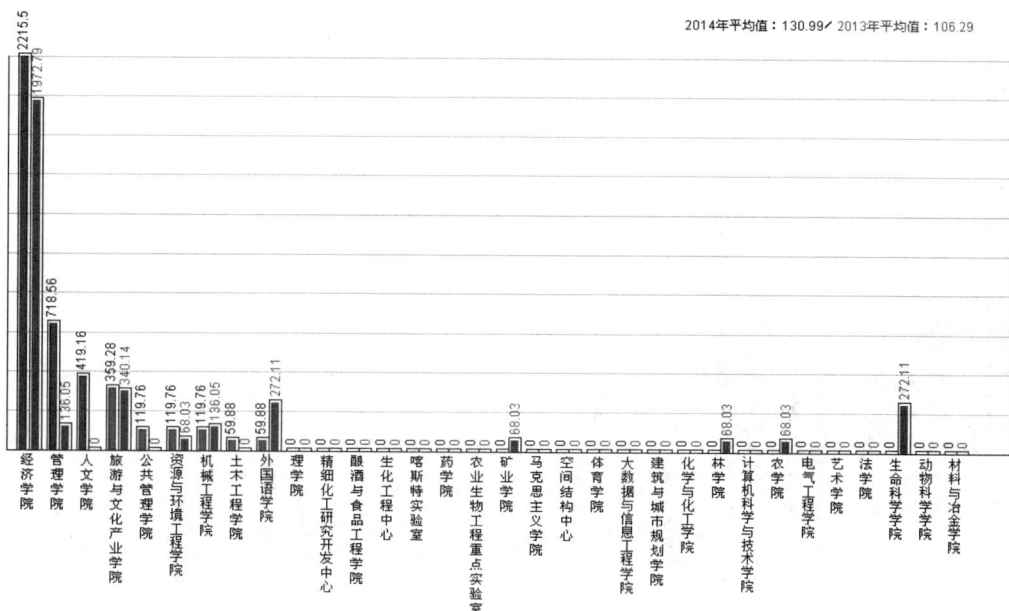

图 8-65　学院（中心、重点实验室）培养留学生贡献度排行

（9）学院（中心、重点实验室）学术交流（D2）贡献度排行

学术交流（D2）前三名为外国语学院、人文学院和材料学院，全校平均值为 131.65 分，有 11 个单位高于平均值。

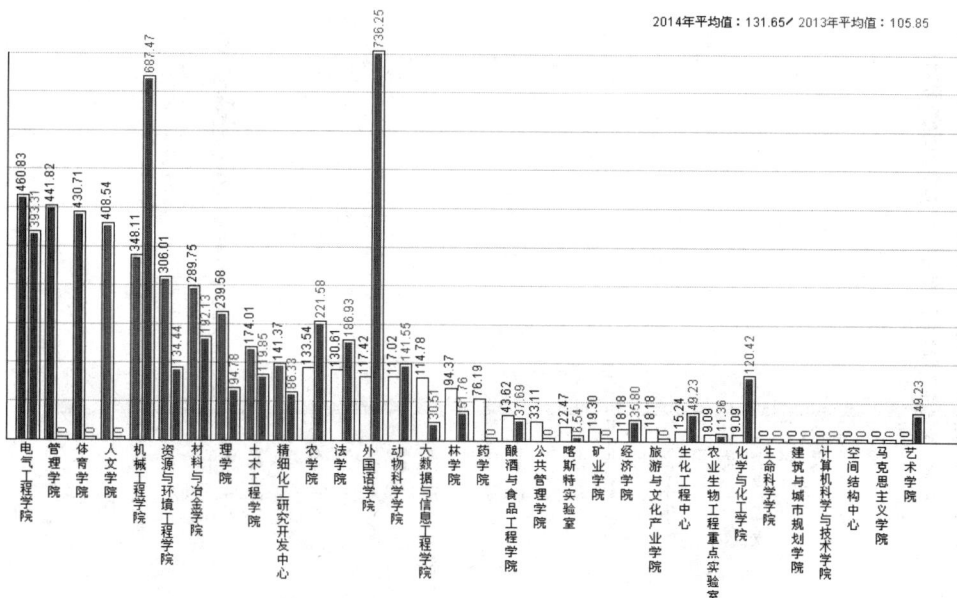

图 8-66　学院（中心、重点实验室）学术交流（D2）贡献度排行

2014 年学院（中心、重点实验室）派出学生境外学习贡献度前三名为外国语学院、法学院、管理学院，全校平均值为 130.95 分。

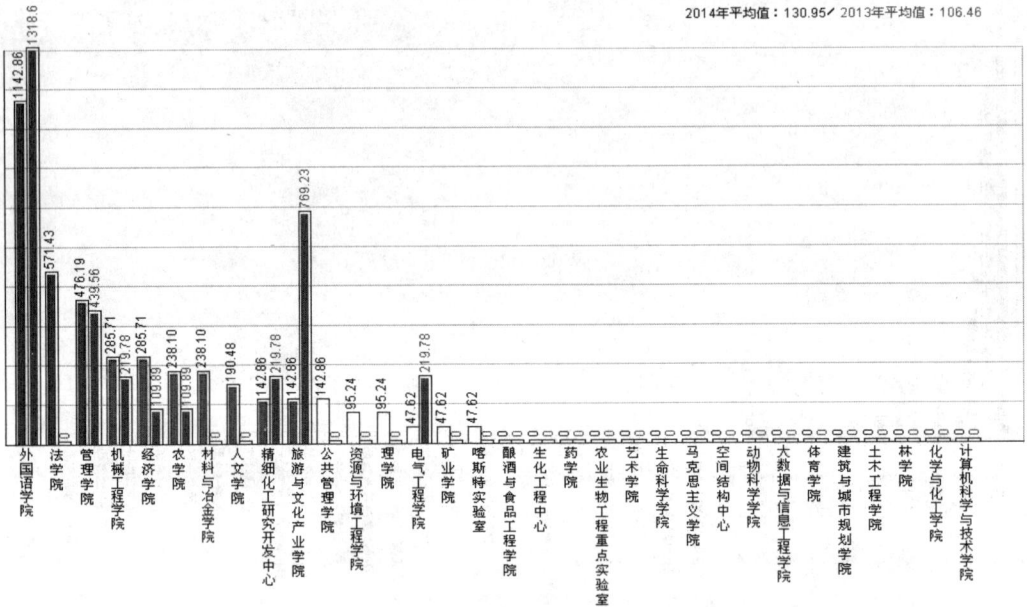

2014年平均值：130.95／2013年平均值：106.46

图 8-67　学院（中心、重点实验室）派出学生境外学习贡献度排行

2014 年学院（中心、重点实验室）派出教师境外讲学贡献度前三名为管理学院、电气工程学院、外国语学院，全校平均值为 125.00 分。

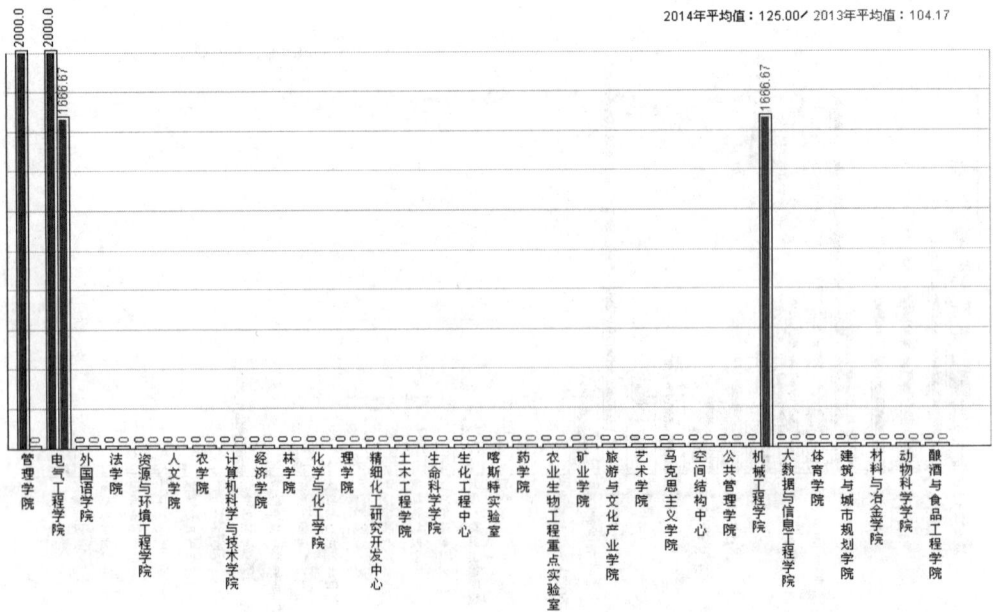

2014年平均值：125.00／2013年平均值：104.17

图 8-68　学院（中心、重点实验室）派出教师境外讲学贡献度排行

（10）学院（中心、重点实验室）社会合作服务（E1）贡献度排行

社会合作服务（E1）前三名为资源与环境工程学院、机械工程学院、土木工程学院，全校平均值为 131.30 分，有 9 个单位高于平均值。

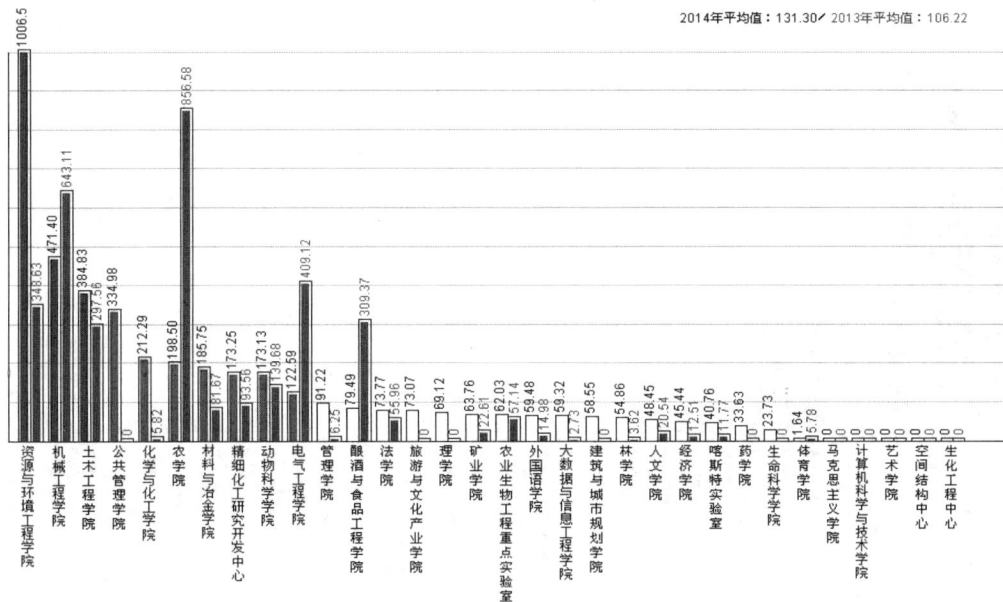

图 8-69　学院（中心、重点实验室）社会合作服务（E1）贡献度排行

2014 年学院（中心、重点实验室）签署国际科技合作单位贡献度前三名为机械工程学院、材料与冶金学院、电气工程学院，全校平均值为 130.60 分。

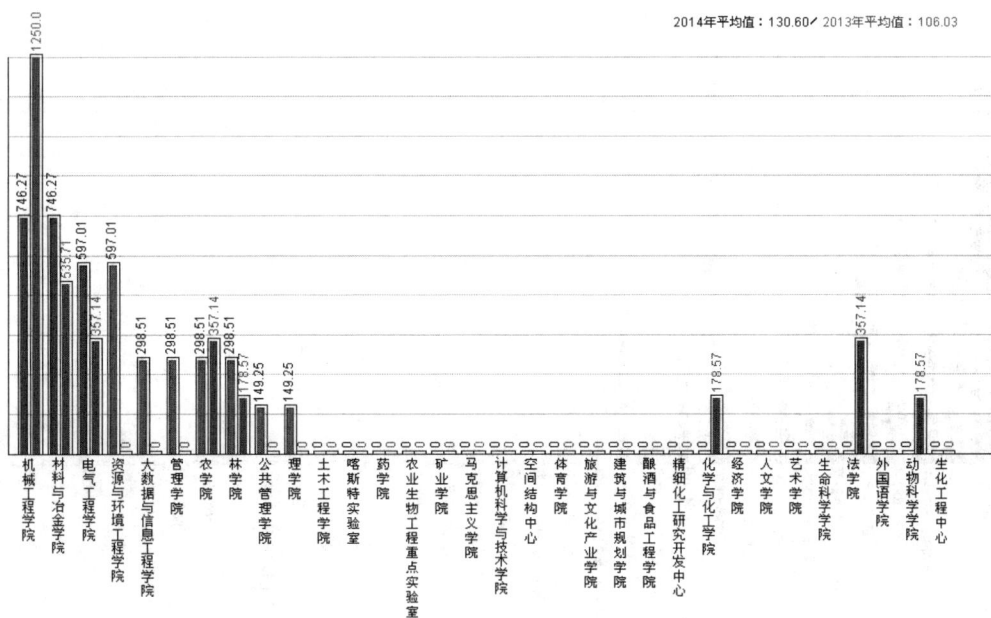

图 8-70　学院（中心、重点实验室）签署国际科技合作单位贡献度排行

2014年学院（中心、重点实验室）国际合作科研项目贡献度前三名为材料与冶金学院、机械工程学院、资源与环境工程学院，全校平均值为131.05分。

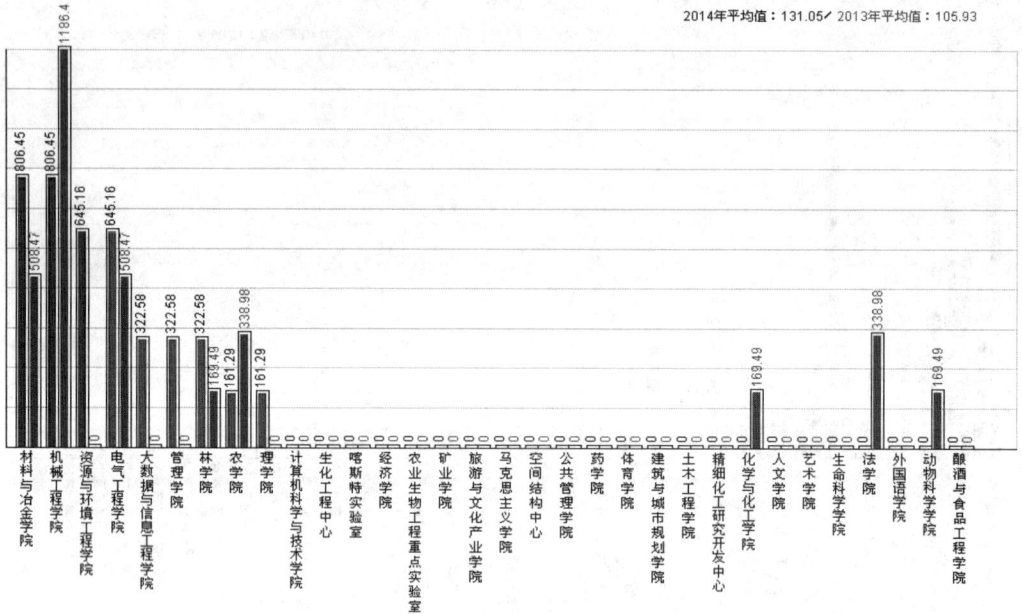

图8-71 学院（中心、重点实验室）国际合作科研项目贡献度排行

2014年学院（中心、重点实验室）聘请外国专家贡献度前三名为动物科学学院、电气工程学院、精细化工研究开发中心，全校平均值为130.68分。

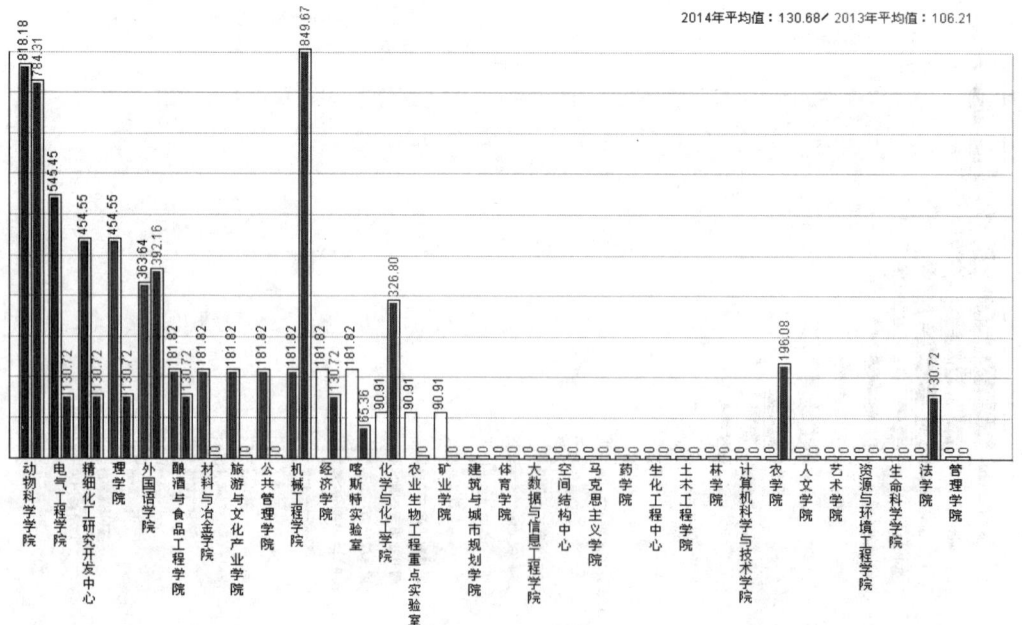

图8-72 学院（中心、重点实验室）聘请外国专家贡献度排行

2014 年学院（中心、重点实验室）国际学术组织担任委员以上贡献度前三名为人文学院、电气工程学院、精细化工研究开发中心，全校平均值为 133.93 分。

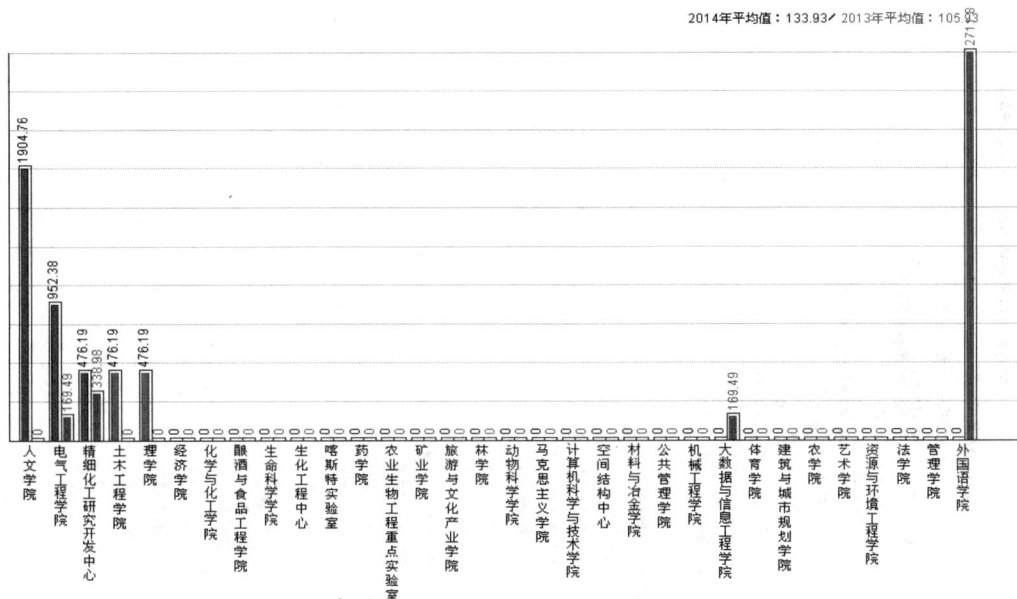

图 8-73　学院（中心、重点实验室）国际学术组织担任委员以上贡献度排行

2014 年学院（中心、重点实验室）教师出席国际学术会议贡献度前三名为人文学院、电气工程学院、土木工程学院，全校平均值为 133.93 分。

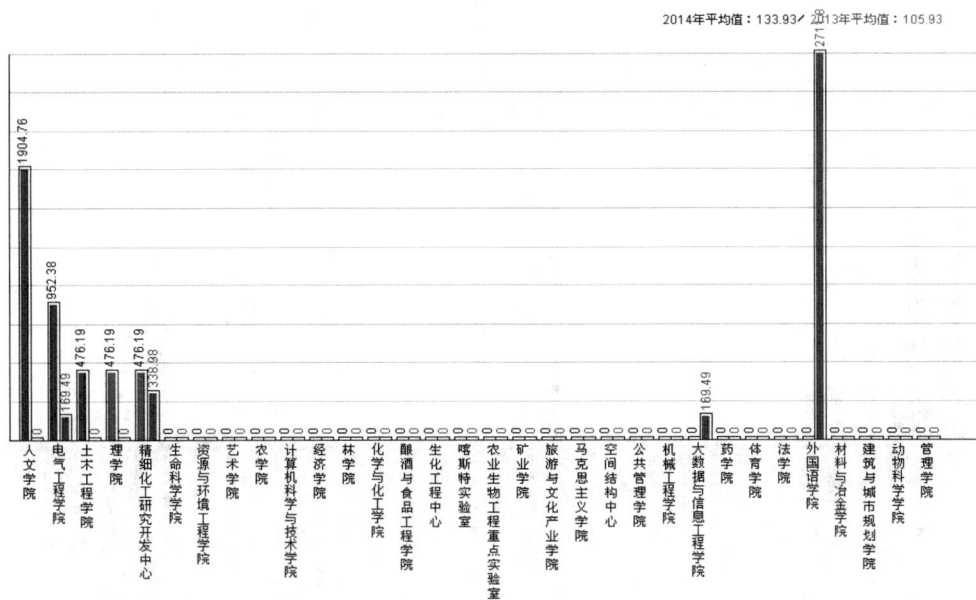

图 8-74　学院（中心、重点实验室）教师出席国际学术会议贡献度排行

2014年学院（中心、重点实验室）国际学术会议特邀报告贡献度前三名为体育学院、管理学院、药学院，全校平均值为130.95分。

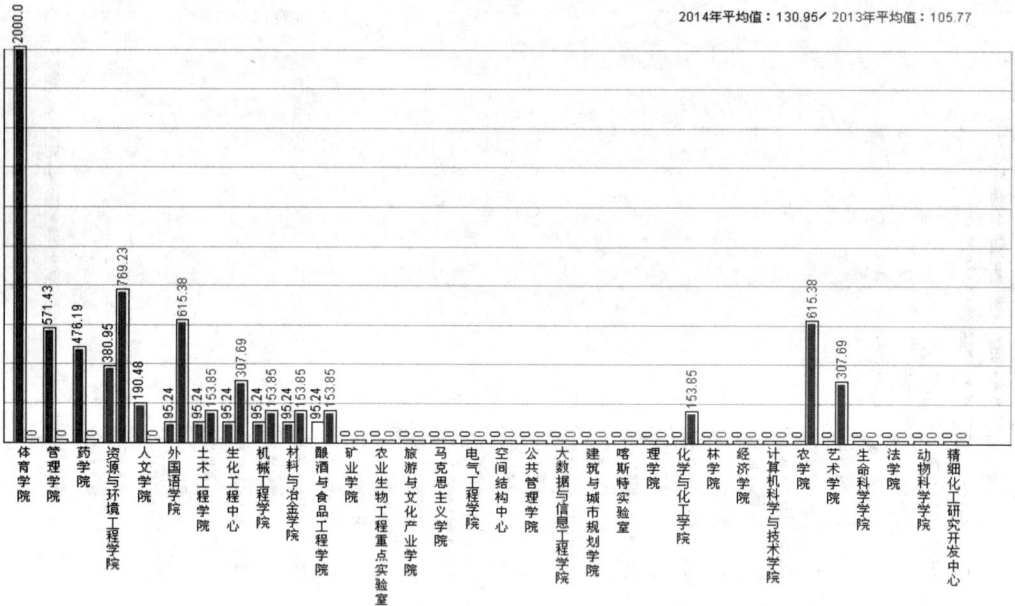

2014年平均值：130.95／2013年平均值：105.77

图 8-75　学院（中心、重点实验室）国际学术会议特邀报告贡献度排行

2014年学院（中心、重点实验室）主办（协办）国际会议贡献度前三名为管理学院、法学院、土木工程学院，全校平均值为132.81分。

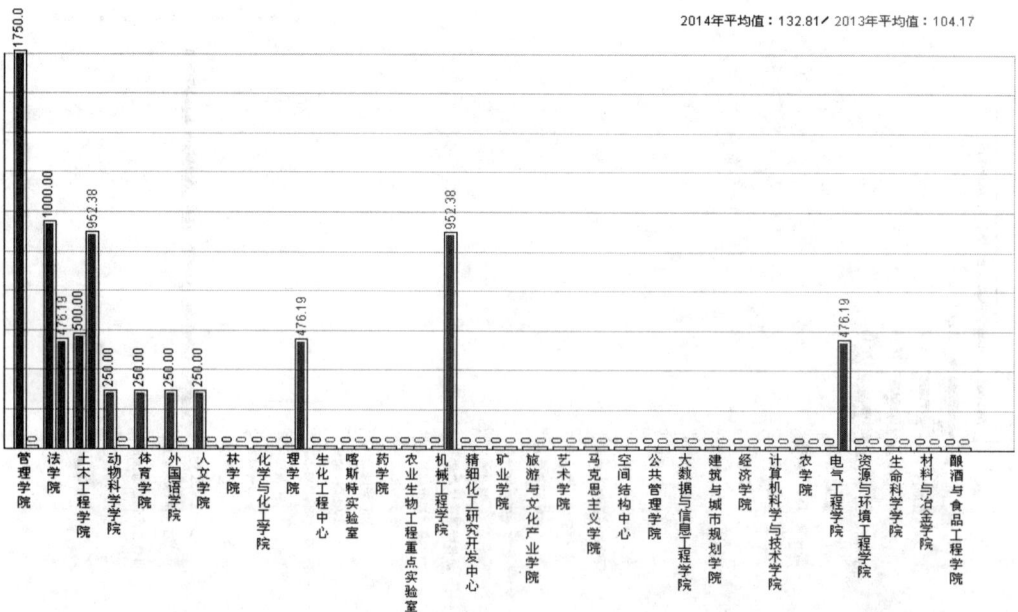

2014年平均值：132.81／2013年平均值：104.17

图 8-76　学院（中心、重点实验室）主办（协办）国际会议贡献度排行

（11）学院（中心、重点实验室）社会经济效益（E2）贡献度排行

社会经济效益（E2）前三名为资源与环境工程学院、机械工程学院、农学院，全校平均值为 279.07 分，仅 8 个单位高于平均值。

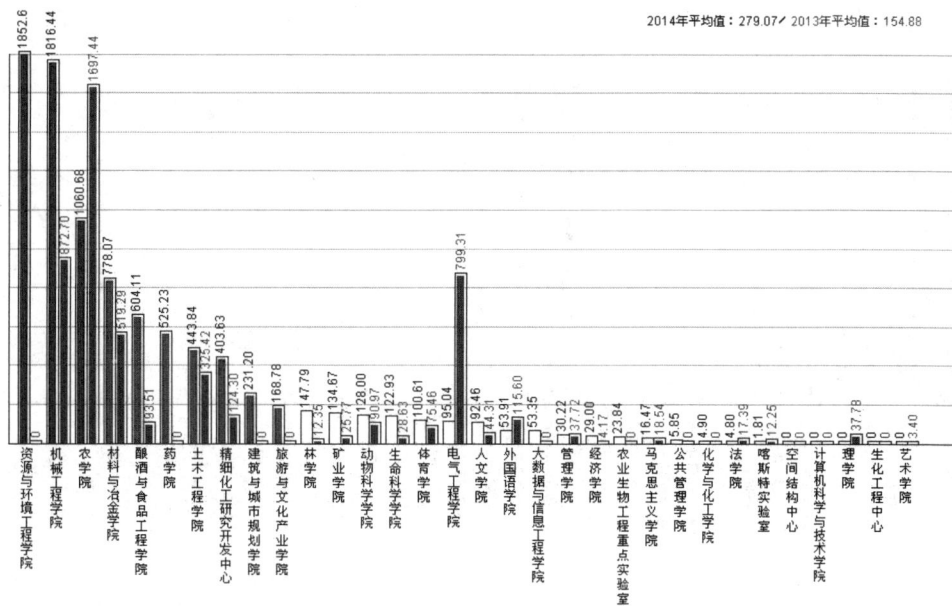

图 8-77　学院（中心、重点实验室）社会经济效益（E2）贡献度排行

2014 年学院（中心、重点实验室）与地方科技合作项目贡献度前三名为资源与环境工程学院、动物科学学院、矿业学院，全校平均值为 131.34 分。

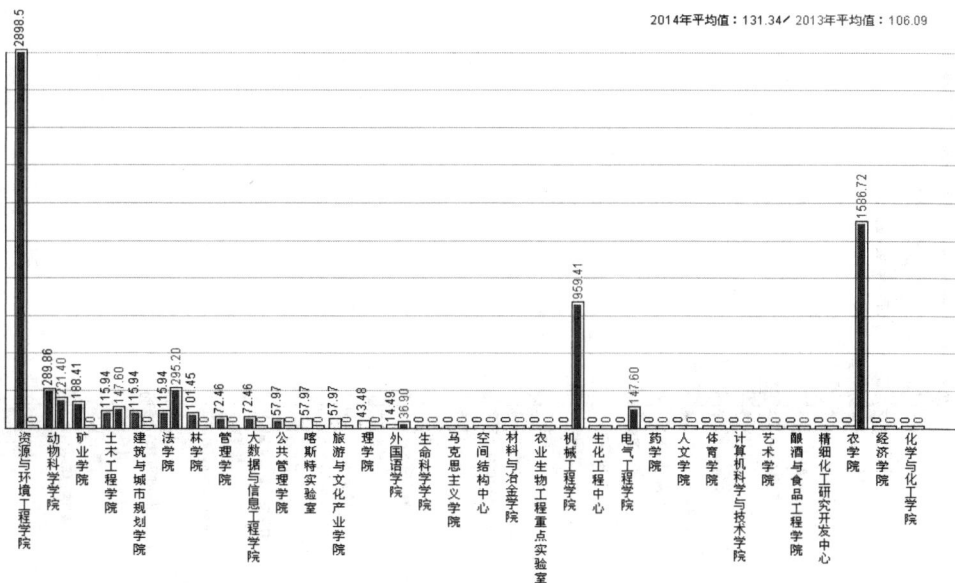

图 8-78　学院（中心、重点实验室）与地方科技合作项目贡献度排行

2014年学院（中心、重点实验室）与地方科技合作项目金额贡献度前三名为资源与环境工程学院、农学院、建筑与城市规划学院，全校平均值为131.25分。

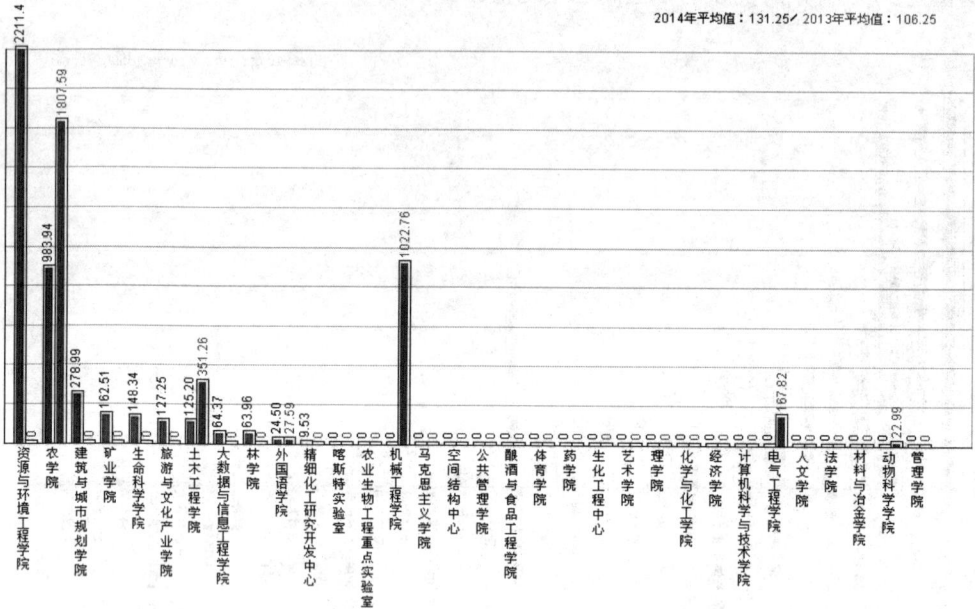

图8-79　学院（中心、重点实验室）与地方科技合作项目金额贡献度排行

2014年学院（中心、重点实验室）与企业科技合作项目贡献度前三名为化学与化工学院、土木工程学院、电气工程学院，全校平均值为131.14分。

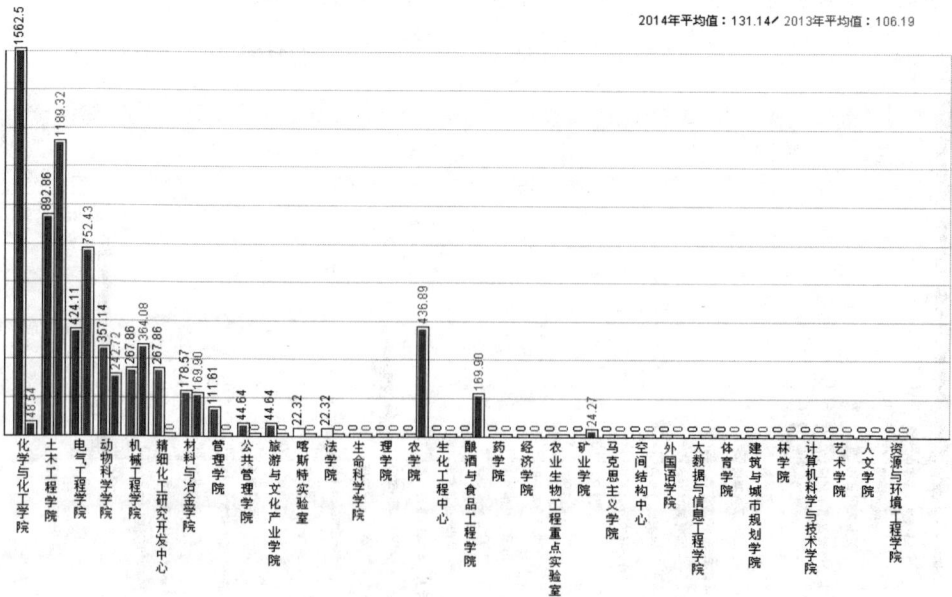

图8-80　学院（中心、重点实验室）与企业科技合作项目贡献度排行

　　2014 年学院（中心、重点实验室）与企业科技合作项目金额贡献度前三名为机械工程学院、土木工程学院、精细化工研究开发中心，全校平均值为 131.24 分。

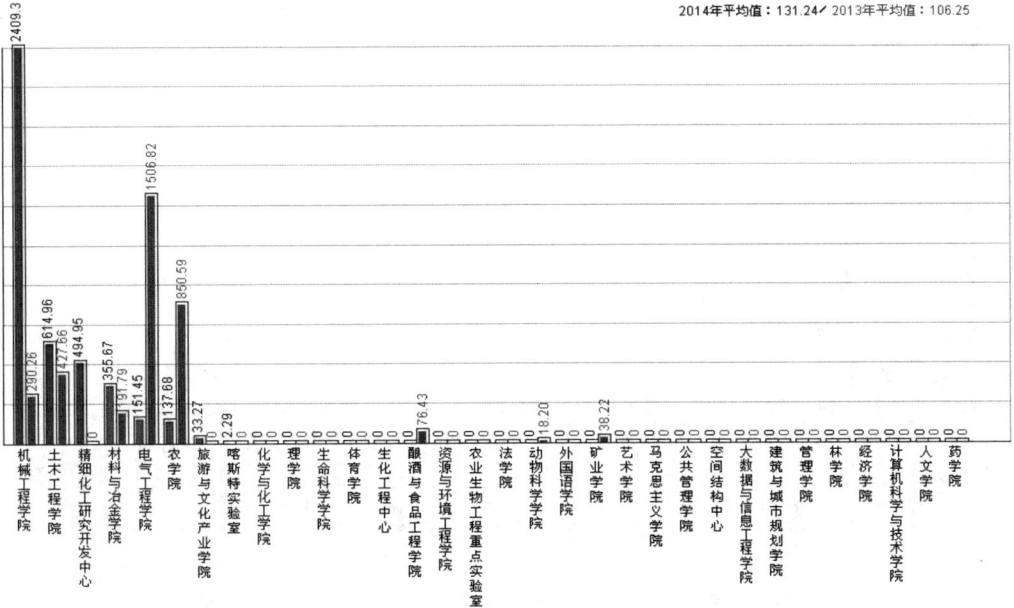

图 8-81　学院（中心、重点实验室）与企业科技合作项目金额贡献度排行

　　2014 年学院（中心、重点实验室）与地方合作创收金额贡献度前三名为资源与环境工程学院、农学院、建筑与城市规划学院，全校平均值为 906.43 分。

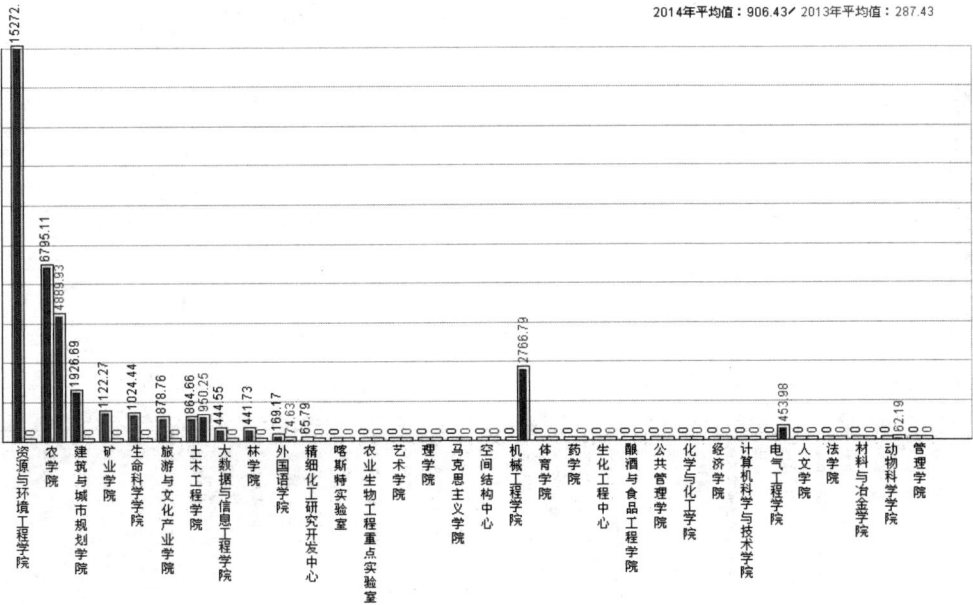

图 8-82　学院（中心、重点实验室）与地方合作创收金额贡献度排行

2014年学院（中心、重点实验室）与企业合作创收金额贡献度前三名为机械工程学院、土木工程学院、精细化工研究开发中心，全校平均值为 587.21 分。

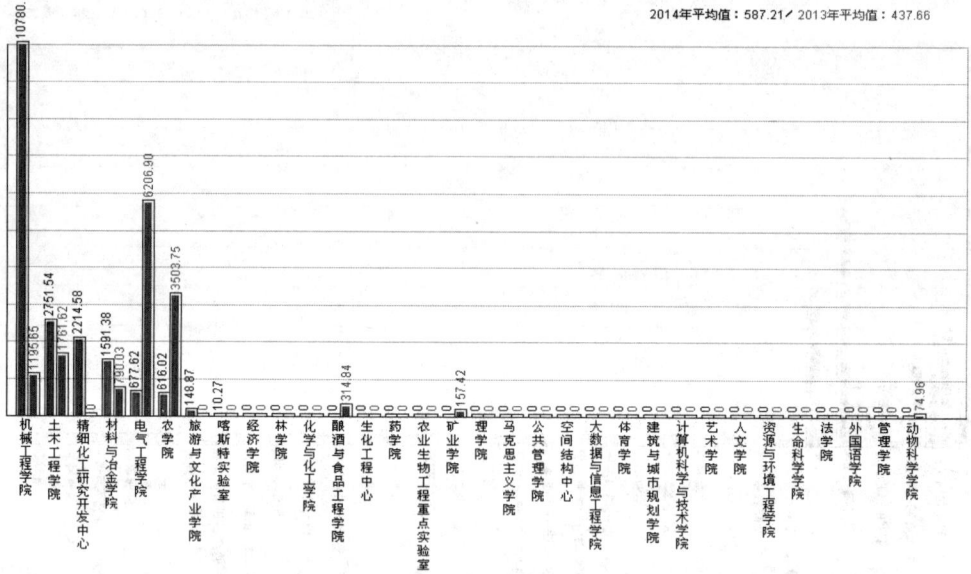

图 8-83　学院（中心、重点实验室）与企业合作创收金额贡献度排行

2014年学院（中心、重点实验室）科技成果转化项目贡献度最大的学院为机械工程学院，全校平均值为 130.21 分。

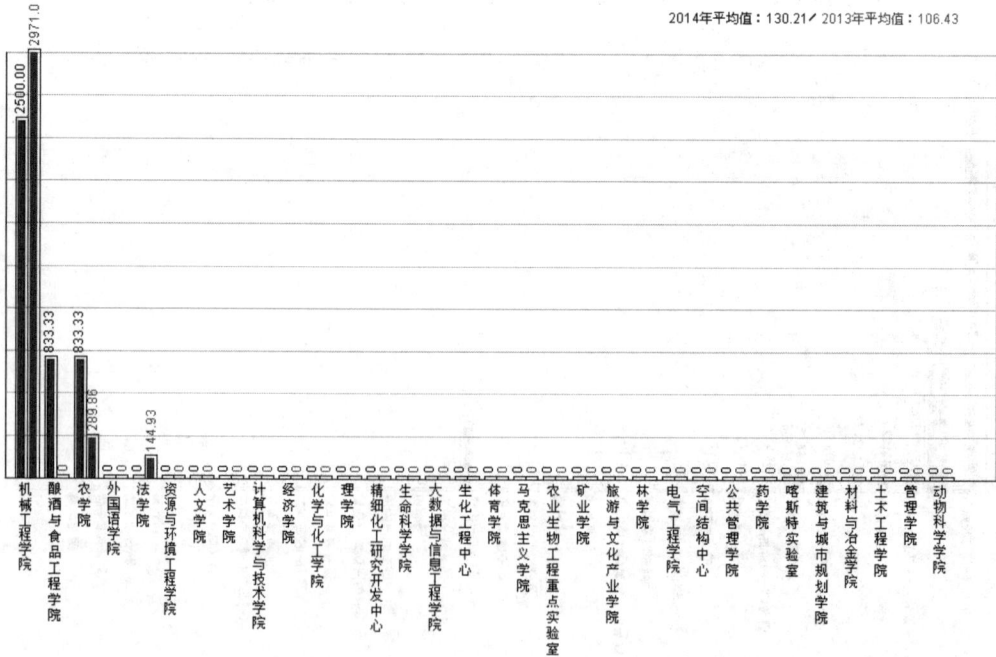

图 8-84　学院（中心、重点实验室）科技成果转化项目贡献度排行

8.3 问题整改

8.3.1 存在问题

（1）数据采集问题

部分学院（中心、重点实验室）不重视原始材料的收集整理，导致填报的部分数据无原始支撑材料。在现场检查核对所填报的数据时，少数单位因不能提供完整的原始支撑材料，导致部分数据不能计入当年贡献度。

（2）数据填报问题

在网上填报数据时，少数单位未及时填报数据，且有些单位填报的数据格式不规范，导致系统初步计算时未予以统计，并给后期的数据统计及核查环节增加了很大工作量。

（3）数据审核问题

在数据审核阶段，相关职能部门未依照相关规定及时核查本单位相关数据，导致此项工作的进度有所延迟。

8.3.2 整改建议

（1）对职能部门的建议

a. 相关职能部门应意识到年度贡献度竞争力评估的重要性，及时组织填报或提供本部门的相关数据，且提供原始数据的支撑材料。

b. 相关职能部门进行数据审核时，需要对各学院（中心、重点实验室）填报的数据严格把关审核，不实数据一律审核不通过。

（2）对学院（中心、重点实验室）的建议

a. 各学院（中心、重点实验室）领导要重视教育教学状态数据的采集工作，按照学校评估中心（高教所）要求，安排专人负责填报数据。

b. 各学院（中心、重点实验室）要注意收集整理支撑材料，特别是学生各种奖项的原始材料的收集、归档和整理。

c. 填报提交数据时，要按照"教育教学状态数据系统"表格要求和提示认真填报。

8.3.3 整改情况

（1）重视数据采集和录入

2014 年，各学院（中心、重点实验室）更加重视评估数据的采集与录入工作，其中外国语学院、农学院、资源与环境工程学院、管理学院、法学院、计算机科学与技术学院、体育学院 7 个学院（中心、重点实验室）认真地组织录入了本单位的教育教学状态数据。我中心（所）承担了其他所有学院（中心、重点实验室）和校直部门相关的所有状态数

据的在线录入工作。

（2）重视数据审核工作

　　学院（中心、重点实验室）网上审核数据共计约 10 万行，校高等教育研究与评估专家对约 3.4 万行重要数据进行了现场甄别和在线审核。最后，我中心（所）对 9.3 万余行数据全部进行了审核确认。

第 9 章　2014 年度本科教学质量报告

9.1 本科教育基本情况

9.1.1 办学定位

总体目标　建设有区域特色、有国际影响、服务地方经济社会发展的研究应用型高水平大学。

培养目标　着力培养厚基础、宽口径、强能力、高素质的创新型专门人才。

服务面向　扎根贵州、立足西南、面向全国、走向世界，积极为国家和区域经济社会发展服务。

9.1.2 专业设置

学校立足于构筑文、理、工、农相融互补和协调发展的学科体系，在夯实传统学科专业基础上，加强新兴学科、交叉学科专业建设，建成一批优势特色学科专业和重点学科，使部分学科专业跻身全国一流行列。2014 年学校备案本科专业 139 个（附表 1），涵盖了哲学、经济学、法学、教育学、文学、艺术学、历史学、理学、工学、农学、医学、管理学等 12 个学科门类（表 9-1）。

表 9-1　2014 年本科专业统计表

序号	学科门类	二级学科门类数	本科专业数
1	哲学	1	1
2	经济学	4	4
3	法学	3	3
4	教育学	1	3
5	文学	3	6
6	艺术学	4	16
7	历史学	1	1

续表

序号	学科门类	二级学科门类数	本科专业数
8	理学	6	12
9	工学	20	55
10	农学	7	14
11	医学	2	2
12	管理学	6	16
合计		58	133

注：2014 年暂停招生本科专业 6 个。

9.1.3 生源质量

学生人数 2014 年，学校全日制在校生 36976 人，折合在校生 42376 人。其中本科生 29498 人，占全日制在校生总数的 79.78%；硕士研究生 6533 人，博士研究生 336 人，研究生占全日制在校生总数的 18.91%；留学生 349 人。（图 9-1）

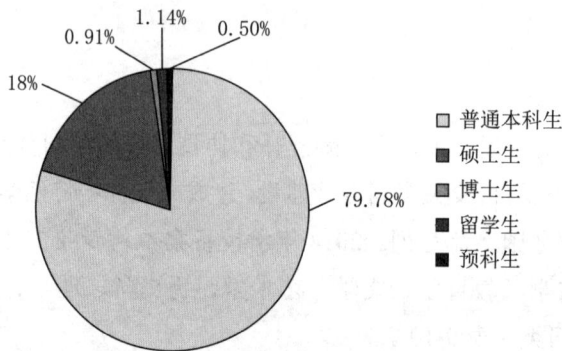

图 9-1　全日制在校生

生源质量 学校地处西部地区，过去主要面向省内招生。随着国家西部大开发战略的实施和高等教育的发展，学校办学规模不断扩大，办学质量不断提升，学校逐年增加省外招生人数。特别是进入国家"211 工程"重点建设大学后，学校进入第一批次招生，并面向全国 29 个省（市、自治区）招生。2014 年，招生专业 133 个，学校省外招生人数为 1243 人，约占招生总数的 16%，第一志愿平均录取率达 91.63%，分别比 2013 年降低 4%、0.97%；省内第一志愿平均录取率为 89.46%，比 2013 年平均录取率降低 1.60%，除农科类专业第一志愿录取率仅为 62.27% 外，其他学科第一志愿录取率都在 92% 以上（表 9.2）。

表 9-2 2014 年本科生第一志愿录取情况表

学科类别	省外			省内		
	录取总数	第一志愿录取数	第一志愿录取率	录取总数	第一志愿录取数	第一志愿录取率
文科	246	222	90.24%	1315	1220	92.78%
理工科	751	703	93.61%	4021	3759	93.48%
农科	47	27	57.45%	872	543	62.27%
体育	12	12	100.00%	88	88	100.00%
艺术	187	175	93.58%	213	213	100.00%
合计	1243	1139	91.63%	6509	5823	89.46%

9.2 师资与教学条件

9.2.1 师资队伍

生师比 2014 年学校教师总数 2512 人，其中，专任教师 2459 人、外聘教师 53 人，生师比为 17.04:1。

职称结构 学校现有专任教师 2459 人中，教授 468 人、副教授 830 人，正高、副高职称人员占专任教师总数的 58.06%。（图 9-2）

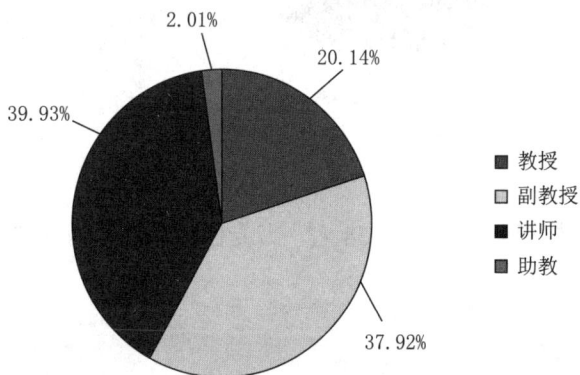

图 9-2 专任教师职称结构

年龄结构 40 岁以下的教师 1318 人，占专任教师总数的 53.60%（图 9-3）。

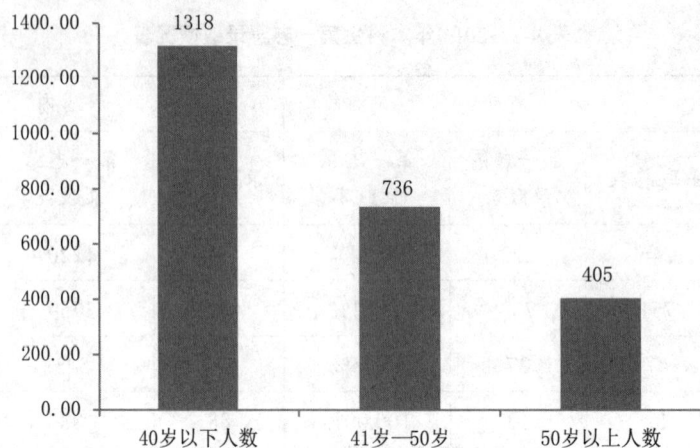

图 9-3   专任教师年龄结构

学位结构   具有硕士学位以上的教师 1658 人，占专任教师总数的 67.43%。其中具有博士学位的教师 638 人，占专任教师总数的 25.95%；具有硕士学位的教师 1020 人，占专任教师总数的 41.48%。（图 9-4）。

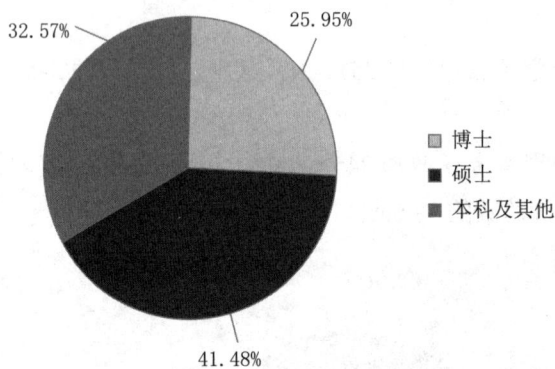

图 9-4   专任教师学位结构

学缘结构   非本校毕业的教师 1568 人，占专任教师总数的 63.77%（图 9-5）。

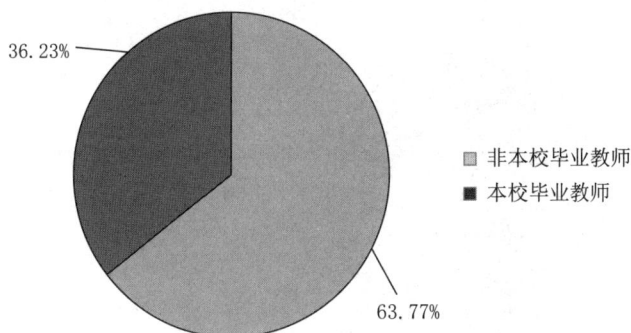

36.23%

63.77%

非本校毕业教师
本校毕业教师

图 9-5　专任教师学缘结构

引进人才　学校高度重视人才引进工作。2014 年，柔性引进领军人才 1 人、名誉院长 2 人，引进全职不占编高层次人才 2 人、博士 64 人，聘请客座（兼职）教授 34 人。公开招聘紧缺专业教师、实验专业技术人员、管理人员和辅导员 120 余人。新增高教系列教授 14 人、副教授 15 人、实验系列高级实验师 20 人，新增贵州省第三批核心专家 7 人、第七批省管专家 11 人、贵州省高层次创新人才"十"层次 2 人、贵州省高层次创新人才"百"层次 10 人，获批"西部之光"访问学者 4 人。郑强教授获"中国教育变革年度人物"和"2014 中国好校长"、宋宝安教授领衔的绿色农药与有害生物控制创新团队获批国家专业技术人才先进集体，宋宝安教授入选首批万人计划科技创新领军人才、杨松教授和池永贵教授入选国家科技创新人才推进计划中青年科技领军人才、"青年千人计划"池永贵教授获批"长江学者"特聘教授、丁贵杰教授荣获第五届"全国杰出专业技术人才"称号、李萍教授入选国家知识产权百千万人才等。形成了一支师德高尚、业务精湛、结构合理、充满活力的高素质教师队伍。

9.2.2 主讲教师

教师资格　学校认真执行《贵州大学教师教学工作规程》，严格贯彻主讲教师资格制度，严把教师上岗关。2014 年，学校符合岗位资格的主讲教师 2194 人，占专任教师总数的 89.22%（图 9-6）。

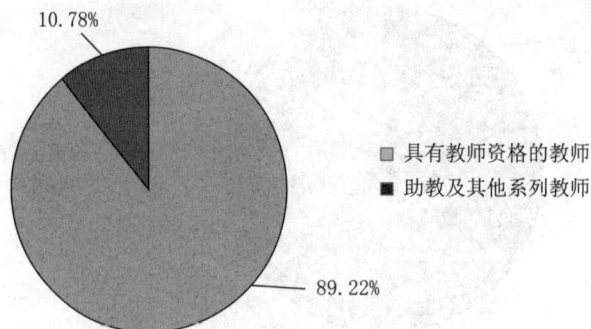

图 9-6　专任教师中主讲教师资格情况

教授授课　2014 年，学校现有教授 468 人。其中，主讲本科课程的教授 398 人，占教授总数的比例为 85.04%（图 9-7）。

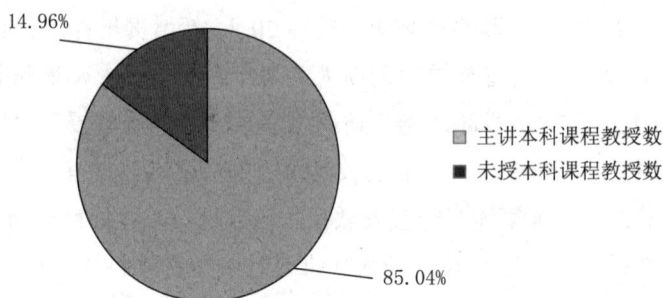

图 9-7　教授主讲本科课程情况

2014 年，全校开设本科课程总门数 4885 门，教授主讲本科课程 1014 门次，平均每人超过 2 门次，占总课程的比例达 20.76%（图 9-8）。

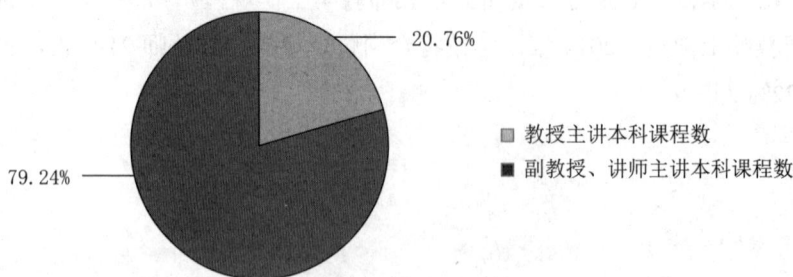

图 9-8　教师主讲本科课程数情况

9.2.3 教学条件

教学经费　学校地处"欠发达、欠开发"的贵州，家庭经济困难学生多，学费标准低，生均拨款低，办学经费紧张。在此情况下，学校仍然坚持"经费投入优先满足教学不动摇"，保证本科教学经费投入。2014 年，共投入教学经费 6260.94 万元，占学费收入比例的 47.92%，其中本科教学日常运行支出经费 4484.82 万元，生均 1520.38 元；本科专项教学经费 571.61 万元；本科实验经费 411.34 万元，生均 139.45 元；本科实习经费 791.36 万元，生均 268.89 元（图 9-9）。

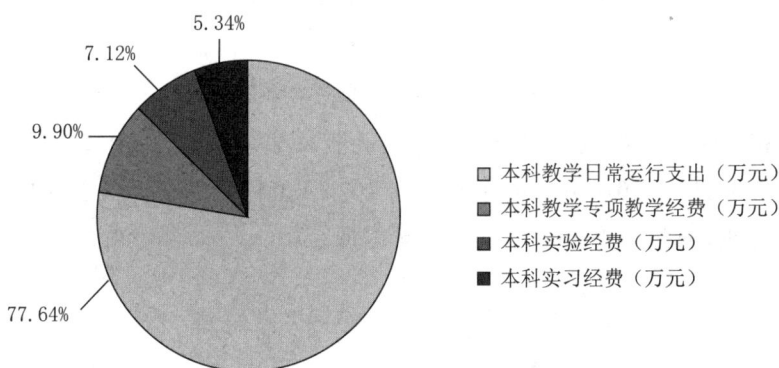

图 9-9　教学经费投入情况

教学用房　校园占地面积 429.52 万平方米（6442.85 亩），生均占地面积 116.16m^2。学校现有教学行政用房建筑面积 82.72 万平方米，生均教学行政用房面积 22.37m^2，其中生均实验室面积 3.32m^2。学生宿舍面积 51.99 万平方米，生均宿舍面积 14.06m^2。

仪器设备　学校教学科研仪器设备值为 73352.95 万元，生均教学科研仪器设备值 17310.02 元。其中，2014 年新增教学科研仪器设备值 10282.73 万元，当年增长比例达 16.30%（图 9-10）。

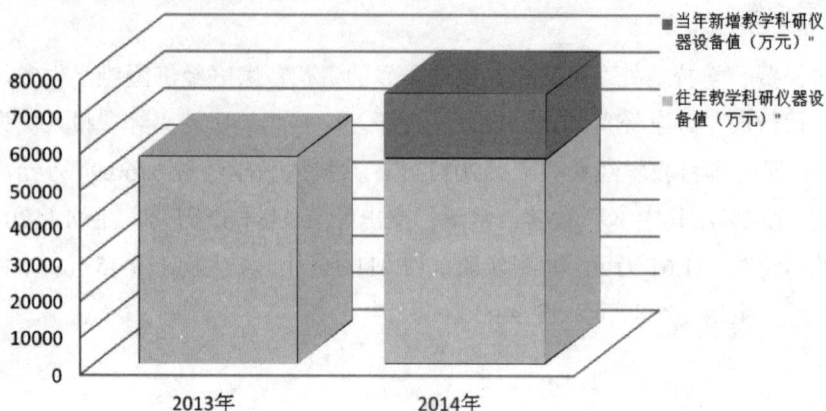

图 9-10　仪器设备及当年新增情况

图书文献　图书馆馆藏文献资料 329.57 万册，生均 78 册，2014 年新增纸质图书 156673 册（图 9-11）。2014 年，有电子图书 202.09 万种，电子期刊 23001 种。2014 年图书总量及生均拥有量均较 2013 年有较大幅度提高。

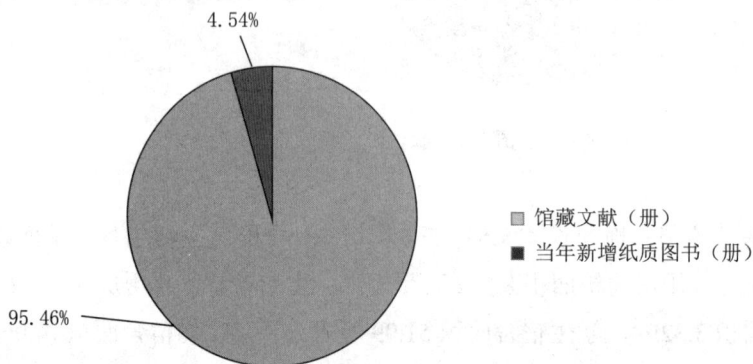

图 9-11　图书文献资源情况

9.3 教学建设与改革

9.3.1 培养方案

方案特点　推进完全学分制改革，提供学生多样化的学习选择空间，促进学生的个性化发展；推进"平台＋模块"培养方案改革，建设通识课程平台和大类课程平台，提升学生综合素质，培养复合型人才；推进"16+2"教学模式改革，进一步加强实践教学，增强学生动手能力和创新能力。

深化学分制改革，不断完善教育培养体系，在"16+2"教学模式改革的基础上，全面推行"三学期制"，增加"创新创业课程及实践"学分模块；创新教育培养模式，完善自主招生考试形式，探索多元化学生培养模式，继续开展"博学计划"，与浙江大学、四川大学、天津大学、中南大学开展本科生"1+3"和"2+1+1"联合培养项目。选派 36 名学生赴台湾大学、高雄大学、义守大学、台北城市科技大学研修学习，选派 29 名学生赴香港"童履"志愿者公益组织与香港志愿者学生进行交流。

各学科专业培养方案学分分配情况见表 9-3，其中实践教学学分占总学分比例平均为 25.61%，选修课学分占总学分比例平均为 32.93%（2014 年沿用 2013 年本科培养方案）。

表 9-3　各学科专业培养方案学分分配表

学科门类	总学分	理论教学学分	实践教学学分	实践教学占总学分比例	必修课学分	选修课	选修课占总学分比例
哲学	162	128	34	20.99%	120	50	30.86%
经济学	167	133	34	20.35%	115	52	31.14%
法学	156	118	38	24.36%	118	47	30.13%
教育学	158	115	43	27.22%	112	54	34.18%
文学	166	112	54	32.53%	122	53	31.93%
历史学	161	128	33	20.50%	119	50	31.06%
理学	166	117	49	29.52%	120	58	34.94%
工学	169	121	48	28.40%	122	56	33.14%
农学	164	113	51	31.10%	119	55	33.54%
管理学	166	127	39	23.49%	124	51	30.72%
合计均值	164	122	42	25.61%	119	54	32.93%

课程体系　学校重视课程体系建设，按照"平台＋模块"培养方案的总体要求，构建了"通识课程平台""大类课程平台""专业方向课程模块""个性化课程模块"的课程体系。通过"通识课程平台"和"大类课程平台"，保证人才培养的基本规格和全面发展的共性要求；通过"专业方向课程模块"和"个性化课程模块"，不仅为学生的自主选择提供了条件，也为学生跨学科、跨专业修读搭建了平台，实现了人才的个性化培养。

实践教学　将实践教学作为培养学生实践能力和创新能力的重要途径，继续推行"16+2"教学模式的改革。实践教学环节过程管理规范，计划落实有保证、成效好。学校现有实验室面积 122760.6m^2，生均 3.32m^2。学校重视实习实训基地建设，现有国家级教育教学科研基地及示范点 8 个、国家级实验教学示范中心 2 个、省级实验教学示范中心11个（表9-4），稳定的校内、校外（校地共建）实习实训基地（中心）227个。

表9-4　贵州大学省级以上实习实训基地（中心）一览表

序号	名称	挂靠单位	类别	级别
1	中华人民共和国教育部教育援外基地	贵州大学	教学基地	国家级
2	国家大学生文化素质教育基地	学生处	教学基地	国家级
3	科技部国际科技合作基地	科技处	科研基地	国家级
4	教育部大学英语教学改革示范点	外国语学院	教学基地	国家级
5	教育部卓越工程师教育培养计划项目试点学校	教务处	教学基地	国家级
6	教育部卓越法律人才教育培养基地	教务处	教学基地	国家级
7	国家体育总局体育文化研究基地	体育教学部	教学基地	国家级
8	全国科普教育基地（贵州大学乌当教学实习基地）	资源与环境工程学院	科普教育基地	国家级
9	贵州大学农业生物实验教学示范中心	教学实验农场、生命科学学院、农学院、动物科学学院	实验教学示范中心	国家级、省级
10	贵州大学机械基础与实践训练实验教学示范中心	机械工程学院	实验教学示范中心	国家级、省级
11	贵州大学物理实验中心	理学院	实验教学示范中心	省级
12	贵州大学化学化工实验教学示范中心	化学与化工学院	实验教学示范中心	省级
13	贵州大学电子工程实验教学示范中心	计算机科学与技术学院	实验教学示范中心	省级
14	贵州大学生物技术实验教学中心	生命科学学院	实验教学示范中心	省级
15	贵州大学版画实验教学示范中心	艺术学院	实验教学示范中心	省级
16	贵州大学法学实验教学示范中心	法学院	实验教学示范中心	省级
17	贵州大学土木建筑工程实验教学示范中心	土木工程学院	实验教学示范中心	省级
18	贵州大学环境科学与工程实验教学示范中心	资源与环境工程学院	实验教学示范中心	省级

序号	名称	挂靠单位	类别	级别
19	农业基础与实践训练实验教学示范中心	农学院	实验教学示范中心	省级
20	贵州大学贵阳市中级人民法院法学教育实践基地	法学院	校外实习实训基地	国家级
21	贵州大学贵州詹阳动力重工有限公司工程实践教育中心	机械学院	校外实习实训基地	国家级
22	贵州大学-贵州贵航汽车零部件股份有限公司华阳电器分公司理科实践教育基地	理学院	校外实习实训基地	国家级

2014 年，在全国各类学科竞赛中，我校共有 130 多名同学获全国二等奖以上奖项，其中我校参赛队分别获得全国大学生数学建模大赛一等奖、全国大学生机械设计创新大赛一等奖、全国大学生机械设计创新大赛慧鱼组一等奖、全国高校大学生金相大赛一等奖和全国大学生创业大赛金奖。

毕业论文（设计）　学校高度重视本科学生的毕业论文（设计）工作,把毕业论文（设计）作为实现培养目标的重要教学环节。加强过程管理与质量监控，规范导师指导过程，强化论文（设计）关键环节管理，全面反映专业培养规格和目标要求。继续推行"四制管理"，即"一年一度的毕业论文（设计）工作流程网络系统管理制、毕业论文（设计）质量专项检查评估制、毕业论文（设计）查重制、优秀毕业论文（设计）评选检测制"，毕业论文（设计）水平不断提高，总体质量好。2014 届本科论文 6428 篇，其中校级优秀论文（设计）106 篇（个）。

创新教育　学校将创新教育融入整个教学过程，出台了《贵州大学大学生创新指导奖励办法》《贵州大学学科竞赛管理办法》，鼓励学生参加学科竞赛、科研训练和各类创新活动，学生参与"大学生创新性实验计划""SRT 计划"的积极性明显增强、项目水平稳步提高。2014 年，本科学生主持 SRT 项目共 400 项，其中，2014 年立项 244 项（图9-12）。

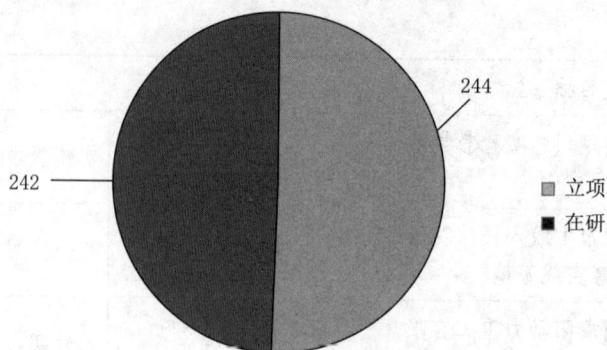

图 9-12　本科生主持 SRT 项目情况

本科生主持创新项目共 123 项，其中，2014 年立项 80 项、当年结题验收 22 项（图 9-13）。

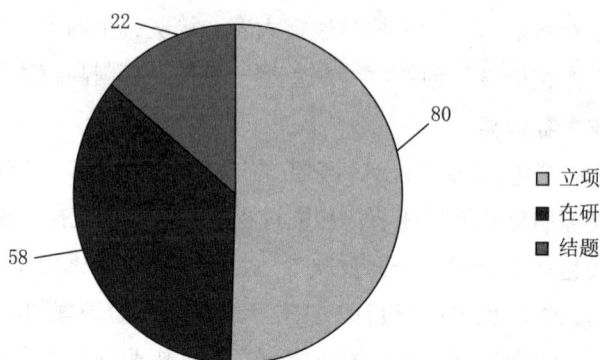

图 9-13　本科生主持创新项目情况

9.3.2 教学建设

专业建设　学校切实加强专业建设，提升改造传统专业，扶持做强优势专业，保护巩固基础专业，稳步发展新兴专业。学校现有教育部一类特色专业 9 个、二类特色专业 2 个、贵州省示范性本科专业 17 个、省级特色专业 7 个。

课程建设　学校注重加强课程的科学性和系统性，大力充实和扩展基础类、专业类和人文素质类课程建设。不断更新、充实、优化课程体系，积极开展课程改革研究，不断加大重点课程和精品课程建设力度，充分发挥科学合理的课程体系在学校人才培养中的核心作用。2014 年，教师主编和参编全国统编教材 28 部，贵州大学共投入课程建设专项经费 754.62 余万元。

在贵州省教育厅的支持下，发起成立了省内第一个课程共享联盟——"贵课联盟"

（GUOOC 联盟），实现"9+1"联盟高校课程资源共享。

精品课程　学校重视精品课程建设，注重加强校级重点课程的管理，积极培育、遴选和申报省级、国家级精品课程。2014 年，学校有国家级精品课程 1 门、国家级精品视频课程 1 门、省级精品课程 29 门（表 9-5）；另外，2014 年申报国家级、省级公开视频共享课程 12 门。

表 9-5　贵州大学省级以上精品（视频）课程一览表

序号	课程名称	负责人	项目级别
1	液气压传动与控制	黄放	国家级
2	走进法学	胡灵	国家级
3	电机及拖动	吴浩烈	省级
4	液气压传动与控制	陈伦军	省级
5	会计学	冉光圭	省级
6	无机化学	张朝平	省级
7	线性代数	林国均	省级
8	树木学	刘济明	省级
9	机械原理	牛鸣岐	省级
10	操作系统	陈笑蓉	省级
11	数据结构	杜世培、王力	省级
12	选矿学	张覃	省级
13	高等数学	周国利、张民选	省级
14	旅游规划与开发	金颖若	省级
15	植物学	熊源新	省级
16	材料力学	蔡长安、钟蜀晖	省级
17	材料科学基础	张晓燕	省级
18	自动控制原理	李泽滔	省级
19	民法学	冷传莉	省级
20	中国哲学史	庄勇	省级
21	生物工艺学	邱树毅	省级
22	气象学	穆彪	省级
23	机械设计	尹健	省级

续表

序号	课程名称	负责人	项目级别
24	现代通信原理	孟传良	省级
25	国际贸易	龚晓莺	省级
26	矿井通风与空气调节	桂祥友	省级
27	化工原理	林倩	省级
28	中国古代文学	王晓卫	省级
29	土力学	黄质宏	省级
30	表演技能	贺祝平	省级
31	构造地质学	杜定全	省级

9.3.3 教学改革

学分制改革　转变教育教学观念，学校把积极推进完全学分制改革和完善学分制培养模式作为教学改革中心工作，开展"纯风行动"，继续深化完善学分制改革和培养方案，不断完善培养体系和丰富教学形式，增加实践教学和选修课学时学分，继续推进"16+2"教学模式和"三学期制"改革，增加了"创新创业课程及实践"学分模块，暑期小学期有序进行，为鼓励学生自主学习提供了空间。

卓越培养计划　创新培养模式，着力培养具有创新能力的工程应用人才。作为教育部"卓越工程师培养计划"试点高校，学校根据教育部"卓越工程师培养计划"、"卓越法律人才教育培养基地"的要求，在机械专业、采矿工程专业、法学专业全面实施，效果良好。2014年，植物保护和林学两个专业分别进入教育部、农业部和国家林业局首批"卓越农林人才教育培养计划"拔尖创新型和复合应用型改革试点专业。5个本科专业获得省级卓越人才教育培养计划。

质量工程项目　学校积极抓好教育教学改革质量工程项目的申报与实施。2014年，机械设计制造及其自动化、采矿工程两个专业顺利通过全国工程教育认证，实现贵州工程教育认证零的突破。完成省级"本科教学工程"项目的申报和立项工作，获得省级卓越人才教育培养计划项目本科专业5个、省级专业综合改革试点项目6个、获省级教改项目26个，校级品牌特色培育专业10个，视频全课程和视频微课程纳入视频资源共享课程建设37门。

2014年，学校在研教改项目共计81项，其中省级40项、校级41项（图9-14）。

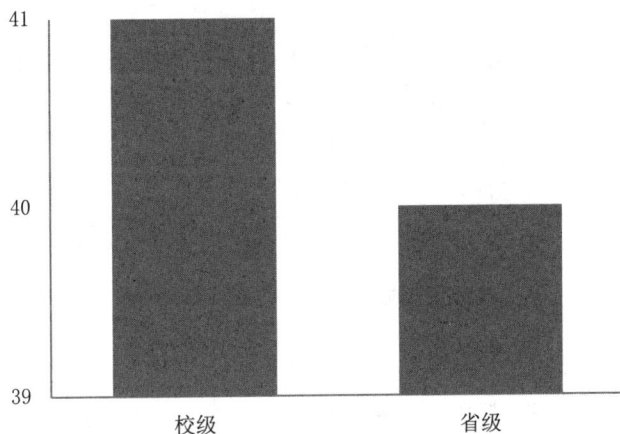

图 9-14　在研教改项目情况

青年教师教学大赛　2014 年，学校组织开展了第五届中青年教师教学技能大赛，共有 50 名中青年教师参加决赛。经过专家评选、师生代表投票，产生一等奖 2 名、二等奖 7 名、三等奖 9 名。通过此类大赛巩固教学工作在学校工作中的主体地位，切实优化青年教师教学与成长环境，真正提高了青年教师教育教学水平，为进一步促进我校教育教学质量全面提高做出新贡献。

表 9-6　2014 年青年教师教学大赛获奖名单

序号	学院	姓名	参评课程	比赛课程类别组	获奖等级
1	管理学院	杜娟	微观经济学	综合文科组	一等奖
2	化学与化工学院	支青	大学化学2-2	公共基础组	一等奖
3	外国语学院	田婷	模拟导游	综合文科组	二等奖
4	体育学院	杨晓勇	体育保健学	综合文科组	二等奖
5	外国语学院	罗廷凤	大学英语听说	公共基础组	二等奖
6	心理咨询中心	符虔	大学生心理健康	公共基础组	二等奖
7	林学院	唐丽霞	工程力学	理工农组	二等奖
8	电气工程学院	唐晓玲	电力工程	理工农组	二等奖
9	农学院	乙天慈	农业螨类学	理工农组	二等奖
10	艺术学院	马玲	表演技能	综合文科组	三等奖
11	人文学院	袁轶峰	中国通史	综合文科组	三等奖
12	公共管理学院	朱荣	薪酬管理	综合文科组	三等奖

续表

序号	学院	姓名	参评课程	比赛课程类别组	获奖等级
13	马克思主义学院	潘海涛	马克思主义基本原理概论	公共基础组	三等奖
14	理学院	白忠臣	大学物理	公共基础组	三等奖
15	经济学院	李 云	大学生心理发展训练	公共基础组	三等奖
16	机械工程学院	李惠林	汽车振动与噪声控制	理工农组	三等奖
17	明德学院	陈 素	机械原理	理工农组	三等奖
18	酿酒与食品工程学院	陈 莉	微生物学	理工农组	三等奖
19	马克思主义学院	赵晓红	贵州省情教程	公共基础组	优秀奖
20	建筑与城市规划学院	杨钧月	外国建筑史	理工农组	优秀奖
21	电气工程学院	赵正红	工程热力学	理工农组	优秀奖
22	机械工程学院	姜 云	液气压传动与控制	理工农组	优秀奖
23	理学院	高 欣	原子物理学	理工农组	优秀奖
24	化学与化工学院	倪新龙	有机化学	理工农组	优秀奖
25	生命科学学院	侯双双	气象学	理工农组	优秀奖
26	外国语学院	王 蔚	基础口译	综合文科组	鼓励奖
27	公共管理学院	胡赣栋	比较政治制度	综合文科组	鼓励奖
28	人文学院	李 青	中国古代文学经典精读	综合文科组	鼓励奖
29	艺术学院	左 黔	摄影构图	综合文科组	鼓励奖
30	法学院	祝 颖	民事诉讼法	综合文科组	鼓励奖
31	旅游与文化产业学院	徐 平	公共关系学	综合文科组	鼓励奖
32	心理咨询中心	陈姝殊	爱情心理学	公共基础组	鼓励奖
33	体育学院	郑志兵	武术	公共基础组	鼓励奖
34	理学院	鲍啦啦	高等数学	公共基础组	鼓励奖
35	动物科学学院	徐 娥	营养学基础	公共基础组	鼓励奖
36	体育学院	柳孟利	健美操	公共基础组	鼓励奖
37	管理学院	李雨峰	面向对象程序设计C#	公共基础组	鼓励奖

序号	学院	姓名	参评课程	比赛课程类别组	获奖等级
38	计算机学院	李露蓉	Visual Basic程序设计基础	公共基础组	鼓励奖
39	酿酒与食品工程学院	何腊平	概率论与数理统计	公共基础组	鼓励奖
40	农学院	罗春丽	中药炮制学	理工农组	鼓励奖
41	材料学院	麦毅	太阳能	理工农组	鼓励奖
42	矿业学院	沈晓莹	安全系统工程	理工农组	鼓励奖
43	化学与化工学院	刘彤	大学生科研训练与学科竞赛指导课	理工农组	鼓励奖
44	建筑与城市规划学院	杜佳	城市设计理论	理工农组	鼓励奖
45	土木学院	谢涛	路面工程	理工农组	鼓励奖
46	资源与环境学院	李江	水污染控制工程	理工农组	鼓励奖
47	动物科学学院	温贵兰	兽医免疫学	理工农组	鼓励奖
48	资源与环境学院	史文兵	边坡工程	理工农组	鼓励奖
49	药学院	乐意	药厂车间工艺设计	理工农组	鼓励奖
50	林学院	代朝霞	旅游资源开发	理工农组	鼓励奖

9.4 质量保障体系

9.4.1 教学中心地位

党政主要负责人制　学校明确校、院两级党政主要负责人是本科教学质量第一责任人，把本科教学工作列入学校党委和行政的年度工作要点。通过强化党政一把手在本科教学工作中的核心主导作用，真正落实校、院各个层面的制度保障教学、经费优先教学、师资保证教学、科研促进教学、管理服务教学的具体措施和办法。

校领导联系学院制　学校确立了校领导分工联系学院制度和工作机制，校领导深入教学第一线了解教学状况，指导、督促、检查教学日常工作，及时协调解决教学工作中的实际问题和困难。

教学工作例会制　学校每月召开一次本科教学工作例会，由分管本科教学工作的校领导，各学院分管教学工作的负责人，教务处、教育教学评估中心（高教研究所）等与本科教学相关的职能处室负责人，校教学督导团团长、副团长及各组组长参加，交流总结本科教学工作经验，集体研讨本科教学工作中存在的问题，寻求解决措施和办法，提出教学改革新举措。

教学质量督评制　学校高度重视教育教学质量检查评估，建立了教学督导团和高教研究与评估专家团，坚持实行"两团督导，常态监控"，即教学督导团和高教研究专家团对教学质量的督导与评估。教学督导团主要负责期初、期中、期末教学三次例行检查及教学日常运行的督导，由教务处牵头组织；关键教学环节教学质量的监控与评估，由教育教学评估中心（高教研究所）组织。

9.4.2 保障体系建设

教学质量监控体系　学校根据办学定位和指导思想，从社会需求出发，以社会满意为目的，确立人才培养目标，制定教学质量标准，开展教学质量监控与评估，保障人才培养质量。教学质量监控体系由组织系统、制度系统、评价系统、信息收集、分析反馈和调控系统组成的全员参与、全方位、多层面的科学、完善的教学质量监控与保障体系（图 9-15）。

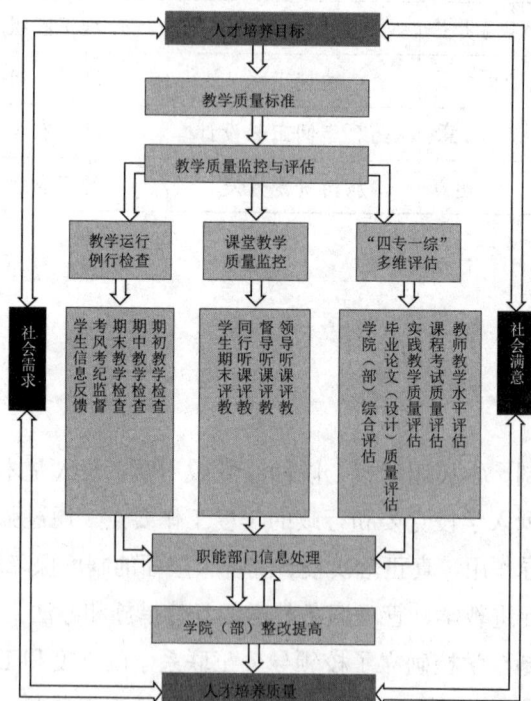

图 9-15　贵州大学本科教学质量监控与保障体系

教学运行例行检查　坚持每学期期初、期中、期末的教学检查制度，充分发挥教学督导团在学校教学运行例行检查中的作用。校、院督导团成员通过听课、查课、座谈等形式，有重点地监控教学运行过程，收集、分析、调研教学双方的意见及问题，指导任课教师进行教学内容、教学方法的改革，对教学运行和管理工作提出合理的建议。

课堂教学质量监控 学校长期坚持领导、专家、同行教师的听课制度，规定了校、院及职能部门有关领导、督导团专家、同行教师每学期的听课任务。听课人要认真填写听课卡，并对被听课人的教学效果给予综合评价，提出意见和建议。将领导评教、专家评教、同行评教与学生评教有机结合，实施学生教学信息员制度，开展课堂教学质量专项检查评估，做到全方位、立体化监控课堂教学质量。

考风学风整改行动 学校全面开展"纯风行动"，即"教风学风整改行动"，除日常教学督导之外，还开展了考风考纪巡查和毕业资格清查等专项督导工作。学校校长牵头负责"教风学风整改行动"的组织工作，开展了全校教学运行的全面检查，并组织开展了随机听课、网上评教、教学观摩和贵州大学中青年教师教学大赛，发布了《贵州大学学生网上评教综合评价书》，加强了质量监控，促进教风学风的好转。在包括补考在内的各种考试中，教务处全员、全程巡视，并开展了"向违纪行为亮红黄牌"的专项行动，考风考纪有了明显好转。教务处课程与考试中心荣获"贵州省首届非学历教育考试突出贡献奖"。

"四专一综"教学评估 坚持实施"四专一综"多维度的评估模式，既是贵州大学开展自我评估、强化常态监控、完善内部质量保障的重要形式，也是构建中国特色高等教育本科教学评估制度的有益尝试。"四专一综"评估全面、真实地反映了学校的教育教学状态和整体实力，客观、科学地综合评价了各个单位的年度贡献度及竞争力，同时为学校领导决策、资源分配和工作考核提供了重要参考依据，有力推动了学校教学、科研、学科建设、国际交流及社会服务各项工作，进一步增强了学校人才培养、科学研究和社会服务的能力，进一步提高了学生、家长、单位和社会的满意度，进一步扩大了学校在全省乃至全国的良好声誉和知名度。

9.4.3 "四专一综"报告

教师教学水平专项评估 评估指标体系包括师德与能力、教学与效果两个一级指标，共 12 项二级指标。师德与能力指标包括为人师表、履行职责、教学研究、科研水平 4 项二级指标；教学与效果指标包括教学准备、教学方法、教学手段、教学效果、课外辅导、作业批改、指导论文、教学考评 8 项二级指标，其中二级指标"教学考评"包括学生评教、同行评教和领导评教。2014 年，由校评估中心（高教所）牵头，人事处和教务处参加，分别于 5 月和 12 月，分听课评教和材料审核两个阶段对 27 个学院随机抽取的 216 名教师，其中教授 27 名、副教授 81 名、讲师 108 名，进行了教学水平专项检查评估。216 名教师综合评分平均值为 77.95 分。经校专项检查评估领导小组研究并报学校批准，对 20 名教师进行了表彰奖励，并授予"贵州大学'明德至善 博学笃行'优秀教师"荣誉称号（表

9-7）。

表 9-7　2014 年教师教学评估优秀教师名单

序号	姓名	职称	所在学院（部）	序号	姓名	职称	所在学院（部）
1	李玉娟	教授	经济学院	11	梅雅洁	讲师	经济学院
2	余压芳	教授	建筑与城市规划学院	12	陈鹤	讲师	计算机科学与技术学院
3	王婷	教授	管理学院	13	房波	讲师	法学院
4	张烁	教授	外国语学院	14	陶然	讲师	艺术学院
5	陈洋	副教授	机械工程学院	15	刘红昌	讲师	农学院
6	龙慧云	副教授	计算机科学与技术学院	16	牛素贞	讲师	农学院
7	韩丽珍	副教授	生命科学学院	17	张树全	讲师	公共管理学院
8	章杰	副教授	计算机科学与技术学院	18	徐锦	讲师	理学院
9	陈湘萍	副教授	电气工程学院	19	徐丹	讲师	化学与化工学院
10	张荣芬	副教授	电子信息学院	20	王清	讲师	林学院

实践教学质量专项评估　评估指标包括"条件与利用""内容与质量"2 个一级指标，共 12 项二级指标。"条件与利用"指标包含"实验队伍""实验设施""实习基地""经费使用"4 个二级指标，"实施与效果"指标包含"管理制度""教学文件""实习实训""普通实验""综设实验""开放实验""训练竞赛""社会实践"8 个二级指标。2014 年度本科实践教学质量专项检查实验室 28 个，听取实验课 20 门，全校综合评分平均值为 83.05 分。

课程考试质量专项评估　课程考试质量专项检查评估包括"格式与规范""内容与质量"2 个一级指标，共 12 个二级指标。"格式与规范"包括"相关教学文件""文件填写""试卷装订""统分登分""试卷存放"5 个二级指标，"内容与质量"包括"命题相关度""命题重复率""命题质量""题量难易度""题型分值""试卷评分""成绩分析"7 个二级指标。2014 年，学校开展了两次课程考试质量专项检查评估，分别抽取课程 533 门和 450 门，检查试卷 5433 份和 5750 份，全校综合评分平均值为 90.30 分和 90.63 分。

毕业论文（设计）质量专项评估　本科生毕业论文（设计）质量专项检查评估包括"论文（设计）管理"和"论文（设计）质量"2 个一级指标，共 12 个二级指标。"论文（设计）管理"包括"组织领导""相关文档""指导教师""指导过程""评阅答辩""文档保存"6 个二级指标，"论文（设计）质量"包括"选题质量""研究方案""文体结构""能力水平""成果质量""成绩评定"6 个二级指标。2014 届本科毕业论文（设计）5941 份，共抽查 1170 份，全校综合评分平均值为 88.62 分。

年度贡献度及竞争力综合评估　年度贡献度及竞争力综合评估指标体系包括 5 个一级指标、11 个二级指标，共 225 个评价项目。一级指标包括"教学工作""科研工作""学科建设""国际交流""社会服务"。2014 年，学校综合评价平均分为 134.00 分，比 2013 年 102.36 分增加了 31.64 分，学院综合评价排行前三名分别是资源与环境工程学院、机械工程学院、农学院。

教学工作　教学工作包括本科生教学工作、研究生教学工作 2 个二级指标，共有 92 个评价项目，全校教学工作平均分为 77.78 分，比 2013 年 63.82 分增加了 13.96 分，学院综合评价排行前三名为机械工程学院、材料与冶金学院、人文学院。

科研工作　科研工作包括科研项目、科研成果 2 个二级指标，共 20 个评价项目，全校科研工作平均分为 206.56 分，比 2013 年 166.44 分增加了 40.12 分，学院综合评价排行前三名为精细化工研究开发中心、资源与环境工程学院、农学院。

学科建设　学科建设包括"重点学科专业""师资队伍""教学科研基地"3 个二级指标，共 66 个评价项目，全校学科建设平均分为 110.35 分，比 2013 年的 98.43 分增加了 11.92 分，学院综合评价排行前三名为精细化工研究开发中心、机械工程学院、理学院。

国际交流　国际交流包括"合作办学""学术交流"2 个二级指标，共 18 个评价项目，全校国际交流平均分为 132.38 分，比 2013 年的 105.40 分增加了 26.98 分，学院综合评价排行前三名为管理学院、电气工程学院、机械工程学院。

社会服务　社会服务包括"社会服务""经济效益"2 个二级指标，共 20 个评价项目，全校社会服务平均分为 205.19 分，比 2013 年 130.54 分增加了 74.65 分，学院综合评价排行前三名为农学院、机械工程学院、电气工程学院。

9.5 学习效果

9.5.1 学习满意度

学生学习与发展追踪调查　贵州大学自 2009 年以来一直参加由清华大学教育研究院主持、与美国（印第安纳大学）"全美大学生学习性投入调查"（National Survey of Student Engagement，简称 NSSE）合作的《全国大学生学习与发展追踪研究课题》。该项目从学业挑战度（LAC）、主动性合作学习（ACL）、生师互动（SFI）、教育经历丰富度（EEE）、校园环境支持度（SCE）五大指标对学校学生的学习情况及学习满意度进行系统的跟踪调查分析。2014 年结果显示：主动性合作学习指标与"985"院校、"211"院校常模大致相当，学业挑战度、生师互动、校园环境支持度指标均略低于全国院校常模（图 9-16）。

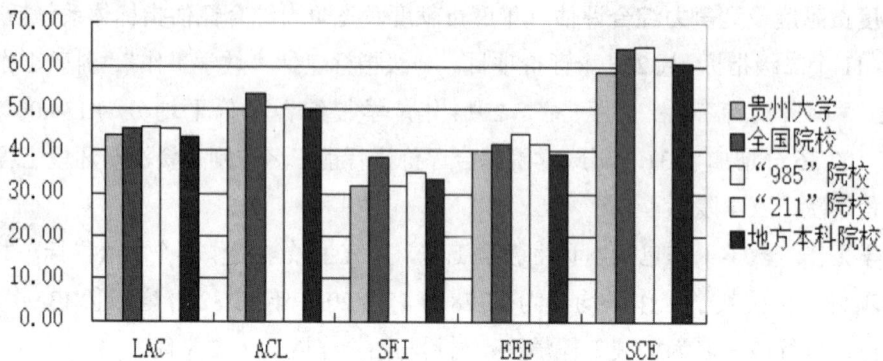

图 9-16　五大指标比较

主动性合作学习（ACL）　贵州大学学生特别是高年级学生能够很好地融入课堂环境并活跃气氛，有助于教师更好地传授知识，同时也有利于学生更高效地吸收知识。与"985"、"211"院校常模比较，学生在课堂上主动提问或参与讨论的积极性都较高，可见教师在对学生的引导和调动学生积极性方面做了很多工作，同时说明本科生在积极发挥良好的主动合作学习能力方面有较大提高（图 9-17、图 9-18）。

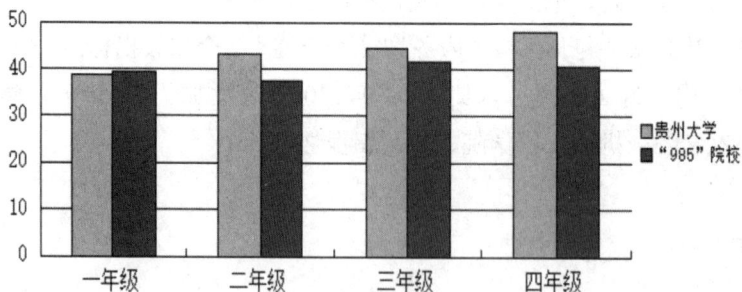

图 9-17　学生课堂上主动提问或参与讨论方面比较

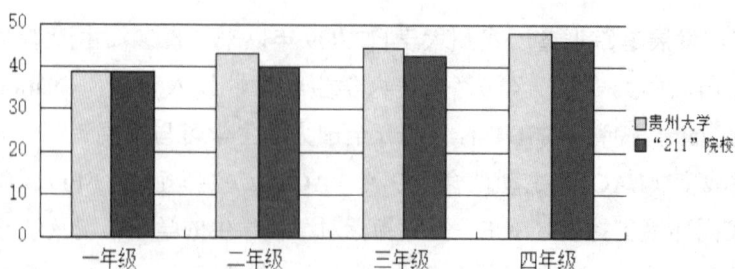

图 9-18　学生课堂上主动提问或参与讨论方面比较

教育经历丰富度（EEE） 在该指标中，贵州大学"报考专业资格证书 / 技能等级证书"和"实习、社会实践或田野调查"2 个题项的得分均高于"985"院校、"211"院校常模均值，充分体现贵州大学在教育经历丰富度方面的优势（图 9-19、图 9-20）。

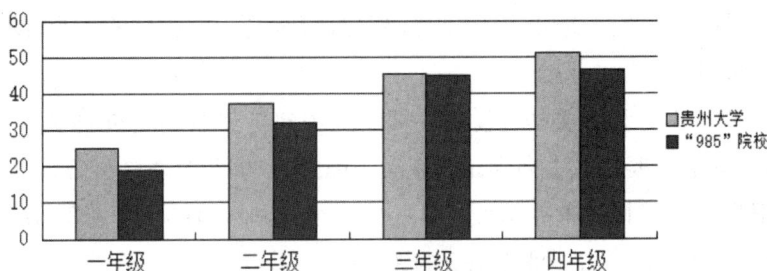

图 9-19 学生报考专业证书 / 技能等级证书方面比较

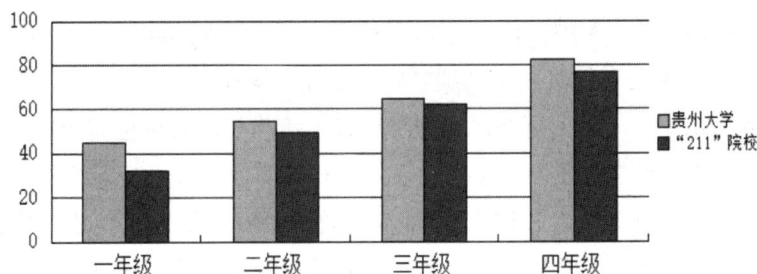

图 9-20 实习、社会实践或田野调查的比较

9.5.2 毕业与就业

毕业情况 2014 年，学校共有本科毕业生 6637 人，其中，6428 人取得毕业证书，毕业率为 97%。

学位授予 2014 年，6428 人取得毕业资格，其中，被授予学士学位 6188 人，学位授予率达 96%。

体质达标 学校已全面执行《国家学生体质健康标准》。2014 年，全校本科生29498 人，实际参加测试总人数为 28800 人，合格人数为 24663 人，合格率为 85.63%。

就业情况 2014 年，在我校毕业生人数较多，专业结构矛盾比较突出，学生期望值较高的情况下，绝大部分学院实现了年初制订的就业工作目标，同时我校 2014 年的就业工作取得了可喜的成绩。本科毕业生人数 6643 人，初次就业人数 5570 人，初次就业率 85.08%；2014 年，年终就业人数 6316 人，年终就业率达 96.47%。其中，考（保）研究生 633 人，占毕业生总数的 9.53%。

9.5.3 成就与评价

社会成就　近十年来，贵州大学为社会输送了各类高级人才 10 余万人，为我国特别是我省的经济社会发展提供了强有力的人才支撑，为贵州省综合实力的提升做出了重要贡献。学校制定了"立足贵州，面向基层，辐射西部，走向全国"的就业市场开发战略，鼓励毕业生面向基层就业。

2014 年，我校本专科各类毕业生的主要就业去向是其他企业 5611 人，占毕业生总数的 51.14 %。其他主要就业去向为国有企业 1930 人、事业单位（科研单位、各类教学单位、医疗卫生单位、其他事业单位）1191 人、党政机关 411 人、部队 76 人、提升学位 645 人，共计 4253 人，占毕业生总数的 38.86 %。

学生到基层就业　毕业生到基层就业、到艰苦行业就业，参加选调乡镇、西部计划、特岗教师等国家基层就业项目的积极性不断提高。我校 2014 届各类本专科毕业生入围贵州省基层选调 281 名，入围"西部计划"58 名，成功申请特岗教师岗位 34 名。学校每年还拿出 10 万元经费专门奖励到基层贫困县就业的毕业生。

社会评价　2014 年，为了更好地加强我校人才培养与用人单位需求之间的关系，继续深化教育教学的改革，增强人才培养的目的性与针对性，以适应社会的需求，进一步做好我校毕业生的就业工作，我们在 2014 年通过对 500 家用人单位进行实地考察、网络咨询、招聘现场调查。主要从八个方面对用人单位进行追踪回访调查。发放 500 份调查问卷，共收回 481 份，回收率为 96.2%。具体情况如下所示。

一是对学校影响力的调查。通过媒体介绍了解我校的有 30 家单位，占 6.25%，通过学校宣传的有 269 家，占 55.8%；通过朋友和校友介绍的有 48 家，占 10.3%；通过网络的有 76 家，占 15.8%；其他方式了解我校的有 58 家，占 11.85%。

二是对用人单位性质的调查。被调查的部分用人单位中，民营、私营企业最多，有 329 家，占 68.5%；其次是外资企业，有 47 家，占 9.8%；事业单位 34 家，占 7.1%；国有企业 37 家，占 7.7%；党政机关 7 家，占 1.5%；其他企业 27 家，占 5.4%。

三是对我校毕业生的总体评价。从回收的调查问卷及座谈情况来看，我校毕业生在任何岗位，整体素质较高，认为良好的有 262 家单位，占 54.4%，有 187 家认为优秀，占 38.8%，仍有 32 家单位认为一般，占 6.8%。用人单位认为我校学生素质好的占 26.35%，学科丰富的占 28.74%，认为我校生源好的占 16.77%，认为知名度高的占 28.14%。

四是对我校毕业生能力和技能方面的评价。问卷调查中专门针对毕业生到用人单位后的整体技能方面进行了两方面的问题设计，尽管不能全面反映毕业生的技能方面的整体水平，但具有代表性。我们提到两个方面：计算机应用能力和外语水平。用人单位对我校毕业生计算机应用能力基本上持肯定态度，有 22.22% 的单位认为我校毕业生计算机应用能力强，61.11% 的单位认为较强，只有 16.67% 的单位认为一般；统计数据如表 9-8 所示。

表 9-8　2014 年毕业生用人单位评价问卷调查表

调查项目	高	较高	一般
综合素质	23.33%	66.67%	10.00%
专业基础知识	28.89%	57.78%	13.33%
工作能力	21.11%	57.78%	21.11%
创新能力	15.56%	55.56%	28.89%
适应能力	18.89%	62.22%	18.89%
责任心和敬业精神	21.11%	64.44%	14.44%
团队合作意识	22.22%	65.56%	12.22%
计算机应用能力	22.22%	61.11%	16.77%
外语能力	17.78%	55.56%	26.67%

9.6 特色发展

学校在百余年的办学历程中，致力于人才培养，坚持教学、科研、服务社会和文化传承相结合，形成了鲜明的办学特色：一是"承继百年薪火，弘扬优良传统"，二是"培养'四能'人才，服务地方发展"。2014 年，学校在省委、省政府的正确领导下，团结和带领全校师生员工，围绕全面建设有特色领军型高水平大学的奋斗目标，深化改革，加强建设，强化保障，办学实力进一步增强，办学机制进一步优化，学校改革发展各项工作成效显著，学校进入了持续、协调、健康发展的新阶段。

9.6.1 提升教学质量，人才培养硕果累累

以编制《贵州大学"提升综合实力"2014 年建设方案》为抓手，进一步强化教学工作中心地位，完善教学质量保障体系，提高教学管理水平。深入开展"四专一综"教学评估，推进学校内部质量保障体系建设不断深化，继续实施年度贡献度及竞争力综合评估，发布学校教学质量年度报告，编制《贵州大学 2013 年度本科教学质量报告》。不断深化学分制改革，打造"通识教育"平台，推进"三学期制"，完善培养体系，推进"纯风行动"

和"博学计划"。继续开展与浙江大学"1+3"和"2+1+1"学生联合培养模式，选拔 58 名本科生赴浙江大学进行为期一年的联合培养学习，31 名应届毕业生被浙江大学接受推免攻读硕士研究生；积极开展与北京大学、浙江大学、上海交通大学、四川大学、天津大学等省外高水平大学的交流合作，选拔 50 余名学生赴天津大学、四川大学、中南大学等进行为期一年的学习。深入推进卓越人才教育培养计划，确保教育部"卓越工程师教育培养计划""卓越法律人才教育教学基地""卓越农林人才教育培养计划"和各类省级卓越计划项目的实施。2014 年，学校获批省级研究生卓越人才计划项目 4 个、省级研究生教改项目 5 个；共有 130 多名同学在全国数学建模大赛等全国各类学科竞赛中获二等奖以上奖项。我校应届毕业生丁长琴在仁川亚运会上获女子万米跑亚军，为学校争了光，为贵州添了彩。

9.6.2 夯实教学基础，办学条件大幅改善

强力推进花溪校园扩建工程（二期）建设，积极主动与省、市、区相关部门联系对接，认真做好征地拆迁、土地移交、报批报建、界址标桩、规划设计、招投标、项目区内环境治理、筹融资金、审计管理等各项工作，各标段大部分单体项目主体工程已基本完工，特别是东盟国际教育中心项目已竣工并交付使用，建筑城规楼、艺术视觉楼、二标段研究生院、四标公共教学楼、五六标 6 栋学生宿舍、七标段电子信息学院和药学院项目主体结构工程已完工，整个工程实现投资产值已达 8 亿元，为完成省委省政府"2014 年底部分建设项目主体工程完工，确保 2015 年春季部分学生顺利入住，秋季学生全部入住"的工期既定目标奠定了坚实的基础。扎实推进教职工团购房和公租房建设，顺利完成杨家山地段团购房选房工作和林坡地段团购房筹建工作，杨家山地段团购房已开工建设，2016 年 10 月前交付使用。加强基础设施和维修改造工作，完成北校区家属区供水管网改造工程，每年为学校节约水费 30 万元；完成教室、办公室、实验室维护和改造工作；争取到省发改委 480 万元资金，专项支持南校区体育场改造。加强 CERNET 主节点数字化校园建设，教育科研网（CERNET）主干网连接速率升级到 10G+2.5G；投入 457 万元进行南北校区弱电管网改造，实现校园公共区域无线上网；作为接受贵州省信息安全评估的唯一高校，获得通过和好评；完成校园网主机房供电、新风系统改造及动力环境监控系统建设工作。加强教学实验场的建设和管理，努力打造"贵州大学现代高效农业科技示范园"。加强图书馆建设，香港智华基金有限公司捐赠 2500 万元用于新校区图书馆提升工程建设；积极整合馆藏资源，提高图书文献资料建设与利用，全年采购图书资料、电子文献、中外文数据库 2000 余万元。加强大型仪器设备共享平台建设，与教育部"高等学校仪器设备和优质资源共享系统"对接，成为全国 33 所实现大型仪器设备资源覆盖全国的高校之一。

9.6.3 加强内涵建设，办学实力大幅提升

紧扣贵州经济社会发展脉搏，结合贵州"五张名片"和以大数据为重点的电子信息产业，进行学科点动态调整，新成立了烟草学院和贵州省大数据产业发展应用研究院，将电子信息工程学院调整为大数据与信息工程学院。新增地质学、林学及数学等 3 个学科博士后科研流动站。新增风景园林硕士、汉语国际教育硕士、金融硕士 3 个硕士专业学位点，撤销工程硕士项目管理领域硕士专业学位点，增加工程硕士动力工程领域硕士专业学位授权点。数学、电子科学与技术 2 个一级学科获批为省级特色重点学科，信息与通信工程、作物学 2 个学科被评为省级重点学科；绿色农药与农业生物工程重点实验室培育基地通过教育部验收，获得"优秀"等次；机械设计制造及其自动化、采矿工程两个专业顺利通过全国工程教育认证协会的认证，实现贵州工程教育认证零的突破；植物保护和林学两个专业分别进入教育部、农业部和国家林业局首批"卓越农林人才教育培养计划"拔尖创新型和复合应用型改革试点专业。获得省级卓越人才教育培养计划项目本科专业 5 个、省级专业综合改革试点项目 6 个、省级教改项目 26 个、校级品牌特色培育专业 10 个，视频全课程和视频微课程纳入视频资源共享课程建设 37 门。

9.6.4 坚持人才强校，高端人才再获突破

坚持"用好现有人才、引进急需人才、培育未来人才"，深入推进"大人才"战略。柔性引进领军人才 1 人，名誉院长 2 人，引进全职不占编高层次人才 2 人、博士 101 人，聘请客座（兼职）教授 34 人。新增高教系列教授 14 人、副教授 15 人、实验系列高级实验师 20 人，新增贵州省第三批核心专家 7 人、第七批省管专家 11 人、贵州省高层次创新人才"十"层次 2 人、贵州省高层次创新人才"百"层次 10 人，获批"西部之光"访问学者 4 人。郑强教授获评"中国教育变革人物"和"2014 中国好校长"，宋宝安教授领衔的绿色农药与有害生物控制创新团队获批国家专业技术人才先进集体，宋宝安教授入选首批万人计划科技创新领军人才，杨松教授和池永贵教授入选国家科技创新人才推进计划中青年科技领军人才，"青年千人计划"入选人池永贵教授获批"长江学者"特聘教授，丁贵杰教授荣获第五届"全国杰出专业技术人才"称号，李萍教授入选国家知识产权百千万人才等，学校在"万人计划"、"长江学者"、国家科技创新人才推进计划中青年科技领军人才、国家杰出专业技术人才等高层次学术领军人才的培养方面有显著突破，建设了一支积极进取、素质优良、结构合理的高水平师资队伍。

9.6.5 强化校际联盟，合作办学快速发展

扎实有效地开展与浙江大学对口支援工作，深入推进与西安交通大学、四川大学、重庆大学、中南大学、西南大学、广西大学、云南大学等 7 所中西部高校战略合作，与

江西泰豪集团成功签约合作举办新机制明德学院。充分发挥学校在省内高校中的引领和示范作用,积极推动省内市州高校成立"'9+1'合作办学协同创新联盟",出台了"9+1"联盟高校本科生联合培养实施方案,发起了省内第一个课程共享联盟——"贵课联盟"(GUOOC 联盟),获教育厅经费支持 80 万元;成立了贵州大学教育发展基金会,这也是贵州省首家高校教育发展基金会。截至 2014 年年底,基金会已接受社会各界人士捐赠 700 万元。积极推动与港澳台高校及科研机构的教学科研和学生交流项目合作,成功承办"第十届海峡两岸暨港澳地区大学校长论坛",选派 36 名学生赴台湾大学、高雄大学、义守大学、台北城市科技大学研修学习,选派 29 名学生赴香港"童履"志愿者公益组织与香港志愿者学生进行交流。成为"中国(贵州)东盟留学生服务中心",获国家亚洲区域合作专项资金资助项目——"中国—东盟生态文明建设与可持续发展培训班"。成功承办和主办了第七届"中国—东盟教育交流周"、第八届日本文化交流周、王阳明及其后学论"致良知"国际学术研讨会、第一届"中韩茶文化与茶产业国际化发展战略研讨会"等国际学术研讨会和校园国际文化活动。与东盟 60 多所高校科研机构签订合作协议;与美国等 7 个国家和我国港澳台地区高校新签合作协议 31 份。实施"千人留学计划",遴选了 196 位本科生、硕士研究生、博士研究生到美国、欧洲、日本留学学习;向美国、法国、英国、荷兰、日本、马来西亚、韩国及我国港澳台地区的 10 余所高校派出长短期交换生或交流生 105 名,招收外国留学生 468 人;成为教育部第二批"来华留学示范基地"和教育部"中东欧学分生专项奖学金"留学生培养院校。接待国(境)外团组 59 批次 483 余人,向国(境)派出访问团组 90 批次 140 余人。我校在美国普莱斯比学院孔子学院向美国大中小学推广汉语,开展各种文化活动27场,参与人数达 1.5 万,积极推动传统文化走向国际化。

9.7 需要解决的问题

9.7.1 切实转变办学理念,创新人才培养模式

办学理念是一所学校的灵魂,决定着学校的人才培育模式,而人才培育模式的定位直接影响学校向社会输送人才的质量。2014 年,我校围绕"兴学育人"这个根本任务,转变教学理念,改善办学条件,夯实办学基础。创新人才培育模式,深化教育教学改革,建设了"通识教育"平台,阳明学院自成立来正常运转,6248 名 2014 级新生已经完成一年级通识课程的学习。但是目前高校越来越多,本科生就业压力越来越大,如何转变办学理念,创新人才培养模式,适合社会发展需要,是学校需要进一步解决的难题。

2014 年,学校完成了《贵州大学章程》的制定,树立依法办学、依法办校的理念,加强对外交流,学习名校先进的办学理念。但是,创新人才培养模式,继续完善培养体制,

深化学分制改革永远在路上。一是要关注阳明学院的运转，做好阳明学院与其他学院的培养衔接工作；二是要继续推行三学期制，优化"16+2"的教学模式和三学期制；三是要继续完善学校学分制选课网络平台，彻底解决学生选课困难问题。

9.7.2 切实改进教学方式，提高教师教学水平

教学方式直接影响本科学生的学习热情，关乎本科教学质量的提升。2014 年，学校积极开展与北京大学、浙江大学、上海交通大学、天津大学等省外高水平大学的交流合作。选拔老师、学生赴省外高水平大学进行参观学习，引入外部高校丰富的教学方式。但是学校目前教师的教学方式还比较单一，学生的学习热度不够。

一是学校应继续加强与外部高校合作，扩大交流学校的范围，学习更好更丰富的教学方式；二是学校教师应不断创新，利用网络、新媒体等媒介，积极开展慕课、微课、翻转课堂等教学改革，开展启发式、探究式、讨论式等教学，切实改进自己的教学方式，吸引学生学习的注意力；三是学校继续做好青年教学课堂教学技能竞赛和"老帮青"，积极开展教学观摩、评比等活动，交流教学经验；四是学校要改善教学的硬件设施，为各种不同的教学方式提供有力的硬件支撑。

9.7.3 切实加强学风建设，提升学生综合素质

学风和学术氛围建设是建设高水平大学的重要指标。2014 年，学校投入专项资金，开展增强学生基础理论功底、鼓励学生继续深造的"博学计划"，鼓励学生向更高层次发展，有效提高了学生的学术水平。学校通过开展以抓考风、促学风、带校风为主题的"纯风计划"，学风得到了较大好转，学生考试作弊人数明显减少。但是，学校的学风建设、学生素质和国内的高水平大学还有一定差距。

学校应进一步加强学风建设，巩固优良校风，激励教师教书育人，继续坚持"教育引导、制度规范、监督约束、标本兼治"的工作原则，通过以教育和惩戒相结合的方式，使学风建设成为学校常规工作的重要组成部分，全面推进学风建设渗透到各项教学科研活动中去，逐步构建学风建设的长效机制，不断加强对学风和科研诚信的监督和约束，继续推进"纯风计划"，促使学风根本好转。

9.7.4 切实完善师评机制，加强师德师风建设

完善的师评机制能够激发教师的教学热情，而高素质的教职工队伍是教育的生命源泉，师德师风建设是教育的灵魂所在，在教师队伍中进行作风建设和道德建设具有十分重要的意义。2014 年，学校开展了"我心目当中的好老师""青年教师教学大赛""教师教学评估优秀奖"等评选，以及师德师风评比表彰活动。但仍有少数老师敬业精神不强，上课迟到早退，教学应付差事、创新不足。

一是学校应建立完善的教师评估机制，根据学校实际情况，科学客观地评价教师的教水水平，科学合理地应用评估结果，构建学校激励机制，遵循科学、公平的激励原则，出台激励教师敬业上课的相关措施。在本科生课程安排上，力争实现教授上课全覆盖，将教授为本科生上课落实为基本制度。二是学校应强化师德教育，加强师德宣传，建立师德考评制度，要结合"师德标兵""师德先进个人"的评选活动，挖掘师德典型。

9.7.5 切实采取有效措施，提高教授授课比例

教授是学校本科教学工作的重要力量，教授为本科生授课是提升本科教学质量的重要方法。尽管 2014 年我校教授为本科生上课比例与 2013 年相比略有提高，但是距离教育部的教授为本科生 100% 上课的要求还有较大差距，2014 年教授为本科生上课比例仍然仅为 85.04%。

学校应当采取多方面的措施来提高教授授课比例，一方面学校应当制定教授为本科生上课的相关制度；另一方面学校应当督促各个学院为教授安排本科生教学课程，可以通过探索"双师同堂"教学模式，安排教授和其他老师共同上课，提高教授为本科生授课比例。

9.7.6 切实完善人才机制，加大人才引进力度

2013 年以来，学校相继出台了《贵州大学高层次人才引进办法（2013－2015）》和《贵州大学高层次人才柔性引进实施办法（2013－2015）》，坚持党管人才方针，实施人才强校战略，加大人才培养和引进力度，创新人才评价与激励机制，初步构建了定位准确、层次清晰、衔接紧密的人才培养培训体系，2014 年，引进博士 64 人，引进数创历史新高，专任教师中博士比例也由 2013 年的 19.2% 增加到 25.95%。但是，学校高素质人才队伍的数量还不能满足学校教学和研究的需求，高素质人才队伍的管理体系还有待完善。

学校要继续加强对引才工作的领导、统筹和协调，明确学校、学院和职能部门的职责权限，健全人才工作机构，加强人才工作队伍建设。一是贯彻落实《贵州大学高层次人才引进办法》，健全引才工作议事规则和决策程序，充分发挥学术委员会的重要作用；二是以人才贵大为目标，坚持党管人才原则，在人才工作领导小组指导下，坚持"以服务求支持，以贡献求发展"的理念，配合学校人事等相关职能部门，采取"走出去，引进来"的办法，搭建聚才平台；三是围绕引进人才实际需要，加强配套条件保障和团队建设，为高素质人才开展科学研究和教学工作提供支持；四是统筹建立高层次人才收入分配体系，正确处理人才引进、培养和使用的关系，努力营造各类人才共同发展的良好局面。

2014 年，在教育部、省委、省政府和社会各界的关心和支持下，在学校党委、行政领导和全校师生共同的努力下，我校教学工作取得了一些成绩和经验。但我们依旧清醒

地认识到，与教育部的要求和国内重点高校相比，我校本科教学质量仍然存在较大差距。学校要在《贵州大学章程》的统领下，树立依法办学、依法治校的理念，加大人才引进力度，完善教师评估机制，加强教风学风建设，丰富本科教学方式，增强外部高校联系，切实开展教学督导，提升本科教学质量，努力建设有区域特色、有国际影响、服务地方社会经济发展需要的领军型高水平大学。

致　谢

　　《高等学校多维评估与质量保障——贵州大学教育教学"五专一综"年度质量报告2014》的书稿终告段落，在此谨表达作者的拳拳谢意。

　　2009 年以来，我们创建并坚持实施"五专一综多维评估，两团督评常态监控，学生为本提高质量"的评估模式。构建本科教学质量监控与保障的长效机制，得到了学校领导的大力支持和相关职能部门以及各学院的鼎力相助，特别是离不开"贵州大学第二届教学研究与评估专家团"全体专家的辛勤劳动。他们为本书的出版做出了巨大贡献，应该说，没有这些支持和襄助本书是不可能付梓的，现一并致以最真诚的谢意！

　　"贵州大学第二届教学研究与评估专家"是龚晓康（哲学与社会发展学院）、吴早生（人文学院）、周琳、张炼（外国语学院）、范电勤（法学院）、杨绍政、靳永翥（经济学院）、李烨、吕凡（管理学院）、唐延林、宋汉峰（理学院）、刘本永（计算机与信息学院）、郭建军、张长禹（农学院）、何跃军、喻丽萍（林学院）、李祝（生命科学学院）、李辉、鲜思美（动物科学学院）、陈海虹、张富贵（机械工程学院）、李泽涛、刘敏（电气工程学院）、向嵩、李长荣（材料与冶金工程学院）、唐云（矿业学院）、谢涛、包太（土木建筑学院）、顾尚义（资源与环境工程学院）、张前军、周文美（化学与化工学院）、陈馨婷、曾春蓉（艺术学院）、曹新明、高波（职业技术学院）。

编者

2018 年 6 月